REVOLT

逆流年代

THE WORLDWIDE UPRISING
AGAINST GLOBALIZATION

［以色列］纳达夫·埃亚尔（Nadav Eyal）

著

吴晓真

译

湖南文艺出版社
HUNAN LITERATURE AND ART PUBLISHING HOUSE

博集天卷
CS-BOOKY

REVOLT

Copyright © 2021 by Nadav Eyal

Published by arrangement with The Deborah Harris Agency, through The Grayhawk Agency Ltd.

著作权合同登记号：图字18-2020-218

图书在版编目（CIP）数据

逆流年代 /（以）纳达夫·埃亚尔（Nadav Eyal）著；吴晓真译 . -- 长沙：湖南文艺出版社，2021.8
书名原文：Revolt
ISBN 978-7-5726-0213-9

Ⅰ . ①逆… Ⅱ . ①纳… ②吴… Ⅲ . ①纪实文学—作品集—以色列—现代 Ⅳ . ① I382.55

中国版本图书馆 CIP 数据核字（2021）第 110217 号

上架建议：社科·纪实

NILIU NIANDAI
逆流年代

作　　者：［以色列］纳达夫·埃亚尔（Nadav Eyal）
译　　者：吴晓真
出 版 人：曾赛丰
责任编辑：匡杨乐
监　　制：吴文娟
策划编辑：董　卉
特约编辑：包　玥
版权支持：姚珊珊
营销支持：秦　声　闵　婕
装帧设计：潘雪琴
出　　版：湖南文艺出版社
　　　　　（长沙市雨花区东二环一段 508 号　邮编：410014）
网　　址：www.hnwy.net
印　　刷：三河市百盛印装有限公司
经　　销：新华书店
开　　本：700mm×1000mm　1/16
字　　数：346 千字
印　　张：26
版　　次：2021 年 8 月第 1 版
印　　次：2021 年 8 月第 1 次印刷
书　　号：ISBN 978-7-5726-0213-9
定　　价：78.00 元

若有质量问题，请致电质量监督电话：010-59096394
团购电话：010-59320018

献给塔马，

"……就看这七年如同几天。"

没有斗争，就没有进步。

——弗雷德里克·道格拉斯，西印度群岛解放演说，1857 年

中文版序言
PREFACE

世界在2020年经历了严峻而充满挑战的日子，而中国人首当其冲，经历了这一切。新型冠状病毒肺炎（COVID-19）的暴发展示了人类的局限性，同时也展示了协作和全球化的巨大潜力。在比以往任何时刻都更加紧密联系的世界里，随着人、货物、资本和思想的快速流动，人类遇到了长期存在的共同敌人—— 一种未知的病原体，一种新的病毒。不同于以往几十年来暴发的病毒，当前的这种病毒的生物学特性使其成为一种不同寻常的威胁。在全球化的语境下，我们经常使用"病毒性"这个术语，而这次是全球化第一次和这个概念的源头相遇。在一个全球化的世界里，局部危机推动地区现象，从而影响全国乃至周边国家。有时是如2008年次贷危机一样的经济危机，后来成了全球危机；而有时则是新病毒的暴发，如这次的新冠病毒。官员们在处理地方或区域危机时会犯的第一个错误，是认为危机可以被界定和限制。而关于本地或者区域性的危机，官员们经常犯的错误则是，他们往往没有意识到，这种现象也可以是相互作用的：全球危机会反过来影响各国、各省，然后是当地的城市和村庄。

在过去的几十年中，中国已经融入全球化的世界，然后开始积极参与它的建设。国际贸易创造了更高效的生产和分配机制，从而将数十亿人从赤贫的生活中解救出来。但全球化是一个复杂的现象，有光明也有阴影。它帮助人们加速摆脱贫困，但同时也创造了新的剥削圈。随后，它赋予被剥削者权力，促使他们购买解放自己的工具。鸦片战争就是一个很好的例子。鸦片战争开启了屈辱的时代，正如许多中国人所说的那样，当时他们的国家在经济上和其他方面都没能享有实际的主权，而是被其他大国奴役。邓小平去巴黎读书，正是为了寻求科学知识和救国真理。正如本书所述，也正如中国的历史所示，全球化下的剥削圈是不可持续的。观念、知识和真理的传播最终会打破束缚。这是植根于全球化中的"病毒之积极部分"，无法消除。

　　人类历史上的典型情况是，亚洲（尤其是中国）生产了更多的产品，与现在所谓的"西方"——欧洲和北美洲——相比，亚洲也更加稳定和安全。在经历了短暂的异常期后，亚洲又恢复了其固有地位。这意味着全球化即将发生变化，变得更少以美国和欧洲为中心。这一变化也使亚洲在国际机构中承担的责任与日俱增。与贫困的斗争尚未结束，如果全球化因新冠病毒而消退，或者因西方或其他地方的民族主义或民粹主义言论而消退，或两者兼而有之导致全球化的回落，这将意味着抹去人类在最重要的、代价最高的战争——消除贫困——中的许多成就。这样的情况不仅是错位的，更是危险的：当拿走人们已经拥有的东西时，他们会感到沮丧。沮丧产生愤怒，愤怒消磨理性的话语，有时甚至会导致暴力。中美两国都应该记住19世纪末至1914年之间美好年代（Belle Époque）的深刻教训：全球化的第一个飞跃发生了，但是国际机构和帝国联盟仍然停留在过去的世界里。国内矛盾和经济压力的累积，加上失败和过时的框架，导致世界陷入了一场可怕的战争和数十年的分裂与对抗。

　　我们在谨记邪恶的同时也要看到光明。新冠病毒在全球化和工业化加速的时代暴发，尽管会导致病毒的迅速传播，但也有助于控制它。中国当时为应对新冠疫情而采取的诸种措施，西方许多人认为它们只适合中国。但他们很快就意识到，用文化或者本地化的方式去看待一场全球性的抗击病毒的斗争是不对的。遵循中国的经验，在世界范围内实施封锁的行动已经成功地赢得了时间，并减轻了这次疫情的致命影响。

工业革命取得的成就使得这种封锁成为可能。独自一人或只与您的小家庭在一起，一直以来都是对迅速传播的病原体的良好防御。而且，尽管在早期人们还不了解病毒的感染机制是什么，甚至一度认为这是"空气不好"引起的疾病，但他们也许意识到了，远离外界和进行隔离可以预防疾病的传播。然而，当一种流行病暴发时，大多数人无法像贵族和富人一样有能力退到自己的城堡里面去躲避。当前的流行病与以往的流行病之间不同寻常的区别在于：人类已经变得足够富裕，社会结构已经充分建立，因此许多人可以长期居住在家里，从而抵御病原体的威胁。而在19世纪中叶，几乎在世界的所有地方，人们每年按购买力平价（PPP）计算的收入都不超过400美元。人们承受不起这种隔离，他们会挨饿。然而现在我们却有很多办法：基因测序不再需要花费数万美元，通过云计算和非凡的国际合作可以获得卓越的计算能力。大自然首次把一种指数级的现象摆在了人类面前，而人类则首次以一种指数级的方式回答了它——通过科学。

如果不尊崇进步和真理，地球村将无法存续。我们需要采取全球责任制，并赋予国际机构权力，以便这些机构能够监测、积极干预和制止地方危机。我们之间的关系越牢固，就越需要这样做。在2020年，全人类会一起应对这次的新冠病毒疫情。而下一次，我们应对的也许会是一场由局部战争演变成的世界大战，一场可能会将我们的生活降到极低水平的经济危机，或者是我们面临的终极危机——气候危机。随着经济联系比以往任何时候都更加紧密，贸易和交通变得越发强大，这将是一场比任何病毒都更可怕的以指数级增长的赌博。在这个真正充满责任感与国际权威的世界秩序的重塑中，中华文明扮演着不同寻常的角色。

纳达夫·埃亚尔

目 录 CONTENTS

逆流年代

目

一个时代的消亡

这是一栋看起来平平无奇的高层办公楼，在曼哈顿、伦敦或特拉维夫的繁华市中心屡见不鲜。大人物们在专人的引导下穿过大楼背面的一条走廊，去乘坐一部狭小的货运电梯，不合时宜但倍添神秘。电梯下行，门开处正是当晚活动的场所——我们的东道主说这是一个秘密的私家酒窖。房间的一角，一位名厨正在烹制我们的晚餐。四面墙壁的玻璃隔断后面陈列着从世界各地酒庄空运来的红酒佳酿。嘉宾们——高科技企业家们、一位前首相、一位前军队高官（现在是社会企业家）、大公司的首席执行官们——颇为触动，而触动他们并非易事。在场的所有人——事实上，几乎所有地方的大多数人——都听闻过这位慷慨大方的东道主的名字。

趁着大家落座，我环顾四周，数数来了多少位超级富豪。我相当确定自己是唯一一个开着丰田卡罗拉来赴宴的客人，而且我车上的保险杠都快散架了。

他们请我来讲讲国际形势、全球化和反全球化浪潮。在酒窖专业灯光的映照下，我的听众们聚精会神。我讲到当前世界秩序在创造财富的同时遗忘了某些人群，科技巨头企业连通了世界却不对随之而来的弊病负责。我认为自由主义价值观受到卷土重来的反对进步者的挑战，年轻人不太愿意为民主而战，反而呼唤激进的解决方案。我承认，从数字来看，人类普遍过得不错。但为什么有这么多人觉得深陷困境呢？

我早就该预料到听众的反应。占人口1%的最富有的人群认为，在很大程度上，2008年的危机只是过眼云烟，特朗普当选美国总统不过是历史上的偶发意外，而进步，也即他们所信奉的贵族版进步，不可阻挡。我们慷慨的东道主和一两位来宾听懂了这番分析，但并不认同。其他人则面露犹豫。"这是过分夸大的悲观。"其中一人脱口而出，余者随声应和，咬着音节吟唱起"悲——观——"来。旋即，他们用常识反驳我：这是一股"民粹主义浪潮"，反对的呼声持续不了多久，不会造成重大伤害。紧接着，来宾们三五成群地热议起来。他们的话语带着50后、60后的过时色彩，不时穿插诸如"信心培育成功花""财富眷顾勇者""年轻人会长大""我们不能退回到中世纪"等陈词滥调。他们大多数人对我的发言不感兴趣。反过来，他们想要教育我——并且通过我来教育我这一代人——只要态度积极，一切都会好。随着甜品上桌，我们的辩论优雅地告一段落，虽然结果不尽人意。要是你孩子的未来有低风险债券作保，有礼貌地表示不同意没那么难。

不知怎的，这场晚宴让我想起了两年前，我以记者身份参加的另外一场更具戏剧性的活动。焦虑在这两次活动上无处不在。只不过超级富豪们会在焦虑外面像裹玻璃纸一样裹上一层嘎吱作响的乐观，而中产阶级的策略则简单得多：愤怒。

2016年11月8日晚上，曼哈顿喜气洋洋、空气清冽。透过贾维茨会展中心的玻璃屋顶可以看到天空万里无云。这里万事俱备，只待自由世界新任领导人加冕。会展中心外面的小贩生意兴隆，他们在兜售印有身穿女超人服装的希拉里·克林顿图像的T恤衫，印着她丈夫比尔·克林顿照片的T恤衫，还有五颜六色的竞选徽章，以及各种铭记这个大日子的纪念品。成百上千的警察和安保人员严阵以待，电视转播车里三层外三层，卫星天线矗立如林。在这里安营扎寨的媒体数量比直线距离不到半英里*外的特朗普竞选总部门前的媒体数量多好几倍。那里显得有点空旷。

"她意味着崛起。"诗人玛雅·安吉罗曾在2008年如此描述希拉里·克林顿;现在,她就要打破腐朽的枷锁,成为世界上最有权势的人。

形形色色的美国民众代表在舞台上就座——异性恋者和同性恋者,西班牙裔美国人、黑人和白人,妇女和儿童。他们将是希拉里·克林顿当选后启幕的新时代的楷模。他们耐心地端坐了好几个小时,静等跟美利坚合众国历史上第一位女总统一起出镜的那几秒的到来,好让孩子们看到,好让自己永远回味。贾维茨会展中心上方的天色变暗了,但他们还是在座位上一动不动。

到最后,希拉里·克林顿当然不曾露面。她没有看到为她准备的庆典。夜幕降临,抹去了一切。

记者的眼光是无情的。因为站得远,他得以纵观全局,目睹内中景象变迁。他观察到失望的情绪席卷过人群,看到他们震惊地倒吸一口凉气、流泪、心碎,看到信徒们逐渐流露出的各种常见的人类反应——拒绝相信、失望、孤注一掷的希冀。

选举结果陆续出炉之时,克林顿主义者们的眼睛粘在手机屏幕上,难以置信地低语着。那正是问题的关键。他们不敢相信,他们无法理解这是怎么回事。许多人哭了。其中一位告诉我,身为同性恋犹太人,他只怕又会来一次犹太人大屠杀。

我问他这是不是一种比喻。

"不,"他抽泣着说,"我真的害怕。"

从表面上看,在那个秋日夜晚悲痛欲绝、惊慌失措的克林顿竞选团队,同我在酒窖里见到的自信无比的富人之间没有什么关联。后者满怀乐

---

* 英美制长度单位,1英里约合1.6093公里。——编者注

观，决意要让旁人相信，对他们个人如此有利的世界秩序对所有人都好。在希拉里·克林顿的支持者们看来，民主濒临灭绝，而他们被剥夺了未来。不过，关键在于这两个人群的心底里都有一种不可言说的恐惧。面对这种恐惧，最富有的1%的人群欣快地把头埋进了沙子里，克林顿竞选团队成员则用泪水洗刷贾维茨会展中心的地面。他们害怕的不只是特朗普、英国脱欧倡导者、欧洲民族主义者或伊斯兰原教旨主义者会把世界推向灾难。毕竟，如果这样的灾难当真降临，就能证明他们当时忠于的自由主义价值观或市场经济的立场有多么正确。不，他们害怕的不只是一个催化剂，而是对方——以特朗普为代表的反对派——可能会取得成功。特朗普的成功意味着反自由主义的秩序会在世间长存，全球合作会严重受制。

在特朗普取得成功的世界里，他们所信奉的根本——第二次世界大战中的邪不胜正，自由乃繁荣之前提，对偏执盲从的摒弃，妇女有权支配自己身体的原则，还有最重要的，对支配一切的进步价值的热切信仰——都会烟消云散。在他们看来，历史的车轮会停驶，然后倒行。许多人认为，特朗普当选后这几年的情形证明，这种换挡业已开始。

•　•　•　•

我既不是美国人也不是欧洲人。我生活在一个受美利坚帝国庇护的遥远行省。在这里，我可以做风雨欲来的旁观者，享受某种程度上的情感疏离特权。2016年，美国总统选举日前几个月，我踏上了美国之旅，希冀找到一个简单问题的答案：如果特朗普获胜，他会凭借什么获胜？当时的民调结果称特朗普几乎不可能当选，但我有所怀疑。在工业革命重镇之一的宾夕法尼亚州，我坐进一个煤矿工人家庭的客厅。当时屋外狂风大雨，屋内家庭成员的情绪同天气一样阴郁晦暗，我以为美国人都有的乐观精神不见踪影。费城的黑人活动家们告诉我，奥巴马总统只不过是杀害他们无辜的街坊邻居的白人们戴上的又一层面具。他们发誓不把选票投给"那个叫希拉里的人"。北卡罗来纳州夏洛特市的一个小女孩泪水盈眶地告诉我，她班上的一位同学不再愿意邀请她参加生日派对，因为她的两位母亲是跨性别妇女。从她的故事里我可以感觉到对新美国迅速萌芽壮大的敌意。也是在北卡罗来纳州，我去某所教堂参加周日礼拜时听到牧师说，美国容许同性恋鸡奸，应当受到比埃博拉还严重的瘟疫的惩罚。我问他，他的美国能否劫后重生。他回答说："嘿，还没到埋葬我们的时候！"

特朗普领导下的美国正在发生的既不是常规的政治变革，也不是基于一个全新的、思路清晰的政治理念的革命。英国脱欧背后也没有思路清晰的政治理念。从巴西到意大利，再到匈牙利，民粹主义和民族主义的崛起构成了对当今世界全球化的零散冲击。它们发端于工业化国家全体中产阶级集体抱怨社会不公的回音室里。那些过分关注南北美洲、欧洲、非洲或亚洲事务的人忽视了我们这个时代最最重要的社会、文化和政治现象。正如一幅点彩画作，无数小点汇聚在一起，形成了一幅反抗图卷。一大批人排斥作为经济、文化和普世价值体系的全球化。这种反抗是全球性的、无人统筹的、流动的。它的重点在于排斥现有的权力结构，而非重建新权力结构的精妙细节。

对全球化的根本性反抗从两个对立的极端开始—— 一端是无政府主义激进人士，另一端是原教旨主义宗教人士。在社会不安情绪的渐强刺激下，激进且反动的理念开始渗入中产阶级。这种反抗体现在英国公投脱欧、欧洲极右势力兴起、原教旨主义壮大、激进左翼支持率上升、仇富情绪和对财富集中的憎恶日渐明显上。政客们玩命学习如何驾驭这只猛兽。特朗普当选以后就用持续不断的挑衅以滔滔之势淹没了美国和国际话语。他敲击键盘发推特的声音震耳欲聋，以至于我们都忘了他刚获胜时我们所有人都有过的一个觉悟：特朗普是2016年和2020年总统大选前就已经露头的一个更广泛现象的表征。如今，几年过去了，我们可以进行必要的反思，把最近几十年看作我们当今世界这幅政治历史镶嵌画里的一块马赛克砖来回顾。这个反抗时代的意义极其重大，影响极其深远，远非特朗普或媒体对他的痴迷可以界定。

反抗者们都曾经遭到过背弃，他们加入反抗的原因各不相同。其中有的人声称，全球化，与全球化挂钩的自由主义价值观和全球化催生出来的、反过来又加速全球化的技术，毒害了他们的生活、他们的社群、他们奉为圭臬的价值观和信念。也有的人揭竿而起，有时候是真的拿起了枪杆子，反对那些曾经许诺说全球解决方案会带来共同繁荣，结果却同最富有的1%的人群称兄道弟的政治阶层。他们之所以加入反抗，是因为他们曾经被告知，全球化能让世界变平——一切都在你眼前，一切都能立即实现，一切都触手可及，你要做的就是伸伸手。毫无疑问，那是个空洞的概念，因为国际经济与其说是建立在平等的基础上，不如说是建立在不平等的基础上。反抗者们看到自己的孩子抛弃了他们的文化，发现高扬的政治正确呼声阻碍他们发声倒苦水，哪怕这苦水情有可原。他们揭竿而起，因为他们的安全感、身份认同和生计都岌岌可危。恐怖主义随时有可能出手，移民们想去哪儿就去哪儿，雇主们时刻打着解雇他们的算盘。2020年，新冠病毒横扫全球，揭露了20世纪政治的退化，它已无力解决当下的挑战，就好比这次的新型病毒在这个高度互联互通的世界里传播。领导人和政治制度照例表现出一切尽在掌控中、确定性和安全性的表象。在历史进程中，流行病的传播打破了那层假象。它们将会揭示出哪些统治者效率更高、更有能力，而哪些人无用又危险。14世纪米兰的统治者卢基诺·维斯孔蒂强制隔离暴发黑死病的家庭，在第一波大流行期间挽救了很多百姓的生命。其他统治者则任由他们的臣民死去，逃回了自己的夏日宫殿，让人不由联想到在新冠病毒肆虐时还在玩高尔夫球的唐纳德·特朗普。"在黑暗时分，眼睛开始看清。"美国诗人迪奥多·罗赛克写道。在病毒传播期间，许多国家都爆发了大范围的抗议活动，这绝非巧合。新冠病毒进一步催化了这场反抗分裂的世界秩序的起义。

这种愤愤不平，这种怨声载道，正在改变世界。同媒体的惯常论调相反，对全球贸易的抗议，或者从另一个层面来说对普世价值观的抗议，根本不是仇恨和无知的瞬间爆发，也远非过眼烟云。西方社会对移民数量增加的抗议并非一向属于极端民族主义、军国主义的宣传。全球化改善了人类处境，但也摧毁了社群，破坏了生态系统，播下了反抗的种子。这场反抗在责任时代终结之时爆发。

· · · · ·

第二次世界大战结束后，世界在谨慎的态度和责任感的指引下进入相对稳定的时期。这就是责任时代（age of responsibility）。选民和他们选出的代表的可怕的个人体验，深刻地塑造了这个时代。他们面前的世界满目疮痍，还没从休克中恢复过来。他们见识过种族主义、极端民族主义仇恨、经济衰退、贸易战，以及对极端意识形态的痴迷所造成的骇人后果，于是决定通通不要。"二战"结束后有那么一段短暂的时间，人类文明如同久旱逢甘霖般地充斥着乐观情绪。早在"二战"结束前两年的1943年，富兰克林·罗斯福总统就表达了这些情绪："我们深信，后代将会知晓，此时，20世纪中叶，善良的人们找到了一条联合起来，共同生产，共同消灭无知、偏狭、奴役和战争的道路。"[1]

他所表述的简单目标实现了。苏联人、美国人、中国人、英国人和法国人一致认为，刚刚结束的战争是一场正义的战争，同时他们也认识到一度发生在他们眼前的恐怖的重大意义。不过，他们的共识到此为止。罗斯福提到了后代，可他自己那一代人就目击了原子弹在广岛和长崎爆炸，不久后又被苏联在1949年进行的第一次核试验吓到。一个新世界诞生了，但这个世界面临的未来是消亡。

这个瑟瑟发抖的世界最害怕的就是冷战双方之间的危险对抗导致下一次世界大战的爆发。乐观情绪很快就被极度的悲观压倒。如果说"二战"刚结束时美国人以为苏联会和美国携手共创世界和平，那么一年后就少有美国人觉得苏联人值得信赖了。65%的美国人预测下一轮全球性的冲突将在四分之一个世纪内爆发。与此同时，一项调查表明，10个美国人里有6个希望联合国更强大，甚至希望出现一个统一的世界政府。[2]

焦虑和恐惧有时候可以转化成机遇，尤其对统治者而言。其中一个机遇就是它们可以迫使人们谨慎，而谨慎产生责任感。

1947年，盖洛普民意调查编辑威廉·A.利德盖特（William A. Lydgate）在其撰写的长篇分析中对责任时代首次进行了界定。"'咱们往莫斯科投几颗原子弹吧'这样的极端主义思想对我们的国民没有吸引力……然而，目前看似令人沮丧的局势可能是一个健康的迹象。许多人曾经在1918年'一战'结束后以为民主从此无碍，而今天的国民没有这种理想主义信念，他们清醒地意识到只有努力才能保住和平。"[3]

怀旧之情既危险也具有迷惑性。冷战给人的感觉不像是身处责任时代。西方国家不情愿地放弃了自己在发展中国家建立的殖民地，而且这个过程往往并不平和。全世界都从古巴的导弹危机、东西柏林之间的紧张对立、朝鲜战争和越南战争中听到了战鼓擂响。两个超级大国之间展开了大量的代理战争。其间，为了阻止东西方打响核战，所谓的第三世界人民被放上了祭坛。

然而，冷战期间的世界的确是个负责任的世界。承认这一点，哪怕是在反思的时候承认这一点，都对现在有用。在当下识别出美德善行很难，追踪邪意恶行的快速演变就更难了。"二战"结束后，世界领导人们一直忧心忡忡，生怕再来一场末日大灾难式的大战。正是这种忧虑抑制了他们的作为，在很多情况下，将他们从军国主义的冒险主义之路上拉了回来。更重要的是，民意限制了他们的作为。无论是苏联的宣传，还是美国将军们的声明，都把和平放在首位，或者至少领导人们希望公众相信他们在追求和平。甚至好战的道格拉斯·麦克阿瑟将军也经常提到和平。"战士们比谁都祈求和平。"他说。他还谈及有必要"通过和平来保有我们的战争胜利成果"。他甚至说，为了和平可以牺牲荣誉。[4]是意识形态给领导人们戴上了责任的镣铐、限制了他们的作为吗？不见得。真正的制约力量更为深刻——上次战争留下的个人和集体恐怖记忆，还有从这些记忆中学到的道德教训。"所有战争均源于愚蠢。"约翰·F.肯尼迪总统在1961年柏林危机期间曾经这样说。[5]古巴导弹危机期间，军队领导人向肯尼迪递交了一份计划，提议先发制人地对苏维埃集团进行核打击（计划包括仅针对莫斯科一地就要投170颗原子弹和氢弹）。肯尼迪胆战心寒地离开了会议室。"我们还称自己为人类。"他在回总统办公室途中对国务卿迪安·腊斯克苦涩言道。

那个世界的领导人——尼基塔·赫鲁晓夫和肯尼迪，还有南斯拉夫的约瑟普·布罗兹·铁托、西德的康拉德·阿登纳、以色列的戴维·本-古里安、英国的克莱门特·艾德礼、苏联的列昂尼德·勃列日涅夫和法国的弗朗索瓦·密特朗——都经历过破坏力极强的世界大战，有的甚至经历过两次世界大战。他们不是天真的和平主义者。更恰当的说法是，他们有务实的目标，而这些目标同他们各自所在国家的利益一致——稳定、国际制度、避免下一次大战。

在西方，负责任还表现在极右和极左势力均呈颓势以及民主的人气高涨上。政治科学家罗伯托·S. 福阿（Roberto S. Foa）和雅思查·莫恩克（Yascha Mounk）的研究表明，出生于20世纪30年代的美国人中，有超过70%的人认为生活在民主体制下"至关重要"。同期出生的英国受访对象有同感的比例与此相仿——达到65%。出生在20世纪40、50年代的人也认为民主是一个至关重要的价值观。[6]当时参与建设西方的人都有过对他们的思想触动极大的共同的可怕经历——战争的无情破坏。目前这一代人的父辈和祖辈有一种跨国界的共同的精神气质。他们勤勉谨慎到虔诚的地步，脚踏实地地过好当下，而不是心怀来日幻想。他们想要一个或多或少主流的、负责任的政治体制，于是心想事成。

责任时代慢慢地、艰苦地造就了相对的稳定与和平。两个超级大国维持着对抗竞争关系，而这种关系从本质上看是理性的、负责任的。它们避开民粹主义，一心一意希望通过科学技术赢得冷战胜利并改善社会物质条件。在它们各自的势力范围内，两个超级大国将国际合作发展成了理想的形式。

事实上，"二战"结束后，除了苏联的共产主义制度垮台后的短时冲突激增，国与国之间的战事减少了。[7]最近一次有全副武装的军队开打的战事是2003年的第二次海湾战争。每日生活费不到人均两美元的人数和儿童死亡率下降的同时，全球冲突造成的死亡人数也急剧减少。1950年，世界不到一半的人口识字，而今天这个比例是86%。[8]2003—2013年间，全球人均收入中位值接近翻倍。[9]上述成就全非偶然。战后伤痕累累的社会和忧心忡忡的领导人们栽下了稳定之树，而这些就是树上结的果实。

关于责任时代，我们必须记住两点。其一，它是我们所在的动荡不安、战火纷飞的现代时期里的一个例外。第二次世界大战使得极端主义和民粹主义哑口无言。它们沉默的时间在历史长河里不过弹指一挥间，但此书的多数读者均在此期间出生。后来，战争的记忆开始消退。20世纪80年代出生的英国人、美国人同30年代生人不一样，他们不怎么相信民主的重要性。只有30%的80后相信民主的重要性。[10]虽然祖辈们可能在诺曼底海滩为了捍卫民主而献身，但他们自己却认为"民主"这个术语已经失去其意义。

对于责任时代，你需要了解的第二点其实你早已有所察觉：它已然结束。

• ● ● ● •

责任时代随着纽约世贸中心双子塔的坍塌而终结。我们尚处于

"9·11"事件的第一轮余波中。基地组织攻击美国本土是一种战争行为，原教旨主义者针对的是美国代表的普世主义愿景。恐怖主义者挑起了基督教和伊斯兰教之间的全球战争，在此过程中他们释放出了先前被禁锢的恶魔，而其中许多恶魔同两大宗教都没有关联。这场刚刚打响的战事将决定世界的命运。这不是宗教对抗，而是信仰对抗。作战的一方相信世界正在缓慢走向政治和文化一体化，而另一方视此种前景为噩梦，并愿意不惜一切代价来阻止它实现。困在两方当中的则是中产阶级，尤其是西方的中产阶级。他们在民族国家和全球化之间摇摆不定，在特定的身份和普世价值观之间犹豫不决。

今天的全球化不可持续；"二战"后的相对和平面临威胁，而且不稳定迹象正在倍增。其中最严重的当数气候危机。工业化时代的繁荣的代价是对当前和未来的自然世界的滥用。

本书将带领读者游走于反抗前线，向读者揭示反抗运动的有形轮廓和黑暗角落。在斯里兰卡北部，我看到最后的大象群在贫困农民的步步紧逼下退守残存的森林，而那些农民也在竭力应对国际贸易导致的后果。十几岁的叙利亚难民一边沿着铁轨走在从希腊通往德国的漫漫长路上，一边同我谈论他们的未来。在面临前所未有的人口危机的日本，一位年长的女性在一所废弃的学校里告诉我，她多么希望再次听到孩子们的嬉闹声。我目睹了希腊人为抗议严重的经济衰退而暴乱。2008年金融危机爆发时我身在伦敦，那可是自20世纪30年代大萧条以来最严重的金融危机。我同过分乐观的种族主义者和民族主义者讨论他们对未来的期许。

这是一本关于在特定地点、特定时间的特定人群如何应对本土问题的书。故事中既包括同这些人群的对话，也有作者的观察。它讲述了一种跨越地理和文化边界的全球意识的出现，也讲述了全球化如何改变道德情感。

在我们今天这个时代，西方的相对和平吸引了一大批难民逃离他们在灾难中心的家园，去寻找庇护之地；我们刚刚度过严重的经济危机，但它的影响犹存，还在继续割裂中产阶级，威胁全球化和全球化制度；就在世界需要通力合作，来应对有史以来最严峻的全球危机，即气候危机之时，各国人民、机构和国家之间的合作却在减少。在这个贫困现象迅速消退，教育、卫生服务和收入不断提高的时代，原教旨主义风生水起。同时，人们生育的孩子却越来越少，由此引发许多问题。建立在自由主义愿景共识基础上的国际社会变得越来越极端。

这些紧张局面已经催生了对进步理念本身的讨伐。进步以启蒙运动价值观为标尺，依赖于理性和事实，认同科技是改善人类境况的必要因素，以及在一个开放的社会中，传统没有对批判性思维的绝对否决权。反抗全球化的力量正在被进步的新、老对手利用。他们并不是想解决不可持续发展的全球化体系所带来的不满，而是把它们当作诱饵加以利用。民粹主义–种族主义政客、反科学的江湖骗子、巴枯宁无政府主义者、原教旨主义者、社交网络上的虚拟社群、集权主义空想家、新卢德派分子和阴谋理论的崇拜者，都在游行抗议。

它所产生的反抗和政治会引出一个更公正，也因而更强大的国际体系。这个体系将平衡地方和全球，要求创造更多的平等机会，还将促进事关我们生存的环境合作。然而，这样一个乐观的场景既不明朗，也并非必然。如果说我们在过去二十年里学到了什么，那就是没有什么是天注定的，也没有什么进步是不可逆转的。

进步看似强健，但其实相当脆弱。它完全取决于各个社群是否愿意时刻准备着为它而战，取决于领导人们是否决意不做傻事。全世界人民正处于一个激变时刻。此书意在倾听他们的心声。

第 1 章

袭击报社

REVOLT

● 逆 流 年 代 ●

我曾经参与过一次冲突，有20几名武装分子袭击了一家巴基斯坦的报社。事发前我几乎想象不到，当然我也根本不希望它发生。我既不认识袭击者，也不认识受害人；事实上，我从来就没有踏足过那家报社的任何办事机构。巴基斯坦和我所居住的以色列没有建立外交关系。然而在一个全球化的世界里，一个人在某个国家的行为可能会对居住在遥远的另一个国度的人们造成可怕的，间或称得上排山倒海的影响。有时候，它所带来的不祥影响超乎你的想象。

2004年，我结识了阿玛拉·杜拉尼。她当时担任巴基斯坦战斗报集团的高级编辑，也是该国最大的英语报纸《国际新闻》（*News International*）的供稿人。当时，我们一帮记者受到美国最著名的公共广播电台之一——波士顿地区的WBUR电台的邀请，赴美国参加一个由美国国务院资助的长期专业课程。电台的组织者们自以为想出了一个妙招。他们要把敌对民族的人召集到一起，让以色列人和巴勒斯坦人、印度人和巴基斯坦人参加同一个课程。这个课程重点探讨了媒体在冲突中扮演的角色，更为直白的说法就是：记者们老是对冲突火上浇油，煽动民意，要是他们不这么做就好了。布什政府对这类项目感兴趣的原因在于，在它推行反恐战争并占领伊拉克期间，它需要一块遮羞布，通过促进敌对人民之间的对话来证明自己致力通过和平手段解决国际冲突。我们这个课程的组织者们可能觉得，把以色列人和巴勒斯坦人运到离家几千英里外的地方，让他们跟来自印度次大陆的另一对冲突双方共处一室，说不定就能促使他们找到共同语言。这是一个徒劳的设想。因为房间里还有外国人，他们都更加坚持自己的传统立场。巴勒斯坦人和印度人也是如此。不过，在此期间，某些不同寻常的跨文化友谊倒是成型了。人人都同阿玛拉相处融洽。她是一位典型的牛津学者，说起英语来既雄辩又认真，而且言辞优美。所有的中东参与者，无论是以色列人还是巴勒斯坦人，都羡慕她。

她的护照同她的祖国发放的所有其他护照一样，特别注明适用于出行除以色列外的所有国家。以色列和巴基斯坦之间长期的冷漠敌对关系要追溯到这两个国家的诞生之日。它们的建国时间前后相差不到一年，都是从大不列颠帝国中剥离出来的。虽说如此，而且事实上正因为如此，杜拉尼和我在美国研习班结束后还一直保持电子邮件联系。2005年，她着手撰写一篇深度报道，探讨两国之间的非正式关系，以及是否有可能升级为全面外交互认。她写邮件给我说，如果能为此采访阿里埃勒·沙龙总理就好了。我猜说动他接受采访不会容易，但我提议，如果她想的话，我或许可以帮她搞定对副总理西蒙·佩雷斯的采访。我同后者很熟。杜拉尼抓住了机会。作为前总理和诺贝尔奖得主，佩雷斯在国际上的声望不逊色于沙龙——其实他可能更出名。不过，问题来了。她告诉我，由于两国之间的敌意，她没法从卡拉奇拨通耶路撒冷的电话。2005年的时候还没有Skype和其他网络通话服务，至少据我们所知还没有。我建议她通过电子邮件把提问清单传过来，由我通过佩雷斯的发言人安排采访。我会严格按她的问题清单向佩雷斯发问，录制他的回答，然后把转录好的文字稿发给她。

佩雷斯办公室非常高兴有机会安排他接受一家知名巴基斯坦报纸的采访，而佩雷斯本人一直以来都很乐意向世人传播他那不屈不挠的政治乐观精神。于是，2005年1月中旬的一天，我和佩雷斯在以色列国会的餐厅找了一张桌子面对面坐下来。采访前，我没有按老规矩先跟他闲聊，问他是否有意夺回工党的领导权——这是我跑政治新闻时候的套路——而是代表一家巴基斯坦报纸采访他，还插入了一些我自己的提问。我把他的回答整理成文字稿，发给阿玛拉。她非常高兴，后来据此在《国际新闻》上发表了文章。

十四年过去了，两国仍然没有正式建交，但分别身处卡拉奇和特拉维夫的阿玛拉·杜拉尼和我可以视频通话，回忆那次采访以及采访造成的后果。阿玛拉告诉我，当年她没有完全向我坦白她的真实感受。

"当时我很害怕，"她告诉我，"以色列高官首次向巴基斯坦媒体集团发表声明。这可是破天荒头一回。所以我怕极了，我预料到我的文章发表后会有负面影响，很严重的那种。但我的编辑们大力支持我，给了我信心——他们立马就拍板决定，'可以，就这么办'。"而且他们说到做到。采访发表在报纸的头版，后面是杜拉尼分析两国关系的长达4页的文章。她在文中引用了以色列、美国和巴基斯坦官员的话。

标题是这么写的："佩雷斯说：'如果巴基斯坦和印度能做到，以色列和巴基斯坦也能做到。'"副标题是："他说和平不可耻；如果巴基斯坦想要加入中东和平进程，不能靠'遥控'。"

这篇文章既没有促进和平，也没有促成两国之间的外交关系。见报第二天的深夜，约30名武装分子骑摩托车来到战斗报集团总部，向空中开枪，制服并殴打保安，闯入编辑室并砸毁了其中的物品，还企图纵火。幸好无人死亡。他们离开的时候高喊"真主至大！"。巴基斯坦人都明白，这次袭击是冲着对西蒙·佩雷斯的采访来的，不一定是针对他的言辞，而是针对这家知名的大型巴基斯坦媒体集团，谁叫它胆敢开先河，发表对呼吁两国和平的以色列高官的采访。路透社等国际新闻社之所以对此次袭击进行报道，大多出于对这个大环境的考虑。巴基斯坦政府和无国界记者组织都谴责了这次袭击。引发此次事件的采访发生在以色列，而以色列媒体也对袭击进行了报道，由此形成了一个新闻创造新闻的闭环。

我们来深入探讨一下这件事。

两位在一片广袤大陆的两个边远角落长大成人的记者，在世界另一头的一片大陆上由某个国家政府出资赞助的课堂上相识。这个国家是个超级大国，谋求通过调停全球各地的冲突来巩固自己的地位——与此同时，这个超级大国还占领了中东的一大片土地。两位记者的母国是敌对国，但多亏了科技，他们克服了远距离障碍，打破了外交和政治壁垒，由此能够自由沟通。读到一篇发送和平调解信号的采访后，极端主义者们用暴力回应。这次袭击在世界各地得到报道，还作为新闻回到了以色列。

整个事件从开始到结束只用了几天时间。从这个故事里，我们看到了人类的互联互通、思想如同病毒般传播、技术对死板保守的政治的挑战、原教旨主义和媒体的参与。当然，在这个故事里，我们也看到了资本家的利益，他们需要一个有新闻价值的头条来卖出更多报纸。后面这个因素才是这一连串事件的主要推手。这个故事的暴力结尾说明，超国家的互动对本土的权力结构、传统和信仰构成了越来越大的威胁。反对者们现在和将来都不会无动于衷。他们正在反抗。

仅仅三年后，事态就明朗了。这样的事情不只发生在巴基斯坦，而且通过各种手段、以各种方式发生在世界各地。三年后，我旅居伦敦，见证了自大萧条以来最严重的全球金融危机的爆发。

• • • •

一个人要是在伦敦漫步，他会注意不到时间的流逝，逐渐忘了有哪些日程要赶。他的眼睛忙着摄入街头景象，沉浸在它的热闹和数世纪以来积淀的人类活动痕迹当中。如今，多元文化是伦敦的典型特点，也是英国历史的重要成分，以至于你会以为穿行在伦敦街头的形形色色的人都觉得这是理所当然的。然而事实并非如此。许多伦敦街头的行人们深刻地体会到了疏离感，体会到了什么叫熟悉的陌生人。这种感觉既让伦敦这个城市张皇失措，又让它不得不打起十二分精神。将近40%的伦敦人出生在英国以外的地方，其中大多数出生在欧盟以外。300种不同的语言在这个大都会里并行流淌。疏离感是伦敦当前身份认同的根源。

在这些彼此陌生的伦敦人当中，我更是一个陌生人。我太太和我都需要找个地方歇口气，暂时远离我们在以色列的职业障碍赛。我们想体会一下生活在别处的滋味，于是决定出个远门去攻读研究生学位。纽约、伦敦、巴黎、华盛顿——老实说，究竟去哪里对我们来说并不重要。我们来自一个遥远的地方，而上述每个地方都是我们眼中的宇宙中心，都充满了美妙的异国诱惑。

我每天沿固定的路线走去大学。我大步走过同布卢姆斯伯里相邻的街道，穿过西奥博尔德路，来到我最心爱的地方。这是一条从主干道分岔出来的风貌老旧的小窄巷子，弥漫着煎炸食品的气味，里面有一家老酒馆和几个售卖无滋无味的三明治的廉价咖啡馆。我想象这里曾到处是四下乱窜、传播黑死病的老鼠，人们随地便溺，小巷肮脏的墙体和阻塞交通的杂物都渗出一股尿骚味。现代都市让这条小小的步道改头换面，为它披上了异国风情的外衣。早高峰时，这条巷子里人头涌动，都是穿西装迈大步的职员。

巷子尽头有个小小的公园，公园的那头散落着伦敦政治经济学院位于市中心的校园建筑，离霍尔本地铁站和大英博物馆都不远。这所大学不像牛津或剑桥，没有大片的绿地和自行车道，入耳入目的都是这座野心勃勃、心无旁骛的城市所制造的喧闹。

那是2007年9月，世界局势还算明朗，即使布什政府的意识形态同国际社会两极分化。比较敏感的人可以听到，随着变革这辆子弹列车的飞驰，上一个时代铺设的铁轨枕木正在呻吟。然而，很少有人真正领悟到2001年"9·11"恐怖袭击及其余波的深远影响。我和我在伦敦政治经济学院的同学们攻读的是国际政治学位，课程内容包括全球治理、世界银行等经济制度面临的挑战、国际贸易、利率政策、后帝国主义、平等和日渐扩大的国际收入差距,还有移民政策等。因为我来自一个中东小国,而且我把大部分时间都用在关注动荡的本国政局上,所以我没有同学们那么擅长国际贸易政策或外商直接投资等话题。不过,我和他们不同的地方在于,我当过记者。我报道过竞选活动,看到过总理们被人打破砂锅问到底时的暴怒。报道第二次黎巴嫩战争期间,火箭弹如雨点般坠落在以色列北部,我只得拼命奔跑寻找掩体。我还去白宫椭圆形办公室报道过官方访问。这些都是我上学时带来的随身财产。换句话说,我跟每位遇到困难的记者一样,知识不够就用掌故来凑——比如说那家巴基斯坦报社的故事就能派上用场。但是不久后,我的财产同其他同学的先前经验一样失去了效用。几个月后,学期还没结束,全球化就会面临大萧条以来最严重的危机,国际政治变局将现,整个世界秩序赖以维系的假设将受到挑战。

当然,这一国际经济和政治构造运动在我们厚重的教科书里读不到,在讲座里听不到,因为它们都是在危机发生前写就并发表的。教学大纲里只有那些最为激进的部分才在某种程度上触及了把专家们的自满自足一扫而光的惊天动地的事态转折。

2007年末,美国联邦储备银行,也即美国的央行,意识到由于次级房屋抵押贷款违约增加,建立在这些抵押贷款基础上的投机性衍生产品市场崩盘,流动性危机即将爆发。旋即,美国面临大规模金融危机。2008年初,布什政府试图用经济刺激计划来对抗金融危机,但没有奏效。同年春秋季之间,巨型美国企业开始破产。这些公司——例如贝尔斯登公司和雷曼兄弟公司——正是我的同学们有意求职的地方。

在此种情况下,我们的书还没读完就过时了,书上的理论一经应用就被证明无效。随着危机击破一个又一个模型,推翻一位又一位权威人士的断言,我们不得不质疑许多原本想当然的东西。我的同学们和我要么出生于20世纪80年代,要么出生于90年代初。我们成长在一个相互连通的程度越来越高，变化的速度堪称指数级的世界。明眼人都觉得整个世界将会日渐一体化，直至整合为一个单一经济体，遵守同一套秩序，而我们和所有其他人将会享受更多繁荣。结果，全球化的虚假前提不可避免地崩塌了。

一场持续性革命

在过去的十年间，全球化光华不再。单从数据就可以看出，相对于世界GDP总量，国际贸易、跨国投资和银行贷款都在萎缩或处于停滞状态。《经济学人》（*The Economist*）杂志把这个现象称为"慢球化（slowbalisation）"。这次严重的经济危机无疑破坏了全球化的基本假设。或许，只对全球化世界做乐观预言，对其阴暗面却轻描淡写的论调让人们厌倦了。

然而公共话语的变幻无常不能改变一个赤裸裸的事实，那就是全球化是一场持续性革命。我用了"持续性"一词，是为了指出全球化剧烈地改变着——持续且势头不减——人们恒久以来的生活方式。在它制造的环境氛围里，人类必须承认世界从物质上和概念上都是单一且不可分割的。这个模型一旦建立，我们的人生就开始持续且大幅度地改变。它是一台政治永动机，它的能量来自地方和全球之间日渐扩增的紧张局势。

全球化的潮起潮落塑造了国际环境，而且在可见的将来还会继续塑造国际环境。全球化表达了一种从古代中国和罗马帝国时代开始就一直弥漫于人类历史的基本不确定性。这个世界到了最终是会融为一体呢，还是由一系列相互区别开来的社群构成？

随着全球性挑战的出现，定义最为广泛的全球化成为我们这个时代的中心议题。历史并没有像弗朗西斯·福山在《历史的终结与最后的人》（*The End of History and the Last Man*）里所预测的那样终结于无可匹敌的自由民主政体，也没有像塞缪尔·P.亨廷顿在《文明的冲突与世界秩序的重建》（*Clash of Civilization and the Remaking of World Order*）一书中预言的那样恶化成永久的文明冲突。不过，我们目前正在为一个更古老的问题鏖战不休：人类究竟在多大程度上注定了终将生活在一个统一的世界里，信奉同一套基本价值观，地方社群融合为超国家经济体？这才是问题所在，而且一贯如此。全球化也好，抵制全球化也好，都回应了这个问题。如今有越来越多的领导人和政治运动——从土耳其的雷杰普·塔伊普·埃尔多安到法国的埃马纽埃尔·马克龙，再到美国的唐纳德·特朗普——都适时地把他们的政策的关键部分建立在对全球化及其价值观的敌意或同情上。

主流经济学家认为全球化有望终结贫困；法国农民则认为它是一种恶性感染，会毁掉社群甚至生计。要是不理解全球化的运作原理，就没法搞懂流感或者竞争激烈的亚洲智能手机市场。全球化变得无处不在，它要么总揽一切，要么不过是一句空洞无意义的陈词滥调。但是，全球化这个概念基本上还是清晰的——它指的是每个事物和每个人之间日渐收紧的相互关系的网络。

全球化导致一体化加强。这是国际贸易不可避免的结果，因为国际贸易要求并且创造了工业化国家之间的资本、劳动力、知识、文化和技术的流动。人类如今堪称行走的地图，全球各国都在人类的穿戴上留下印记。

想想起居室里摆放的餐具柜吧。有的人觉得这是祖父母们才有的家具。餐具柜厚厚的玻璃门里面陈列着一个家庭最为珍贵的器物，例如瓷器，有的瓷器可能真的来自中国。或许还有一个来自伊朗的彩绘狮子小雕像。银质烛台可能是英国货或者德国货。人们一直以来都喜欢拥有来自远方的制品。他们越是富裕，此类器物就越多。无论是陆运还是海运，长途运输和贸易向来风险很高。为此，来自远方的物品的高昂价格也反映了这种风险。这样的货物，从茶叶到纺织品，再到瓷器和某些香料，往往来自远东，被称为"具有异国情调"，因而备受珍视。具有异国情调的物品往往也象征着文化之间的纤细纽带。今天也没什么差别。家里的餐具柜已经被拆除扔掉了。如果我们今天还保留着这么一件家具，那么在全球的北方，更合时宜的做法是用它来展示通常比进口货更贵的当地生产的小摆设。遥远地方之间的纽带不再纤细——它们的关系广泛、深厚、密切。我们每个人穿的、用的产品，从眼镜镜片、珠宝到起搏器，都包含来自不同大陆几十个国家的零部件和设计。我们的身上承载着发生在遥远地方的、我们永远不会结识的人们身上的戏剧和机遇。

解放性革命

全球化不但能自我延续，它还向人们提供了机会，因此具有解放性。自1990年以来，10亿余人口摆脱了赤贫[1]，此乃我们这一代人见证的最重要的进步。历史上第一次有这么多人一下子从挣扎求存跳升到因为机会太多而眼花缭乱。尽管机会可能并不起眼。联合国在2000年为自己设定了"千年发展目标"，计划在2015年将全球极端贫穷人口比例减半。世界银行将极端贫穷人口界定为日均生活费在1.25美元以下者。实际上，这个减贫目标提前5年完成了。多数脱贫人口生活在印度和中国，但其他国家也有受益——越南、埃塞俄比亚、卢旺达和孟加拉国是最好的例子。极端贫困一般用日均收入或人均消费来衡量，但其他指标也说明了全球物质生存环境的改善——婴儿死亡率的直线下降、预期寿命的上升，还有识字率的飞跃。每一个经济增长、收入提高的地区也都表现出技术进步的巨大影响，以及在国际贸易中的参与度。[2]把这些指标放到广阔的历史环境里，就可以相当清晰地看出，工业革命以及随之而来的国际相互关系开启了人类生活条件的改善之路，一直延续到了此轮脱贫。

直到大约两个世纪前，全世界平均预期寿命只有40岁左右。[3]在19世纪中叶的英国，孩子们如果能平安成长到5岁，那么他们的预期寿命则为50岁出头。[4]按今天的美元价值计算，当时人们的年均生活费在400美元左右或者更少。大部分人是文盲，身体有恙，经济贫困。许多人被奴役——除了种族主义造就的非白色人种奴隶，还有欧亚两地的农民、农奴以及形同贵族和资本家私有财产的契约佣工。

在那个没有民主、妇女没有平等权利的世界里，法律意义上的自由人仍然摆脱不了贫困的奴役。据经济学家估计，在21世纪以前，至少84%的公众生活在赤贫状态下，每天每一分力气都用在求生上[5]，导致资源利用效率极其低下。想象一下，有位农奴本可以砍柴卖柴挣钱，但他没有斧头。即使他有斧头，他也没有车把柴火运到集市上。

最令普通人痛苦的莫过于眼睁睁地看着自己的孩子死去。19世纪初，大约40%的孩子在5岁前夭折。大多数地方婴儿和儿童的高死亡率一直持续到20世纪20、30年代。[6]对历史上大多数时期的大多数人来说，人类的生存条件一直都非常不幸——几近难以忍受，有时艰苦到令人麻木。

过去的人坚信世界一成不变，循环往复。过去的等级制度将所谓的永恒信念和价值观神圣化，把扭曲的理念强加于人并且进一步扭曲思想。在历史长河的多数阶段，贫困被视作人类社会自然和必要的一部分，精英们还试图证明它存在的正当性。乔治城大学的马丁·拉瓦雷（Martin Ravallion）收集了部分此类观点，进而分析了世界是怎么逐渐认识到减贫的必要性的。[7]有位英国作家在1771年宣称："只要不是白痴就都知道，一定不能让下等阶层富裕起来，否则他们就会犯懒。"[8]而另一位18世纪的经济学家则宣称："为了实现社会幸福，让人安于陋境，必须让一大批人继续愚昧和贫困下去。"[9]在这些人看来，贫穷似乎是一个健全社会的必要条件和天生特点，因为如菲利普·埃凯（Philippe Hecquet）所言："穷人……就像油画里的阴影：有了它才有对比可言。"[10]

历史上，人类生存条件的改善并非来自某个宇宙事件或众神的恩赐。引发变革的是理念——那些为科学革命和启蒙运动奠定基础的理念。自由思考，破除迷信，打破天主教会对知识的垄断，承认尊重个人自主权的必要性，是它们把人类从世世代代的悲惨痛苦中解救出来。从15世纪初开始，欧洲各国间的政治竞争刺激了技术、军事科学和其他领域的进步，新经济布局也应运而生。启蒙运动价值观为构建社会制度、保护私有产权、促进改革奠定了基础，而它们又反过来强化了启蒙运动价值观。"启蒙运动就是人类脱离自己所加之于自己的不成熟状态，"伊曼努尔·康德写道，"不成熟状态就是不经别人的引导，就对运用自己的理智无能为力。当其原因不在于缺乏理智，而在于不经别人的引导就缺乏勇气与决心去加以运用时，那么这种不成熟状态就是自己所加之于自己的了。Sapere Aude! 要有勇气运用你自己的理智！这就是启蒙运动的口号。"[11]启蒙运动价值观是保护科学革命成就的盔甲，而正因为科学革命的成就得到了保护，工业革命才有可能发生。紧接着，工业和资本主义为了求生存要求实现全球化，将产品配送到世界各地。

可怕的高效率

请想象你是19世纪英格兰曼彻斯特的一家纺织厂的厂主。这家纺织厂采用了1764年发明的珍妮多轴纺织机和1784年发明的动力织布机这两项革命性技术，布料生产速度加快了，产量也远远超出本地市场的需求。交通运输上的创新和通信技术赋予厂主将提高的劳动生产率转化为利润的能力。鉴于厂主投入了巨资，而本土市场早已充斥着竞争对手的产品，他需要尽快扩大收益，于是他想尽办法把自己的产品卖到有需求的地方，从伦敦到亚洲，不一而足。此外，技术还在不断进步，他需要购买新机器，跟上时代潮流，这样才能保持竞争力，不断扩张。这往往意味着他需要向债权人融资。到了这个阶段，如果厂主没能持续开发出新市场，他就会破产。

政客们来救场了。如果大不列颠必须派军队才能迫使它的殖民地从购买本地产品转为购买英国产品，必须派海军才能强迫他国向这些新大亨们开放市场，那么就这么办吧。马克思和恩格斯在1848年就一语中的："不断扩大产品销路的需要，驱使资产阶级奔走于全球各地。它必须到处落户，到处开发，到处建立联系。"[12]

《共产党宣言》问世后不久，英国的棉布产量已经占到世界总产量的一半——虽然它根本不出产棉花。[13]它之所以能做到这一点，不是因为资产阶级掌握政治力量，也不是因为资本家们为了保有对生产方式的控制而诉诸暴力。真正的原因很简单：工业革命提高了效率，增加了产量，降低了成本，实现了产品的远距离运输，由此产生的财富诱惑巨大。

全球化不低头求人——它发号施令，把效率放在首位。判断效率的唯一标准是企业利益，焦点在于收益。本土性问题只有在有助于或有碍于盈利时才会被纳入考量范围。因此，正是全球化的本质造就了当今印度尼西亚的纺织血汗工厂，大量有毒废弃物被倾倒在全球南方国家等现象。全球化的运行不遵守任何道德准则或实质性法规，它没有理智，只不过是一台由效率驱动的简单供求机器。

全球化扫荡一切，势头凶猛。一直以来的相关讨论要么预测基于技术的全球化不可逆转，要么预言全球化会引起全球愤怒。现实要复杂得多，既有光明面也有阴暗面。工业革命及其全球扩散的一个积极成果是造就了更强大的社会制度，而其中最重要的莫过于教育。

随着工业革命的加速，对劳动力的要求提高了。为了可以被工厂聘用，这些劳动力必须受过基础教育。[14]公立学校也好，为青少年工人开设的所谓工厂学校也好，都为资本家提供了两项关键服务：其一是让工人们习得了基本技术经验和读写能力。这两样都是社会所要求的技能，否则工人们就用不来汇票，写不了信，读不懂通告，当不成学徒。其二是训练了工人的行为：跟以往在农场或家庭手工业作坊劳作不同，在大工厂上班的人需要学会服从命令，有时间观念，理解共有责任。大众化教育符合资本家的需求。

不过，随着时间的推移，公众教育摆脱了诞生之初的工具性，具有自身独立的价值，同平等挂上了钩。就在19世纪，全世界15岁以上、接受过基础教育的人口占比从17%上升到33%，差不多翻了个倍。到20世纪中叶，这个比例达到50%。在2000年，这个比例是80%。[15]

富裕阶层对人力资本的需求造就了这个历史性结果。不过，公众教育一方面具有剥削性质，另一方面也赋权给先前一直受压制的全体民众，让他们有了争取改善个人生活和政治状况的工具，推翻了阶级结构，强化了民主和工人权利。[16]

不平等革命

全球化是一场持续性的、解放性的、效率高得可怕的革命。它不是什么地球村，让来自不同国家和种族的人围坐在一起唱响"欢聚一堂（Kumbaya）"。"世界是平的"所构造出的海市蜃楼，遮盖住了全球化道路上的坎坷与曲折。事实上，目前这个全球化模式最糟糕的可能结局是，整个世界变成一个讲求集体性的平等主义村庄。全球经济的动力来自不平等。国际生产和国际贸易要求在劳动力成本、购买力、商品及原材料价格、汇率等方面存在差异和套利空间。

企业家们早已利用这些差异，投身全球进出口经济，挣了大钱。这一进程在柏林墙倒塌后加速了。此后二十五年间，每天都有将近128 000人脱离贫困。[17]不平等以及在全球层面上对不平等加以利用是收入及生活水平提升的关键动因。

终点在哪里是个关键问题。当前这个全球化版本史无前例。之前也有国际贸易，货物在全球范围内流动，频率时高时低。然而，同现在相比，过去版本的全球化未能提高全世界的生活水平，当然也没能减贫。被剥削、被压迫者一直是零和博弈中的输家。整个世界掉进了马尔萨斯陷阱——缓慢的技术进步和食品增产导致人口增长，有限的资源需要分配给更多人，直至最后生活水平回归凄惨的初始状况。

18世纪的启蒙哲学家伏尔泰为奢侈享受辩护，抨击批评者的虚伪，指责他们一边高高在上地反对消费文化，一边享受咖啡等人生美好事物。"难道咖啡豆不需要勤勉的人在阿拉伯半岛的田野采摘？"伏尔泰拿咖啡说事，"来自中国的瓷器和精致易碎的美丽珐琅涂层曾经在无数双手中流转，烧制，再次烧制，上色，描画。这块纯银，经过精雕细刻，或轧平或制作成器皿和浅碟，来自新世界的心脏地带，开采于波托西的地底。整个宇宙都为你效过力，这样你才能洋洋自得地雷霆震怒，高高在上地恶语相向，侮辱为了取悦你而筋疲力尽的世界。"[18]

伏尔泰提供了涓滴效应*的早期版本。享受，即我们所称的消费主义，把世界联合起来，因为它创造了就业，催生了贸易和工业。其他人显然认为他的话无凭无据。经济历史学家格雷戈里·克拉克（Gregory Clark）的解释言简意赅："生活在1800年的普通人比生活在公元前100 000年的普通人好不到哪里去。说真的，大多数生活在1800年的人比他们的远祖还穷。"[19]

整个宇宙并没有像伏尔泰辩称的那样为18世纪巴黎的享乐主义者效

---

* 该词可追溯到20世纪的大萧条时期，美国幽默作家威尔·罗杰斯曾说："把钱都给上层富人，希望它可以一滴一滴流到穷人手里。"后被人用于经济学领域。这一理论指在经济发展过程中并不给予贫困阶层、弱势群体或贫困地区特别的优待，而是由优先发展起来的群体或地区通过消费、就业等方面惠及贫困阶层或地区，带动其发展和富裕。——编者注

力。真相是人类的某些种族受到了奴役，有时甚至会被驱役至死，但自身的物质福利毫无改善。只有一小撮贵族和富裕的资产阶级享受了来自大洋彼岸的奢侈品，包括伏尔泰本人。不但大众生活在贫困中，整体经济也不繁荣——1500—1820年，西欧的人均产值年平均增长率为0.14%。[20]

工业革命以及随之而来的当代全球化深刻地改变了这一切。这些现象所具有的工业化、大规模化和自由主义性质急剧地改变了人类历史的发展方向，有史以来第一次为大多数人创造了机会。全球化既是剥削的促成手段，也是被验证有效的全球减贫疗法。这一进程势头凶猛，以至于我们常常忘记它不是自然现象，不是进步大长征，也不是地球村。它是政治-经济产物，迫使我们加入同一个故事，无论这个故事是好是坏。有时候，这个故事在伦敦或卡拉奇写就，不过就目前而言，在北京发生的频率更高。

第 **2** 章

一个月冲两次澡

REVOLT

● 逆 流 年 代 ●

迈克尔·王是第一代在全球化经济中成长起来的中国人。我们俩结交多年，时常交流。他住在喧嚣的上海，我住在酷热的特拉维夫。我们均出生于1979年，恰逢模拟时代向数字时代转型的风口浪尖。当时中国正在进行史无前例的改革。迈克尔出生时，中国的人均国内生产总值（GDP）不到200美元（以目前的美元价值计算）。以色列的人均GDP是它的30倍。此后，两国人均GDP之间的差距大大缩小。迈克尔是个勤勉认真的人，总是面带笑容，对中西方嘻哈文化很有研究，自己也能来上一段。我喜欢听他精确地解读嘻哈之类的文化现象。他就是个妥妥的潮人。

几年前的一个冬日晚上，我们和一群朋友在旧金山附近聚会，不知怎的聊起了童年。我告诉他，那时候我一个星期里最喜欢的就是上课外计算机班的那一天。我对编程没兴趣，但是起初我们家没有电脑，而老师会在下课前给我们几分钟时间玩玩20世纪80年代那些画质很粗糙的电脑游戏，比如《蒙特祖玛复仇记》（*Montezuma's Revenge*）。

迈克尔小时候一个星期里最喜欢的日子跟我的完全不一样，是他能和父母去公共澡堂淋浴的那一天。

迈克尔随父母生活。他父母是第一代上海人。"文化大革命"期间，他父母的高中停学，许多亲戚上山下乡，当毛泽东思想指导下中国社会重建工程的"小螺丝钉"。由于时局动荡，迈克尔说，他父亲"自学了高中课程"。后来，中国大学恢复招生，他父亲才开始攻读机械工程学；再后来，他又自学了编程。

"我上幼儿园和小学的时候，生活真的很艰苦。"他说。

"我们吃了不少苦头。我们和祖父母，还有堂兄弟姐妹们都挤住在一套公寓里。我睡觉的小房间没有窗户，甚至也没有桌子和床。我爸爸只好用几块木头给我搭了张床。食品供应有限，买什么都得凭票，所以我们不大吃肉，一般就吃米饭和蔬菜。节假日和特别的场合，我们会围坐在一张大大的圆桌旁边，只有小孩和祖父母吃肉，父母们都把肉省给孩子们吃——我们这一辈都是独生子女。"

那时候他家没有冰箱，他们从院子里的一口小井里打水，给食物降温。"我们还吃腌制食品，因为它们在夏天不容易坏。"他住的那栋公寓楼没有淋浴设施，如厕得去楼后的屋外厕所，他们用一个金属桶装水洗澡。"楼梯下面有块小空间，我们挂了帘子，然后提水进去，土法淋浴。每过一个月或者几个星期，父母会带我们去公共澡堂。在那里，你可以好好地把自己搓洗一遍。不过你可不能常去，太费钱了。"

20世纪80年代初，这样的生活方式在中国或者整个亚洲都不鲜见。按中国当时的标准来看，迈克尔家不算穷——农村人的境遇更糟。

到了20世纪80年代末，生活条件的变化之大几乎没有人能想象到。"先是商店里不再缺货，"迈克尔回忆说，"突然间有东西可买了。接着，私人交易的市场出现了。你可以自行买卖。从那时候开始，许多人干起了个体户，我们有了自由市场。"简而言之，"日子越来越好过。每年都在变。"

他父母在电子仪器厂工作，用收集来的零部件组装了一台黑白电视机。迈克尔在一项重要的上海小学生数学竞赛中获了奖，从此走上了成功之路。

他告诉我，20世纪90年代初，他开始通过BBS下载文件。BBS是一种早期技术，通过拨号上网连接电脑，可以说是互联网的雏形。回忆到这里，我们的交谈变得好玩起来：我们的体验突然重合了，我们有了共同的童年记忆。此前我的人生跟迈克尔的人生毫无共同点。我家在以色列属于中产阶级，我们时不时去国外旅游一次。我们甚至有两辆车。虽然我和迈克尔的生活环境大相径庭，但新兴的互联网是我们的共通之处，有了它之后，我们的世界变得相似起来。我们这两个同龄少年都在拨号上网，分享文件，同外界沟通。我们是典型的80后孩子，是伴随互联网的发展而成长的第一代人，我们视互联网为人生不可或缺的一部分。

迈克尔的故事不只反映了市场的开放及其影响。他从小就受益于政府对教育体系的投资，因为这个体系识别出了他的天赋。在传统中国价值观里，孩子的教育是家庭的重中之重。迈克尔的父母身为技术能手，也起到了重要作用。不过，迈克尔是最先承认自己运气好的人。这个上海孩子的父母当年得存钱才能去公共澡堂淋浴，而如今他是企业家、纽约证券交易所上市企业的共同创始人之一。本书的许多读者极有可能在使用他的公司开发的应用程序。"我这一代人很懂得感恩，"他说，"这是我的宝贵财富，因为它教会我天底下没有什么是理所当然的。我们小时候经历过的危机让我们心怀感恩。我们感恩父母，感恩进步，感恩政府，因为我们亲身经历了变革。"

变革是邓小平和他的盟友们推动的。1978年，在邓小平的坚定领导下，中国开启了重大改革。他允许有限的非公市场交易，创办了经济特区来鼓励制造业发展和出口。非公企业迅速改变了中国人的日常生活。与此同时，瞄准了中国低廉劳动力成本的外国投资者蜂拥而入。中国经济几乎即刻起飞，年平均增长率达到10%，某些年份高达15%。1980年，中国人均GDP为195美元。2018年，这个数字已经高达9770美元。[1]从1980年到1990年，生活在极端贫困条件下的中国人减少了1.67亿。[2]到2013年，8.5亿多中国人脱离了极端贫困这个致命陷阱。[3]全球化加快了相互依赖关系的建立，而它对中国的影响体现在快如闪电的变革上。这些变革可不是什么被包装成繁复的、需要几十年才能见效的发展计划的经济政策——它们在极短时间内就务实地改善了民生的方方面面。1990年，每10个中国人有2个——加起来就有几亿人——是文盲。20年之后，95%的中国人能读会写。20世纪90年代初，只有68%的妇女识字；到了2010年，这方面几乎不存在性别差距。[4] 从1990年到2017年，婴儿及5岁以下儿童的死亡率下降了83%。[5] 无论用哪个尺度来衡量，中国人的生活都得到了极大的改善。事实上，这样的改善发生在亚洲各地，只是速度不同。朝鲜除外，它是世界上最后一个斯大林式独裁统治的国家。

工业化是关键。工业化和生活水平提高之间的关联是对人类命运影响最为重大的。中国人参与工业革命相对较晚。火车在19世纪就到站了，但他们等到20世纪才上车。然而，这也不过是人类历史上的弹指一挥间。1978年，每10个中国人里有7个从事农业或与农业相关的活动。到了2018年，这个比例反转过来——每10个中国人里有7个到8个从事贸易、工业和服务业等非农业活动。有时候，我会请来听我讲座的观众说说20世纪最重要的领导人是谁。他们通常会回答丘吉尔、希特勒和斯大林。我建议他们放眼更远的东方。当年，斯大林以为他所建设的苏维埃超级大国会万古长青，将成为人类的归宿。丘吉尔希望拯救大不列颠帝国，希特勒梦想建成千年德意志帝国。他们三人都失败了，虽说丘吉尔在这一过程中拯救了西方文明。只有一位20世纪的领导人把他接手的贫穷落后的国家改造成了蓄势待发的下一个超级大国，他就是邓小平。他之所以能够有这么大的成就，是因为只有他借到了全球化的东风。

成为阿凡达

迈克尔，还有许多像他一样的人，是全球变革步伐迅捷的例证。我们不用将模糊的希望寄托于我们的孩子身上，希望他们过上比我们好的生活，我们自己的生活就很可能发生巨变。数百万人从用不上自来水一步就跃进到了在外贸出口企业上班，或者从事软件和应用程序开发的工作。

国家之间、文化之间的贸易并非新生事物。古罗马的老普林尼（Pliny the Elder）抗拒过他那个时代的全球化奢侈品市场。"我们看到……有人远行到赛里斯（指中国）去买布料，到红海深处去采珠，深挖至地下去找绿宝石。"他写道，"印度、赛里斯和（阿拉伯）半岛加起来，每年至少耗费我们帝国一个亿塞斯特斯（古罗马货币）。那就是我们为奢侈享受和女人付出的代价。"[6]这是2000多年前写的，而且还有可能是第一部反对贸易赤字的（男性沙文主义）长篇大论。所谓贸易赤字，就是一个国家的进口额高于出口额。老普林尼的抨击对象局限于古罗马帝国极少数上层人士享用的奢侈品。但大多数世人直到约200年前才买得起这些产品。他们才不买香荚兰豆和绸布。他们的大多数时间都花在获取今明两天的食物上。

早期的互惠式国际贸易是有限的，贸易双方均为极少数贵族和富裕阶层。几乎没有真正跨越领土的贸易。丝绸之路的全球化性质属于19世纪才开始传播的神话。它描绘了一个富足且多样化的古代世界，在这个世界里有开放并运转良好的商业、洲际交通运输和跨文化对话。今天，我们知道，这条繁忙的丝绸之路，还有路上川流不息、横穿亚洲大陆的大篷车，长长的、满载丝绸以换取罗马金币的骆驼队，都是夸张的浪漫主义幻想。丝绸之路上的货物运输速度一天不会超过21公里，大部分交易发生在两个偏远农业中心之间，其目的是满足当地需求。按照《丝绸之路新史》（The Silk Road: A New History）作者芮乐伟·韩森的说法，这种贸易是由"小贩们"完成的。[7]

如今，工业化国家居民家中的大多数产品都不是就近生产出来的，这一点可以证明国际贸易范围之宽广。事实上，当今世界，货物可以当天从一个半球空运到另一个半球，资本和信息的流动通过光纤不到一秒就能实现，"近"和"远"又意味着什么呢？

1881年，英国皇家地理学会出版了一幅绝无仅有的大型地图，图上用绿、黄、橙和蓝色标出了从伦敦出发到达某个地点所需要的时间。在出门靠马车和船只的年代，这样一幅地图对规划艰巨的长途旅行来说至关重要。地图上整个欧洲都被漆成深绿色，说明从伦敦出发预计10天内可以抵达目的地。在美国，东海岸被用黄色标注，说明从英国首都出发需要20天才能抵达——这是航速相对较快的船只横穿大西洋所需的时间。真正遥远的目的地——如东亚——在地图上呈褐色，因为至少需要奔波六个星期才能抵达。

这个世界如此广大，穿越它需要如此之久，以至于国与国之间相互隔绝。如果一场战争打完了，消息的传播速度则取决于风速有多快、浪头有多高、船帆面积有多大、耐撕裂性有多强。而如今，这样一个世界则被一个即时性很强的世界所取代。信息和商品在其中高速流动，交易瞬间达成并被执行。更重要的是，变革在加速。电话被发明出来后用了50年时间才进入半数美国家庭。收音机发明38年后，美国才有了5000万电台听众，而美国电视观众达到5000万则用了13年。[8]与上述数据形成对比的是，脸书问世第一年就有600万用户，5年后翻了100倍。[9]

这些进展不但是贸易和技术的产物，也要感谢——或许这才是主要原因——1945年以来趋于稳定、柏林墙倒塌后得以巩固的政局。信息、资本和货物流动的激增归功于责任时代小心谨慎的决策者和选民们。国际关税制度和计税标准设立了起来，运输成本下降了，国际市场上的投资者感觉比以往安全了。没有强大的制度，经济无法繁荣。同理，没有稳健推进的国际秩序，全球化无法扩展。

· · · ·

这是整个世界历经艰辛才学到的经验教训。20世纪头10年，政治精英们普遍认为，技术、科学和利润将会推动不可抗拒的进步。这个信念被第一次世界大战粉碎了。从1871年普法战争结束到1914年枪炮声骤起这段时间，正是全球化早期版本的推行时期，往往被称为"美好年代"。当时的繁荣令人难以置信。世界迎来了和平年代规模最大的移民潮之一，而北美洲成为主要移民目的地。意大利人、爱尔兰人、犹太人、荷兰人、德国人、捷克人、英格兰人、苏格兰人、波兰人，还有许多其他民族的人，满怀希望地离开旧世界。他们的愿望基本都成真了。科学新发现和技术新发明层出不穷。玛丽·居里和皮埃尔·居里探究了放射现象背后的秘密；路易·巴斯德和罗伯特·科赫揭示了细菌如何导致发酵和疾病；亨利·福特首创了汽车的大规模制造；亚历山大·格雷厄姆·贝尔设计了第一部可以用的电话；托马斯·爱迪生发明了第一个白炽灯泡；卢米埃尔兄弟放映了首部电影。上述任何一项进步都足以引发人类生活的重大改变，这么多进步在短短几十年间接踵而来，便改变了整个世界。

美好年代也是文化繁荣的年代，诞生了一些直至今日仍深受人们热爱的艺术品——印象派、后期印象派、立体主义和表现主义作品。这个时代也迎来了文学现实主义的高潮。托马斯·曼和马塞尔·普鲁斯特等富有创新精神的现代主义作家对人类心理进行了探究。然而，有一个数据支持了当今（技术更先进的）全球化只不过是美好年代全球化的重演这一说法——国际贸易在领先国家的GDP和世界的GDP中的占比。1913年，国际贸易占英国GDP的44%，这个水平直到60年后才重现。[10]第一次世界大战爆发前夕，出口货物值占世界GDP的14%，这个水平直到20世纪80年代才恢复。[11]

第一次世界大战粉碎了一切。"全欧洲的灯光都熄灭了，我们一生都不会再次见到它们亮起。"英国外交大臣爱德华·格雷在血腥冲突爆发前夕说。1914—1918年的残酷战壕对决后紧接着是动荡的20世纪20、30年代，后者以第二次世界大战画上句号。再接下来是西方集团和苏维埃集团之间的对抗，一个竖起高墙、征收关税、铁丝网相向的时代。

一位日本朋友曾对我说，冷战对世界的影响犹如降雪对日本樱花的影响。冬天天气越冷，春天樱花就开得越娇艳。责任时代建设的基础设施在寒潮过后证明了自己的实力。柏林墙倒塌，东方集团国家分崩离析后，国际贸易超常复苏。新一轮全球化打破了美好年代的所有纪录。

同期还发生了另一个现象。不但国与国之间的相互依赖关系加速发展，不断扩大，人与人之间的相互依赖关系也更为深刻。如今，一名印度尼西亚产业劳动者的生计取决于美国网站上的供需关系。这位劳动者使用的手机是中国制造的，但手机的专利技术来自美国。他的工作能否保住受美联储设定的利率影响。一位德国公民可以常住柏林，但生活重心移到了另一块大陆上。他的生意、朋友和爱好不一定非要同他入睡的那张床在同一个城市。他用平板电脑上网阅读在第三块大陆上编撰的专业学术期刊。他在国际网站上购物，把他的储蓄投资到总部设在别处的企业里，还可能自愿奉行另一块大陆的某个（或多个）外国文化的价值观、信仰、健身习惯和饮食。

一个人在物理存在之外还有一个阿凡达般可以自由出没全球各地的化身，这种自愿选择正变得越来越普遍。这种可能性导致了人类从未面对过的问题和两难局面。全球化已经深入我们的静脉、我们的血液、我们在决定要孩子之前所做的基因测试，以及我们养育孩子的方式。

全球意识

英国广播公司（BBC）有一个历时多年、定期进行的调查项目，询问受访者是否认同"我认为自己首先是世界公民，然后才是本国公民"这句话。据这项调查显示，"世界公民"概念在2016年达到顶峰——第一次有半数参加调查的各国公民认为自己是世界公民。[12] 2017年美国一项调查的结果与之类似。大约一半受访对象说他们觉得有必要恪守"全球人类社群"的价值观。不同的人群之间不存在显著差别。[13]认为自己首先是世界公民，然后才是本国公民的人觉得，或者说希望觉得，他的人生没有被完全锁定在当地。电影《欢乐满人间》中伯特的歌词"整个世界就在你的脚下"的感觉越来越真实，而且不应该"除了小鸟和星星，只有扫烟囱工能看到这一切"。

纵观人类历史，几乎任何时候都谈不上整个世界就在人们的脚下。远方人民的经历无论多震撼，远方发生的事件无论多重大，对大多数其他人的生活都不会有多少实质性的影响。

1666年发生的伦敦大火就是一个很好的例证。当时的英国已经是一个蒸蒸日上的海上霸主，在海外拥有辽阔的土地，而且还在不断扩张。作为其首都的伦敦占地广大，地位超群。9月的大火毁掉了伦敦城的很大一部分。最早建于中世纪的城区有四分之三被毁——包括13 000余幢房屋、87座教堂以及其他房舍。大火对文化、建筑、文学、社会，甚至宗教都造成了影响。但有谁知道这次大火呢？有谁听说过它呢？

伦敦人当然知道，几乎所有英格兰人都知道，或许大不列颠王国上下也有许多人知道。英国议会对大火进行了调查，其后英国人锁定了替罪羊。他们指责所谓的"教皇党阴谋"，即是天主教徒们纵的火。宗教偏执狂和排外分子一度以此为由迫害外国人和天主教徒。直到1830年，谴责天主教徒放火的铭文才被从伦敦这场悲剧的纪念碑上抹去。

对大多数世人和大多数欧洲人来说，伦敦大火从未发生过，无论起因为何，目的何在。他们既没有听说过它，也没有兴趣了解它，甚至没有什么特别的动机能让他们产生兴趣。他们所处的世界极度本土化。当时的情况跟古往今来没什么两样，谣言和各种故事总会被传播，而且会通过礼拜日教堂布道或当地小酒馆等社交场合四散开来，不过它们只是知识的微光，暗示了村子外面那个更广大的世界。当时的人用自己所在的社群或所出生的地区来界定自己。由教士、贵族和一小群富裕商人构成的全球精英阶层占有知识、闲暇时间和金钱，而所有这一切让他们能够更多地了解世界。只有一小部分特权阶级了解世界，知道世界是什么，世界上发生了什么。

我们很容易想象出伦敦大火影响一个普通英格兰人生活的场景。他家附近的森林遭到砍伐，因为首都重建需要木材。砍伐森林对英国平民的影响很大，但他在这场戏剧中并未发声。他只是贵族棋盘上不由分说就能被移动的哑巴小卒。当地领主派工人来砍森林的时候，他只能旁观。伐木的缘起会零星地传到他的耳朵里——或许他会听说很远的某个地方着过大火。但更可能的是他什么也没听说。即使他听说了，知道这件事之后他的生活就会有所改观吗？他唯一能影响决策和掌控自己人生的地方就是他自己的家，而这个家有时候甚至不是他的私有财产。

我们可以对比一下伦敦大火和现代灾难的影响范围——就拿2001年9月11日基地组织对美国发动袭击，导致世贸中心双子塔倒塌这件事来对比吧。当时有20多亿人目睹了第二栋塔楼的轰然倒塌。[14]据保守估计，世界上一半以上的人看到飞机撞击塔身，双塔被毁，塔内及周边有2606人丧生。此次袭击意义极其重大，地缘政治影响非常广泛。然而论及后果的严重性，发生在曼哈顿的这个事件其实比不上发生在奥斯威辛或"二战"末期发生在广岛和长崎的事件。

但这个事件被拍摄了下来，电视台还进行了直播。关键就在这里。双塔的坍塌是跨越国界、进入国际公众意识的一个终极意象。许多人因为观看过这个意象而产生了心理创伤，即便巴基斯坦和美国人对此的解读有所不同。人们从中得出的结论截然相反，体会到的感情也完全不一样。不过，他们都知道这件事，这个意象无处不在，影响了全球各地先是数千人，然后是数百万人的决策。

今天，地方之间、民众之间的相互关系非常密切，发生在远方的事情可能会对本地产生重大影响。因此个体们有动力去创建一个由理念、事实和意象组成的共同基础。不过，这个过程中最突出的不是人们对什么可能影响自身生活有了更多了解——毕竟，了解这些符合他们的个人利益。最突出的地方在于，人们对表面上不会直接影响他们生活的事情也懂得很多。1997年，约有25亿人观看了戴安娜王妃的葬礼。2018年足球世界杯开幕式的观看总人数为35亿。2010年智利矿工被困在塌陷的坑道里后，有10亿人收听或收看了救援报道。现在，任何人只要不是极端贫困，只要不是在生存边缘挣扎，都可以形成全球视野。如今几乎所有人都能享受到几个世纪以前本笃会修士在他与世隔绝的修道院里埋头读书的特权。

读写能力、自来水和电力、互联网都具备二元性质。一个人要么享有它们，要么享受不到。它们的可得性改变了人类的生存条件，开拓了人类视野。持续互联的世界创造出一种共同意识。两个孩子可以讨论同一款在线视频游戏，成年人清楚地记得世贸中心倒塌时自己在哪里。两个陌生人可以一起愤世嫉俗地取笑一个他们俩都听说过、都能认出脸来的某个跳梁小丑般的领导人。随着相互关系的加强，人们的思维更加相近。新获得的知识、图像或范式会强化他们的共同世界观。人们不一定非得热爱或接受色情文学、快餐、好莱坞娱乐、美元的力量、对恐怖主义的畏惧、智能手机、宗教原教旨主义或女性赋权，但所有这些合在一起，构成了日渐丰富的人类共同意识。这个不断丰富的意识既滋养了共同的抱负，也滋养了共同的恐惧，从而影响并颠覆各地从消费者需求到国内政治的社会惯例。而科技使得这个进程成为可能，并且起到了加速作用。

这里可以举一个教育和电脑使用能力方面的上佳例子。英格兰纽卡斯尔的苏伽特·米特拉（Sugata Mitra）进行过一个名为"墙中洞"的实验，灵感来自维卡斯·史瓦鲁普的小说《贫民窟的百万富翁》（Q&A）以及其改编电影。1999年，米特拉在新德里某个贫民窟的封闭外墙上挖了一个洞，并在洞里放了一台电脑显示器。显示器旁边放了一个可以用来操作电脑、上网冲浪的鼠标。所谓墙中洞，就是把电脑锁在墙洞里不让人拿走。

这台电脑无人看管，也没有负责监督使用的成年人。米特拉在隐秘处装了一个摄像头，用来捕捉当地孩子们的反应。许多孩子第一次有了上网冲浪的机会。摄像头录下了他们怎样在没有任何正规教育的情况下，三五成群地自学电脑操作，访问网站，下载软件、游戏和音乐。米特拉把实验拓展到了其他城市的贫困街区，包括没有网络接入的偏远地区。在没有互联网的地方，他会留下一个磁盘库，磁盘里刻录了游戏和软件——使用的语言全部都是英语，而当地孩子们根本不会说英语。等到他重访这些地方时，孩子们告诉他："我们需要更好的处理器和鼠标。"他们还说："你给了我们只能用英语操作的机器，所以我们学了英语。"

米特拉的研究表明，接入网络可以帮助成群的孩子在没有成年人监督的情况下习得能力，接受教育，获得他们在原本没有电脑的环境下得不到的知识。这包括操作电脑的基本知识，也包括信息搜索技能、数学能力、学习语言和发展批判性思维的能力等。互联网和电脑自带的互动属性启动了孩子们独立习得知识的进程。[15] "将来的文盲，"心理学家赫伯特·杰尔居埃（Herbert Gerjuoy）说，"不是不识字的人，而是没学会如何学习的人。"[16]在孟买共用一部智能手机的孩子们（或者过去出没网吧的孩子们）自行学会了如何学习。他们面临其他障碍，而且那些障碍往往令人生畏，但它们束缚这些孩子们的威力不及旧时代的无知枷锁。当今世界，事实只要点一点鼠标就能查到。但是我们都知道，谎言也同样近在眼前。

• • • • •

当今，全球化的批评者说，全球化导致了错误意识的产生。它实际上加固了站在最顶层的0.1%的人的压迫工具，或者说世界仅存的超级大国的压迫性制度。他们声称"全球化"只是"美国化"的代名词，好莱坞创造的意象无所不在，美国式的消费主义横扫一切。他们指控说，害处最大的当数美式幸福概念的恶性扩散。

1941年，亨利·卢斯（Henry Luce）提出了"美国世纪"这个叙事。他在自己创办的杂志之一《生活》（*Life*）上发表文章，吹捧美国生活方式，认为它可供全世界效仿。他提倡的理念都"无比珍贵，极具美国特色——对自由的热爱、对机会平等的认可，还有自立、独立及合作的传统"。[17]卢斯出生于中国，父母是赴华传教的基督教传教士。他父母的老派传教工作在他手里变成了一种新式福音，洋溢着如他所言"生于冒险"的美国的令人陶醉的精神。

这个令人目眩神迷的主张一诞生就危及世界各地的地方身份认同、权力结构和传统。很少有人质疑全球化带来的繁荣，但许多人排斥新兴的全球意识，尤其排斥美国对全球意识的影响。文化可以对经济产生深远影响，经济反过来也可以对文化产生重大影响。假如大米进口商在越南低价销售大米，越南当地稻农的收入就很有可能会减少。但如果越南的孩子们突然决定像西方青少年那样多吃炸薯条，那么对稻农收入的威胁就更大了。假如美式快餐入侵越南文化，对大米的需求照理会下降。在这样一个场景里，越南稻农根本没有同竞争对手交锋的机会——他们直接就被消灭掉了。文化一体化加上口味偏好的改变造成了这个事件——稻株栽培文化的夭折。

国际贸易可以改变市场和生活方式，而理念既可以催生新市场和新生活方式，也可以毁掉原有市场和原有的生活方式。新兴的全球意识创造出一个新世界，但与此同时，它就像《薄伽梵歌》里的克里希纳神所宣称的那样："我是全能的时间，是所有世界所有生灵的毁灭者。"[18]

全球化是一条豪华邮轮，把见不得人的秘密藏进客舱、下层甲板和轮机舱。老百姓们待在这些昏暗之地，不得出声，不得作乱，好让邮轮继续扬帆远航。卢斯的美国世纪宣言被刊登在《生活》杂志的内页上，而同期杂志的封面图片是一位身穿晚礼服的好莱坞小明星，大标题写着"好莱坞派对"。真是再恰当不过了。

第 **3** 章

全球化大战

REVOLT

● 逆 流 年 代 ●

越过一山，又是一山。

——一则著名的海地谚语，通常被用来描述当你解决一个问题时，

另一个问题就会出现。

全球化大大改善了人类的生活水平，使消除贫困成为可能，为全球意识奠定了基础。这样一来，它就威胁到了世界各地的传统集体权力结构。与此同时，贸易和资本主义推动各种强大力量去剥削较为贫困和弱势的社会，而较为贫困和弱势的社会中的精英阶层则剥削本国较为弱势的地域和阶层，往往还诉诸暴力。这种不可持续的剥削格局在一系列有规律可循的战争和冲突中得到体现。

北京，2017年

我在北京市中心乘坐电动车，双手出于惊恐紧紧地揪住骑手的背部。倒不是因为这里的交通信号灯形同虚设，而是因为骑手们随心所欲。驾车载我的是一位朋友。他没戴头盔，时常一边看手机一边单手驾驶，而且还高速穿行在汽车当中。成群结队的电动自行车蜂拥在宽阔的公路上，骑手

们都戴着防雾霾的白口罩。

北京迅速地包围了你，将你覆盖。你感受到了它的飞速发展，听到了不间断开发的轰鸣声。中国也许还不是一个超级大国，北京没有新德里那种膨胀的喧嚣，但显然也没有纽约那种急切的狂热。北京庞大而秩序分明，热闹但不见夸张的色彩。城市规划决策迅捷而不带感情。我们的电动车开始减速，最后停在一个废弃的购物中心对面。我的朋友有点漫不经心地告诉我，这座购物中心的前身是一小片街区。住这儿的居民在几天内就被动迁走了，而且出于实际的考虑直接被迁到了路远的郊区。拆掉老街区以后建起来的这个购物中心生意不好，里面的店铺都关门了。现在这个购物中心也要被拆了，以后会在原地建个宾馆。开发商的广告牌已经竖立起来，宣传新项目的字体大得夺人眼球。几千人的生活被改变，房子拆了建，建了又拆，而时间才刚过去二十个月。

运气好的人还能在北京市中心的传统小街区里安居，不受城市的变幻莫测影响。这些小街区被称为胡同。胡同里是低矮的四合院，有的四合院当中甚至还有一口老井。中心区域逐渐让位给设计师品牌店和精品店，但你时不时还能在这里或那里找到一些旧式居民区，可谓北京这个灰褐色调城市里的绿岛。周末时，你会看到老年人穿着睡衣裤出门遛弯，跟坐在家门外看人来人往的邻居们打招呼。他们会抬头看天，虽然有一半的可能性根本看不清天空，只能看到暗淡的雾霾。

北京的日常生活就是同空气污染做斗争。"天好不好，镭豆说了算。"骑电动车载我的超胆侠朋友告诉我。他口中的"镭豆"是一个可以测量空气中的悬浮微粒的家用监测仪，它是都市居民家中的一件重要电器。有的日子，家长们不许孩子露天玩耍，因为空气污染太严重。专收富家子弟的学校大做广告，声称他们的游乐场和运动场上空都盖了圆顶保护气膜，能够过滤空气中的烟尘，好让进行体育运动的孩子们呼吸到正常空气。空气净化器在北京家居中是必不可少的物件。它尽其所能地过滤掉空气中的杂质。这个家电还是地位和收入水平的指针——有些采用尖端技术的净化器要几百美元一台。这些高质量的设备外形像壁挂式或移动式空调，按理滤芯六个月一换，但在北京往往每隔几星期就得换一次，因为烟尘颗粒物太多，会堵死过滤孔。

2017年前，北京的空气污染程度堪称灾难。连续几个星期，浓密的悬浮颗粒把天空变成了灰黄色。有那么几天，司机们要非常小心才不会撞车。据报纸报道，医院里挤满了急切需要吸氧的幼儿和老人。2013年《纽约时报》上的一篇文章说，污染改变了中国孩子的童年。该文章的大标题是"在中国，呼吸构成童年风险"。[1]空气污染最严重的那些天，空气质量指数高出世界卫生组织界定的直接危害健康的水平。2017年以后，空气质量得到改观，但口罩有时候还是少不了；雾霾严重的日子里，不戴口罩露天行走20分钟就会感到恶心。

空气中的悬浮颗粒多数来自工厂和火力发电厂。它们遍布北京这个巨型城市以及哈尔滨和河北省的工业城市。制造工厂和电厂被强制要求采纳目标严格、执行细节详尽的减排计划。这一计划成功了，看上去是这样。

然而，近期研究表明，政府其实是把大约一半的发电厂搬迁出了北京地区。据一项研究估计，为了改善北京的空气质量，中国的整体碳和颗粒排放水平其实不降反升。有纪录片采访了一位来自产煤大省山西的六岁女孩。山西是当时中国污染最严重的地方之一。

"你见过星星吗？"采访者问她。"没有。"小女孩说。"你见过蓝天吗？"小女孩回答："见过蓝一点的。"采访者又问："那你见过白云吗？"小女孩叹气。"没有。"她说。[2]

根据世界卫生组织的数据，世界上每年有420万人死于室外空气污染，其中包括许多中国人。[3]孩子们属于最高危人群——全球每年有约170万孩子死于环境污染，其中多数是因为他们吸入了空气里的有毒颗粒物和重金属。[4]死于此类污染的人有90%来自以亚非国家为主的贫困国家。[5]

剥削中心

这是快速发展的工业革命的代价。今天北京为之付出代价，而曼彻斯特和伦敦也曾经为之付出过代价。"雾霾"这个英语单词就是这么来的。然而，遍布中国各地、弄脏中国天空与河流的工厂所生产的海量产品，大多是销往海外的——尤其是西方国家，这一点往往被人忽视。制造业向东亚转移的同时也把一度在全球北方国家产生的污染迁移到了发展中国家。《自然》（*Nature*）杂志2017年发表的一项研究报告称，就在2007年一年里，全世界有750 000人死于在他们祖国生产并销往他国的产品和服务所造成的空气污染。[6]2007年以后，这个数字无疑又升高了。同一份研究报告还表明，2007年另有411 000人死于从别国烟囱和工厂飘过来的空气颗粒物。该研究报告的几位作者写道："如果进口产品的相对低成本来自生产地区相对不严格的空气污染控制措施，那么某地消费者省钱的代价可能就是别处牺牲的人命。"[7]

智能手机之所以变便宜了是因为亚洲的低工资，而手机制造过程中产生的污染则被留在当地，夺去当地人的性命。根据芝加哥大学的空气质量寿命指数——将空气污染浓度转化为对预期寿命的影响——印度人由于污染将平均减少5.2年的寿命，中国人则将平均减少2.3年。[8]终极全球化发生在大气里。大气不设护照检查处或海关关卡，大气没有国际管辖机构。颗粒物和温室气体一样，跨越国界，通行无阻。

全球化不但创造出高科技中枢，也哺育了剥削中心。高科技中枢是技术和创新的聚集之地；剥削中心源自多个因素的相互作用，包括松懈的地方规范、无能或腐败的政府监管、外部势力操控下当地人民的力量受制。从非洲获取原材料或者在亚洲进行生产的欧美企业不但按照资本主义惯例从劳动力和生产的成本差距中牟利，还从发达经济体和发展中非西方经济体之间的规范差距上牟利。此类剥削中心建立在廉价劳动力、对当地消费市场的垄断、对原材料的掌控、低价能源或以上所有因素的综合作用的基础上。供职于这些中枢的劳动者在艰苦的环境里工作，缺少有效的工会或工人组织代表，暴露在污染下，政治权利遭到剥夺。正是这些特点吸引了外国和当地投资者。弱势或贫穷的国家因为急需外汇和就业而坠入陷阱。要是它们建设制度，要是它们的政府顺应民意改善工作环境，实施劳动法规，制造商们就可能会外逃，留下高失业、经济重创和环境损害。此外，产品出口到全球北方国家的工厂向当地工人提供的工作环境通常比其他当地工厂提供的要好。剥削中心兴起之后，受益者——征税的当地政府和盈利的企业——就会尽全力保住它。因此，这类中枢具有强大的地方游说力量。

某些分析家将这些关系之间的相互作用按照中心地区和边缘地区，或者说按照农村地区和大都会地区进行了分类，其中最著名的莫过于已故的伊曼纽尔·沃勒斯坦（Immanuel Wallerstein）。[9]但是这种观察法不一定能敏锐地捕捉到当代的剥削和其他时代的剥削之间的重大差异。当代的剥削中心非常灵活，流动性很强，就和资本、生产和劳动力的流动一样。

这个现象正在蔓延。今天，亚洲各国首都中污染最严重的当数德里。这些中枢就是全球化世界里的史密斯探员。史密斯探员是《黑客帝国》系列电影里的角色，能够不断自我复制。

工厂排放的铅污染了庄稼，被牲畜摄入，导致食用它们的人中毒；工厂把烟尘喷到空气里，导致儿童罹患哮喘和肺气肿。社会和环境为此付出了代价。我们可能需要销毁那些有毒的庄稼和牲畜，治理被污染的水源。全球化市场没有把这些成本反映在亚马逊网站待售产品的标价上。健康、环境和生活质量方面的成本被经济学家们称为"外部效应"。市场对它视而不见，而地球和逝者支付其零售价格。

● ● ● ● ●

　　中国是检验全球化阴暗面的上佳场所，因为它同全球化的渊源很深。要理解当代全球化，就必须参考19世纪的鸦片战争。

　　经济历史学家们认为，在过去2000年的绝大多数时间里，印度次大陆和中国共同贡献了将近60%的全球国内生产总值。[10]公元1300年前后，欧洲人被马可·波罗说服，开始像东方国家数世纪以来那样，仰慕中国的经济力量。后世的知识分子和艺术家有时候会把这个"中央王国"理想化，将其描绘为西方的效仿对象。德国哲学家戈特弗里德·莱布尼茨在1699年写道，中国具有最先进的法律体系和伦理，虽然它的数学和军事能力比较落后。而后者，他指出："与其说是无知导致，不若说是有意为之。因为他们鄙视一切造成或滋养人类残暴的东西。"[11]

　　然而，当时，西方同中国的关系大体上局限于贸易。中国的丝绸早在古罗马时代就受西方人追捧，以至于公元14年，罗马元老院不得不禁止男子穿用中国的丝绸，声称这不适合男性。但更实际的理由是，罗马的统治者担心会有更多的钱币和黄金因此流向东方。

　　随着海洋运输的发展，重商主义的帝国们大肆购买来自中国的几乎所有商品——丝绸、瓷器和某些香料，当然，还有17世纪以来热销的茶叶。满载货物的船只从中国港口起航，西方买家则翘首以待。不过，参与交易的商人们都出现了赤字的问题，类似当今世界的贸易赤字。中国人没什么想向西方购买的，对平等通商也没什么兴趣。1793年，乾隆皇帝告诉英国国王乔治三世，"其实天朝德威远被，万国来王，种种贵重之物，梯航毕集，无所不有。尔之正使等所亲见。"他在《致英吉利国王书》里说，"然从不贵奇巧，并无更需尔国制办物件。"[12]

　　中国皇帝似乎有点嫌弃英吉利国王的迟钝，敕谕后者说，允许英国商人购买中国的优秀产品已属体恤。他愿意怀柔，因为"咨尔国王，远在重洋，倾心向化"。

英国商人们迫切地需要一样能卖到中国的产品，以防止银锭源源不断地流向天朝国库。既然没什么合法产品能激发中国人的购买欲望，他们就把视线转向非法产品——鸦片。中国皇帝禁止罂粟种植以及鸦片的交易和使用，然而禁令反而推高了人们对鸦片的需求。东印度公司是世界上成立最早的跨国企业之一。当时它正在巩固对印度和远东的大片土地的掌控。它拿到皇家特许，找来雇佣兵，在孟加拉国形成鸦片垄断。转包商把毒品从孟加拉国出口或走私到中国。东印度公司再把从对华销售鸦片赚来的钱用于购买丝绸、瓷器和茶叶，供英国顾客享用。贸易赤字就这样被消除了。

就这样，在19世纪前几十年，东印度公司一跃成为世界最大的毒品生产商、经销商和毒品买卖融资方，它还有自己的武装力量，为贩毒事业保驾护航。鸦片对大不列颠帝国的经济发展起到了关键作用，它也可能是印度当时流通数量最大的商品。[13]

大量中国城市人口对鸦片上了瘾，甚至死于鸦片。有鉴于此，中国当局试图禁烟。他们销毁了大量鸦片和鸦片烟枪，但仍然无法镇压住需求——正如当今美国政府对阿片类药物流行病束手无策。

头号缉毒官

今天，走在北京故宫的长街上，虽然游客熙熙攘攘，相机闪光灯此起彼伏，你还是会生出一种渺小卑微的感觉。这正是紫禁城设计者希望灌输给老百姓的感觉。宫廷朝臣们两股战战地追随皇帝的脚步，穿过神武门，走向太和殿，唯恐涉足禁地。19世纪初，道光皇帝那些倍感绝望的阁臣们就在这里奔走。这位仁善的皇帝感觉到了他的帝国的苦痛，从古老的居所里发出一道道政令，竭力捍卫国家主权。他从自己最勤勉、忠诚、谨慎的官员里选出林则徐，命令他领导中国的禁烟运动。但这一维护国家自豪感的举动最终以惨痛收场。

古画里的林则徐服饰精致，目光敏锐，蓄着细长的胡子——一派典型中国智者形象。他力谏皇帝驳回将鸦片合法化的上书，在自己担任总督的地方开展禁烟运动，成功根除鸦片交易，成为一颗冉冉升起的政治明星。皇帝任命他为世界上首位缉毒官。很快，林则徐不负所望地销毁了大量鸦片，而且为官清廉。有一次，他撰写了一篇祭文以祭告海神，为自己将毒物倒进大海、玷污了海神的疆域致歉。[14]他给维多利亚女王写的一封信流传至今。他在信中抗议英国对中国的不公。"夷船争来贸易者，为获利之厚故耳。"他指责说，"岂有反以毒物害华民之理？……试问天良安在？"[15]

维多利亚女王可能根本没有读过这封信。为了维护鸦片的销售权，整个大不列颠帝国都动起来了。第一次鸦片战争，也是现代全球化历史上的首次战争，于1839年打响。中国战败了。第二次鸦片战争中国也战败了。威逼高压下，中国被迫开放通商并割让领土。然而这场灾难才只是开始。中国在全球国内生产总值中的占比减少了一半。[16]今天的中国人把鸦片战争之后的这段历史称为百年耻辱。

全球化和为其助力的技术进步击败了中国。那时，有需求，有供应，还有有帝国力量撑腰的国际商业企业。[17]英国人当然知道贩卖鸦片不对。大毒贩威廉·贾丁给计划乘坐他的船只的某乘客写过一封信，解释船上装载了什么货物。"我们毫不迟疑地向您坦然说明，鸦片是我们业务的主要支柱。"他承认道，"许多人认为运输鸦片不道德，然而只有装载这种货物的船舶，才有可能抵补其运营费用。"[18]后来担任英国首相的威廉·格莱斯顿（William Gladstone）反对鸦片贸易，警告英国议会："我不知道，也不曾读到过有哪场战争比它的起源更不正义，比它的用意更能让这个国家永久蒙羞。"[19]

格莱斯顿的谴责没有起到什么作用。在一片口诛笔伐中，中国虚弱的军力不敌资本主义的强势进逼，中国沦为剥削中心，中国本土市场受制于庞大的毒品垄断者。

1920年，一个瘦小的中国男孩作为中法学生交换项目的一员，为了寻求科学知识和救国真理，登船前往法国。他在所有同船学生中年纪最小，四天前刚满16岁。[20]中国人心中的耻辱感非常强烈，以至于两次鸦片战争战败几十年后，中国男女青年在他们的成长过程中都伴随着一种情绪，即他们四分五裂、经济落后的祖国需要救赎，而救赎将来自现代化。时至今日，也有中国学者认为，乾隆皇帝对英国人的傲慢回复以及他对英国货的蔑视等同于错失良机，中国因而未能跻身全球化第一阶段。[21]

那个男孩名叫邓小平。在法国留学期间，邓小平接触到马克思主义，从此走上革命道路。五十年后，他领导中国进行改革并使其融入世界经济。[22]中国在全球国内生产总值中的占比从1979年的不到2%上升到2019年的19%。

海地奴隶起义

由于产品和市场之间、工人和消费者之间的距离，供求关系在颠覆社会规范和伦理。因此暴力在剥削中心一触即发。英国人强行打开中国大门是一个例子，比利时国王利奥波德二世对刚果的令人毛骨悚然的统治则是另外一个。他的代理人们在所谓的刚果自由邦建立了恐怖的政权，造成数百万刚果人死亡。这个所谓的自由邦，既不自由，也不是一个主权国家。它是利奥波德的私人领地，而非比利时政府管辖下的殖民地。领地的一切收入都进了他的私库。它实质上就是中非地区一个地域辽阔的劳工营，奴役着来自多个文化、讲不同语言的人。世界需要橡胶，于是劳工们受驱役去采集橡胶树令人觊觎的乳胶。完不成割胶指标的劳工受到残酷惩罚，有时候他们的孩子会沦为人质。从当地人中招募的士兵负责奴隶政权的执法。他们砍下劳动生产率不够高的劳工的手，将其上缴后才能领到薪水和弹药，以此证明他们的子弹用在了预期用途上。事实上，断手在这个领地上作为货币流通。

这是外国人强加给剥削中心的非人待遇的一个极端例子。如果一个外来大国掌握军事和经济力量，它就会利用霸权盘剥劳动成本差异，将自己的获益最大化。它很少受到道德良心的谴责，甚至毫不内疚。就像《星际迷航》系列里的博格人，那些破坏文明的半生物半机械智慧生物所说的："我们是博格人……我们将吸收你们的生物和科技独特性。你们的文化将会习惯为我们服务。你们的抵抗是徒劳的。"

然而人们还是会抵抗，而且抵抗不总是徒劳的。18世纪的海地奴隶起义和革命就是这样。不过，跟古罗马的斯巴达克起义不同，爆发于加勒比海伊斯帕尼奥拉岛上的起义是对一直持续到今天的全球化权力结构的反抗。它演示了全球化世界中反复出现的剥削和对抗模式。

当时被称为"圣多明各"的海地是世界上最赚钱的殖民地之一，显然也是法国最赚钱的殖民地。英法两国消耗的食糖有40%来自圣多明各，而当时的食糖非常昂贵。圣多明各还出产世界60%的咖啡。18世纪初，它的出口量相当于13个英属北美殖民地的出口量总和。[23]它是种植园主和种植园投资者的利润天堂，但对那些创造财富的人——那些奴隶们——来说，它是暗无天日的地狱。

1697年至1804年间，约80万奴隶被从非洲贩运到圣多明各。之所以需要进口这么多奴隶，是因为在如此艰苦的条件下劳作，被贩运至此的人口死亡率很高。海地种植园主惨无人道。胆敢反抗的奴隶遭受了五花八门的酷刑——他们被扎进麻袋里浸水，被钉上立在沼泽里的十字架，被活活扔进烧制蔗糖的大缸，被倒吊至死，真可谓罄竹难书。随着时间的推移，有些奴隶获得自由；还有一些白人和非洲奴隶生下的黑白混血种人是自由人。[24]

这些人被法国白人称为"自由有色人种"。他们积累土地、权力和影响力，逐渐成为殖民地的重要成员。更重要的是，他们逐渐意识到自己的权利以及自己在岛上经济里发挥的作用。海地形成了一种等级制度——自由的黑人和黑白混血种人、有钱白人、穷苦白人（法语里管他们叫"小白人"），以及在他们之下的绝大多数人，包括数十万奴隶和在深山老林里守望而居的逃奴。

有色人种的崛起让奴隶主们感到焦虑。18世纪50年代，该殖民地的法国官僚给法国海军部写信说："这些人开始扩充势力。他们的人数越来越多，跻身白人的行列，其财富往往超过白人，令人反感至极……他们为人吝啬，利润每年都存进银行，积累起高额本金，因为富裕而趾高气扬，其傲慢程度同财富成正比。这样一来，许多地区最好的土地都落到了这些混血儿手里……这些有色人种……模仿白人的生活方式，试图抹去本色记忆。"[25]

白人的懊恼可以理解。那些被称为自由黑人的人，包括获得自由的奴隶和他们的后代，还有黑白混血种人，打破了白人心目中的奴隶和非洲人的概念——例如，奴役黑人完全合理，因为他们的出身和智力都很低下。类似现象在整个加勒比海地区都有发生，以至于法国国王规定非白色人种永世不得抹去"不可磨灭的污点"。他说："他们永远保留着奴隶的印记。"[26]

自由黑人对种植园殖民地的权力结构形成威胁，富裕的白人商人和蓄奴者做出反击。他们通过法律，开始实施我们今天所谓的种族隔离。这在历史上或属首例。到了18世纪末，这些种族限制措施变本加厉。例如，自由黑人不许做白人装扮，不许同白人共食，不许在晚上9点后集会，不许赌博，不许旅行，不许从医或从事法律工作，也不许担任公职。[27]对违规者的惩处从罚款到截肢，不一而足。

之后，法国大革命的消息传来，自由黑人获悉后开始在殖民地散布法国本土贵族遭驱逐、国王被推翻的传言。对新秩序的渴望开始萌发。一些自由黑人和黑白混血种人相信，革命者的自由原则也适用于他们。其中一位代表人物是樊尚·奥热（Vincent Ogé）。他是黑白混血儿，从大革命的巴黎回到海地，立志终结圣多明各的白人至上主义。他领导起义，被俘后惨遭轮刑，手脚被砍断，然后被斩首。[28]后来，巴黎的革命者们授予黑白混血种人和自由黑人某些公民权利，但将奴隶排除在外。1791年8月，革命在盖曼森林（鳄鱼森林）举行的一场秘密伏都教仪式上爆发。与其说这是一场起义，不如说这是在法国殖民主义者眼皮底下发展壮大起来的一个小型文明的精心策划。

1938年，西里尔·莱昂内尔·罗伯特·詹姆斯（Cyril Lionel Robert James）发表《黑色雅各宾》（*The Black Jacobins*），把这次革命从历史的故纸堆里翻找了出来。该著作对海地奴隶起义的阶级斗争情境进行了批判性的审视。在詹姆斯笔下，种植园主和奴隶之间的对抗毁掉了海地。詹姆斯把焦点放在革命最重要的领导人杜桑·卢维杜尔身上。在画像里，这位获得自由的前奴隶几乎总是身穿法国将军制服。詹姆斯认为，卢维杜尔之所以能够成为革命的重要领导人，是因为他对欧洲人和他们所创立的经济体系抱有现实主义的态度。他的抵抗精神不仅源于自由主义的传统和教育（和美国国父们一样），还来自激进的推翻压迫的经历。

"这是杜桑最大的优点，"詹姆斯写道，"虽然他看到了欧洲文明的价值和必要性，也奋力领导他的人民为建设类似文明奠定了基础，但他从来都不曾错以为这种文明具有道德优越性。"[29]卢维杜尔挑动了在该地区活跃的大国之间的内斗，时而同法国结盟，时而同西班牙交好，时而跟英国联手。

这是一场暴力革命，双方相互攻击，发动战事，大肆杀戮，施加严刑拷打。这个故事远不只是奴隶和黑白混血种人反抗欧洲白人这么简单；起初，有些黑白混血种人站在白人一边镇压起义的奴隶，而白人的心也不齐。

根据最保守的估计，革命中有20多万人丧生。每一项协议都被撕毁，每一次停火后枪声都会再次响起。卢维杜尔最终遭背叛后被捕。"富人们只有在逃生的时候才言败。"詹姆斯写道。[30]

富人们终将言败。1801年，法兰西共和国成立几年后，海地的前奴隶们创建了到那时为止最为激进的制度：真正意义上的平等。他们颁布的宪法所秉持的原则，同美国宪法的原则极其相似。不过，海地宪法否定了美国宪法里的不公平种族差别："所有人，无论肤色，都有资格从事任何职业……除美德、才能和行使公共职能时由法律赋予的特权外，不存在任何其他差别。"[31]

1804年，海地革命以一场针对法国白人移居者的大屠杀告终。胜利者们建立起加勒比海地区第一个现代国家暨世界上第一个黑人共和国。奴隶制被禁止，而美国要再等半个世纪才废奴。海地解放几年后，民主的希望破灭了，就像法国大革命后的头十几年。海地的将军们建立了农奴制；虽然鞭子被禁止了，但殖民主义者的烙印却大部分还在。

这个年轻的国家满目疮痍，最迫切的问题就是生存。这是一个由叛乱黑奴在白人帝国林立、白人贩奴者虎视眈眈的环境下建立起来的独立政体——许多革命者在战后已经失去劳动能力。其他国家不愿同海地建交，还反复攻打它。美国国父们在奴隶主托马斯·杰斐逊的领导下通过了封杀海地、禁止同这个贱民国家贸易的政策。[32]没有其他国家承认海地，当年西半球最繁荣的经济体之一被世界隔绝了。古巴的奴隶主们很快便利用了海地的崩坏，将剥削中心迁移到了新的地方。古巴成为加勒比海地区最大的食糖生产国。1791—1821年，古巴进口的奴隶数量翻了两番。

1825年，法国派出舰队报复。反抗是徒劳的，海地领导人们别无选择，只能签署屈辱的降书，送往法国，换取法国对海地这个国家的承认。两国签订条约，海地被迫向法国和前奴隶主支付赔偿金及以复利计算的利息；在现代，国债可以替代鞭笞。最初的赔偿金是通过贷款支付的，利息高昂。债主是一家法国银行，法国政府授予它向海地收债的垄断权。这笔在军力的淫威下不得不支付的赔偿金，海地一直偿还到1947年。

2003年，海地政府进行了估算，认为该国在一个世纪多的时间里至少损失了210亿美元本可用于重建国家的资金。直到今天，法国仍然拒绝讨论这笔款项的归还事宜。为什么要归还呢？英国人有没有赔偿中国两次鸦片战争所造成的损毁？比利时人有没有向刚果赔偿他们留下的可怕伤疤？

海地再也没有恢复繁盛。它为自由争斗过，但打破了奴隶制的锁链后它又被套上了金融的枷锁。[33]海地革命不只是为奴隶们争取来自由的起义，它也是剥削中心不再为供求关系效力后惨遭摧残的原型。

布干维尔岛叛民

布干维尔岛是所罗门群岛中最大的岛屿，位于列岛的西北端。从文化和人种上来看，它的居民属于所罗门人。1920年，两个殖民国家一通讨价还价把它并入了巴布亚新几内亚。所以今天，它不是所罗门群岛这个国家的一部分，虽然后者同它的距离比它到巴布亚新几内亚的距离要近上1000公里。

20世纪60年代末，布干维尔岛上发现了大量铜、金矿床，估价高达数百亿美元。英澳两国合资的大型矿业集团力拓集团旗下的子公司布干维尔铜业有限公司（BCL）买下了矿床开采权。20世纪70年代，该公司在布干维尔岛建立的潘古纳矿（Panguna）是世界上最大的露天矿之一。开采过程中，一座大山的山顶被削平，当地地貌因此被完全改变。岛民们声称，矿场的废料会流入贾巴河（Jaba River）和当地的溪流中。[34]

这个项目对贫困的巴布亚岛来说具有战略上的经济意义。它的收益一度占到该国出口总收入的近45%。当然，这个项目也促进了布干维尔岛自身的经济发展。与此同时，工人们从巴布亚岛迁居到布干维尔岛，大大改变了岛上的社会结构。所有这些都造成了当地人和母国之间的紧张关系。矿山所在地的原住民得到的赔偿微乎其微。当地人也仇视来矿山工作的移民劳工，憎恨铜矿开采对周边地区的污染。直到今天，岛上的农业社群依旧认为他们的河流被污染，他们的孩子被矿山留下的渣滓毒害。

从岛上开采走的大量金属创造了高额的价值，但回馈给布干维尔岛及其居民的却很少。由于岛民们本来就不亲近遥远的巴布亚新几内亚政府，所以这个问题的火药味就更浓了。

到了1988年，一些岛民们受够了。几个原先的土地所有者闯进矿山，拿走用来开采铁矿石的炸药，炸毁了通向潘古纳的输电线。忠于母国首都莫尔兹比港政府的当地领导人召来了军队。旋即，冲突在布干维尔岛爆发，这次冲突造成的太平洋地区的死亡人数是自第二次世界大战以来最多的。巴布亚政府在澳大利亚的协助下对这个小岛实施了数年禁运。海军舰艇包围它的海岸，阻止食品、药物和商品上岛。与此同时，岛上不同派别之间的内乱陡生，许多人因此受害。据估计，有15 000名布干维尔岛岛民（约占该岛总人口的6%～10%）因此丧生，其中数以百计的儿童死于疟疾。五分之一的岛民流离失所。

叛民们把巴布亚军队从岛上赶走。他们还相当地足智多谋，蒸馏椰子油充当船舶、汽车和卡车的燃料。叛民政府在岛上的河道上筑起大坝，水力发电。当地人重新采用叛乱前被忽略的渠灌等传统农作方法。

多年抗争后，岛民们赢得了一场小小的胜利，结束了战争。他们签下和平协议，自决权得到承认，岛上天然资源的所有权也回到他们手里。2014年，巴布亚新几内亚总理正式为这场战争向布干维尔岛岛民道歉。[35]

布干维尔岛起义跟海地起义一样，抵抗是为了获得自由。但是，矿山为此关了门，当地经济遭受重创，当地脆弱分裂的社群也有了心结。为了矿山的权益，岛民们继续同巴布亚政府争吵，他们之间也相互争吵。大卡车在山间地面的裸露创口上生锈老化，毒水坑比比皆是。2019年，布干维尔自治政府宣布，矿山在另行通知前保持关闭，因为它担心一旦重开，冲突又会再次被点燃。

矿业巨头力拓集团放弃了其在潘古纳矿的股权。《悉尼先驱晨报》（ *The Sydney Morning Herald* ）刊登了该跨国企业对布干维尔岛要求赔偿环境损害一事的回应。"我们相信，（本公司）完全符合当时所有监管要求和适用标准。"力拓集团管理层在给布干维尔总统约翰·莫米思（John Momis）的信中写道。[36]

全球化的对手是扎根于本土社群的个体。他们很乐意收获全球化带给自己的惠益——读写能力、就业、智能手机——但同时坚持其个性、权利和身份认同。布干维尔的经验表明，没有哪个岛屿会被全球化力量放过，也没有哪个岛屿仍能不受全球化的影响。

不过，今天的布干维尔岛岛民拥有比以前任何时候都多的自然资源权利，而且对自己的人生也有更大的自主决定权。2019年，岛民经公投后决定，从巴布亚新几内亚独立。

· · · · ·

中国、海地和布干维尔岛这三个案例揭示了贸易和全球化的一个规律。全球化要求原材料全球开采，劳动力广泛分布，资本自由流动。它还需要开放的世界市场，以便将这些市场出产的原材料和商品售卖给尽可能多的人。供求关系是所有这些故事背后的引擎。在这三个案例中，开采、种植或销售某种有人需要的物质的机会导致了对人权、当地社群或国家主权的无视，因为在一段时间内，这样做有利可图。企业们利用国家暴力和压迫来实现这些目标，招募政客为他们的利润保驾护航。外国人很少关心自己踏足的那个国家、殖民地或岛屿的民众的需求，并在此过程中对当地生态系统造成了永久的破坏。在这些企业看来，除了自己所在的大都会，其他万物和所有人都可以随用随弃。他们所在国的政府也经常这么想。出于制造和资本对效率的追求，他们所在的大都会甚至也可以变成剥削中心。

然而变化还是有的。在海地奴隶起义爆发前，奴隶制已经在那里实行了几个世纪。鸦片战争对中国的压迫持续了一个世纪。利奥波德和他的代理人在刚果的残暴引发了以20世纪最著名的政治和文学人物为首的国际抗议，于是这个罪恶滔天的项目戛然而止。布干维尔岛的抵抗则在矛盾产生几十年后爆发了。

当代全球化及其自由主义价值观一方面利用当地个体，另一方面也赋予他们权利。正是因为赋权，剥削中心才最终难以维系。当今世界，互联互通程度之高前所未有，全球意识持续扩散，没有哪个大国或企业能像英国和东印度公司在鸦片战争时期那样恣意行事而不受惩罚。

例如，中国直到最近都是世界上最大的废品回收商，接收来自各个工业化国家的巨量废塑料、废纸和废金属。鉴于这些废品造成了严重的环境问题，中国政府在2018年中止进口废塑料。废品收集企业转而试图把废品倾倒至东南亚国家。然而，就在同一年，马来西亚、越南和泰国均通过法律，禁止把本国当作全球北方国家废弃物的堆场。马来西亚环境部部长宣布，马来西亚不做世界的垃圾桶。菲律宾总统更不客气，他威胁说要把加拿大输送过来的1500吨垃圾倒进加拿大领海。

剥削中心的寿命在缩短。全球意识和地方赋权意味着这些剥削中心不可能存在很久。于是，它们必须一次又一次地迅速迁移新址。创造剥削中心的企业和国家机构拼命地寻找下一个避难所，希望那里的人要么还没觉醒，要么就是力量薄弱，不足以抵制他们带来的损害。繁荣与萧条紧密地周而复始，急急忙忙地尽可能多地盈利，直到自由主义赋权不可避免地毁掉又一个剥削中心。

　　从长远来看，这是一个好现象，证明无论是用收入、预期寿命还是健康水平来衡量，人类的生存环境都在持续改善。然而，短期来说，剥削中心就像全球变暖时代的飓风——比以前风力更大，破坏性更强。它们最严重也是最长期的影响体现在环境上。

第 **4** 章

最后的大象之地

REVOLT
● 逆 流 年 代 ●

　　马上，桑帕斯·埃克纳亚克就要跃过泥渠，我得跟上。太阳就快下山了，丛林的阴影在阳光下越拉越长。一旦天黑，我们就没办法继续追了。成群结队的蚊子似乎从肮脏土壤的巨大开裂处高飞而出，它们的目标是一块没有喷过驱蚊液的裸露皮肤。"你能听到它们。"埃克纳亚克说。他站在一个小山冈顶端，凝望一小片盘根错节的丛林。和他搭档的追踪员骄傲地扛着一个小型摄像机跑在他前面。我看到他俩时进时退，时而疾冲时而静止不动，躁动不安。"我们已经来到大象之地。"埃克纳亚克突然说。一路上他一直面带微笑，但现在他不笑了。我领会到他刚才的那句话是警告，也是个请求：不要催促我们再往前走，去看那些树枝折断的轻响是谁发出来的。

　　我们身处斯里兰卡西北部的加尔格穆沃（Galgamuwa）。这个地方不像斯里兰卡首都科伦坡那样潮湿闷热，没有因为快速发展而步履匆匆，也没有旅游者在海滩上密密麻麻地晒日光浴。加尔格穆沃人靠田野生活。靠河的田野都是一眼望不到边际的稻田，窄窄的稻叶在轻风中起舞。但到了这里，田野就变了个样子——当地农田都是小小的，一块一块的，边界参差不齐，取决于占据斯里兰卡北部和东部大部分面积的干旱带上的林地的毁坏进度。在这里耕作的家庭，收成好的日子就过得不错，收成不好就很快一贫如洗。在目前这个季节，或许全年，他们的主要敌人是大象。

　　这可是人象之战。每年都有几十名斯里兰卡人因大象致死，也有约200

头大象丧生于人手。此刻我们所处的农田边缘有一道深深的壕沟，阻止了大象们冲撞甜美的庄稼。在壕沟附近，农民们还建起了移动通电围栏。这种围栏目前在加尔格穆沃热销。农田里散落着三四座就地取材的瞭望台，很像我小时候和朋友们一起造的树屋。但这里可不是小孩子玩耍的地方。它们一般都搭在高处，通常都会倚靠着孤零零地立在田野里的大树。它们的屋顶压得低低的，宽大的开间面向危险之地，即那片充满威胁的小森林。此时此刻，在田野里小步快跑的人手里拿着各种各样用来吓跑大象的工具，从大型手电筒到铁罐都有。兴奋的年轻人驾驶着小型汽车在高低不平的泥路上嘎嘎前行，寻找进入田野的大象。传言满天飞。我们的追踪员听说田野那边有人看到了一头大象。大家都朝那边冲过去，既激动又害怕。当我们来到桑帕斯的小轻型货车前，打算开往另一个地点时，追踪员又跑过来告诉我们大象去别处了，于是我们又一阵狂追。这里有一堆堆的大象粪便，那里又发现了大象的踪迹；这里你听见了动静，那里前一晚大象又出现了。

这些开车到处追逐或者在瞭望台上守卫的年轻人，热情满满又紧张不安，触动了我的记忆，某种既熟悉又陌生的记忆：火炬或手电筒，搜索和追捕，恐惧和暴力，同仇敌忾抵御外敌——他者。然后，我突然想起来了。这就像一部美国电影，描绘的是20世纪50年代的一个美国南方小镇上的居民即将动用私刑。只不过在这里，私刑的对象是大象。

我立即为产生这样的联想感到羞愧。我周围的贫苦当地人正在竭力拦截大象，而不是杀死它们。那片森林又小又不堪一击。农民们完全可以开几辆拖拉机过来，拿上一两把来复枪，一劳永逸地杀死他们的敌人。但他们没有那么做。他们的行为跟我们北半球、西方或中东的祖先们的不一样。印度教和佛教的不杀生原则在这里依然适用。

斯里兰卡大象是亚洲象中体型最大的一个亚种，学名锡兰象，从地面到其肩部的高度可达3.45米，体重可达6吨。不到10%的雄象有象牙，这或许不是偶然，也并非正常进化。科学界的假设是，自然选择对长牙的公象不利，因为在英国对旧称锡兰的岛国斯里兰卡进行殖民统治时期，人们为了获取象牙或炫耀，大肆捕杀大象，大象栖居地萎缩，长牙动物被出口到其他国家。

英国猎人的嗜血成性已成传奇，这个岛国最出名的维多利亚时代的猎象人是塞缪尔·贝克（Samuel Baker）。他同亨利·莫顿·斯坦利（Henry Morton Stanley）和查尔斯·戈登（Charles Gardon，"喀土穆的戈登"*）等探险家是好友。他写了一本名叫《锡兰的步枪和猎狗》（*The Rifle and the Hound in Ceylon*）的书，读起来很乏味，充斥着他对杀戮自鸣得意的热衷，思想深度跟乔治·奥威尔的《猎象记》没法比。贝克鄙视那些同情大象的人。"真是可悲啊！"他写道，"我希望看到那个同情大象的人在凶猛的大象前面使出吃奶的力气奔跑。"他不厌其烦地赘述一个让他痴迷的主题——把母象和小象一起杀死。"第二天晚上，我们又去水潭边蹲守，又有一头母象带着小象来喝水。W和B对付小象，我杀了母象。"他书里有一段令人反感不已的描写。他杀死了一头尚在哺乳期的母象，它的乳房胀鼓鼓的，而他竟然直接吮吸它的乳头。"当地人面露不忍。"[1]

贝克这样的人绝对不止一个。帝国把杀死1000头大象的英国军官当作传奇来颂扬。斯里兰卡摆脱殖民统治后，大型猎物狩猎狂欢结束了，但快速的经济发展破坏了许多大象的自然栖息地。泰米尔人和政府之间的恐怖内战也导致人和动物伤亡惨重。根据世界自然基金会的数据，从20世纪初到现在，斯里兰卡的大象数量减少了将近65%。

如今，大象的逐渐消亡引起了斯里兰卡人民的关注。许多佛教寺庙还

---

* 查尔斯·戈登（1833—1885），青年时期曾在中国协助李鸿章与太平军作战，被封为提督、赏穿黄马褂，因而得到"中国的戈登"绰号。也曾担任全苏丹的总督，后离开苏丹，马赫迪起义爆发后，戈登于1883年12月被派往苏丹，后在喀土穆被围困多月后战死，因此他也被称为"喀土穆的戈登"。——编者注

在饲养大象，将其作为护身符并借机吸引香客，但饲养环境很糟糕。这个岛国的民族身份认同非常复杂，但大家都以大象为豪。大象经常进入公众讨论。报纸的头版头条要求政府对一个偏远的自然保护区里仅存的两头大象的困境做出回应。官方规定，猎杀大象当战利品的人将被处以死刑（虽然该国自20世纪70年代以来就没有对刑事罪犯执行过死刑）。这个岛国最受欢迎的旅游目的地之一是坐落于品纳维拉（Pinnawala）的大象"孤儿院"。

埃克纳亚克是一个专门调解斯里兰卡人同大象之间冲突的项目的外勤人员。该项目经费来自加尔格穆沃保护和研究中心。这个项目在实际操作中就是一个平台，供农民们和村民们向一个耐心的、承诺会努力解决问题的第三方投诉大象的举止。

这些地区的人们至今还在河里沐浴洗衣。他们会留心发烧的迹象，因为这可能是疟疾的前兆。他们每周都会步行去神庙献祭。他们把埃克纳亚克视为政府的代表和发展的化身，和他交谈这个行为本身就能缓解他们的众多焦虑。

问题的本质很简单。因为人类修田地，建房屋，大象可以自由觅食的地方被毁了，它们不得不回到先祖的栖息地觅食。大象一天24小时里有多达16个小时在进食，一头斯里兰卡大象每天要吃掉300～400磅*植被。人口的自然增长，再加上政府向相对贫困的家庭授田，导致人兽冲突不可避免。YouTube上能找到许多此类冲突的视频，都是用手机拍摄的，像素比较低。在视频里，一个男人试图吓跑一头正在穿越他的田地的大象，结果大象将他踩在脚下，导致他死亡。拖拉机手们用拖拉机翻斗对抗围攻他们的象群；象群站在公路当中，汽车只好驶下路面。虽然在斯里兰卡每年都有人被大象杀死，但从长远来看，对栖息地的争夺总是会走向同样的结局：

---

* 英美制质量或重量单位，1磅约合0.4536千克。——编者注

最终的胜利者是人类。

通电围栏是阻挡饥饿的大象的最通用的方法。到处都看得到通电围栏。田地的边缘被金属网围住，一有异物触碰就会释放强大的电流，不过不足以致死。有些村落干脆用围栏把整个村子都围起来，有的村落则只有几座住宅外面安了围栏。学校和公共建筑都各自设有围栏。它们无处不在，村庄和家庭都完全生活在围栏里面。我只看到过好脾气的埃克纳亚克发过一次火，那是在他谈到政府授田给了几户新来的人家，却没有把电网接通，结果围栏不能用时。这些可怜的人家只好竖起假围栏，指望能够骗过大象，但无济于事。事实上，大象们聪明得很，它们已经开始适应通电围栏了。埃克纳亚克在一座大房子前停下车，用蹩脚的英语叫我留意观察。菜园里种有许多食物，包括结果的香蕉树和椰子树，所以这座大房子外围安装了通电围栏。"大象们在学习，"他告诉我，"如果我们建起围栏，就算围栏里面什么也没有，大象也会来冲击它，因为它们以为里面有吃的。它们在适应新生事物。"大象们不但明白围栏意味着食物，还形成了对付围栏的战术。起初，年轻公象会撞击附近的一棵树，让它正好倒在围栏上。后来，埃克纳亚克告诉我，农民们把围栏附近的树通通连根拔掉了。现在，大象们会把其他地方的树卷过来，砸在围栏上。"已经有三到五个小子学会了。"他解释说。"你叫他们小子？"我问。他轻笑起来。

在一座带有大院的拾掇得整整齐齐的屋子里，我同埃克纳亚克拜访了一位当地的妇女索曼瓦蒂（Somanwathi），她的丈夫8年前在后院里被一头饿极了的大象杀死了。她请我们吃用炭炉烘烤的饭团和扁豆，配酸辣酱，然后她拿出一张已过世的丈夫的黑白照片。她的现任丈夫通过翻译抱怨说，情况"变得比那时候更糟"。不再仅仅是食物的问题，年轻的公象也许会对它们视之为威胁的人和车发起攻击。如果有人生病需要去看医生，千万不能开小型汽车或者赶大马车去，他说，只有卡车才能威慑大象。如果没有卡车，"全村人"都得出动，全程陪护病人。

"你生气吗?"我问她。"跟动物发脾气没用啊。"她发出响亮的笑声。她说,有时候为了消遣,她会站在围栅内侧安全的地方看大象。我心想,不知道有多少西方人愿意生活在通电围栅里面,时时担心受到重达几千磅的动物的侵扰。他们应该用不了多久就会要求官方把大象弄走,甚至还会提出更极端的要求。

那天晚上,大象们没有走出森林,虽然它们的嘶吼声穿透了夜色。有低沉的呼唤声和饥饿的小象发出呜咽声。不过大多数无休止的声响是大象在撕裂树枝大快朵颐。无论如何,我是唯一一个希望它们走出森林的人。

最终,它们将遭受已经降临在许多同类身上的命运。因为饥饿,或者因为同人类的冲突而被杀,它们的数量将会越来越少。有的大象会跌入壕沟,有的会远离象群,形单影只。走运的话,它们或许会被送到品纳维拉。在这个所谓的大象孤儿院周围,宾馆、饭店和纪念品商店拔地而起。那里最受旅游者青睐的一个节目是观看大象一天两次被带去河里洗澡。在手持长矛的保安的护卫下,大象们朝河边走去。雄象的腿被用防止它们发狂踩踏的铁链捆住。这个队列就像古罗马人凯旋时的献俘仪式,镣铐在通道上当啷作响。这响声就像一首挽歌:"我们曾经自由,如今不再;我们曾经有过家园,如今沦为大众的奇观。"

夜幕降临后,我们走在一片饲料用玉米地旁边。一位老太太坐在瞭望台上。她的手电筒照亮了披落在脸庞两侧的白发,让她看起来就像古老佛教传说中的人物。我站在通电围栅旁边,仰头跟她大声交谈。她通过翻译告诉我,她的家境贫寒,为了赶走大象,她和家人长年累月地守在瞭望台上。她说她要么看护孙辈,要么看护玉米地;今晚她在这儿,紧盯着前方黝黑的森林,手边放着随时可以用来吓跑大象的盆盆罐罐。

"等你儿子长大了,"我问埃克纳亚克,"他能看到你今天看到的大象吗?自由的大象?"他在手掌上画了一个方块。"只能在照片里看。"他说,"要是目前的状况不改变的话,只能在照片里看,或者去动物园看。"他局促地笑了一下。

• • • • •

全球化带来的最大威胁是消费主义和工业化生产对地球的生态系统的破坏性影响。简单来说，对当前的国际秩序最有力的反对观点是，它是不可持续的。如果不改变，动物和人类都无法生存下去。纵观整个历史，各大文明和本土社群都有过受剥削、遭毁灭的厄运。但人类对地球的致命打击还是新生事物，并且有可能无法逆转。

发生在斯里兰卡大象身上的大规模杀戮，也无时无刻不在以这样或那样的形式发生在世界各地的其他动物身上。栖息地被破坏是造成如今我们目睹的前所未有的物种灭绝程度的主要原因。1970年以来，超过60%的脊椎动物从它们的自然栖息地消失。[2]哺乳动物的物种数量随着栖息地的消失骤减。一些科学家把这个进程称为"生物大灭绝"，我们目击的是地球1000万年来最急剧的灭绝事件。[3]

物种的流失显然因为人类的行动而加速。世界上90%的猎豹消失于20世纪。这个数字比非洲象的数据还要糟糕一点。1930年，世界上有1000万头非洲象，但今天只余下41 500头。2009—2011年，单在莫桑比克一个国家就有7000头大象被象牙猎人猎杀。[4]北美洲的鸟类数目比1970年少了30亿只，相当于减少了30%。[5]2017年有一项发表于德国的经过潜心研究得到的开拓性发现，德国自然保护区内的昆虫数量在最近几十年内缩水了75%。此项研究在自然保护区内展开，而自然保护区理论上受环境破坏的影响相对极小。[6]如果昆虫数量稀少，我们不知道地球上能维持怎样的生态系统。昆虫是食物链上重要的一环，我们赖以为生的植物授粉都由它们完成。世界上75%的农业生产依靠动物授粉。2014—2018年，美国的养蜂人因为蜂群崩坏症候群（CCD）损失了十分之四的蜂巢，而蜜蜂在花卉授粉中发挥的作用极其关键，所以后果惨重。

物种灭绝不只发生在陆地上。海洋酸度在过去两个世纪里上升了30%，鱼类数量骤减。大型捕鱼船和拖网渔船把面积至少相当于南美洲的大片海域里的鱼类一网打尽。工业化渔业的一个破坏性后果在于它不由分说地毁掉了没有商业价值的物种，这个过程被称为"兼捕"。海底拖网捕捞则破坏了鱼类的繁殖区，导致许多鱼类物种数量急剧减少。1950年以来，有60%~90%的大型水生肉食动物消失了。[7]一项研究表明，每小时都会有11 000头鲨鱼死于渔捕，相当于每天约260 000头。[8]

在南非西开普省的杭斯拜（Gansbaai），我潜水进入一个洞穴，希望能看到大白鲨。直到不久前，这里还是观看大白鲨的最佳地点。它们已经从这个小镇附近的海域消失了，但谁也不知道为什么，也不知道它们去了哪里。后来，我去了一个专门照料在海滩搁浅的非洲企鹅的机构，观看兢兢业业的工作人员强行给企鹅喂食。负责喂食项目的索拉尼·拉沃告诉我，对圈养的企鹅只能强行喂食，别无他法。企鹅们本能地只吃自己捕来的游水活鱼。"它们绝不会主动去碰一条一动不动的鱼。有的企鹅厌恶被喂食，它们厌恶站到这张桌子上来。"他逐一捉住它们的喉部，强迫它们张开尖尖的嘴，把鱼塞进它们的食道。这个濒危物种面临的主要问题，除了沿海栖息地和筑巢地的丧失，就是在过度捕捞的海水里找不到食物。*

我抚摸索拉尼手中的小企鹅，手指可以感觉到它皮肤的干瘪。它在忍饥挨饿。"每周都有90只企鹅死去。"索拉尼向我讲述了这个物种的现状。在这个机构，强迫喂食已成常规，所以很容易让人忘记这一刻有多荒谬，保护一个擅长游泳和捕猎的物种的唯一方法竟然是强迫喂食。该机构

---

* 非洲企鹅的粪便可以被当作肥料，因此粪便采集活动也让非洲企鹅一蹶不振。采集活动破坏了它们选定的筑巢区域，导致它们只得在捕食者眼皮底下产卵和育幼，还得忍受风吹雨打。此外，企鹅蛋成了美味佳肴。南非国会的工作人员餐厅一度每周供应一次企鹅蛋。——原注

的兽医护士斯阿奈特·斯塔尔含泪向我讲述了拯救非洲企鹅，不让它们灭绝的努力有多么孤注一掷。"这些不是我们的企鹅，也不是南非的企鹅，"她说，"它们是大家的企鹅。"若按目前的速度减少下去，这个物种到2026年就会灭绝。

根据2019年生物多样性政府间科学政策平台的一份报告，上百万种动植物濒临灭绝，其中许多将在接下来的几十年间灭绝。报告中多次提到"转型变革"这一说法。撰写报告的科学家们认为，没有转型变革，情况只会变得更糟。物种灭绝的盛行将改变整个世界的生态，人类将面临前所未有的危险。报告主笔之一、德国生态学家约瑟夫·塞泰莱（Josef Settele）写道："生态系统、物种、野生种群、被驯化的动植物的本地品种和族类都在减少、退化或消失。事关地球生死的生命之网正在收缩，磨损日渐严重。这一损失直接来自人类活动，并对世界所有地区的人类福祉都构成了直接威胁。"[9]

在这份文件和类似语境里，根本性的紧张局势已经非常明显。为了"说服"公众，让他们相信情况的严重性，科学家们必须警告说，人类自身也处于险境。不但青蛙、蜜蜂、猎豹和大象会灭绝，人类如果还是不能以负责任的方式行事，也会是易危物种。人类发动的破坏和死亡飓风终将摧毁我们自己。

为了获得支持，媒体和非政府组织强调人类的险境。然而，这些营销策略背后的隐性假设跟滥杀动物的殖民主义者塞缪尔·贝克的假设是一样的——自然，包括他射杀的母象的乳房在内，是为了服务人类而存在的。人类文明通常把世界看作予取予求、取之不竭的资源宝库。

真正的转型变革应该是怎样的并不难想象。如果选民们同意，人类文明导致动物物种大规模灭绝，即便人类能活下来，这样的做法还是错误的、不可接受的，那么变革就会发生。如果我们深信，生物多样性是一种需要精心保护的至高无上的社会价值，那么变革就会发生。如果我们认为，非人类的动物也有权利，真正的权利，那么变革就会发生。

毕竟，企业并未满足人生最基本的需求。它不曾创造空气也不曾净化空气，不曾维护水质，也不曾种植食物。这些都是会呼吸的多样化的生态系统带给我们的，它由数不胜数的生物组成，丰裕程度无可估量。

从历史的角度来看，这不是什么激进立场。原始人类就是这样生活的，但这个立场后来被遗忘了。犹太教最重要的哲学家迈蒙尼德（Maimonides）对此有过言简意赅的述评："宇宙不为人存在。"他在《迷途指津》（*Guide for the Perplexed*）中写道："万物为自己存在，不为外物。" 10

南非，胡德斯普瑞特（Hoedspruit）

在斯里兰卡，通电围栅的作用是挡住大象。在南非，它们的作用则正好相反——不让动物出去，防止人类进入。占地面积超过7700平方英里的克鲁格国家公园（Kruger National Park）被电栅包围着。在离国家公园不远的胡德斯普瑞特，一些农场主建立了大型私营游猎保护区。除了本来就生活在他们名下土地上的动物，这些农场主还从国内其他地方买来更多动物。他们经营奢华的酒店，客人一进门就会递上带香草味的凉爽毛巾。

这些当然都是生意。你可以去南非看动物，也可以去那里射杀动物。既然动物是土地所有人的私产，那么两种体验都是合法的。胡德斯普瑞特周边的多数农场原本都不是猎场。但现在，它们的游猎区里遍布数百条纵横交错的泥土路，方便抵达任何地点，导致当地的生态系统几乎无法充分运转；有了这些泥土路，游客们就能从最佳角度拍摄到花豹、大象或者犀牛。当然了，最大的用途还是自拍。

犀牛是这里的重头戏。更准确地说是在黑市上，尤其是在亚洲的黑市上，犀牛角的价格是重头戏。在越南和中国等地，犀牛角能卖出每千克5万美元到10万美元的天价，因为那里的人认为这些庞大的奇蹄目动物的角具有药用奇效。(这个说法没有科学依据——牛角几乎完全是由角蛋白组成的，跟毛发和指甲里的蛋白属于同一个类型)。高价意味着偷猎者有非法潜入游猎场的强烈动机。最好的情形是，他们先给犀牛局部麻醉，然后残忍地锯掉犀牛角。而很多时候，他们会直接杀掉犀牛。于是游猎场不得不动用触敏电子围栏、直升机、准军事化武装的组织、联网的摄像头和传感器、滑翔机、情报侦察小组、生活在丛林里的追踪员，以及林林总总其他威慑手段。但是没有用，因为对犀牛角的需求一路上涨，而且赤贫人群居住的棚户区就在围栏外面。南非的月均工资为1400美元（2018年第四季度的数据），但问题出在高失业率上——适龄劳动力中有四分之一的人找不到工作。

纳孔斯蒂和普赖斯是一家私人安保公司普鲁特拉克的安保人员。该公司协助游猎场保护动物，以防非法偷猎。一天晚上，我和他们一起站在保护区入口处的一个就地取材做的路障旁边，这里离胡德斯普瑞特当地的小机场不远。"我们没法制止偷猎，"纳孔斯蒂告诉我，"因为这里没有就业机会。"他给我详细讲解了当地的社会困境，告诉我棚户区的居民们觉得游猎场的成功狂欢里没有他们的份。"我们只能减少偷猎，再多就做不到了。"他说。他们俩告诉我，他们下班回家后从来不在社区里谈论工作上的事情。要是有人知道他们在保护区工作，说不定会绑架他们的近亲。为了救出亲人，他们只好透露信息，放偷猎者进入游猎场，而这只是可能的场景之一。"我回家时不穿制服，"普赖斯解释说，"只穿便服。要是他们问我是做什么工作的，我会说我在某个地方当维修工。我不会说自己在野生动物保护区上班。"他们不得不披上的伪装令人伤感，但也说明了这场战争的胜利者是谁。胜利者不是守卫动物的人。需求总是大获全胜。

我去拜访卡伦·特兰勒（Karen Trendler）。她是南非最著名的动物保护主义者和活动家之一，在国家防止虐待动物协会担任要职。我们在她家宽阔的后院坐下。多年来，特兰勒一直是一支专门拯救受虐待的动物，尤其是受虐待的野生动物的快速响应小组的成员。"亚洲经济正在飞速增长，"她告诉我，"那里的人口数量激增，经济在发展，所以可支配收入也在上涨。他们（亚洲一些国家的中上层阶级）现在有钱购买犀牛角和虎骨酒等奢侈品。"虎骨酒由虎骨泡酒发酵而成，在远东有大量的需求，因为据说它能止痛强身，还能益智壮阳。

因为虎骨来之不易，所以狮骨在非洲大陆上也成了重要商品。以狮子和其他大型猫科动物为例，一个完美高效的商业流通循环已经形成。游客花大价钱去南非所谓的小狮子庇护所当"志愿者"。这些小狮子号称都是"被母狮遗弃的"，或者"父母都被猎杀了"。他们描绘了一幅动人的画面，似乎是受到了迪士尼电影《小鹿斑比》的启发，设置了一个很容易让同情心泛滥的游客上钩的陷阱。事实上，特兰勒说："这些小狮子根本不是被母狮遗弃的。它们刚出生没几天就被人从母狮身边夺走，因为它们有商业价值，能吸引志愿者和游客花钱来爱抚它们，同它们嬉戏，还能自拍。然后有一天，游客们看不上它们了，因为它们长开了，性情变凶猛了，没有小狮子那么可爱了。"从它们身上继续牟利的最好办法是把它们运到游猎场，供那些不喜欢爱抚小动物、更喜欢猎杀的游客狩猎。

非洲本来没有原生老虎，但是有人把老虎进口到非洲，养大后出售给猎场。在这些假模假式的庇护所里长大的大型猫科动物不怕人，所以射杀它们并不难。大猫被射杀后，猎人拿走头颅，制作成战利品放在家中供来宾仰慕。经营游猎场的农场主把收来的骨头卖到远东去。在那里，它们被制作成珠宝、护身符、虎骨酒或者另外一种传统亚洲药物虎骨膏。与此同时，母虎一次又一次地配种，而且公虎的血缘还往往同它很相近。一位前志愿者告诉我，因为近亲繁殖，有时候生下来的小老虎先天残障，真是可怜。毫无疑问，深陷这个体系的动物们根本无法被放回自然——它们的性情和基因决定了它们无法在野生环境下保护自己。

这些故事证实了国际市场的无情冲击，以及全球化同地方生态系统之间的相互影响。这是一个几乎完全由外国人推动的剥削体系。不疑有他的游客们支持了动物育幼院，志愿者们在不经意间成了为获取动物器官而养殖动物的企业的幌子。大多数猎人来自国外——美国、欧洲和亚洲。动物骨骼以各种形式重返亚洲。野生非洲狮只有在非洲大陆上才能找到，但工业养殖的非洲狮到处都有。狮子一生的每一个阶段都是产业周期中被剥削的一环，直至它死亡。利润则大多流入了非本土社群的人手中。

不过，同大型猫科动物比起来，犀牛的境遇更惨。商业世界从这些庞大高贵的动物身上索取的不多——不想爱抚小犀牛，不想射杀犀牛，甚至也不要它们的骨头，只想要它们被游猎者看到，还想要它们的角。外形粗犷的农场主约翰·休谟正是为了后两个目的饲养犀牛的。他告诉我："简而言之，死犀牛比活犀牛值钱。"在全球市场上，犀牛只在一个地方有价值，那就是亚洲。犀牛的用途只有一个——把犀牛角磨成粉。

最后一头雄性北方白犀牛死于2018年。同年，南非有769头不同种类的犀牛被偷猎者锯掉牛角。2017年则有1000多头。这些数字让人怀疑以后非洲是否还会有野生犀牛存活。操纵偷猎行动的都是犯罪集团，有的来自亚洲。他们把自己的人派进保护区偷猎，并给他们配备智能手机，以便记录犀牛角的获取地点，好展示给亚洲的潜在买家看。[11]

正是需求造成了这种现象，纯粹的需求，无视当地环境和生态系统，不符合政治规范、社群需要、传统。对全球化的反抗发生在一个地方社群受到恣意霸道的外来势力的持续攻击和挑战的世界。有时候，地方社群就是犀牛。

第 **5** 章

"我们不愿意死"

REVOLT

● 逆 流 年 代 ●

　　斯里兰卡首都科伦坡的500万居民经历极端气候事件的频率越来越高，强度前所未有。自20世纪50年代以来，那里的天气模式出现了显著变化。现在那里的雨季更短，但雨量更密集，导致山洪暴发，贫困街区被淹。2016年，斯里兰卡经历了四十年来最严重的旱灾。2017年的降水量创下了历史纪录——24小时内降水量达到3.3～6米。洪水肆虐毁掉了许多水稻作物。水稻产量比上一年减少了将近40%，数十万人陷入粮食安全危机。[1]

　　各个贫穷国家如今经常发生类似事件。2019年春季，两场飓风接连袭击了非洲东海岸，在莫桑比克造成重大损失。飓风伊代肆虐该国农场，摧毁了滨海平原上的大多数玉米地。这场人道主义危机迫使莫桑比克向联合国援助机构寻求帮助。

　　本书前几章讨论过全球化过程中产生的剥削中心，但剥削中心不只事关就业，也不仅限于当地矿产开发对周边民众和社群的伤害。终极剥削体现在环境上。

　　污染、放纵恣意的消费主义，还有工业革命以来的海量碳排放对弱者的影响远胜于强者。这可不是什么比喻说法。已经有研究分析过气候危机中的明显的不平等问题，并且得出了类似结论。富裕国家没有为此买单。斯坦福大学的研究人员马歇尔·布尔克（Marshall Burke）和诺亚·迪芬巴夫（Noah Diffenbaugh）近期的一项研究表明，贫穷国家已经为全球变暖付出了几十年代价。[2]这两位研究人员建立了一个模型来对比各国在较温暖和较凉爽年份的经济表现,他们发现,在1961—2010年,全球变暖使得最贫穷的国家的人均财富减少了高达40%。此外,温室气体排放量最大的国家的人均GDP上升了13%。

这些数字令人震惊。它们说明,如果没有气候危机,已经开始缩小同工业化世界差距的全球南方国家的发展步伐可以快到令人瞩目。正如布尔克和迪芬巴夫所揭示的,气候寒冷的国家正在变暖,其经济受益于温室效应。然而那些本就气候炎热的国家经历了进一步的升温,经济受到重创。印度、尼日利亚、苏丹、印度尼西亚和巴西等国的人均GDP由于气候变化跌了几十个百分点。与之形成对比的是,挪威和加拿大的人均GDP大大受益于全球变暖。研究人员解释了为何生产力在年平均温度为13摄氏度时达到了顶峰,但随温度进一步升高而急剧下降。"……温度不高也不低时,农作物产量更高,人们更健康,我们的工作效率更高。"其中一位研究者马歇尔·伯克说,"这意味着对寒冷的国家来说,变得暖和一点,会很有帮助。"[3]当年工业革命的先锋国家英国的人均GDP随着全球变暖高了9.5%。还有一项研究估计,到21世纪末,将有数十亿人口的平均收入比没有气候变化的时候减少了75%。[4]

这就等于不平等状况增加了一个量级。对气候危机贡献最小的国家已经付出高昂的经济损失作为代价,而且还会继续承受打击。因为弱势和贫穷,它们更容易受到极端气候事件的伤害。此外,根据气候模型,它们未来将会体验到极低和极高气温最强烈的影响。[5]

在全球化的世界里,经济发展不再是零和博弈,所以个体和社群可以借助工业化、贸易和自由市场摆脱赤贫。然而,矛盾的是,正是这些制度-天气变化催生出了一个不容忽视的新黑暗元素。据环保组织估计,在接下来的几十年里,由于气候变化,填不饱肚子的人口数量将会增加10%~20%。[6]根据一项研究的估算,因为气候变化,到2050年,全球将会新增17亿得不到粮食安全保障的人口,约占全球人口的20%。工业革命和全球化这两个将人们从饥饿中解救出来的进程，也许会使他们的子孙重新陷入贫困。

想象一下，假如有个用心险恶的加拿大政客提议，散播一种只伤害住在其他国家的穷苦非白色人种的化学毒药。这种毒药会让他们更穷，或者杀死他们，但与此同时却能促进加拿大的经济增长，让它的气候更温暖，阳光更充足，提升加拿大人的生活品质。这个提议是不是很可鄙？然而，这正是全球北方富裕的工业化国家在做的事情，而且还是明知故犯。

上述数据清楚地说明了，气候危机将有可能逆转一直被视为深受全球化惠益的减贫进程，世界将会退回之前各自为政的状态，分裂程度甚至会更胜以往。北欧人利用变温和的气候建起了葡萄园，丹麦管辖下的格陵兰岛期盼采矿难度降低，英国因为国民不需要像以前那样斥巨资取暖或者去暖和的地方度假而省了钱。与此同时，全球南方国家却深陷困境。

孟加拉国就是一个很好的例子。这个总人口1.68亿的国家曾经每10个国民里就有8个生活在贫困线以下，现在已经取得了长足的进步。现在，该国的人口平均预期寿命已上升到70岁左右。孟加拉国曾经有44%的赤贫人口，如今这个数字只有13%。大范围饥馑已成往事，识字率大大提高。[7]这些成就大多归功于技术、工业、国际出口和贸易。

然而，孟加拉国地处孟加拉湾，即恒河入海口。这里是世界上最大的河口三角洲。该国三分之二的国土海拔高度不超过4.6米，人口集中在河流两岸肥沃的农田附近。孟加拉湾浅海区的水已经变暖了很多。水温一高，水体就会膨胀。全球变暖使海平面升高，将该国的低洼地区没入水下。近几十年来，孟加拉国经历的热带风暴比以前来得更加气势汹汹，导致大量咸水倒灌进陆地，破坏了农田。喜马拉雅山脉的冰川在融化，从山区流经三角洲地带入海的河流涨水。该国平均有四分之一的土地曾被水淹没，而且每隔几年就会出现60%的国土被泡在水里。[8]这样一来，土地对于该国稠密的人口来说越来越稀缺，越来越昂贵。他们根本没有足够的土地用来居住。

农村人口正在从孟加拉国东部和南部向首都达卡（Dhaka）迁移，每年人数可达50万，他们定居在早已生活着700万人口的贫民区里。[9]世界银行认为，到2050年，将有1330万孟加拉国人因为气候变化而失去家园；到21世纪末，目前居住着孟加拉国三分之一人口的一块地区可能被永久淹没在高潮线下。[10]

全球化让5亿人口脱贫，免受饥饿之苦，但根据世界银行的计算，到2030年，气候变化将迫使1.22亿人重返贫困。[11]几十年前，孟加拉国的经济得益于全球繁荣开始起飞，然而没过多久，孟加拉国人民还没来得及享受繁荣，就被倾盆的暴风雨、上升的海平面和被毁的农田一而再、再而三地施以重击。

马尔代夫群岛，2018年

马尔代夫即将为气候变化付出终极的代价——海平面的上升无情地威胁着马尔代夫诸岛的存在。蜂拥而至的游客一般懒得去游览这个岛国拥挤的首都马累（Malé）。他们的飞机的确在马累降落，但他们会直接乘船前往散落在人间仙境般的海滩上的豪华水上别墅。马尔代夫的群岛、海滩和珊瑚礁使它们成为世界上最昂贵且热门的旅游目的地之一。

接到约稿后，我和我的摄像师乘飞机在热闹的机场降落，然后坐船环岛一周。一旦来到海面上，你会一时间迷失方向，产生某种视错觉。马累岛的海拔如此之低，以至于岛上那些并不高大的建筑看上去就像是从波浪间直指天空。我们的船似乎航行在比陆地还高的海面上。你能深刻地体会到这个群岛有多么脆弱。这些岛屿的平均海拔只有约1.2米，该国最高点的海拔只有平均值的两倍。

摩托快艇嗖嗖地掠过一个又一个岛屿，海水飞溅到我们脸上。马尔代夫由一系列环礁组成；我们正在去往位于马累环礁北端的图鲁斯杜岛（Thulusdhoo）的途中。人的所有感官都能感受到这里难以置信的美丽。海滩金灿灿的，椰子树高耸于头顶，空气里带着新鲜的咸味。海水清澈透明，街道就是白沙海滩，孩子们在小小的码头上奔跑，或者在海滩上两棵高大的树木之间就地取材搭个秋千荡着玩。然而，这里是一个失去的乐园。该国的可口可乐灌装厂就在图鲁斯杜岛上。这是世界上唯一一个用淡化水制作饮料的工厂。这个厂令当地人自豪不已。可口可乐的标志随处可见。全球化是一个疆域浩瀚的帝国。

图鲁斯杜岛的常住人口有1500出头，大多都是每天出海撒网的渔民。港口附近井然有序地散布着晒制鱼干用的木头格栅。夜晚已经来临，有几位妇女在清洗格栅，拔除格栅下面长出来的野草，用小扫帚扫地。等她们的丈夫出海回来，这些格栅都会被清理完毕。如果他们的渔获一时卖不完，就用盐腌起来。

第二天一早，我们去潜水看珊瑚。太阳从宁静的海滩上升起。海风习习。小潜水店老板阿兹·伊斯迈尔领我们坐上小船。浪头很高。我们要去的珊瑚礁离图鲁斯杜岛有一段距离，游客不会光顾。珊瑚礁是马尔代夫文化和经济的根本。它们不但是渔业和旅游业的基础，还替海岛挡住了风暴和浪涌。

抵达珊瑚礁所在地后，阿兹抛下锚，戴上潜水面具，但是没有含呼吸管，跳进海里。"浪有点大，"他告诉我们，"我待在船上，你们下水，我会看护你们。"直到身体接触水面，我才惊觉他刚才是在警告我们。我感觉无论我的双腿怎么蹬，脚蹼似乎都不起作用。不到20秒，海浪就挟着我们迅速地漂浮过珊瑚礁。阿兹开着船，不断地围绕我们重新定位。

其实可看的东西并不多，偶尔有一条美丽的鱼出没，但珊瑚礁只剩骨架。很久以前，这里的珊瑚礁就白化了；它们在凋零，看上去就像一片海底沙漠。只有在珊瑚礁的两端，陡峭向下的突出岩石上，我们才能窥见当年珊瑚繁盛时期的斑驳和丰富。

当我潜完水回到岸上后，阿兹告诉我们，该岛周围80%的珊瑚礁都死了。由于全球变暖，海水的温度升高了。因为从大气中吸收了越来越多的二氧化碳，海水的酸度也上升了。这是珊瑚礁白化和死亡的两大主要肇因。珊瑚是群体生物，对这样的变化特别敏感，而且状态恶化和死亡的速度特别快。珊瑚礁只覆盖了约10%的海底，却养活了全球四分之一左右的海洋生物。[12]世界上最大的堡礁是澳大利亚的大堡礁，那里已有一半的珊瑚礁死亡；世界上有一半的珊瑚礁都毁于20世纪80年代以后。

我告诉阿兹，接下来的二十年间，全球变暖可能会导致所有的造礁珊瑚灭亡。我问他这对他的祖国意味着什么，他回答说："首先，如果没有珊瑚礁，就没有马尔代夫。我们的生计在很大程度上依靠这些礁石。大家来这里是为了看惊艳的水下世界。我们国家第二重要的工业是渔业。所以，如果没有珊瑚礁，我们的旅游业会完蛋，我们的渔业会完蛋，我们也很可能会完蛋。"

我和阿兹在美丽的海滩上聊天时，我们可以看到另一座岛上正在进行一个大型建筑项目的施工。庞大的机器挖向海床，为又一座奢华酒店打下地基。我们的谈话和这个建筑工程似乎分处两个世界，但事实上它们密切相关。旅游业在马尔代夫欣欣向荣，与此同时，全球旅游业的温室气体排放量占全球排放总量的8%左右。正是这些气体造成了全球变暖，导致游客们专程来马尔代夫欣赏的珊瑚礁的死亡。[13]马尔代夫政府启动了一个人工岛建设项目，并加固现有岛屿。工程包括建起三米高墙挡住海水。下一个阶段，政府将组织面临危险的社区撤离现址，重新安置到海拔较高的岛上。

我和摄像师来到马尔代夫，想拍一个关于海平面上升问题的纪录短片。我们发现，伴随着国家危机感、不安全感和对流离失所的恐惧，人们心中还夹杂着一丝别样的情绪。具有讽刺意味的是，马尔代夫的民众现在感觉同世界的联系更紧密了，更少被遗忘，而且更频繁地站到一个大舞台上。他们滔滔不绝地谈论排放、酸度和全球经济。我在当地的向导在带我游览岛屿，推荐能拍出好看的照片的理想地点的同时，捡起海滩上的废塑料并告诉我，它们会害死海龟；他还会确认我们使用的是否为生物可降解的吸管。我从未遇到过这么关心环境的民众。不过，想到环境保护对他们来说生死攸关，我就不惊奇了。全世界各个岛国的公民们，在富裕的工业化国家的万千民众的支持下，站在了拯救地球之战的前线。气候危机迫使全球北方国家的居民为马尔代夫等国的事业大声疾呼。在内心深处，我们（因为我和本书的许多读者都生活在舒适的北半球国家）知道这场战争很快就会打到我们的家门口，而且来势汹汹。缺乏同理心的人会把全球南方国家的民众视为煤矿里的金丝雀，作为危险将至的警示之用。其他人则会有同舟共济之感，或者说，在拯救地球的战役中结下兄弟姐妹般的情谊，同仇敌忾地应对生态危机。

这个危机不是一夜之间发生的。在离马累大清真寺不远处，我见到了穆罕默德·沙特。他和家人在20世纪90年代就离开了故土哈达阿尔马维杜岛（Haa Dhaal Maavaidhoo），因为那里的生活无法维系。沙特是世界上首批气候难民之一。随着气候危机的加剧，数以百万计的人将加入他们的行列。他告诉我，恐怖的风暴潮会席卷整个岛屿，海滩不断遭到侵蚀。"它们涌上岛，"他回忆说，"整个岛都被淹没了。海浪一个接一个地扑进岛中央的湿地，毁掉植物和船只。粮食全坏了。"

沙特说，他们只能在暴风雨间歇的时候划船出行，而海水泛滥越来越严重。他离开后，岛上的许多其他居民也背井离乡。最后，岛上剩下的居民开了一个会，决定接受政府的撤离计划。如果把这个故事拍成电影，那么剧本设计的高潮无疑将是那些天塌下来也要固守家园的人和那些头脑更清醒、认为坚持无望的人之间的对峙。不过，沙特说，那次会议上没有什么争执。大家都同意这个岛没法住人了。在大水一点一点淹死你和你的孩子的时候，你可不能感情用事。"因为我在岛上长大，所以是的，我想念那里，"他承认，"但是我们别无选择。"

我在听他讲述的时候想起了以前读过的一个马尔代夫的传奇。巨大的铜墙矗立在大海的尽头，挡住了滔滔洪流。每天晚上，魔鬼们便会伸出粗糙的舌头舔这些墙壁。第二天早上，墙壁已经被它们舔得只剩薄薄一层了，即将坍塌。被铜墙挡住的海水眼看就要漫上海岛，淹没所有居民。但是，因为岛上穆斯林教徒的晨礼，海岛免遭没顶之灾。就在信徒们站直身体、双手举到面前，念"古努台"祈祷之时，铜墙恢复了原先的厚度并得以维持到夜幕降临，届时魔鬼们又会开始舔舐。这个古老的传奇警告说，海岛时刻面临着毁灭和淹没，但就在大海抹销它们的前一刻，穆斯林教徒诵读的"萨哈达"阻止了大灾难。[14]鉴于我和沙特的谈话，这个传奇似乎是个预言。

●●●●●

我在离马累不远的一个海岛上见到了马尔代夫前总统穆罕默德·纳希德（Mohamed Nasheed）。这位在群岛上最著名的国际人物随从如云。他每一步都迈得很大，我得小跑才跟得上他。他是该国的第一位民选总统，是公关奇才，也是操纵国际民意的高手。2000年以来，国际社会对岛国困境加剧的关注有很大一部分归功于他。他在水下开过内阁会议，接受过包括克里斯蒂亚娜·阿曼普尔（Christiane Amanpour）在内的记者的采访，坐在被海水淹没了一半的办公桌前签署法律文件。他的提议之一是他的国家被授予一块全新的领土，费用由工业化国家支付。他参加国际论坛，邀请专家来访，制订应急计划，发表感人演说。

但海平面还在继续上升。

纳希德在马尔代夫军事哗变中失去了总统职位，踏上流亡之路。这跟海平面上升没有关系。他于2018年返回祖国，号召力仍然巨大。

我们在古莉岛（Gulhi）见面，这里有一片广阔美丽的海滩，海水当中树立着一个巨大的秋千，就像豪华假期广告里的场景。然而，在前总统和我所站位置仅仅200米开外就有对抗海平面上升的殊死搏斗的痕迹。正如考古发掘要一层层进行，历代岛民的阻水工程也层次分明。我们看到各种试图挡住海水入侵但以失败告终的人工制品，大卵石上层叠着一袋袋已经石化的混凝土。在它们旁边立着一堆堆用来避免水土流失和阻挡海浪的建筑垃圾。破碎的混凝土和铁质屏障看起来就像獠牙崩断的血盆大口。这一景象发人深思：在岛屿的一头，承担得起马尔代夫度假费用的游客在玩乐；在岛屿的另一头，岛上的原住民在对抗游客们推波助澜造成的全球变暖。

纳希德说，他现在反对撤离岛民。他说他关注的焦点是建设海上屏障的"新技术"和"开创性"方法，例如用来缓解风暴潮严重程度的人工礁石。

"我们（的海滩）被严重侵蚀，"纳希德说，"我们的渔获越来越少，因为鱼类不像以前那样浮出水面，所以我们面临粮食安全问题。如果水温继续上升……我们就会消失。珊瑚礁会消亡，我们的岛屿会塌陷，我们的生计会荡然无存。我们的文化会变得贫乏，我们的民众会陷入困苦。天知道我们该怎么办。"我问他对那些否认气候变化的人的看法，他的回应非常严厉。"你不能跟科学讨价还价，"他坚持认为，"你没法和事实做交易。"唐纳德·特朗普在我们的谈话中时隐时现。"我们有2000年成文的历史，"纳希德说，"我们不能接受就这么灭绝。我不打算因为气候变化而死。我们不愿意死。我们要生存。"

福岛朝圣

跟纳希德的交谈让我想起了我在日本福岛县隔离区浪江町（Namie）遇到的两位老农。2014年，我跟随一个电影摄制组进入日本政府划定的核辐射隔离区。区内的核电站在受到了强烈的海啸的袭击后发生了严重的事故和核泄漏。

我行走在浪江町空荡荡的街头。晾衣绳上再也没有主人来收的衣物已经被风割成了一条一条的。居民住家的厨房里，桌上的茶杯犹在，野草已经蔓生进了门廊。日落时分，我在镇中央看见了一小群野猪。当核电站的核燃料棒裸露在外、堆芯熔毁时，它们闲庭漫步，并未注意到空气中有看不见的辐射颗粒。

在附近的农场上，我发现了脚蹬高筒工作靴的山本由纪夫和山本千鹤子这对夫妇。他们获准白天可以来祖传的土地上放牧奶牛——当然，牛奶和牛肉都不能食用。"我们这里的大多数奶牛都饿死了，"他们告诉我，"可我们把奶牛当成家人。我们不能光顾自己吃喝享受，忘了它们。我们希望它们能够安享余生。"他们请我去灾前的家，给我看武士时代的传家宝。由纪夫说他不会放弃自家地产。或许他的孙辈们能获准重返，届时他们就会感谢祖父为他们留下的这一切。山本家繁茂的绿色农田跟马尔代夫的海滩一样美丽。我差点忘记我们身处核放射区，忘记在这里，吸入拖拉机扬起的尘土对健康不利。

我把盖革计数器放在一棵盛开的樱花树下长满苔藓的岩石上。读数显示每小时20微希沃特，比正常的本底辐射高出80倍。在浪江町定居会让人罹患癌症，对儿童也有危险。

离开禁区时，我们进入设在路障口的专用棚屋，由身穿防护服、头戴面罩的政府工作人员检查放射物含量。"不做这个检查，不能离开禁区。"我们的地陪导游告诉我们。

• • • •

　　普通的纪念碑纪念过去，但福岛和切尔诺贝利的核灾难现场则是在纪念人类可能面临的未来。问题的重点不在核能本身——核事故有可能发生，但核反应堆事实上比因为污染空气而夺去数百万人生命的发电厂安全。这两个地方象征着技术摧毁人类社区、污染自然环境、驱逐人类数代甚至永世不得返回的能力。即使不在交战区，人类也能毁灭自己和自己的栖息地。参观福岛是一次震撼的体验，它让我们看到了人类不需外力就能滑向深渊。

　　责任时代的超级大国的政治领导人和国际社会会铭记20世纪这两次世界大战的荒唐之举。他们认识到了理性思考的必要性，讲求科学证据，承诺维护国际稳定。这个承诺也包括规避环境灾难。1974年，科学家们认识到，释放入大气的含氯氟烃（CFCs）会破坏保护人类不受有害太阳紫外线辐射的臭氧层。1985年，英国研究人员在南极洲上空的臭氧层发现了一个巨大的空洞。这一区域的平流层的臭氧浓度通常会有可观的季节性降低。[15] 短短两年后，《蒙特利尔议定书》就在工业界的反对声中签署成功。这个要求逐步停产对臭氧层有害的物质的国际协议获得197个国家的批准。2018年，美国国家航空航天局宣布，该局科学家首次测得平流层的含氯氟烃的浓度在降低，而且臭氧层破洞也在缩小。2019年10月，这个破洞收缩到首次发现以来的最小面积。

　　这是一个简单且必要的有关逻辑和科学的故事，也是发生在责任时代的故事。时间快进到2016年。总统候选人唐纳德·特朗普向西弗吉尼亚的煤矿工人发表演说：

　　　　我的发型还好吧？……给我喷一点发胶。发胶不能用了，因为它影响臭氧，你们知道的吧？……你们是想告诉我，因为你们知道现在的发胶跟以前的不一样……给我一面镜子。过去,你喷上发胶就不用操心了。现在,你喷上发胶,12分钟后头发就变得软塌塌的了,对吧?你们知道,他们会说你们不能这么做——我说等一等,要是我在自己的公寓里喷发胶,我的公寓是密闭的,你们跟我讲它会影响臭氧层?我说,不可能,伙计们。不可能。[16]

否定科学证据,不承认含氯氟烃对臭氧层的影响和人类在全球变暖中扮演的角色,符合企业界的利益。企业利益在科学上空散布疑云。这一点在内奥米·奥利斯克斯和埃里克·M.康韦撰写的《贩卖怀疑的商人》(*The Merchants of Doubt*)一书中得到了充分的印证。该书的主角是产业和石油业游说团体。这些团体吸取了《蒙特利尔议定书》的教训,竭力阻挠矿物燃料方面的类似协议。

为此付出代价的是阿拉斯加纽托可(Newtok)等地的居民们。他们的村落建在永久冻土上,但永久冻土在融化,他们很快就不得不迁居他处。为此付出代价的还有埃及。那里的人口每八个月就增加100万。几千年来哺育该国人民的尼罗河三角洲地带的肥沃农田,面临着因地中海海平面上升而导致咸水污染的威胁。随着海平面上升,地处切萨皮克湾的弗吉尼亚州的丹吉尔(Tangier)岛正在缓慢消失。居住在这些局部地区的人们描绘了一幅更大范围内的图景,那就是整个世界正在从边缘向中心崩塌。

对许多人来说,世界变得越发不稳定且危险。温室气体的排放、对红肉的需求,还有商品价格上的投机都对人们的生活产生了直接且不利的影响,但现代国家的体制和被选出的领导人已被证明无力控制这些问题。其结果就是一种不确定感和对政府的不信任感。深刻影响人们生活的诸多力量和进程是全球性且相互关联的,可能会让人感觉完全变化无常。正是这种情绪——你对生活中的大部分事情都无法控制却不断被告知你可以——摧毁了国家和地方官员的稳定表象。气候变化使其变得更糟了。已过世的前人们建造的工厂所释放的物质导致了外国土地上还未出生的人的死亡。面对如此复杂的局面，日常政治中的口角、交易和妥协看起来都无关紧要、无足轻重，无法应对当代的挑战。道格拉斯·亚当斯的《银河系搭车客指南》（*Guide to the Galaxy*）描述了地球被毁灭的那一刻：

> "地球人，请注意了……"有一个声音说。
>
> "这里是银河超空间规划委员会的沃贡·杰尔茨，"那声音继续说道，"诸位无疑已经知道，银河系边远地区的开发规划要求建造一条穿过贵恒星系的超空间快速通道。令人遗憾的是，贵行星属于计划中预定毁灭的星球之一。毁灭过程将在略少于贵地球时间两分钟后开始。谢谢合作。"[17]

如果政府和议会等国家机构因为它们所代表的社群受制于它们无法控制的全球力量——无论这些力量是金融、文化，还是气候变化的影响——而无法平复本国人民的严重不满，它们会被视为外强中干或者同这些力量同流合污。你们的首相对食品价格上涨、国际货币趋势、气候引发的麻烦或虚假信息的传播几乎没有什么影响力。然而，他通常会继续扮演全能领袖的角色。但现如今，领导层的现实是，他们不再是极具影响力的人物，而是无能为力者；他们没有控制一切，而是被全球化打败。正是在这种失败的情况下，人们奋起反抗。

道德情感

2017年，天空电视台播出了一个有关刚果民主共和国钴矿的新闻调查节目。从这些矿山开采出来的钴将被用于制造智能手机。天空电视台的记者亚里克斯·克劳福德（Alex Crawford）揭露了矿山雇用童工这一问题——事实上等同于奴役，最小的孩子才4岁。他们每天的工资相当于15美分。在这段在英国网络上播放的节目里，有一个关于一位只知其名不知其姓的8岁小男孩多尔森的故事。倾盆大雨中，多尔森在一个满是污秽的沟渠中劳作，一个留着胡子的男人站在高处举手要打他。多尔森告诉克劳福德，虽然他一天工作12小时，但过去两天他都没挣到足够吃饭的钱。[18]

他开采出来的钴通过复杂的供应链几经辗转后，将会被用于制造手机的高效能电池。钴只是其中一个例子，钶钽铁矿（钶铁矿–钽铁矿）也是被用于制造智能手机并开采于刚果。用这些材料制造的手机正在全球销售。

全球化拉开了产品购买者和产品创造者之间的地理、经济和道德距离。制造和营销已经去中心化，分为多个层次，就像迷雾掩去了那些艰苦劳作、为我们制造产品的人，好让我们心安理得地享受。多尔森等人的故事提醒我们，我们的整个物理空间都被剥削和生态系统破坏玷污了。信息来源之丰富前所未有，这意味着不知道这些恶行是一种道德选择，而不仅仅是无辜的无知。

教皇方济各（Francis）曾把世人对叙利亚内战的态度称为"冷漠全球化"。对他人漠不关心，对跟自己不一样的人或外国人遭受的不公视而不见，这种态度历来就有。在过去，持这些态度的人可以辩称自己不知情。但现在，不知情这个借口已经站不住脚了。在当今这个世界，关于人们错误行为的信息越来越唾手可得，但与此同时，人们采取行动纠正错误的意愿越来越弱。人类的状态正如希腊悲剧里回环往复的合唱里唱的那样："剥削，污染，耻辱，耻辱，耻辱。"

这种生活令人筋疲力尽，并导致了道德超载。有些人远离尘嚣，寻找慰藉。其他人则采用愤世嫉俗的否认，正如特朗普对煤矿工人发表的有关反监管的长篇大论（"你们跟我讲它会影响臭氧层？我说，不可能，伙计们。"）。有意选择无知是他们的旗帜。

内奥米·克莱因（Naomi Klein）认为，企业精英们正在系统性地散布谎言，试图让人们相信目前这种全球化形式是可持续的、无害的。[19]然而，一个更为深刻的转变已经发生，而且它同道德情感本身有关。面对残酷的真相，人们恰恰以残酷为由拒绝承认它。他们可能转而想象自己大权在握，高高在上，缅怀神话般的历史荣光，例如煽动者怀念过去效果更好的发胶，又如现代主义最古老的对手——激进原教旨主义。

第 **6** 章

反抗前兆

REVOLT

● 逆 流 年 代 ●

到处都着火了。到处都有人在死去。上帝保佑你们，你们干得好！[1]

——孟买恐怖事件幕后指挥者在袭击过程中通过手机表扬暴徒，

2008年11月26日

在这个责任时代，随着全球化浪潮越发汹涌，随着远隔重洋的两地之间的相互关系的增强，及其对人们生活的影响越来越大，反抗也愈演愈烈。反抗者披着各种不同的外衣——无政府主义者、激进环保主义者、马克思主义者、民粹主义者，不一而足。反抗历史最悠久、态度行为最粗暴的当数原教旨主义者。自启蒙运动以来，他们就像一直站在悬崖边，顶住变化的风暴，坚持不让自己被刮落进深渊。传统观点认为，原教旨主义源自无知和贫困，这种看法是错误的。事实上，原教旨主义是针对全球一体化造成的意义丧失和疏离感的激进论调。

孟买，2008年

世界经济在2008年秋天爆发危机。它缓慢地、骇人地向内坍塌，动静极大，就像一栋庄严的旧建筑在精心谋划下被逐步拆除。危机最惊心动魄的一幕发生在伦敦金融城,当时旅居伦敦的我和妻子得以坐在前排近距离观看。伦敦金融城过去一直以华丽、自以为是的模样示人,现在突然间,它变得衣衫褴褛,几近歇斯底里。

危机还在继续,雷曼兄弟公司已经破产差不多两个月了。还没离开伦敦的我接到了我的雇主、以色列日报《晚报》(*Ma'ariv*)打来的紧急电话。为了报道这场在我眼皮底下展开的经济崩溃,我忙得喘不过气来,但这通电话跟国际经济一点关系都没有。"你需要多久才能赶到印度?"编辑问我,"到孟买。那里出大事了。"

11月中旬,一条名叫"科布尔"号的破旧拖网渔船从印度西海岸的博尔本德尔港口扬帆出海。船长和四名印度渔民按惯例将船驶向印度和巴基斯坦交界处的爵士湾(Sir Creek)。两国对该地区有主权争议。爵士湾是个河口,河流经此汇入阿拉伯海,鳗鱼等渔业资源非常丰富,所以两国都有不少渔船在此作业,更别提还有走私犯出没。船长索兰基·阿马尔·辛格大部分日夜都待在"科布尔"号上。辛格的老板,也就是这艘小渔船的船主,每月付他200美元左右的工资。"他是个乐天派,为了孩子的教育努力工作。"他的妹夫后来告诉《华尔街日报》(*Wall Street Journal*)。[2]

一路风平浪静。辛格每天都跟船东通话,向他报平安。然后,在11月的第3周,辛格失联了。第二天,几名渔民报告说,他们曾看见有三具尸体漂浮在离巴基斯坦边界不远处的浅水区。11月26日晚上,"科布尔"号被遗弃在离孟买港口不远的海上。辛格的尸体横躺在甲板上,喉咙被割开。后来经调查发现,这艘拖网渔船被一艘卡拉奇方向开来的大船拦截了。[3]船上大多数渔民随即被杀害。

同一天晚上,一艘小橡皮艇抵达孟买海滩。船上有10名男子,其中6人在一个名叫布达沃公园(Budhawar Park)的地方下船,余下的4个人则前往印度海军司令部门前的时髦商业区卡夫帕拉达(Cuffe Parada)。他们武装到牙齿,身穿花衬衫和工装裤。立刻就有人注意到了他们,几名好奇的渔民向这些新来的人招呼了一声。这些年轻人目不斜视地大步离开公园，扛着大大的黑色帆布行李袋往市区走去。在印度日落时分的朦胧光线下，他们的身影逐渐模糊。2008年孟买恐怖袭击就这样开始了。

恐怖分子的第一个袭击目标是豪华的泰姬玛哈酒店。他们冲进酒店大堂，朝坐在大堂外泳池边喝茶的游客开枪。其余小分队袭击了另外一家酒店、一个电影院、利奥波德咖啡馆，还有孟买市中心的火车站。他们劫持出租车，胁迫司机载他们前往下一个目标，有时人还在车上就把司机杀死。两名袭击者闯进纳里曼大楼（Nariman House）。它曾是这座城市的犹太教的恰巴德中心，即哈西德派运动组织领导的犹太教会堂暨活动中心。犹太教旅行者，特别是年轻的背包客，可以来这里庆祝安息日，吃一顿犹太餐。

这是印度次大陆血迹斑斑的历史上策划得最为精心的准军事行动之一。恐怖主义者杀害了166人，伤者高达数百人；在印度，这次袭击被称为"印度9·11事件"。论致命程度，此次行动并非印度之最，也不是孟买之最；早在两年前，孟买地铁袭击案导致200多人死亡。然而，这次袭击开创了先例，它的主要受害者不是贫民，而且发生地点也不在边境地区。这一次，恐怖主义者瞄准了权力、旅游业和金融业的标志性地点。行动伊始，人们以为这是一次人质劫持事件。警方同枪手建立联系后，有些袭击者说他们要谈判。然而这是一个幌子。他们的真正意图在于大屠杀，他们接到的指令是不必活着回家。此次袭击开创的另一个先例是对外国人和印度人一视同仁。数百名别国公民也被列入扫射范围。国际新闻媒体对这次事件的报道力度超过了以往几乎所有发生在亚洲的恐怖事件。

纳里曼大楼里的以色列人沦为人质，所以我的编辑要我离他们被关押的地点越近越好。

试图在一个突然沉寂下来的大城市里弄清自己的方位是一种奇特的感受。我从机场出来搭乘出租车，不久就进了城。孟买城里标志性的喧嚣交通声消失了。这个以全年无休、举办各种让人眼花缭乱的活动著称的城市似乎静止了。我觉察到街上的行人也都消失了。拥堵的气息还停留在空气里，但排放这些气息的人不见了。袭击尚未结束。我找人攀谈，但人人都用怀疑的眼光打量我。酒店员工给我客房钥匙时建议我，记住紧急出口在哪儿，"以防万一"。这只不过是一个象征性的毫无意义的举动，用来缓解笼罩在孟买上空的极度不安全感。谣言满天飞，都说还有更多的恐怖分子在城里四下寻找袭击目标。我之前报道过别的恐怖袭击、军事行动和一场战争，我见过死尸、囚犯和被逮捕的杀人凶手。但孟买这次不一样，从某种程度上来说更可怕。它给人的感觉是一场长期战役——袭击持续了好几天。凶手们没有在出击后迅速被消灭，也没有立刻自杀。他们继续战斗、杀戮——破坏常态的方方面面。我来到泰姬玛哈酒店，看到外墙上挂着酒店住客们借以逃生的用床单做成的绳梯。床单在微风中无声地飘动着，就像死亡的旗帜。

然后我去了纳里曼大楼。恐怖分子对它的袭击发生在我抵达前36小时，确切时间是晚上9点45分。一些报道称，他们一闯进大楼就射杀了拉比加维尔·霍尔茨贝里和他的妻子里夫卡。里夫卡当时怀孕六个月。被害前，她大声向两人的印度保姆桑德拉·塞缪尔呼救。桑德拉躲了起来。当地报纸说，等桑德拉来到他们的住处时，她发现了两人的尸体。他们2岁的儿子摩西就在旁边，毫发未损。她抱起幼童，头也不回地朝出口跑，成功逃脱。除了霍尔茨贝里夫妇，袭击者还杀害了大楼里的另外4个人。

跟历史上几乎所有其他大规模的恐怖袭击不同，除了幸存者的证词和印度警方的调查，还有别的因素共同塑造了人们对这次事件的认知。袭击期间，恐怖分子用卫星电话跟他们在巴基斯坦的操纵者通话。CNN记者法里德·扎卡里亚（Fareed Zakaria）搞到了电话录音并在他的节目里播出了其中一部分。[4]他们和同事及下属的沟通揭示了原教旨主义思想在行动中实时表现出来的暴力和决绝。其中一个在电话里被人称为"瓦西兄弟"（Brother Wasi）的巴基斯坦操纵者在袭击过程中自始至终为恐怖分子提供宗教和战术指导。他的指令既残忍又暴躁，还很会挑动人心。那些在巴基斯坦农村长大的青年恐怖分子一到孟买这个印度金融之都感到眼花缭乱。"这里的电脑屏幕有30英寸*大！"泰姬玛哈酒店袭击者之一惊叹说。"电脑？你有没有放火烧掉它们？"瓦西责备他。"这就点着。你马上就能看到火。"青年武装分子承诺说。他受命前来破坏富足美好的生活，但这种生活让他目瞪口呆，一时反应不过来。"太惊奇了！"他表示讶异，"窗子都很大。有两个厨房、一个浴缸，还有一个小商店。"瓦西听上去有点不知所措。"放火，我的兄弟。好好放火，这才是正事。"他向恐怖分子们解释说，要给外界一些震撼，让他们看到著名的泰姬玛哈酒店陷入火海。"我的兄弟，"他恳求这位恐怖分子，"你的目标是我们最重要的一个。媒体正在报道你们的目标泰姬玛哈酒店，比别的目标都重视。"

录音显示，恐怖主义者在发动袭击几小时后就开始丧失动力。最初的杀戮带来的肾上腺激素飙升已经消退，而且他们明显打起了退堂鼓。他们开始意识到人质也是人。瓦西一度打电话给纳里曼大楼的某个袭击者，叫他杀掉所有人质。"现在就开枪。弄死他们。你们随时有可能遭到攻击。现在不杀，到时候就没机会了。"接听电话的人告诉他，外面安静得很。瓦西不为所动。"别等了。你们永远不知道攻击什么时候来临。开枪的时候小心跳弹，别误伤了自己。"恐怖分子回答说："但凭天意。"瓦西不肯挂电话。"去，我在听，去吧！"他命令说。恐怖分子试图争取时间："什么，射死他们吗？"瓦西严词厉色道："对，杀了他们。让他们坐好，瞄准他们的后脑勺。"

"问题是，"那个不情不愿的杀手告诉他的上司，"乌默尔睡着了。他不舒服。"瓦西不肯松口，一次又一次地打电话。终于，枪声响起。

在整个袭击过程中，远在巴基斯坦的操纵者们关注的是袭击给人的观

---

* 英美制长度单位，1英寸合2.54厘米。——编者注

感，要求前线杀手考虑国际媒体会得到什么样的图像。他们关心的不但是
战术，还有形象管理。瓦西告诉一名袭击者："人们看到烈焰就会害怕。
再扔几个手榴弹，我的兄弟。扔几个手榴弹没坏处。"

瓦西企图利用扣押在纳里曼大楼里的人质。他甚至直接同其中一个人
通话，告诉她，如果他的要求得到满足，她就可以跟家人一起"欢度"安
息日。与此同时，他告诉手下，杀死犹太人，他们会赢得最高荣誉。"正
如我以前告诉你们的，"他催促他们，"你们现在杀1个，等于在别的地方
杀50个。"我们只有瓦西的录音。他的身份至今不明。

被捆绑，被杀害

作为特拉维夫一家希伯来语报纸的记者，我把报道的重心放在纳里曼
大楼里的以色列人质的命运上。星期五早上，也就是恐怖主义者占领大楼
一天半后，印度突击队员包围了大楼。军事行动持续了很久。当晚8点差3
分，同残余恐怖分子的最后一仗打响。此时已是安息日前夜，我和以色列
《国土报》（*Ha'aretz*）记者安歇尔·普费弗（Anshel Pfeffer）穿行在孟买
一条拥挤的街道上，希望尽可能靠近纳里曼大楼。街上人很多，倒不是因
为印度人像往常那样在奔波；这是一次不寻常的守夜，因为人们知道，这
一连串袭击的恐怖结局即将到来。只要看到士兵接近或离开大楼，人群就
如同浪潮扑向海岸般一波波地向前拥去，时不时爆发热烈的掌声或者高喊
"印度万岁"之类的口号。

我们一心想快点抵达，当时我们并不知道所有人质已经被害。但是整
条街道都被人堵死了，群情愤怒到即将爆发的地步。我们无法前进。最
后，我们实在没办法，只好拿出记者证，一边挥舞一边喊："以色列，
以色列！"南孟买的居民们大多沉默地凝视着我们，偶尔有人学着我们喊

一声"以色列！"，他们让出一条路来。一群人数越来越多的自告奋勇的领路人走在我们前面，为我们开路，直到我们来到站在恰巴德中心外面一脸严肃的以色列官方代表团面前。他们当中有以色列大使馆的一名安全官员、一名以色列驻印度的武官和一位以色列总理办公室派来的代表。

这是一个沉重的夜晚。我们无言地站在那里，等待进入弹痕累累的大楼。硝烟和火药味从楼里升起。从周围人的神情里看得出来，里面所有人都死了。

晚上8点半过后没多久，我们看到了些许动静。突击队员在确认所有恐怖分子都已经被消灭后，把大楼交给了警方。"来吧，来。"一位印度官员对以色列武官说。以色列代表团在长长的、身穿黑色作战背心的印度战士队列中间穿行；战斗结束，他们在吃晚餐。大楼门前放了一大锅木豆做的菜和米饭。几个警察先带以色列人去一辆救护车那里认领从大楼里搬出来的一具尸体。然后我们进到楼里。以下是我写的所见所闻：

所有的窗玻璃都碎了，印度突击队员破门而入时我们听到了巨大的爆炸声。几名印度士兵走在我们前面，其中一人拿着手电筒。地板上到处都是玻璃碎片。一楼完全被毁。爆炸力穿透墙壁，里面的混凝土裸露在外。电线从四面八方戳出翘起。一片废墟中还躺着几个手榴弹，第二天会有扫雷工兵来引爆它们。走路的时候一定要小心。一个孤零零的花盆里种着某种热带盆栽植物，主枝还是绿的，但叶片全被枪火打没了。

大楼里漆黑一片。代表团默默地走上一段摇摇晃晃的楼梯。"印度人在哪儿？"一名以色列人大声问，"他们怎么就抛下我们了？我们需要更多手电筒！"代表团坚持查看每一个房间，然而即使在黑暗中你也能看出，每个人都是一脸煞白。这一刻，言辞苍白无力，只能脚步沉重地踏过每一个被尘土覆盖了的、早已看不出原来面貌的房间。视线所到之处，必有战斗抵抗过的痕迹。墙上遍布机关枪弹坑，大楼结构外露。有些钢筋弯折了。大楼里的生活痕迹都在这一次的暴力骚乱中被撕碎、掀翻在地。行李箱、床单、沾血的犹太律法经卷、镌刻着家宅平安的犹太教祝福的银盘。以色列人在每一层楼都发现了尸体。在顶楼下面一层，我们看到两名恐怖分子四肢摊开倒在地上，身体都有残缺。其中一人被导弹击中。士兵们在窗口挂了一面红旗，显然有信号旗的意思。再往下两层楼，我们认出了另外三名受害者的尸体。看得出来，他们受害前是被捆住的。[5]

星期六晚上，我步行前往摩西·霍尔茨贝里的外祖父母暂居的公寓。这位幼童被印度保姆救出后，他的外祖父母紧急飞来印度。公寓里还有其他人。这个2岁的小男孩在人群里徘徊，害羞而安静。他的外公把他抱起来，小男孩的金色鬈发抚过他的脸。按照正统的犹太教传统，安息日不得传播坏消息。这个传统得到了尊重，没有人向里夫卡的父母正式通知他们的女儿和女婿的噩耗。星期六晚上安息日结束后，官方告知来了。此后，公寓里所有人一起进行晚间祈祷。我也在内。

个人圣战的诞生

至此，关于这个恐怖事件的报道可以告一段落了。然而，为了弄懂暴力原教旨主义和它的基本成因，我们有必要研究此次暴行的细节，找出恐怖主义者的动机。派遣恐怖主义者到孟买的是"虔诚军（Lashkar-e-Taiba）"，它是巴基斯坦政治运动组织"贾马特–乌德–达瓦（Jamaat-ud-Dawah）"*的军事分支。这个伊斯兰教组织自称"达瓦慈善会"，为巴基

---

* "贾马特–乌德–达瓦"的信仰脱胎自19世纪兴起于印度的圣训学派。这是逊尼派伊斯兰原教旨主义的一个分支。它摈弃所有后世对伊斯兰教的解读，只信奉所谓的信仰"真源"。——原注

斯坦各地的医院、救护车服务、学校、宗教学校和穆斯林学院提供资助。它的运营模式起源于穆斯林兄弟会。采取类似模式的还有巴勒斯坦的哈马斯和黎巴嫩的真主党等。据法新社2015年的报道，该组织旗下的诊所因为有补贴，所以口腔护理费只收半美元。"贾马特–乌德–达瓦"的一位高层声称，"激光治疗近视眼是免费的"。[6]该运动组织旗下还有一个人气颇高的志愿者组织，向自然灾害受害人提供援助。但凡巴基斯坦的偏远地区哪里发生了泥石流或地震，该志愿者组织的工作人员往往最先到达现场。

贾马特–乌德–达瓦的创始人之一是阿卜杜拉·优素福·阿扎姆（Abdullah Yusuf Azzam），他又被称为"全球圣战之父"。阿扎姆是基地组织的创始人之一，奥萨马·本·拉登就是他亲自招募的。若论对国际社会的影响，或许没有哪一个激进原教旨主义者比得上他，但西方对他的报道太少了。

阿扎姆是一名穆斯林阿訇*，老家在巴勒斯坦西岸地区北部杰宁市的西拉特哈里提亚村。1967年战争后，以色列占领了西岸地区，他随即离开老家。他参加了巴勒斯坦武装组织，但很快便认识到，20世纪60年代以泛阿拉伯话语为特征的左翼民族主义同他宗教人士的身份格格不入。于是，阿扎姆前往埃及爱资哈尔大学攻读博士学位。在埃及期间，他接受了穆斯林兄弟会的思想，尤其喜爱阅读极端主义著作，赞同其将伊斯兰圣战概念解读为是在用暴力反抗暴君及其制度，即便暴君本人也是穆斯林教徒。[7]在阿扎姆看来，这样的统治者及其制度给穆斯林带来了"耻辱"，导致他们"被奴隶征服"。"历史是否将在我们身上重演，"他呐喊道，"我们会不会像前人一样自甘堕落、被人遗忘，也像他们一样失败？"[8]

请注意他对近代历史、传统，以及老一代人的嘲笑，或许还包括他那还在被以色列占领的老家村里的父母。他认为，原教旨主义者必须摧毁社

---

* 伊斯兰教主持教仪、讲授经典的人。——编者注

会的保守基础，才能以传统的唯一守护者身份自居。温和传统主义驳斥了原教旨主义的核心主题——后者声称只有它才代表真实的过去。

在所有伊斯兰教权威人士中，阿扎姆率先明确指出，加入圣战、解放整个伊斯兰王国（他认为这个王国的疆域横跨从印度尼西亚到西班牙的广大土地）的义务完全是个人义务。或许没有哪段话对21世纪全球个人安全的影响比得上他在《加入队伍》（*Join the Caravan*）一书中写的这段话：

> 大家都同意……如果敌人入侵伊斯兰土地或者曾经是伊斯兰土地一部分的所在，当地居民有义务上前迎敌。但如果他们不采取行动，或者无力采取行动，懒于行动，或者寡不敌众，那么个人义务就传递到周围的人身上。要是这些人还是寡不敌众或不采取行动，个人义务再次传递到他们周围的人身上；以此类推，直到圣战这一项个人义务传遍全世界……儿子可以不经父亲允许而出战，债务人可以不经债权人允许而出战，妻子可以不经丈夫允许而出战，奴隶可以不经主人允许而出战。土地被不信教者玷污，圣战这一项个人义务将一直有效，直至它被全部净化完毕。[9]

这段文本是"伊斯兰国"等组织的基石。值得注意的是，激进原教旨主义力图颠覆和破坏最基本的社会制度。它教唆妻子们违背结婚誓言，告诉孩子们不必顺从父母。保守人士把家庭放在首位，但原教旨主义者是革命者，不是传统主义者。他们声称自己把社会从外来影响下拯救了出来，但事实上他们在改变社会。阿扎姆更是野心勃勃。他把侵略异教徒的圣战义务从一个本土故事变成了全球故事，让这个义务像池塘里的涟漪一样向外扩散。这是一项切实可行的改革：攻击异教徒的责任不再是区域性的，也不认同国家或社会的界线。随着这一传统的发明，阿扎姆提出了一个适应当今世界的方法，在这个世界里，国境也好，民族国家也好，都没有以前那么重要了。他适应全球化世界，采用全球性的原教旨主义手段。

20世纪80年代，阿扎姆主要活跃在阿富汗，并作为圣战组织中的一员，反抗苏联的入侵。阿富汗的圣战者得到了美国的支持。这是美国同苏联冷战的策略之一。在1979年的一个电视报道中，戴着深色太阳眼镜的美国国家安全顾问兹比格涅夫·布热津斯基（Zbigniew Brzezinski）通过翻译向一群在巴基斯坦受训的虔诚战士发表演说。他呼吁他们同不信神的苏联人战斗："你们将会夺回你们的家园，你们的清真寺。因为你们是正义之师，神与你们同在！"[10]这块极端主义的土壤在被美国人施肥后产出了庄稼，其中就包括阿扎姆的盟友之一奥萨马·本·拉登。

自由主义和原教旨主义之间的战术性结盟注定要失败。原教旨主义者的目标不是重返家园；它既不提倡共产共有，也不保守。阿扎姆追求的不仅是土地解放，更是反对启蒙运动价值观的全面战争。"只有圣战和来复枪，"他宣称，"不谈判，不议和，不对话。"[11]当然了，绝大多数穆斯林宗教领导人和穆斯林社区驳斥并谴责这些极端理念，认为它们偏离了先知的教导。暴力原教旨主义者只是一小部分人。他们未能有效地影响多数穆斯林和穆斯林人口占多数的国家。

在互联网尚未诞生的年代，组织领袖阿扎姆的演讲通过盒式磁带传播，向每个地方的圣战者一遍又一遍地播放。[12]它预示了激进原教旨主义后续将会怎样通过媒体布道。

• • • •

"贾马特–乌德–达瓦"是"虔诚军"的政治招牌团体。该组织最初的目标是统一印度北方穆斯林人口占多数的克什米尔地区。巴基斯坦将解放克什米尔视为至高无上的国家目标。就其本身而论，巴基斯坦政府对"虔诚军"的态度充其量算是模棱两可，不过一般来说，肯定成分多一点。

"虔诚军"被看作巴基斯坦受欢迎的民兵组织中的一个分支，而这些组织都力图宣扬这样一个观点，即克什米尔应该属于巴基斯坦的主权范围，不惜任何代价。有鉴于此，使用非国家暴力（以及某些时候使用国家暴力）被认为是正当的。

对伊斯兰教主义者来说，解放克什米尔是一个有限的战术性目标，他们的远大使命则是建立一个统一的伊斯兰国家，以伊斯兰教教法为宪法，以及所有外国影响都将被剔除出穆斯林共同体"乌玛"的生活。巴基斯坦安全部队把这些宗教狂热分子视为实现该国在克什米尔的国家目标的工具之一。

在巴基斯坦国内，政府同原教旨主义时有对抗。有目共睹的最著名的事件当数塔利班暗杀马拉拉·优素福扎伊（Malala Yousafzai）未遂。这位少女开展了反对塔利班禁止女孩上学的运动，后来因此获得了诺贝尔和平奖。

仍在进行的圣战往往被视为意识形态之战，但恐怖是一种生活方式，一种职业，一门生意。成功过一次之后——例如，把苏联势力赶出了阿富汗——恐怖主义者并没有在无花果树下休憩。相反，胜利让他们胃口大开。巴基斯坦政府在社会经济领域未能发挥良好的作用，于是，"贾马特-乌德-达瓦"等"慈善组织"乘虚而入。这个组织的福利和军事活动经费来自伊斯兰世界富有的赞助人，其中沙特阿拉伯占大头。[13]

此外，该组织还通过犯罪活动筹集资金。出生于孟买的印度公民达乌德·易卜拉欣（Dawood Ibrahim）被指控为"贾马特-乌德-达瓦"提供资金赞助。他领导的D公司是亚洲势力最强大的犯罪集团之一。作为黑社会头目，易卜拉欣的残酷传遍了整个南亚次大陆。1993年，孟买发生了一系列爆炸事件，导致250多人丧生。易卜拉欣被怀疑是始作俑者。随后他逃到巴基斯坦。据美国国会研究服务局的一份特别报告称，他领导的集团是"犯罪-恐怖主义'融合'模式的典范"，也是世界上最大的犯罪组织之一，成员超过5000人。[14]此外，易卜拉欣向区域性和国际性恐怖组织开放了他的走私路线，借机收取高额报酬。美国多年来一直声称易卜拉欣资助了"贾马特-乌德-达瓦"。他这样做既是为了盈利，也是出于意识形态的考虑。然而他的意识形态一点都不清心寡欲，也不虔诚。[15]他是印度的头号通缉犯。2015年，印度一家电视台拿到一个据说是他在巴基斯坦的住宅的电话号码，接电话的女子承认自己是易卜拉欣的妻子，她说他正在小憩。[16]

恐怖活动和犯罪活动之间的纠缠并非偶然，而是反复出现。还有一个例子是阿尔及利亚的"纳赛尔主义独立运动（al-Murabitoun）"。这个圣战组织在2015年同伊斯兰马格里布基地组织（AQIM）合并，成为非洲最令人闻风丧胆的恐怖组织之一。[17]"纳赛尔主义独立运动"的领导人名叫穆赫塔尔·贝勒穆赫塔尔（Mokhtar Belmokhtar），绰号"独眼龙"——他在一次爆炸事故中失去了左眼。他的另一个绰号是"万宝路先生"，因为他经营着该地区最大的香烟走私团伙。[18]原教旨主义者对于从事犯罪活动或拆散家庭毫无悔意，因为它是社会保守主义的敌人，不是盟友。

电子游戏和恐怖活动

2015年，巴黎巴塔克兰剧院枪击案导致130多人死亡。案发后，只有一名恐怖主义者遭到逮捕。他就是萨拉赫·阿卜杜勒-萨拉姆（Salah Abdeslam），法国公民。萨拉赫的父母原籍是摩洛哥，先后移民至布鲁塞尔和法国。枪击发生之前，萨拉赫已有抢劫、小偷小摸和非法持有大麻等案底。在他因巴塔克兰剧院枪击案被捕后，法国媒体报道说他从未读过《古兰经》。被律师问及时，萨拉赫说他的确没研读过，但"网上有解读"。他的律师说他是"小混球……《侠盗猎车手》一代的完美代表"。他提到的《侠盗猎车手》是一款在线电子游戏。"他以为自己的一生就是一场电子游戏。"[19]

2014年，伊斯兰国发布了一个风格类似《侠盗猎车手》的视频。视频以高超的编排方式呈现出一连串动作场景——美国士兵遭屠杀，安装在运兵车车底的炸药被引爆等。其目的是"鼓舞圣战者组织的士气，训练儿童和青年同西方作战，让反对伊斯兰国的人胆寒"，视频创作者宣称。视频上的字幕是："你们在游戏里玩的东西，我们在战场上动真格的。"[20]2015年末，伊斯兰国发布了一个骇人的视频，里面有6名儿童，拿着手枪，进入了一个城堡般的废墟。视频采用多视角拍摄，颇有真人秀《老大哥》之风。每个儿童都会抓到俘虏，让他站好，然后，在简短的戏剧性停顿之后，枪毙他。摄影角度、快速的动作和视听效果都显示出，该视频的创作者深谙游戏文化。事实上，在古堡里抓俘虏这个主题就出自21世纪初的一个知名电子游戏。

有人会从这里推断出因果关系——好莱坞电影中的暴力、游戏和流行文化催生出了暴力。但那样的推断过分简单化了——诸多研究未能证实观看暴力影片或者玩暴力游戏同暴力行为之间存在因果关系。[21]不如把关注焦点集中在此类媒体创造的道德距离上。电子游戏不会导致暴力，但其中一些游戏的确体现了他者怎样逐步沦为攻击的靶子、来复枪瞄准器里的一个点。这些游戏中的世界是想象出来的现实，是人为加工的结果，充满地狱般的意象。游戏里有操纵者和被操纵者、受害者和免受责罚的玩家。玩家沉浸在唯美的屠杀体验中且远离他所造成的伤害的画面。"低级趣味，"司汤达曾经写道，"导致犯罪。"

这种启发跟《古兰经》的经文相差甚远。以孟买袭击案中的年轻恐怖主义者和他们的指挥官瓦西为例。瓦西命令他们杀人时瞄准后脑勺，还要求看到酒店燃起大火。那难道不像是一场大型电子游戏吗？急切的瓦西不就是把控游戏手柄、操纵游戏角色的人吗？欧洲伊斯兰恐怖分子的行为当真源自对逊尼派哈里发帝国的深刻思考吗？还是来自电子游戏中的幻想对社会边缘人的影响?

没错,上述幻想是非法的。但与此同时,西方军队的某位士兵手里也有一个类似的手柄,用于操纵无人机杀死身在巴基斯坦或阿富汗的恐怖主义嫌疑人,这往往会造成——委婉地来说——所谓的"附带损害"。无论是恐怖主义操纵者还是无人机操作员,为了完成任务,疏离感必不可少。

事实上,电子游戏体现了全球化。游戏的开发和发行是全球性的,不论你身处世界何地,都可以玩游戏,可以在线上玩,也可以跟任何人一起玩。但它们还不是故事的全部。游戏使常规的杀戮场面变得更具刺激性,国际媒体则成为回音室,真实世界中的暴行在其间永恒回响。

后现代主义哲学家让·鲍德里亚(Jean Baudrillard)预见到恐怖袭击将在媒体的教唆下变身为表演,因为媒体会报道恐怖袭击以及政府的应对措施。"媒体把自己变成载体,对恐怖主义及其利用恐惧实现政治目的的行径进行道德谴责,"他写道,"但同时,它们又用模棱两可的语言来传播恐怖主义行为的残暴魅力。媒体本身就是恐怖主义者,因为它们自已就在跟着诱惑的节拍踏步前进。"[22]如果没有媒体散布恐怖图像,原教旨主义计划不可能全球化。

全球化的阴暗面已经在我们眼前徐徐展开。首先,原教旨主义被作为帝国之间的斗争的代理人;其次,一个弱小国家为激进主义和犯罪行为提供了培养基;最后,支持地方极端主义的思想、捐款和资本跨国界自由流动。原教旨主义者广泛地运用技术。他们利用理念和图像的病毒性传播的本质,并且明白媒体可以创造现实——请回想一下瓦西的抱怨,他质问泰姬玛哈酒店怎么还没着火。所有这些都属于全球化,而不是对1000多年前先知生活的那个时代的缅怀。

今天的原教旨主义已经完全现代化了。其中的悖论显而易见,激进的伊斯兰教主义者运用他们宗教中的"乌玛"概念来构建一个伊斯兰宇宙,一个由看得见的和看不见的相互联系统一起来的、严格遵守宗教教义的地球村。他们呼吁打破国家之间的边界，建立一个基于宗教的单一共同体，这一点非常符合普世话语。他们毫不忌讳地使用在全球化领域内找到的任何工具，包括好莱坞。模糊国家和人民之间的边界，寻求一个全人类普遍适用的解决方案，以及超国家意识形态，所有这些都是当前世界秩序和激进的伊斯兰教的共同特点。当代宗教学者托马尔·珀西科（Tomer Persico）写道，两个愿景之间的巨大差别在于，原教旨主义者摈弃了自由主义的普遍主义的最基本要素——个人主义。自由主义的普遍主义世界尊重个体，赋予个人自主权、自由和平等。这个世界接受他者。原教旨主义全球化奉行一成不变的宗法等级制度。它对施暴者来说效率很高。简而言之，引用布法罗·斯普林菲尔（Buffalo Springfield）乐队的一句歌词，一切都听"那边那个拿枪的人/他警告我当心"。[23]具有讽刺意味的是，与其说原教旨主义者排斥普遍主义，倒不如说他们认为自由主义的普遍主义理念同他们自己的普遍主义议程相冲突。原教旨主义和全球化不是物质和反物质。它们是同一枚硬币的两面。

原教旨主义：全球化的头号敌人

原教旨主义者扛起反全球化战争最血腥的大旗。原教旨主义的一个很大的优势在于，它决意按照末日大灾变的思维来打造世界。阿卜杜拉·优素福·阿扎姆说："如果准备*被视为恐怖主义——那我们就是恐怖主义者。如果捍卫我们的尊严被人视为极端——那我们是极端主义者。如果对我们的敌人进行圣战……是原教旨主义——那我们是原教旨主义者。"[24]在

---

* 根据阿扎姆的伊斯兰教教义，恐怖袭击是穆斯林教徒为最后一战所做的准备之一。这场最后大战将以伊斯兰教胜利告终。——原注

数十年后，这段文字于2001年被自杀式炸弹袭击者录在视频里，随后他们引爆了特拉维夫一家夜总会附近的炸弹。有21人在那次爆炸中丧生。[25]阿扎姆和他的追随者依赖于自我实现的预言——基地组织进行恐怖袭击，导致西方对伊斯兰教有敌意，然后基地组织指责西方仇恨穆斯林。所有这一切都是为了团结全"乌玛"，反对压迫者。这是一个恶毒的战略，也是对伊斯兰教基本教义的严重扭曲。伯纳德·刘易斯（Bernard Lewis）辩称，伊斯兰世界对西方的态度建立在某种屈辱感之上。伊斯兰教被排除在让西方脱胎换骨的工业革命和现代化之外。刘易斯认为，伊斯兰教的自杀式炸弹袭击者是20世纪的新现象。"这在伊斯兰教的历史上没有先例，"刘易斯声称，"也无法在伊斯兰教的神学、法律或传统中找到依据。为此种恐怖主义形式献身的人其实并不熟悉他们的宗教，也不熟悉在该宗教的庇护下发展起来的文化，真是令人遗憾。"[26]

"原教旨主义"一词是美国长老会教徒在20世纪初杜撰的新词，用于指称令他们自豪的反达尔文学说、反对对《圣经》文本进行批判研究、反对其他现代理念的立场。[27]他们罗列了"真正的"基督徒应当遵守的一系列"原教旨"，从此自称"原教旨主义者"。这个概念后来被拓展了，现在是一个通用标签，用于指称那些严格遵守宗教或政治原则的人，这些原则或多或少基于对圣言文本的逐字解读，或基于教条主义思想。原教旨主义者声称自己已回归原始且纯洁的信仰或人类的初始状态，而所有其他个体，所有信奉他们的宗教或意识形态的其他人，或者说整个宇宙，都走偏了。原教旨主义者对源文本的重视远胜于解读它，他们拒绝任何形式的使文本与现代主义同步的更新、妥协。他们的价值观不可避免地具有二元性——有的事情被允许，其他事情则被禁止。他们用对世界上所有人都适用的、对单一解决方案的热切信念掩去了怀疑和犹豫。[28]

当然了，那在某种程度上是个托词。原教旨主义者需要应对当代世界真实存在的挑战和困境。1988年，伊朗伊斯兰共和国最高领袖叫停了针对伊拉克的圣战。阿亚图拉·霍梅尼（Ayatollah Khomeini）曾承诺发动针对伊拉克的圣战，直至取得"完全胜利"。然而，八年战争后，尽管没有取得胜利，他也别无选择，只能停止圣战。他已经罹患癌症，死期将至，所以挽救他的革命大局更为重要，伊斯兰教共和国已经遭受了巨大的人员和经济损失。"做出这个决定比服下毒药还要我的命，"他宣称，"我遵从神的旨意，喝下这杯毒液，让他满意。"然而，伊朗从未放弃过在其西面邻国的领土上实现霸权的野心。事实上，近年来这个野心在很大程度上实现了。为了保住对他们的社群的控制权，原教旨主义者采取务实行动，但从不放弃最终目标。

19世纪中期，美国许多基督徒试图调和《圣经》与科学，用理性的方法来解读《圣经》里的超自然事件。为了反对这股潮流，原教旨主义应运而生。如果《圣经》描述了一个奇迹，那它就是一个奇迹。查尔斯·达尔文的《物种起源》不但挑战了原教旨主义者的观点，还刺激了他们。他们发动意识形态和政治斗争，反对在学校里教授进化论，反对政治建制中的进步成分。他们的努力大多失败了。即便他们赢得过诉讼上的胜利——例如，在著名的1925年"斯科普斯猴子审判"中，威廉·詹宁斯·布莱恩（William Jennings Bryan）说服田纳西州的陪审团，宣告一名教师因违反禁止教授进化论的州法律而有罪——但他们失去了民意。到了20世纪30年代，美国原教旨主义者意识到，他们没法指望战胜势力日益增长的科学家们。于是，他们自我隔离，自建学校、教堂、大学、慈善项目、报纸、电台和传教机构。穆斯林兄弟会同期也在埃及采取了相似措施。

19世纪时，原教旨主义在许多和文化、宗教迥然不同的地方冒了头。[29]例如，19世纪初，拉比摩西·索弗（Moshe Sofer）（他更为人所熟知的名字是哈塔姆·索弗，与他的著作同名）的名言是："摩西五经禁止新生事物。"他的意思是说，犹太教惯例和律法不可因为任何新情况或理由而改动或修正。他为今天的极端老正统派的哈西迪犹太教奠定了基础。与此同时，伊斯兰教的瓦哈比运动也在鼓吹同样的基本理念。

原教旨主义运动声称自己代表洁白无垢的真理，但它的内核却是个谎言，这真是一个悖论。它不像自己所宣称的那样跟现代主义截然不同、正好相反。原教旨主义者把一些解读、故事和传统包装成原始宗教原则，要求信徒遵循或为之献身。但这些原则很可能是原教旨主义者们自行制定的，其目的只有一个，那就是为它的最根本原则——反抗——服务。

• • • •

原教旨主义的变体有很多。在中东和东亚，它往往是对国家独裁主义的回应，为那些抗议独裁政权不公的人提供庇护。宗教虔诚可以给信仰者提供一定程度上的保护，因为这些传统社会认为宗教很重要。在基督教的世界里，有一些原教旨主义派别主张，美国作为一个基督教国家肩负实现最后救赎的神圣永恒使命。这些原教旨主义者多数属于福音运动。在以色列，一些犹太教原教旨主义者鼓吹按照《希伯来圣经》描述的模式建立君主神权制，将圣殿设在耶路撒冷。他们当中有人在20世纪80年代建立了一个恐怖组织，1983年杀害了3名希伯伦伊斯兰学院的巴勒斯坦学生并导致数十人受伤。他们在策划炸掉岩石圆顶清真寺——犹太人称之为圣殿山，穆斯林教徒则称之为高贵圣殿——时被逮捕。自21世纪初，佛教暴力在亚洲有所抬头，尤其是在泰国和缅甸。自2016年起，缅甸对罗兴亚穆斯林族群进行了种族清洗和谋杀。佛教是历史上最少同暴力有关联的宗教。它强调悲悯，禁止伤害。一般人以为它不会受杀戮狂热的影响。事实证明并非如此。

当然，多数原教旨主义者不参与政治暴力，如美国的阿曼门诺派。在犹太教世界里，许多老正统派犹太教社群也遵循这种信仰，可以被视为原教旨主义的真实形态。他们或许同情世界上的其他人，但他们自认为行走在唯一正确的道路上，对征服他人不感兴趣。

　　没有哪些反抗者的反叛精神比得上原教旨主义者。上文曾经引用过的让·鲍德里亚认为，"9·11"恐怖袭击旨在撼动全球化的根基。在这次袭击中，运用全球化工具的原教旨主义者代表了对资本主义全球化的国际上的激进反抗。"全球化的无限扩张为自己的毁灭创造了条件。"鲍德里亚宣称。他认为全球化整体上来说是反民主的、抑制性的。这个断言很难获得支持，因为全球化在把数亿人民从贫困中解救出来，让自由主义议程无处不在。不过，他的基本论点还是经受住了时间的考验。激进的伊斯兰主义者视资本主义为威胁，视全球化为敌人。他们的镜像——族群民族主义者和种族民族主义者——也一样。

第 7 章

跟民族主义者交谈

REVOLT

● 逆 流 年 代 ●

全球化就是移民进来，工作消失。

——法国极端民族主义政党国民阵线曾经使用过的口号

伏尔泰在描述18世纪的伦敦证券交易所的经营场面时，就预见到了全球化以及全球化中不可或缺的多元化。

> 看一下伦敦的皇家交易所，它比许多法院还要庄严，各国代表为了造福人类，汇聚一堂。在那里，犹太人、伊斯兰教徒和基督徒一起交易，好似他们都信仰同一个宗教，异教徒的名称只适用于那些破产者。在那里，长老会教徒向再洗礼派教徒吐露真言，基督教牧师信任贵格会教徒。当这个和平自由的集会结束后，有人退隐到犹太会堂，有人举起酒杯。这个人去大澡盆那里接受洗礼，以圣父、圣子和圣灵的名义；那个人送儿子去行割礼——一连串希伯来文单词在他孩子的头顶上方嘟哝而过（他基本上不知所云）。其他人则各去各的教会，头戴帽子期待灵感从天而降，而且所有人都满意而归。如果英格兰只允许一种宗教，英格兰政府很可能走向专制；如果英格兰允许两种宗教并存，英格兰人民会相互割喉；但因为英格兰有这么多宗教，所以大家都幸福快乐，和平相处。[1]

这段话宣称，人的定义不再依照某种原始身份、神学立场或某个政治实体的指令。所有人都可以团结在生活的实用和物质方面，当然，破产者除外。伏尔泰明确指出了全球化对身份认同的威胁，以及对那些未能享受到全球化丰硕成果的人的威胁。在伏尔泰的世界里，有谁感受到了威胁呢？那些不认为他们之间的宗教或民族差异会因为商业而消失的人，那些对他者抱有深仇大恨的人。穷人在股票交易所资本家的饕餮盛宴上没有一席之地，因此有可能拒绝国际贸易带来的普遍秩序。

伏尔泰得出如下结论，18世纪英国宗教教派的激增，促进了和平共处与繁荣。这是一个有争议的主张，也是启蒙运动时代的典型特征，因为启蒙运动质疑各种各样的孤立主义，无论是宗教、族群，还是民族孤立主义。假如伏尔泰生活在今天，他无疑会猛烈地抨击英国脱欧。他会争辩说，多元化，以及不同类型的人之间的经济合作，引领了繁荣和更高程度的幸福感。"二战"以来，英国和欧洲其他国家的决策者们，无论是属于主流的右翼，还是左翼，一直坚持这个立场。

然而，新千年一到来，这一切就发生了根本性改变。伏尔泰忽视的那些人，那些认为身份认同至关重要的人，那些没有被繁荣外扩的涟漪触及的人，开始反击。数十年前被挤到舞台两侧的民族主义的忠实代理人重返舞台中央。

如果英国民族主义复兴被视为边缘现象，那么英国脱欧就是一个难解的谜题。这次黑暗复活的英雄们是极右翼的领导人。他们这项大计的成功令人惊讶，因为他们几十年前就被主流政客边缘化了。英国脱欧公投后这几年，极右分子再次湮没无闻，但他们的理念存续下来。历史上采取中右翼立场的政党们挪用了他们的激进右翼理念。

威尔士浦是威尔士的一个小镇，离威尔士同英格兰交界处只有几英里远。它四面青山环绕，以拥有欧洲最大的绵羊交易市场之一为豪。它也是英国国家党（BNP）前领袖尼克·格里芬（Nick Griffin）所在的社区。在被国家党开除之前，格里芬尽其所能地播撒仇外情绪的种子。作为英国国家党领袖和政治家，他都失败了，但其他政客采摘到了他播种的偏狭之树的果实。

2007—2008年，世界金融体系陷入危机，格里芬马上意识到这是极右势力的机会。他立刻积极地宣传反移民议程，箭头更是瞄准了欧盟。在英国，不但极端主义者厌恶欧盟，许多左翼和主流右翼人士也讨厌它。

2008年，我和他在一个装潢得稀奇古怪的小酒馆见面。他长得胖乎乎的，平均身高，人到中年，发型很难不让人想起希特勒。他的一个眼球是玻璃义眼，据说是霰弹枪子弹在篝火中爆炸造成的。他的嗓音刺耳，说话带着训诫的腔调。但除此之外，他的举止平淡无奇。他并没有浑身散发着领袖魅力。

格里芬属于新一代极右翼。他毕业于剑桥大学，是个居家男人，他那一头浓密的头发有别于20世纪70、80年代的光头造型。在我们谈话的过程中，他偶尔会表现出一丝恶意——例如，当我问他对大屠杀修正主义的看法时，他轻笑着回答说他"不熟悉犹太术语"。1998年，他因为在由他担任编辑的一份极右翼报纸上煽动种族仇恨而被定罪。出庭时他宣称："我完全知晓有600万犹太人被毒气毒死、被烧死、被做成了灯罩这个正统意见。正统意见还一度认为地球是平的。"[2]他还写过一个反犹宣言，反对犹太人的影响力，尤其是对媒体的影响力。宣言标题是——"谁扭曲了我们的思想？"

格里芬告诉我，金融危机的爆发让他很高兴。"欧洲历史上的每一次政治变革，每一次重大的变革，都是突然发生的，让人猝不及防。比如20世纪的共产主义和法西斯主义革命。它爆发的速度非常快，而且我想现在你可以看到，在西方，整个自由主义共识——并非建立在自由主义理念的正确性的基础上，显然也并非基于公众对这些理念的支持——根本无人追捧，"他越讲越兴奋，"这个共识建立在自由主义体系提供的产品上：

冰箱里的食物、海外度假。这些东西本身没什么不对，只要它们是可持续的。"他喝了一大口啤酒。"但现在一切都完蛋了。自由主义精英们试图改变英国、欧洲和美国社会的所有努力，都有赖于普通公民告诉自己，'我不认同这些理念，这些自由主义价值观，但我过得不错，我有东西吃'。换句话说：物质主义。"

说着说着，他似乎坚信种族革命近在眼前。"资本主义体系的车轮已经脱落，"他宣告，"它完蛋了。这次危机会持续几代人的时间。这个体系只剩下具有破坏性的混乱。"他环顾酒馆里的客人。"因此，一切即将改变。你说我们不会执掌大权——如果我们还生活在稳定的经济环境下，这个评估可能正确。但如今，一切都有可能。"

听他独白的时候，我还沉浸在不到一个月前巴拉克·奥巴马当选美国总统的狂热中。奥巴马发表获胜演讲时，我就在芝加哥格兰特公园现场。我设法通过安检，跻身于环绕舞台的一小群人当中。奥巴马入场后就站在我正上方。我环顾四周，看到人们热泪盈眶，情绪激动，身体颤抖。我相信，这个人能当上美国总统就是强有力的证据，证明了美国令人震撼的灵活性，以及长期以来保证了其活力的开放性。

在奥巴马当选的衬托下，格里芬的言论似乎纯属妄想。在许多人眼中，美国已经攀登上了拥抱多元化和拒绝偏执的新高度。而眼前这个安着玻璃眼球、嗓音刺耳的男人却想要欢庆种族民族主义的回归。

格里芬的原教旨主义要求回归一个想象中的原始、纯洁的英国。根据他的末日预言，只有重建世界，将宗教和族群放在首位才能避免内战。格里芬倡议将学龄儿童按宗教和族群加以区分。他辩称，英国的犹太儿童不应该同英国基督教儿童或英国印度裔儿童一起学习。"孩子们为此吃的苦头比谁都大，"他坚持这样认为，"我们原则上反对多元文化主义和多元文化融合。我们相信人类多样性是件好事。你之所以具有独特的身份，不是因为你是世界公民，而是因为你来自一个特定的地方、一个特定的文

化，来自你的民族。"请注意，他有多么能言善道，把"多样性"这个字
眼用于为区分或隔离辩护。

对格里芬这样的人来说，生物学隐喻和"灭绝"威胁是每一场谈话的
秘密武器。"人类多样性一直在受到抹杀。如果发生在另一个物种身上，
如蚂蚁，这个国家为了拯救一只珍稀的蚂蚁会去别处兴建公路。全球资本
主义体系的意图就是抹杀多样性，而且它比历史上的独裁者的任何行动都
有效——例如，斯大林遣返了所有鞑靼人。资本主义更胜一筹。资本主义
是一场毁灭运动。"

格里芬断言，只要来自不同宗教或族群的孩子共用一所学校，这就是
"多元文化主义"。真正的多元文化主义并非如此。真正的多元文化主义
在一个全国性框架下实行平等原则。"公民权"这个概念要求同住一个民
族国家的不同宗教信徒和各个少数族群人人平等。格里芬不认可现代公民
权，因为它意味着接受、采纳和内化自由主义及民族主义价值观，而非一
个原始的宗教、族群或种族的身份认同。他还力争说，把来自不同背景的
孩子放在同一个教育环境下"抹杀人类多样性"，因为在他看来，多样性
类似于三原色，他的分类标准取自他想象中的光辉过去。

激进分子们有一个优势（任何类型的激进分子，不一定是原教旨主义
者），那就是他们能撕掉自由主义伪善的面纱。这种伪善证明了主流话语
的心机。这种不诚实给了激进分子很大的力量。如果真实性是最高美德，
那么伪善就是原罪。

格里芬指责英国精英未经公众授权就擅自决定把英国变成一个移民国
家。他的话有一定道理。多年来，英国政府一直不公布详细的移民数据，
政客们很少公开讨论移民政策。格里芬还说，英国一些最好的学校隶属于
教会，是私立学校而非公立学校，面向富家子弟。他说的也没错。"事实
上，这种隔离让精英和他们的子弟受益。但普通人上的学校没有这样的隔
离，"他坚称，"所以，要么融合政策适用于所有人，包括富人；要么，

如果隔离对富人有好处，那它就对所有人都有好处！我不明白为什么这个国家把融合政策强加到穷人头上，与此同时又给富人豁免权。"

我们见面的时候，格里芬的观点属于极右翼。后来，他领导的运动垮台了，他自己也被驱逐了。但他十多年前鼓吹的议程中有很大一部分被英国和欧洲的右翼势力采纳。当年他呼吁英国脱离欧盟，结果被批是虚妄；但后来英国人民决定就这么办。旨在保护本地生产制造的保护主义经济政策再次风靡。越来越多的人议论着把穆斯林教徒"送回老家去"，而且持这种主张的人，正如之前的格里芬，并不在意有些穆斯林教徒在英国出生并拥有英国公民身份。我问格里芬怎么一下子驱逐数百万人，他的答案很简单："我们给他们钱。"他说，要么拿钱走人，要么内战。

我不时反思我们的谈话。现在回想起来，这位极端民族主义者对未来的预言能力显然比我这位刚刚目睹过奥巴马当选、被他选举期间那些有关美国的"善良天使"[3]的豪言壮语所打动的记者强。奥巴马作为一位鼓励进步的领导人，将永远被人铭记，但他未能重塑我们这个时代的精神。格里芬对金融危机的后果的认识更为敏锐。奥巴马当年真心相信他自己的乐观愿景吗？还是说，他觉得如果他能讲一个可信度和说服力足够高的故事，故事就会成真？在2012年连任竞选期间，奥巴马说他担任总统初期犯下的最大错误是一心一意只想"制定正确的政策"，忘记"给美国公众讲一个能向他们传递团结、目的感和乐观精神的故事，尤其是在这种艰难时期"。[4]格里芬跟这位美国总统不一样，他明白自由主义比其外表看起来要脆弱得多。或许失败的原因不在于故事没讲好，而在于故事本身。

•••••

十几年前，我开始同新纳粹分子、否认犹太人大屠杀者、美国反政府民兵，还有包括玛丽娜·勒庞及希腊极端右翼精神领袖在内的欧洲极右势力领导人见面。尼克·格里芬只是其中之一。这十年是"二战"以来他们影响力上升最快的十年。

极右势力涵盖多个分支，从制度政治到暴力团伙不一而足。在一般人的印象里，种族主义极端右翼只会喊口号，而与之形成对比的是，伊斯兰原教旨主义者搞恐怖活动。过去十年的事实证明，这种印象是错误的。根据美国政府2017年递交给国会的一份报告，2001年"9·11"事件后，这个国家又发生了足足85起致命恐怖袭击。[5]右翼极端主义个人和团体对其中73%的事件负责，而伊斯兰主义者制造的袭击则占27%。这两个团体几乎一样致命。右翼极端主义者杀害了106人，而穆斯林极端主义者杀害了119人。值得一提的是，激进的伊斯兰教受害者中有41%的人在同一个事件中遇难，那就是佛罗里达州奥兰多夜总会枪击案。

美国历史上遇害人数最多的恐怖袭击事件当然是"9·11"事件。但在基地组织大开杀戮前，死亡人数最多的恐怖袭击事件是蒂莫西·麦克维于1995年在俄克拉何马城制造的联邦大楼爆炸案，有168人罹难。麦克维的政治立场引发热议。他明确地把联邦政府看作迫在眉睫的威胁[6]，坚持某种旁门左道的自由意志论。他参加过几次密歇根民兵集会。这个组织至今仍然活跃。2016年，我和该组织的一些成员一起武装巡逻，他们不愿意讨论麦克维，但谈起联邦政府的暴政还是口若悬河。极右政治跟激进的伊斯兰教不一样，前者通常在公开场合同暴力保持距离，但私下建立起一个支持暴力的完整生态系统。

西方许多极端右翼的意识形态是当代原教旨主义的一种，表现出后者的一些典型特征：渴望一种统一一切、恒定不变的理想状态；虚构一个雄伟壮丽但只存在于想象中的过去；憎恶不纯洁，企图创建一个纯洁的世界；一种二元制的僵硬的世界观；按例外论将信徒和不信者区分开来；反对现代主义及相关的价值观。

巴黎，2010年

2010年，我在一个电视演播室入口处第一次见到玛丽娜·勒庞（Marine Le Pen），当时她正准备上一个知名的现场采访节目。她带着一小群随从抵达，身穿收腰大下摆中长大衣，步履轻快。她的父亲让-玛丽·勒庞做梦都没想过，自己会成为这个时段的电视节目的常客。无论是过去还是现在，他都在政治上被孤立，曾经因为贬低犹太人大屠杀而被定罪。他的粗鲁个性堪称传奇。[7]法国左翼认为他想成为希特勒。

他女儿刚进入公共视线时，也有人呼吁排斥她。但玛丽娜·勒庞更世故，说话也没那么直接粗放。从来都没有人抓到过她发表反犹言论或者因违法煽动触犯法律。起初，这对父女之间的政治关系等同于政治运动创始人和他的政治继承人的关系，但后来关系恶化了。

我结识勒庞的时候，她已经是她父亲创建的国民阵线的领导人之一。她参加党内竞争，希望接过父亲的主席职位，父亲也支持她。那时候的老勒庞还不知道她计划重塑党的形象，改变他的民族主义意识形态，最终把他扫地出门。玛丽娜·勒庞不是空想家，她想竞选公职。离法国总统大选还有2年，但她已经开始为竞选做准备。她殷切地希望进入主流，清除从她那位引起争议的父亲那里继承来的遗产的毒性，获得正当的地位。我这么一位犹太教以色列记者对她来说是有用的工具。我对她的采访一波三折，预定时间一改再改。采访一开始很愉快，结尾的时候很突然，连声"再见"都没来得及说。

我们先是在化妆室里聊了聊。化妆师在她身边忙活。尼古拉·萨科齐总统挪用了"法律和秩序"以及"融入法国"等勒庞言论，令勒庞担忧。她担心主流右翼的民粹主义色彩日益浓重，进而会窃取她的竞选纲领。在演播室门口，她和采访人排练如何亮相。他们开起了那些嫌弃萨科齐的法国选民的玩笑。"这是三部曲，"她说，"法国选民先讨好，再抛弃，最后加以私刑。"在法语里，她的说法听起来像是在仿效尤里乌斯·凯撒征服高卢后的名言："我来，我见，我征服。""现在，萨科齐已经进入第三阶段！"采访人咯咯地笑了，感谢嘉宾教了他新东西。勒庞很高兴。

十年之后，她完全有理由感到满足，但同时也不失沮丧。2017年，她获得了欧洲极端右翼势力自第二次世界大战以来最大的成功之一。在第二轮总统选举中，她获得了34%的选票，输给埃玛纽埃尔·马克龙。这是一个值得称道的结果，但也不过如此。她碰上了其他欧洲民族主义者已经遭遇过的玻璃天花板——人们还记得他们身上的法西斯政治势力的血统，而欧洲因为法西斯主义，在20世纪中期满目疮痍。至于玛丽娜本人，勒庞这个姓氏为她从政铺平了道路，现在却让她举步维艰。它不断让选民想起这个党的起源、它的领袖，以及这个领袖从法国社会最遭人痛斥的角落里收获的支持，包括维希政府的支持者，声称法国政府撤出阿尔及利亚的决定背叛了法国军队和人民的死硬分子。另一方面，她的自由主义对手马克龙一当上总统就遭遇了一些棘手的麻烦，而且因为他试图理性决策，问题反而变得越发严重。由于计划过于精密复杂，国内矛盾愈演愈烈。2018—2019年间的"黄背心"运动之所以爆发，正是因为马克龙的税收政策，以及其他改革措施。这个运动似乎表明大批公众可能赞同勒庞的有关全球化威胁的言论。迄今为止，她成功地把自己的言论同她父亲破口而出的赤裸裸的仇恨言论区分开来。她传递的信息更积极，她认为法国文化和法国文明非常重要，并赞美"我们美丽的法国"。不过，勒庞不是法国的唐纳德·特朗普。她更老于世故，更优雅，在意识形态上更为收敛。我同她在2010年的谈话预示了未来，特别是后来民族主义对全球化的反抗。

我们的谈话还没进行到第五分钟，她已经开始引用欧洲白人民族主义事实上的教父——弗拉基米尔·普京的言论。"你知道，"她似乎认为俄罗斯总统是社会学分析的可靠信源，"普京说，再过二十年，法国会变成它从前的殖民地的殖民地，而且还有其他国家元首相信，欧洲会穆斯林化。"

勒庞很重要。早在布赖特巴特新闻网和史蒂夫·班农（Steve Bannon）制定他们的经济民族主义信条之前多年，她就领悟了经济民族主义的两大支柱：反全球化和仇视穆斯林。"21世纪出现了极权主义的新形式，"她解释说，"首先是伊斯兰化，它主张一切都是宗教的。其次是全球化，为此贸易高于一切。如果我们不作为，如果我们不坚持法兰西共和国的价值观和法律，我们的文明将会面临严重的危险。"

勒庞说这是在生存或灭绝之间做选择。当然了，在这个存在主义大戏还没结束前，国民阵线会保护犹太人！"法国的犹太人不必把国民阵线视为敌人……他们找不到比国民阵线更好的保护者……我们不会让法国人灭绝。"法国犹太人对她的许诺至少持怀疑态度。在谈话过程中，她的威胁一闪而过。"我认为未来他们需要承担责任。"她在谈论法国最大的犹太组织CRIF时警告说。她指责它通过支持移民来蓄意阻止"伊斯兰化"的努力。"因为他们的立场，他们是我们的文明目前所面临的危险的制造者之一。"

至于在勒庞领导下的法国会对那些危及法国文明的人做些什么，这个问题还有待厘清。此前，她宣布她有意访问以色列。这是她为了争取正当性而采取的又一个竞选步骤。结果她被告知，她在以色列是不受欢迎的人，会被拒绝入境。我问起这事时，她瞪了我一眼。"我为此得出结论，以色列的敌人显然还不够多。"她说。

我问她知不知道犹太人为什么害怕民族主义者。"对不起，以色列不这样，"她宣传，"以色列人爱国，他们保卫自己的国家；他们想拥有领土主权，保证人民的安全。这是我们的最低要求。"我指出，我问的是所有犹太人，而她答的是以色列人。因为犹太人几乎在哪儿都是少数族群，所以我说民族主义令他们不安。"原谅我，"她挖苦地笑道，"我们也会变成少数族群！"我的发问惹恼了她。采访中断了。

同一天接近尾声时，我聆听了她在巴黎郊区的一个地下室里举行的国民阵线会议上发表的讲话。人们在外面排起长队等待入场。勒庞所代表的东西是有市场的。国民阵线积极分子向他们发放倒在纸杯里的廉价红酒。（法国或许是世界上唯一一个在政治集会上招待来宾喝红酒的地方。）她提醒人群，国民阵线海报上曾经有过一句著名的口号："全球化就是移民进来，工作消失。"她环顾她的支持者们。"你们内心深处都知道这一点。我们不是一个政党，我们是抵抗运动。为了我们的孩子，我们必须采取行动。否则他们将面临的可能是一个令人不安、充满暴力的世界！为了我们心爱的祖国，它在走向衰落，为了我们摇摇欲坠的文明，我们别无选择，向胜利前进！"勒庞不止一次对我说，她不是反犹太主义者，但演讲结束后我同观众聊了聊。他们当中有许多人提到了"犹太力量"，还说犹太复国主义者的影响力太大。

　　欧洲自希特勒以来最受欢迎的民族主义极端分子选择全球化作为她的靶子并非偶然。勒庞看到了她父亲那一类老派极端民族主义者没有看到的一点，那就是经济全球化对身份认同构成的重大挑战。经济全球化不可避免地把普世价值注入本土话语中，因为它需要超国家关系。繁荣的前景不能只依赖一个国家来实现。一个国家的经济发展建立在它同世界的关系之上。这一点同排外的国家权力结构和社群价值观不太好兼容。玛丽娜·勒庞在21世纪所有极端民族主义政客中率先为我们这个时代创造出一个连贯的叙事：我们美好且正义的种族-宗教国家受到外来者、移民等人的威胁。我们腐败的精英们（她说欧盟的官僚统治了法国，并形容他们是傻子、无能之辈、笨蛋）被一个包罗万象的经济和政治全球化体系束缚，而我们根本没有授权给这个体系。他们对规范和道德的讨论都是毫不掩饰的虚伪，而大话王媒体为他们效力。主要的问题不是政府以及它的权力。真正的中心议题是：我们这个国家能抵制和打退外来理念、外国利益和商品以及外国人吗？

　　你仔细想一想，这正是唐纳德·特朗普所一直支持的。

　　民族主义总是聚焦于外部；政治不是深入探讨政府该发挥什么作用，应该把权力用在什么地方。政治是要揪出藏在暗处的敌人。勒庞没有明言，但可以从她的话语里推断出这样一种观点，那就是为了国家的存续，必须推翻世界秩序。跟民族主义者打交道时，人们常会有误解——以为他们只关心他们的民族国家。但事实上，他们想要修正或者破坏基本的国际规范，例如，要求各国向难民提供庇护的国际条约和规管国际金融机构和自由贸易的协议。勒庞称这些规范为"全球主义的无声独裁"。民族主义者的目标是本土性的，但他们的计划是全球性的。

• • ● • •

　　如果自由主义者想反击民族主义者的计划，他们必须谨慎留意民族主义民粹主义者的言行。民族主义者想要破坏现有的全球化，自由主义者把全球化视为工业革命的拖油瓶继女、一桩家丑，或者是仅限于指代物质剥削的一句脏话。民族主义极端分子抨击全球化，因为他们看到了普世身份认同的崛起，并且认识到如果他们想继续存在，就必须摧毁那个身份认同的基础，即全球化本身。他们觉得政治主流没有为全球化而战的决心。事实上，后者一再找借口，许下含糊的诺言，游移不定。玛丽娜·勒庞和格里芬等人之所以时常强调全球和地方的对立，是因为他们预计人们到了紧要关头会自然而然地偏向某个特定的身份、家庭和社群。据传，阿尔贝·加缪曾说过："在正义和我母亲之间，我选择我母亲。"自称民族主义者的唐纳德·特朗普对全球主义者下过这么一个定义："一个人要全世界好……却没那么关心我们的国家好不好。"[8]

　　这种错误的二分法在向人们暗示，世界公民和爱国者身份不可兼得。它是当代极端民族主义言论的基石。

　　自由主义者未能用心体会极端主义者为了终结全球化而采用的战术，

但无论如何他们也不会激情澎湃地捍卫全球化。在进步左翼看来，全球化压迫劳动者，促进了导致大规模灭绝的环境破坏型工业的发展。在右翼主流看来，目前的全球秩序可能危及国家主权和社群结构。这些态度制造了一个极端主义者非常乐意填补的真空，因为他们希望借机实现他们高于一切的目标——破坏，而非修补，我们这个时代的全球化，为他们通向权力铺平了道路。

左翼也忽视了其有关物质财富的重要性的核心理念。第二次世界大战之后的国际秩序有一个关键假设，那就是人民要先过上好生活，才能做好人。但自从苏联解体后，自由主义者说服自己，认定开放社会的价值观在工业化国家的存在不容置疑。虽然这些价值观的确具有内在价值，但它们并非不容置疑，也不一定能在经济紧缩的时代幸存。战后秩序的伟大缔造者们——罗斯福、丘吉尔、戴高乐和阿登纳等人——非常清楚这个简朴的真理。"毋庸置疑，"西格蒙德·弗洛伊德在20世纪20年代写道，"一个让众多成员不满并被迫反抗的文明既无望长存，亦不配绵延。"[9]主流政治应当牢记一个假设，那就是人们在物质条件恶化时会表现出自己最坏的一面。如果民主政体不能提供公正的制度、教育和社会安全网，它们就无法抵挡严重的军事或经济危机。不过，即便有安全网，也只是争取时间。如果危机持续很久或者越发严重，民族主义者或其他权力主义者会占上风。

跟我交流过的极端民族主义者对经济没有多少兴趣，对贸易政策更是兴致缺缺。在他们看来，这只是一场猜词游戏。民族主义者热衷于利用人们对经济的抱怨，但他们唯一有热情的地方在于缅怀过去的民族主义社群，将其神圣化，以及摒弃那些不属于他们想象中的纯洁的初始社群的人。

自由主义主流醒悟得比较晚。它还在坚持早已过时的话语——它试图纯粹通过经济这面三棱镜来理解民族主义，鼓吹收入再分配。然而，越来越多的研究表明，经济危机和民族主义-民粹主义崛起之间的联系没有事实根据。例如，诺姆·吉德龙（Noam Gidron）和乔纳森·米吉斯（Jonathan Mijs）对荷兰的政治生活进行了很有意思的长期研究。他们发现，那些在上一次经济危机中个人经济地位下降的人没有转向极端右翼。事实上，他们的态度稍稍往极端左翼偏了一点。此外，他们也没有表现出更强烈的本土主义态度。[10]虽然经济逆境和对激进政党的支持之间存在相关性，但支持激进政党的人并非被艰苦的物质条件直接影响的社会成员。危机为不稳定和反抗创造了机会。那些被极端右翼吸引的人不一定是经济状况受到危机重创的人。

那么，这到底是怎么回事？

民族主义就像一种自身免疫性疾病。当国家这个身体因为社会经济问题抵抗力变弱时，它会在民主政体内部爆发。然而，即使身体康复了，疾病也不一定消除。在过去十年里，它是这么运作的：首先，严重的经济危机或安全危机爆发，民族主义言论进入政治话语。其次，极端民族主义疾病继续蔓延，不再需要潜在危机的协助。例如，2016年以来，移民和难民拥入匈牙利的速度大大放缓，但该国的民族主义者，总理欧尔班·维克托（Orbán Viktor）还在责骂他们。这个外来的威胁为他和他的政党赢得了更多选票。

还有一项研究表明，经济恶化和极端主义政党在欧洲的崛起之间的确存在相关性，不过那是在2013年之前。此后，虽然经济开始好转，但是对民族主义政党的支持还在加强。[11]显然，美国经济从2016年直至2020年新冠疫情暴发这一期间的复苏并没有大大弱化特朗普或者他鼓吹的议程，特别是他的反移民措施。

美国白宫前顾问史蒂夫·班农曾经讨论过所谓的经济民族主义，但后来他改变了论调。2019，他宣布成立一个"学院"，说这是一所"培养文化斗士的角斗士学校"。这听起来不像一个主要关心贸易壁垒或中产阶级式微的人的论调；这是他对所谓的来自他者的威胁的反应。

　　民粹主义民族主义吸引人的地方不在于它的经济议程，而在于它向外传递的信息强调身份认同，反对移民，以及宣扬恢复个人安全的沙文主义做法。[12] 20世纪法国小说家（也是战争英雄）罗曼·加里（Romain Gary）的说法更为言简意赅："爱国主义是爱你自己的人民，民族主义是恨其他人。"对民族共同体的颂扬和对身份认同的强调可以看起来像主流政治，但这些观念对世界各地的本土主义、仇外情绪和种族主义的助力日渐增强。

第 **8** 章

纳粹复活

REVOLT

● 逆 流 年 代 ●

有人说，犹太人不能跟我们讲话，否则他们会消失，只余一堆灰烬。
但你看，你就好好地站在这里，而且一切都正常。

——跟一名德国新纳粹分子的谈话，2014年[1]

康斯坦丁·普莱弗瑞斯（Constantine Plevris）是欧洲最多产的种族主义
辩论家之一。我在2014年采访过他。当时雅典街头挤满了愤怒的抗议者，
这在希腊经济大萧条期间司空见惯。当时我正在制作一部有关种族仇恨在
欧洲抬头的纪录片。我在约定的时间抵达。普莱弗瑞斯工作所在地的大楼
保安一脸怀疑地查看我的护照，然后陪同我乘坐拥挤的电梯上到这位希腊
极端右翼理论家的办公室。坚决否认犹太人大屠杀的普莱弗瑞斯很大方地
给我时间采访，回答我的问题时彬彬有礼。一开始，他很难相信跟他交流
的竟然是一个以色列人。"我从未去过以色列。"他说。"我没法想象你
去过。"我谨慎地回答。

普莱弗瑞斯自豪地向我展示他那本题为《犹太人：全部真相》（*The Jews: The Whole Truth*）的巨著。封面照片是一个全身着黑的虔诚的犹太教
徒，眼里冒火，充满敌意。接着，普莱弗瑞斯给我看各种他认为能证明以
色列这个国家的残暴的照片。我问他为什么要给我看。"因为犹太人假装
无辜，"他说，"他们说：'我们从不杀人。'可就连你们的神都曾派天

使去杀埃及人的孩子。犹太人是宇宙中第一个声称他们秉承神的旨意杀人的民族。"

他显然不在乎别人称他为反犹人士。我提到耶稣本人也是犹太人,普莱弗瑞斯反驳说:"他是加利利人,不是犹太人。"我换了一个话题:"你写过,说犹太人控制了银行。"

"没错。没人能否认这一点。"

"我否认。"

"那么你告诉我,哪家银行没被犹太人控制?只要一家就行!"

"好。巴克莱银行。"

"什么?"

"巴克莱。"

"听着。"他硬生生地说。

"花旗银行、摩根大通银行、阿尔法银行,我还可以列举更多。"

听到阿尔法银行,普莱弗瑞斯一怔。这是一家希腊银行。他显然害怕我在报道的时候引用他的话,说他认为这家本土金融机构的所有权在犹太人手里。"不,阿尔法银行当然不是,"他说,"别的银行我不知道,但这一家不是!"

我们的谈话既怪诞又可笑。令我懊恼的是,普莱弗瑞斯突然说他仰慕以色列,还说"我认为他们是劣等种族"。我问他:"'他们'是谁?"我试图跟上他的仇恨意识流。

他被我的提问惊呆了。"当然是阿拉伯人,"接着他问我,"你相信我们大家都是平等的吗?"

"我真心相信我们大家都平等。"我回答。

"所以你也相信所有人的头脑都是一样的?"

"是的。"

"你知道,在自然界,头脑的差异就像狗和马。有的狗擅长放牧;有的狗适合打猎，奢侈地生活。自然界里没有两样平等的东西，没有。"他也憎恨同性恋者。

每当我播放同普莱弗瑞斯会面的录像时，在欧洲、北美洲和以色列，观众通常会哄堂大笑。这位在政界过气已久的希腊极端主义者看起来很可笑。他满嘴离谱的谎言，就像个小丑，大家没法把他的话当真。但是他写过几十本书，全面介绍了极端民族主义理念。他那索然无味的、概括性的、过度简化的言论，被门徒们大加利用。彻头彻尾的谎言如果被大胆地说出来，就会在一个由社交媒体塑造的世界里造成特别大的影响。自由主义者出于傲慢不愿意搭理这些谎言，所以反而便宜了他的支持者。希腊所有极端右翼分子都是他的弟子。其中最重要的莫过于希腊新纳粹政党金色黎明党的创始人尼古劳斯·米哈罗里亚可斯（Nikolaos Michaloliakos）。他的政治生涯始于20世纪60年代普莱弗瑞斯的8月4日党。截至2019年，所有欧洲新纳粹政治运动中，金色黎明党在本国的人气最高。

种族主义原教旨主义和极端民族主义促成了纳粹和白人至上主义的死灰复燃。如今，他们导致的大规模暴力事件达到"二战"结束以来的最高潮。2011年，安德斯·贝林·布雷维克在挪威杀害77人，成为其他极右恐怖主义者效仿的原型。他们囤积武器，收集情报，训练人员，还在袭击过程中拍照或在互联网上直播。他们同伊斯兰恐怖主义者一样留下电子遗嘱，动员更多袭击者效仿。这个模式确实不乏追随者。例如，2019年3月，布伦顿·塔兰特袭击了新西兰的两座清真寺，杀害51人。又如，同年4月，约翰·T. 欧内斯特枪击了圣地亚哥的一座犹太会堂，导致1人死亡。2018年，罗伯特·鲍尔斯向匹兹堡的一个名叫"生命之树"的犹太会堂的会众扫射，造成了美国历史上死亡人数最多的反犹仇恨犯罪。他也部分效仿了这个模式。

这些种族主义原教旨主义者比其他任何人都危险。他们是白人基督徒，历来属于多数派，因此自然可以招募来更多的选民，并有回声室来证明和扩大他们的信息。执法机构内部的体制性种族主义意味着，如果他们从事非法活动，相较于非白人的好战分子，他们受到怀疑的可能性更小。相较于20世纪80年代和90年代，此类群体的公共示威日渐露骨，对自己的打算不加掩饰。他们还变得暴力起来。例如，2017年夏季，在臭名昭著的弗吉尼亚州夏洛茨维尔"团结右翼"集会上，白人至上主义者手持火炬，边游行边高喊："犹太人不会替代我们！"其中一名新纳粹分子用汽车将32岁的示威游行反对者希瑟·海尔撞击致死。

将这些群体和他们的线上平台联结在一起的有毒性的意识形态，混合了阴谋论和种族主义极端民族主义，是超民族主义的。在每一个爆发此类运动的国家里，白人为可能失去多数派地位感到焦虑，害怕少数族裔"掌握一切"，"扭曲自然秩序"。许多杀手都宣扬过这样的看法。2015年，戴伦·鲁夫在南卡罗来纳州查尔斯顿的一座教堂里杀害了8名教众，因为他声称黑人正在逐步占领美国。在得克萨斯州埃尔帕索一家沃尔玛超市里杀害了22个人的帕特里克·克鲁西乌斯曾谈到过"西班牙裔人入侵"。20世纪初以来，全球一体化日渐深入，来自不同种族、民族和宗教的社群和个人之间的关系日益密切——换句话说，全球化发展势头迅猛。

正因如此，某些白人的恐惧感也与日俱增。伏尔泰曾为伦敦证券交易所唱起赞歌，跟他志同道合的人期盼现代化世界和跨越国界的乌托邦，但也有人对此恐惧万分，以至于诉诸暴力。在《一个国家的诞生》等为现代三K党的复兴推波助澜的电影的影响下，这种恐惧已经发展成为完整的意识形态。臭名昭著的白人至上主义者洛斯罗普·斯托达德（Lothrop Stoddard）就是一个最好的例证。他在1920年出版了《有色人种与白人至上世界对立的上升趋势》（*The Rising Tide of Color against White World-Supremacy*）一书。今天的极端主义者则把"大替代"和"白人种族灭绝"挂在嘴边。这是眼下风靡网络世界的两大阴谋论，但其实不过是把以前那些声称记录了对"白人种族"的威胁的虚构故事翻了下新。犹太人在所有阴谋论里都占据特殊地位。它们借鉴经典反犹主义，指责一个犹太阴谋集团正在利用自己掌握的金融和智慧的力量消灭基督徒，用外国人和异教徒来替代他们。

2016年末，我人在美国，想采访一位三K党首领。一个自称帝国巫师的人给我回复，回复的内容并没有让我特别吃惊："我们倒是挺想让你来我们的集会。像你们的人当年对待耶稣那样把你钉在十字架上。然后在你屁股下面放火，看耶稣的光芒照在我们的脸上。"我决定还是不去了。

前东德，2014年

我和我的制片人安东尼娅·亚明抵达前东德小镇施洛伊辛根（Schleusingen）时，天上下着瓢泼大雨。我们开车来到一个指定地址，但那里没人。我们所属的新闻机构对我们这次与新纳粹的会面感到很紧张。我们告诉编辑，如果我们在预定的会面时间没有给他打电话报平安，他就可以通知德国警方。

我们焦虑地等了几分钟后，一辆黑色轿车驶来。帕特里克·施罗德步下轿车。他身材高大，一头金发，方下巴，眼距很窄。与他同行的是正在竞选市镇议会议员的新纳粹分子汤米·弗兰克。弗兰克曾因参与非法煽动被定罪。

两位年轻人看起来不太自在。他们说警方不让他们在镇上跟我们见面。"跟我们走。"他们说。

我们开车跟在他们后面，驶上一条土路。我们不知道前面会不会有纳粹分子伏击。但令我们如释重负的是，一辆德国警车拦住了我们。我们从未因看到穿制服的德国人而如此喜出望外。官方显然知道我们这次会面。

警察要求我们出示身份证明。"这是汤米·弗兰克的家。"他用还凑合的英语告知我们，"你们知道他们在里面干什么吗？元首？纳粹？我们德国人不喜欢极右分子。"他解释说，如果会面过程中有人表现出对纳粹的支持，我们必须出庭作证。"是德国秘密警察把我们的地址告诉给他们的。"施罗德控诉道。他跟警察并肩而立，显然很高兴有人关注他们。

据说施罗德属于新纳粹的新品种。德国媒体甚至为他这样的人杜撰了一个新词——"尼普斯特（Nipster）"，意为纳粹潮人。《滚石》（*Rolling Stone*）杂志发表过一篇文章，报道施罗德怎样制作网上节目，开展宣传活动，试图说服纳粹团体们与时俱进，好让极端民族主义运动吸引到喜欢嘻哈风格或潮人风尚的年轻人。[2]施罗德希望扩大德国的纳粹圈子，获得正当地位。所以施洛伊辛根的新纳粹分子才同意跟我这个犹太人见面。

德国法律禁止以任何形式支持种族主义和纳粹主义，包括露出纳粹主题的刺青。施罗德深知这一点。他像其他德国激进民族主义者一样使用密语，以规避法律。一位前纳粹分子曾经为我揭过秘。"例如，我可以在汗衫上印制纳粹哥特字体的'反犹太复国主义'字样，"他说，"这个没问题，因为它表达的是对'犹太复国主义'这个政治运动的反对。但我的受众们懂得法律。他们明白我的真正意思是'反对犹太人'。"

我们进到一个小院子里。这里是新纳粹集会的地方。烤肉架的炭火已经点好，一大桶用调料腌渍过的猪肉在等着上烤架。当地的青年极端分子们悠闲地站在周围。他们大多一身黑衣，好奇地盯着我们看，窃窃私语。我曾经在金属笼子的保护下同鲨鱼共游。被新纳粹分子包围的感觉就像被鲨鱼包围，只是没有金属笼子。我们俩小心翼翼地跟人攀谈，从不单独行动。表面上这是一个地方竞选筹备会，但开会的日期——5月8日——别有深意，可能泄露了这次烧烤聚会的真实意图。5月8日是欧洲胜利日，即1945年纳粹德国向盟军投降的周年纪念日。对纳粹分子来说，这一天是哀悼日。

施罗德身姿笔挺，双手交叉放在背后，用流利的英语向我们飞快地介绍他的信条要点。第一，"简而言之，穆斯林在逐步占领这个国家"。第二，"在柏林，有的学校很难找到一个德国孩子"。第三，"再过几十年，德国各地都会变成这样"。我问他穆斯林是怎么逐步"占领"德国的。他举了一个例子："他们不许德国的孩子在学校里吃猪肉。如果你想成为德国的一分子，你不会这么干。如果有人想让德国五十年后变个样，变成柏林的新克尔恩区（Neukölln）那样，那好。但我们这些人说，我们不会让这样的事情发生。"新克尔恩区是穆斯林聚居区。

所谓的"穆斯林威胁论"是欧洲和北美洲极端右翼分子同我交谈时反复强调的主题。近年来，欧洲死亡惨重的恐怖袭击案的凶手大多是穆斯林极端分子，极端右翼利用这一事实招徕了选票，效果很好。穆斯林人口只占欧洲总人口的5%~6%。法国的穆斯林社区在欧洲所有国家里规模最大，而穆斯林人口占法国总人口的7.5%~10%。[3]即便所有这些穆斯林都想改变欧洲的特性——这个说法非常值得商榷——他们也没有政治力量来实现这一点。没有哪个欧洲大国的议会里有穆斯林政党代表。世俗的法国不容许宗教狂热，长期排斥多元文化主义的德国当然也不容许。欧洲的穆斯林少数族裔人口已经有所增加。据预测，到2050年，穆斯林人口将占欧洲人口的10%；如果欧洲大陆允许大规模移民（目前不允许），那么穆斯林人口占比将上升至14%。[4]总之，在接下来的几十年里，伊斯兰极端主义者缺乏获得可观政治力量的途径。然而，极右势力的增长前景截然不同。极右势力不但对自己的未来充满信心，而且还知道自己曾经在欧洲掌权过。它通过选举成功执政的概率比穆斯林高很多。

在这个德国东部的小镇上，新纳粹主义与其说是一种意识形态，不如说是一个场景，一种生活方式。站在我们周围的年轻人狼吞虎咽地吃着烤猪肉，穿着印有极右翼重金属摇滚乐队标志的T恤衫，戴着五角星形的银吊坠。新纳粹主义是一个找到归属感的途径。施罗德和汤米·弗兰克是这个群体的理论家。

"1945年5月8日，德国投降，德国的时代随之结束。"施罗德说。他的战友汤米·弗兰克补充说："德国两千年的历史在那一天终结。"施罗德做了进一步阐述："我们从未像今天这样受奴役，这样低人一等，动弹不得。一切始于纳粹的失败，直到今天还是如此。国家主权在那一天消亡。民族共同体*（Volksgemeinschaft）本来站在巅峰之上，从那以后一路衰退……我祖父母告诉我，如果你略过犹太人的遭遇不提，这个共同体完美无缺……第三帝国社会非常伟大……对生活在帝国里的普通人来说。"

"这里的普通人不能是持不同政见者、同性恋者、犹太人、吉卜赛人。"我加了个备注。"是的。"他予以肯定。

施罗德对千年帝国的缅怀属于原教旨主义的一种。确实，"原教旨主义"一般指宗教，而纳粹不是传统意义上的宗教。宗教社会学家詹姆斯·D. 亨特（James D. Hunter）解释说："所有原教旨主义教派都有一种深刻的忧虑，历史出错了。而让历史出错的原因在于以各种不同面貌出现的现代性。所以原教旨主义者的使命是让历史回归正轨。"[5]根据现代欧洲史学家阿隆·孔菲诺（Alon Confino）的论述，纳粹分子幻想一个没有犹太人的世界，在这个种族纯洁性的想法的驱动下，他们炮制出"一个新的创世记"、一个新世界秩序的起源的全新传统。换句话说，他们追求的不仅仅是开疆拓土，他们还要征服记忆和历史，从中剔除犹太人。没有什么比这种对原始纯洁性的幻想更原教旨主义的了。在这个幻想的指示下，不洁的现代社会必须通过破坏、杀戮和种族屠杀来获得净化。[6]

我问施罗德，他是否接受犹太人大屠杀这一史实。"在德国，你可以问别人有多少女巫在火刑柱上被烧死，但是别的问题你不能讨论。"施罗

---

* 希特勒在他的演讲中用"民族共同体"指代单一种族社群里所有人的精神。这个社群在元首的指挥下形成等级制度。——原注

德顾左右而言他。

和许多原教旨主义者一样，施罗德无法或不愿直面区分身份认同和政治观点的论辩；人们不过是祖先棋盘上的小卒，永远扮演他们的种族或宗教规定他们扮演的角色。他坚持认为纳粹的言论自由这一民主权利被剥夺了："我不认为作为一个群体我们之间有什么不同，他们说所有的新纳粹分子都是极端主义者，通通都该被关进监狱，可他们又说，犹太人群体在银行界权力很大。"对此我回答说，纳粹分子是决定支持某个政治理念的人。犹太人生来就是犹太人，这不是他们为自己选择的身份认同。"你说得对。"他说，表情看起来不太舒服，但他并没有因此让步。"如果希特勒打赢了，"施罗德宣称，"他会成为全世界的大英雄。成王败寇。如果希特勒赢了，史实会是什么？你根本不会读到那600万犹太人或诸如此类的东西。你会在历史书上读到希特勒是个伟人，是德国史上的大英雄。"

"但600万犹太人已逝的事实无法改变。"我回应说。

"但你不会听说这件事。"他得意扬扬地回答，"真正发生了什么并不重要。"

他让我想起了海因里希·希姆莱（Heinrich Himmler）臭名昭著的波兹南演讲。他在演讲中声称，他麾下的党卫队在"最后解决"犹太人的过程中保持住了体面。"你们大多数人都知道，100具尸体并排躺着，或者500具，1000具，意味着什么。坚持执行这个使命的同时——除了那些因人性的弱点而造成的例外——我们也不失君子本色，这正是让我们强大的原因。这是我们历史上荣耀的一页，以前从未被书写过，未来也不会再次被书写。"[7]在希姆莱和新纳粹潮人的世界里，真相没有内在含义，事实痛苦地死去。真相只是符合纳粹意识形态的陈述。重要的是历史如何被书写，而不是实际发生过什么。只有权力才能赋予意义。

"我们背负了很多污名，"汤米·弗兰克抱怨道，"有人说，犹太人不能跟我们讲话，否则他们会消失，只余一堆灰烬。但你看，你就好好地站在这里，而且一切都正常。"

我觉得自己身处的环境很诡异。我告诉施罗德和他的朋友们，好多以色列人蜂拥到柏林居住。"如果他们开始占领柏林，"施罗德这位新纳粹分子面无表情地说，"这是个问题。这不是我想要的。"至此，我们觉得该离开了。

西西弗式的原教旨主义者

本章和前面几章里出现的原教旨主义者是反抗全球化的鼓吹者。传统意义上，原教旨主义者指宗教极端分子，但本书拓展了这个概念。新老纳粹分子均受益于原教旨主义的最大的优势之一——一致性。在这个瞬息万变的世界里，全球化危及就业和传统价值观，原教旨主义者通过身份认同找到人生意义。穆斯林兄弟会把伊斯兰教鼓吹成解决方案。纳粹分子说幸福感来自种族纯洁性。极端民族主义者高喊，英国是英国人的，法国是法国人的，美国是美国人的。原教旨主义因为同周边的世界不一致而自豪。它坚持回归初始状态，无论这个初始状态是真实的还是想象出来的。为此，原教旨主义需要一个初始的真理和存在的来源——纯正的血统、高贵的灵魂、上帝的直接指示，这些往往都被原教旨主义按字面解读。它谋求对多元文化主义的反抗，对异质性的反抗，要求恢复父权制，重申它所主张的传统价值观。[8]

精英们不愿意承认，即便在全球化的世界中，宗教也能给人们的生活赋予意义——这对原教旨主义来说正好有利。"有学问的人有他们自己的一套迷信，其中突出的一条是他们相信迷信正在消散，"美国宗教话题作家加里·威尔斯（Garry Wills）写道，"因为科学已经用世俗术语解释了世界，人们对宗教的需求消失了，宗教便会消亡……每一次宗教狂引起知识分子的注意都像流星扫过天空。一个人如果这样想就很难猜到，在我们的历史上，没有什么比宗教信仰和习俗更稳定、更不会动摇的了。"[9]

原教旨主义者受益于这种迷信，因为他们可以借机把自己定位成宗教或整个社群的终极守护者，而不只是极端解读的鼓吹者。面对他们所谓的"世俗胁迫"和"自由主义压制"，原教旨主义者的力量在早已感受到全球化和自由主义价值观威胁的社群里与日俱增。用科学来贬低信仰和传统的人恰恰被自由主义者最害怕的力量所利用。

把原教旨主义框定为困厄的产物又是一个典型错误。原教旨主义理论家往往不是无知的产物，而是对现代主义有感而发，他们甚至称得上是深思熟虑。正是因为他们熟悉全球化世界，所以他们才想远离它，修正它，或者毁灭它。

现代政治领域里的所有参与者都必须面对全球化这个现实。主流保守派虔诚地鼓吹自由贸易和资本自由流动，但与此同时谴责全球化对本土身份认同的威胁。主流左翼一方面赞扬"天下一家"的普世主义以及相应的价值观，另一方面抨击全球经济逐步剥夺劳动者的权利。绿党人士为国际生产、消费和贸易造成的碳排放和栖息地破坏发出悲叹，但又宣扬国际合作是避免环境灾难的唯一出路。马克思主义者相信如今的全球性企业是无拘无束的资本主义的缩影，但在他们的理想里，世界上的劳动者们团结在了一起。

原教旨主义者——无论他是激进的伊斯兰教徒还是他们的主要敌人白人至上主义者——是个例外。在他们的世界观里，全球化必然要将他们逼到边缘。他们这样想并没有错。自20世纪90年代以来，宣布自己"无宗教信仰"的美国人，人数翻了一番还不止，目前占美国人口的23%还要多一点——超过任何有其他信仰的人群。[10]这是一个史诗级别的变化。面对这样的高流失率，某些传统主义者转向极端主义。全球化向原教旨主义者发出的信号是，他们的命运将会像那些本来人数就寥寥无几而且还越来越少的亚马孙部落一样，徒劳地朝在他们头顶盘旋、记录他们的灭绝的直升机射箭。勒庞和格里芬的计划都想颠覆这个命运。他们力图改变世界，让自由主义者成为无助的部落中人，把他们驱逐到面积日益缩小的民主制飞地里去。过去的十年表明，他们的设想不全是妄想。自由主义者认为极端民族主义没有未来，是因为我们对20世纪40年代还记忆犹新，坚信邪不胜正——这是后"二战"时代的中心叙事。然而，那次胜利对如何打赢今天的战斗没有什么指导意义。

如果用科技语言来描述，原教旨主义就是一个在充满软件、文件和端口的开放世界里的封闭的操作系统。iPhone用户们知道，封闭系统有其好处：它简单，可预测，且内部稳定。原教旨主义者在一个多样性的世界里寻找纯洁性，在一个充斥着各种各样真理的现实中追求排他性真理。

阿尔贝·加缪在《西西弗神话》里建议我们想象一个快乐的西西弗。诸神判处西西弗永无休止地把一块大石头推到冥府的一座山顶上，到了山顶之后又眼睁睁地看着石头顺着山坡滚落下去。然而加缪争辩说，赋予生命意义的是奋斗，不是实现目标。如果西西弗接受现代世界中人类处境的全然荒诞和徒劳，他就会快乐，因为奋斗本身给他带来了满足感，即便他知道大石头滚落下山无可避免。这就是原教旨主义者的悖论。他们既是他们试图屠杀的全球化这条龙的一部分，也是对其的响应。原教旨主义者和西西弗一样，用力将石头推上山顶，但石头到了山顶无法停留。他们想象中的那个世界——从宗教或种族角度来看无限荣光的世界——永远不会存在。它的纯洁性将不断地遭到复杂的全球现实杂质的玷污，最终坍塌。不过，即便这段历程走不到底，历程本身就改变了世界。原教旨主义者之所以快乐，并非因为他们有能力应对现代世界的徒劳，而是因为他们决意毁掉现代世界。暴力原教旨主义危及公民们对政府的最基本要求——个人安全。在全球化的世界里，原教旨主义的大石头永远会滚落，一路滚一路压死人。西西弗站在冥府山脚下，再次决心推石头上山。

第 **9** 章

中产阶级的反抗

REVOLT

● 逆 流 年 代 ●

问：这是一份高盛集团的内部文件……"天啊，那个森林狼债务抵押债券产品真是烂透了。"2007年6月22日之后，这个烂透了的产品，你卖了多少给客户？

答：主席先生，我不知道，但售价应当反映了当时客户们的投资意愿。

问：哦，但是他们不知道——你没告诉他们你认为这个产品烂透了！

答：嗯，当时我没说。

——2010年高盛抵押产品部门负责人在美国参议院小组委员会上作证[1]

记得3岁时，我听到父亲沉重的军靴踩着家里已经磨损的木头螺旋楼梯咚咚地下了楼。他跟我们亲吻作别，然后我母亲、哥哥和我待在家里，心如刀割，因为他是去打仗了。那是1982年，梅纳赫姆·贝京政府决定入侵黎巴嫩，打击将该国作为基地、向以色列北方社区发射火箭弹的巴勒斯坦武装分子。这是以色列历史上争议最大的一场战争，而我父亲连续好几个月都在战场上，时间感觉极其漫长。他在贝鲁特郊区战斗时，他的朋友们在特拉维夫中心广场上示威，抗议入侵。我父亲赞同他们的观点。

11岁时，我第一次听到忽而高昂、忽而低沉的空袭警报。父母带着哥哥和我躲进我们房子地下的防空洞。1991年，海湾战争打响了。伊拉克独裁者萨达姆·侯赛因朝以色列发射了弹道导弹。战争初期，人们生怕他会动用化学和生物弹头对付以色列。每个以色列成年人和孩子都被发放了一个民防包，并且得到指令，必须一刻不离身。包里有一个防毒面具和一支阿托品针剂，以防受到神经毒气的袭击。第一次空袭警报拉响后，有些以色列平民惊慌失措，当即给自己注射了阿托品。

我女儿2岁时，我第一次抱她进我们公寓的安全室（以色列现行的建筑法规规定，每个公寓都必须有一个墙壁用钢板加固的安全室），躲避来自加沙地带的火箭弹袭击。两年后，我又进了安全室，这次带了2个孩子。第三次进入时，我们有了3个孩子。

这种不安全感只是我这边的故事。另一边的人苦难更为深重。1982年，数以千计的黎巴嫩平民发现自己身处战争前线。一个黎巴嫩基督教民兵组织同以色列联手，对设在贝鲁特的两个分别名为萨卜拉和夏蒂拉的巴勒斯坦难民营大肆杀戮。萨达姆·侯赛因的导弹只杀死了若干以色列人，但他的压迫政权杀害了数万名伊拉克人。而美国侵占伊拉克的行动触发了一连串暴力事件和苦痛，持续了几十年，到今天仍未结束。有将近200万巴勒斯坦人生活在加沙地带，环境恶劣。大多数人实质上沦为统治该地区的原教旨主义伊斯兰组织的人质。当以色列军队朝躲藏在那里的哈马斯战士开火时，这些巴勒斯坦人没有防弹室可以带着孩子进去避险。

中东是世界上最不稳定的地区之一，充斥着各种冲突和对抗。然而，事实上世界上有很多人的生活被暴力冲突困扰，包括叙利亚人、以色列人、巴勒斯坦人、伊拉克人、墨西哥人、哥伦比亚人、印度人、巴基斯坦人、斯里兰卡人、一半以上非洲国家的人、前南斯拉夫各国的人，还有苏联解体后各国的许多人。近几十年来，前线、后方不明的战争主宰了这些国家许多居民的生活。与此形成对比的是，西欧相对平静。但这是一种创伤后的平静。虽然西欧在1945年之后没有经历过破坏性暴力冲突，但它依旧伤痕累累。从伦敦到柏林，战争破坏留下的印记至今可见，那就是奥斯威辛。

美国远远旁观。美国公民散发出的安全感很难不让人羡慕。美国是历史上的反常存在。这个国家同当代风暴隔开两个大洋。战争？美国人当然经历过。经济危机？他们也经历过，还有犯罪。但他们不是平民和军事世界之间、前线和后方之间的界线的现代性瓦解的受害者。这两条界线的瓦解是自法国大革命以来的世界的特点。

美国的母亲们在战争期间——甚至在世界大战期间——都能毫无畏惧地送孩子去上学。她们的丈夫、孩子们的父亲，可能在战场上出生入死，但大后方是安全的。美国孩子没有目睹过同学被德国、日本或苏联的炮弹杀死。*美国人参加核攻击演习，但他们从未动真格地躲进防空洞。美国平民不需要向美国士兵那样学习辨别下落的火箭弹的哀鸣或者敌方子弹的沉闷呼啸。费城、旧金山和纽约，没有哪个街区是被轰炸夷为平地后重建的，欧洲、亚洲和非洲城市则不一样。

很快就会有人反驳说，美国人感受到的是另外一种不安全感。它源于多年来在他们平静的生活之下暗流涌动的暴力。有人会问，一个死于芝加哥街头警匪枪战流弹的孩子和一个死于地方武装在摩加迪沙发动的袭击的索马里孩子之间，有什么差别？

有差别。杀戮的动机很重要。你和你的家人受外来敌的威胁，这一感受很重要。此外，其他国家的民众同样为犯罪活动所苦，但同时他们还得承受许多美国人不必承受的危险。在越南、中东或中美洲生活的人们都感受不到美式和平，但它在北美洲却很盛行。直到那一天。

2001年9月11日，美国人目睹了史上最大规模的恐怖袭击，有2977人在此次袭击中遇害。这对一心一意破坏当代生活安全的暴力原教旨主义来说

---

* "二战"期间唯一一次美国内陆领土上有平民在敌人的攻击下丧生是在1945年，当时有一枚日本的远程气球炸弹飞到了俄勒冈州。——原注

是个巨大的胜利。美国被猛地拽出了它在现代一直占据着的平行空间。全球化的工具——飞机、移民、技术和媒体——突然被袭击者倒转过来对准了美国人的个人安全。它标志着一个新时代的开始——反抗的种子就在这一天播下。

在工业化国家里，一个人的生命大约80年时光，但深刻的社会变革需要更长时间。或许是因为当今世界的步伐加快了，所以我们很难看到更大的图景。这就好像我们在玉米地里忙着挥刀砍出一条路来，却不知道拖拉机早已在其中纵横耕作过，因为后者只有站在高处才看得见。这就是居高临下看到的图景："9·11"还没有结束。我们仍旧生活在那个可怕的早晨，第一架飞机撞击北塔后开始的那个时刻的尾声里。撞击的反响犹在——各大市场爆发危机、两次战争、原教旨主义的兴起、降息和急速增长的消费、房地产泡沫及其余波，还有经济大衰退。

• • • • •

时光流逝，孩子们出生，长大，但那个可怕的时刻还没有过去。"9·11"袭击让美国人一直以来认为理所当然的个人安全的基本保障出现了裂痕。它们紧跟20世纪90年代末网络经济泡沫破裂后的经济衰退而来。金额巨大的会计欺诈案被曝光。美国能源巨头安然公司破产。另外两家规模大到几乎成了神话的企业——世界通信公司和泰科国际有限公司——也垮了。本·拉登对美国的打击让经济危机雪上加霜。2001年下半年，有250万美国人失业。各大市场崩盘，久久不能复苏。事实上，美国股市在肯尼迪总统遇刺后复苏的速度，甚至在珍珠港事件爆发、美国参加第二次世界大战后的复苏速度，都比"9·11"袭击后的复苏速度快得多。与此同时，乔治·W.布什政府宣布打响反恐战争，先后在阿富汗和伊拉克掀起战事，还花费几万亿美元（并拒绝加税抵补开支）竭力恢复公民失去的安全感。

时任美联储主席的艾伦·格林斯潘被市场视为天才。他针对不信任"瘟疫"开出了一个强剂量的"抗生素"药方——他建议美联储大幅降息，它也真这么办了。美联储的利率在2000年几乎一直稳定在6%以上，但2002年初猛降至2%以下。这可不是人工呼吸，这是电击心脏复苏。政界和经济界精英向公众传递的信息再清楚不过了：冒险吧。跳下悬崖，你有降落伞，一切都会好起来的。乔治·W.布什从2001年开始大刀阔斧地减税，再加上美联储降息，美国经济如同服用了兴奋剂。

换句话说，把曼哈顿上空飞机爆炸的图像抛到脑后，考虑一下刷信用卡买一台新电视机吧，分期付款就可以；要么转按揭，买个大一点的房子。花吧花吧——你要借多少钱我们都给你。这成了美国的全民使命，也为世界其他地方定下了基调。2001年10月，距离曼哈顿被来自双子塔混凝土废墟的浮尘和人体残骸覆盖还不到一个月，《今日美国》（USA Today）就报道说，有人在纽约街头发放写着"反击吧，纽约！去购物"字样的胸针。[2]这不只是一个奇特的事实。它直击事件的根本。恐怖袭击想要颠覆美国的生活方式。鉴于美国的生活方式越来越以消费为中心，所以美国有一种深层次的需求，要拯救和保住美国国民身份认同中这个显著的特色。

美国人重返购物中心，尽管失业率高居不下，一直到2003年才有所好转。不过，花钱最多的是美国的安全机器。五角大楼的预算在2001—2008年翻了一倍。基地组织的袭击发生后的十年里，美国军事和国防开支在GDP中的占比增长了50%左右。[3]与此同时，美国经济领导层放松了对华尔街企业的规管和监督。从1929年经济大萧条中学到的最重要的经验教训被抛诸脑后。几乎所有的市场都在高歌猛进。1932年《格拉斯-斯蒂格尔法案》要求将银行同发行、承销、交易证券的金融机构分隔开来，但这些限制在克林顿政府末期大多被取消。乔治·W.布什上任后继续放松监管。他还解除了证券交易委员会主席的职务，用一个同意取消所有其他旨在维持金融系统稳定性的规则的人来替代他。

接下来的情节发展完全不需要剧本：信贷无限扩张，住宅房地产市场杠杆率爆升，复杂的金融工具被开发出来以扩大利润，并同时在所有金融市场上对冲和分散风险。2018年的一项研究揭示了美国中产阶级在经济危机爆发前40年间的经济地位。它表明，中产阶级在这个阶段的资本净值提升几乎完全来自持有的房产的升值。工资上并无显著增加。中产阶级的资本主要体现在房地产上，而最富裕的1%的人群的资本主要体现在股票和其他资本投资上。对90%的美国人来说，搬进更大的居所也是一种体验更富裕的生活、实现美国梦的方式。[4]

基地组织对美国发动恐怖袭击后不到7年，即2008年，又一次重大的经济危机爆发了。恐怖主义袭击触发了连锁反应——至少如此——加剧了中产阶级严重的不满情绪。危机爆发后，房主们的富裕幻象被戳破了，他们发现自己正面对一个长期被抑制的真相：资本主义没有给他们带来特大好处。这是一个让中产阶级倍感耻辱的时刻。"9·11"袭击造成的人身和经济的不安全感极其强烈，使它成了史上最为成功的恐怖行动。

伦敦，2008年秋

我和妻子于2007年赴伦敦攻读硕士项目，这对我们来说是一次费用不菲的冒险，要是没有奖学金根本无法成行。起初，我们住在学校宿舍里，节衣缩食。伦敦是个优雅富足的城市，但对我们不那么仁慈。刚到伦敦后不久，已经在伦敦居住了好几年的朋友邀请我们去他们家吃晚饭。他们在伦敦兴旺的金融业上班。从我们那半个屋子铺着破烂小块地毯的学生宿舍，来到他们位于马里波恩的漂亮顶层公寓，我们感觉自己就像电影《漂亮女人》里茱莉亚·罗伯茨扮演的角色第一次发现泡泡浴这个好东西。当晚所有其他客人都在银行、投资基金或伦敦金融城等新近如雨后春笋般涌现的高科技公司里工作。他们年纪都比我们大，打扮得比我们时髦得多。我坐在一位年轻投行家对面——她貌似30多岁——在伦敦工作了几年后刚获得英国公民身份。当时入籍英国并不难。她抱怨自己的工作时间太长，在竞争激烈的金融企业就职压力很大。这是我第一次听到有年轻人严肃地讨论她即将到来的退休岁月。她的意思是她不久后就不上班了。一开始我以为我听错了，后来又想她大概打算换个行当，反正都不是真的退休，靠已经积累的财富过日子。等我好不容易脑子转过弯来，我又大吃一惊，以至于不知道该怎么应答。不过我确实知道，在这样的地方上班，奖金之高堪称传奇。"不错，"我说，"再上几年班，你就能在伦敦买房了。"她挑起眉。"我早就买房了。其实我有两套房。"一时间没人作声。我听到周围的红酒杯轻轻晃动，霞多丽在荡漾。

　　伦敦打击了我们，但我们也感觉到了它的自大。挣钱少的人最先感知到繁荣泡沫下的狂妄。在伦敦市中心的餐馆，女领位员一边挑剔地打量我们，一边用高跟鞋在地板上踩出一串不耐烦的音符。听说她们只要扫一眼食客的鞋子就能判断出这个人的净值。虽然我不知道这个说法是否属实，但她们给我的感觉很像是那么回事。她们给我们安排的桌子一般在餐厅深处，靠着墙和厕所。我的几个朋友想租房，伦敦城里数一数二的连锁房产中介带着他们在房子外围转一圈就企图成交。温文尔雅的中介带着歉意解释说，房东不希望露面，在电话上签约即可。虽然我们租房时坚持先看房再签约，但我们忘了检查马桶，搬进去之后才发现其中一个不能用。我们找中介投诉，但她明确告诉我们，要是我们不想租，随时都有人乐意接手。找个桶，或者自己修，她建议说。

· · ● · ·

　　我出生时，我的以色列籍父母住在伦敦。在刚刚过去的1979年的冬天，因为英国工党政府同工会对峙，导致了连续数月的罢工和经济破坏，所以那年冬天被称为"不满的冬天"。玛格丽特·撒切尔领导的大规模私有化尚未来临。我父母那个时代的伦敦很简朴，有时候运转不灵，雾霾漫天，供暖不足。因为清洁工罢工反对詹姆斯·卡拉汉政府，无人清运的垃圾山随处可见。我父母原本生活在中东的一个集体农场里，来伦敦是为了体验留学和海外生活的滋味。他们在伦敦驻留了几年，因为他们加入了一个心灵团体，这在20世纪70年代不算罕见。

将近30年后，他们体验过的那个贫瘠、伤痕累累、或许还带一点理想主义色彩的伦敦大变样了。虽然英国有这样那样的缺点，但这个国家曾经制造过汽车、洗碗机、蛋糕搅拌机，还开采过煤矿，为各大工业供电。撒切尔夫人和新工党执政后，英国变成了投资银行家的天堂。截至20世纪70年代，英国各家银行的资产负债表上的资产总额相当于英国GDP的一半。进入21世纪后，金融行业发展迅猛，各家银行的资产负债表上的资产总额膨胀到数万亿英镑，相当于整个英国GDP的五倍。[5]20世纪70年代，英国最富裕的1%的人群的收入占国民总收入的5%；到经济危机前夕，这个数字涨到了15%。

伦敦金融城物欲横流。危机早在2007年就已经露出苗头，但当年法拉利公司报告说，想买法拉利车的英国人得等3年才能提到车。阿斯顿·马丁公司的发言人告诉《卫报》，买他们的车得等七个月，但金融家们都不太能等。"在金融城里，拿到奖金的人普遍期望获得即时的满足。"他说。还有一些奢侈品稍微不那么高调，例如，一本有关纽约的重达35英镑的典藏版书籍，用桑蚕丝装帧，手工缝纫。该书的出版商称，虽然金融危机在加剧，但他毫不担心这本定价7500美元的书的销路，因为"金融危机对在摩根士丹利或者高盛做私募股权或股权衍生品生意的人其实没什么影响"[6]。

事实上，虽然美式摆阔臭名昭著，但在危机前，英国的平均个人消费信贷高于美国。英国人对借债消费的上瘾程度超过其他任何发达国家。

然后，繁荣的晴空乌云密布。我妻子和我学习结束后在伦敦当记者，幸运地同这场灾难保持了一定的距离，直面它的缓慢展开。英国的北岩银行在2007年9月率先登上新闻头条。严重的流动性紧缩迫使它向政府求助，触发挤兑潮，惊慌失措的储户在三天内提走了20亿英镑存款。[7]这是那个动荡年代的开端。雷曼兄弟公司破产则是动荡的高潮。同华尔街一样狂欢的伦敦金融城也被次贷病毒感染。其主要症状表现为银行金融机构之间的相互不信任，而这种不信任导致了信贷紧缩。

英国政府不得不安排英格兰银行发放2000亿英镑的贷款，自己也拿出了500亿英镑政府贷款。后者的一半用于换取优先股。这等同于将英国金融业史无前例地部分国有化了。危机渗透进了实体经济——金融城里的餐馆、发廊、红酒铺和雪茄店。危机的影响既深刻又明显。三年内，失业人数暴涨50%。高档餐馆在橱窗里打出"信贷紧缩午餐"广告。据伯明翰一家地方报纸报道，6名失业男子正在排演脱衣舞秀，其中有个人大腹便便，堪称电影《光猪六壮士》*的现场版。[8]这是一个搞笑新闻，试图用趣闻轶事来排遣当时报纸上长篇累牍的沉重新闻投下的阴影。例如，同期媒体就报道了一位因为市场崩溃而倾家荡产的德国亿万富翁的自杀事件。阿道夫·默克尔的个人净值曾高达120亿美元，但他的投资公司垮了。2009年1月，他卧轨自杀。[9]

全球化把美国危机变成了国际危机。危机每波及一地，地方不同的罪恶就暴露出来。西班牙和爱尔兰房地产市场岌岌可危，法国的就业市场僵化，意大利和葡萄牙政府债台高筑，东亚国家完全依赖出口。工业化国家的公民们面对同样的事实——商业金融机构在规避公共责任，因为要是

---

*　一部上映于1997年的英国喜剧电影，讲述了下岗工人盖茨、戴夫和龙珀为了今后的出路想了一个疯狂的点子，成立了当地第一个男人脱衣舞团，并因此引发的一系列啼笑皆非的故事。——编者注

允许它们破产,整个经济都会被它们拖下水。就像那句流行语所说,它们"太大而不能倒"。救助这些机构并非资本主义疯狂的表现,而是违背了它最著名的原则——由国家为那些依然在伦敦苏活区(Soho)最时髦的酒吧里一掷千金的银行家们的个人失败买单。[10]

一场完美风暴随之而来——实体经济爆发危机,失业率高涨。后两者又导致了主权债务危机。这是纠缠的全球化,根源在美国。

美国人当时普遍不明白,而且大多数美国人可能至今都还不明白,这场危机对世界眼中的美国的影响有多么深刻。美国人觉得次贷危机归根结底是一个本土性问题,症结在于美国的金融体系。世界上其他地方的人则觉得,美国主导下的全球秩序把美国问题输入到了国际血液循环内。正因为如此,美国以外的人民更强烈地感受到,他们所在的社群被武断专制的外部力量玩弄于股掌之间。

美国人对危机的来龙去脉有自己的一套解释。很简单,毕竟危机归在他们名下。世界上其他地方则陷入外国人的叙事陷阱里。欧洲人和亚洲人当然责怪美国,但在指责和推卸责任的背后还有更深层次的东西。各个经济体一旦互联互通,互相依赖,决策者就不再有能力将自己的国家隔离在危机之外。试图脱钩的努力令人同情,但即便本土银行业谨慎保守,拒绝投资不良证券也无济于事。要是主权政府决心大幅增加公共开支,以便维持本国的需求和经济活动,它们立刻会在各大市场上遭到惩罚。其他国家的央行的货币自由度极其有限,因为国际经济完全依赖美元。美联储为美国出台了一项倾向政策,但对各国央行而言,这项政策实际上是一个严格的法令。

真相大白,这一切都是一场木偶戏。事实证明,合法机构和民选代表对他们所在社群的控制权微乎其微。深受其害的公众感到国内的政治话语都是粉饰。在他们看来,真正的权力在最好的情况下存在于华盛顿,在比较糟糕的情况下掌握在财阀手里,在绝对最糟糕的情况下完全听凭市场力量的蹂躏。2009年，国际媒体开始流传能取出金锭而非纸钞的自动取款机的故事。[11]这是一个金光闪闪的指针，表明从中国到美国的中产阶级有多么忧心忡忡。

金融危机的毒性大是因为它的扩散面广。国与国之间的壁垒消除后，相互关系大大加深。全球危机爆发时，这些关系可以转化为束缚。事实上，全球化造成了美国失去了对美元市场的控制这一局势。20世纪50年代，欧洲美元市场诞生。在这个市场上，非美国银行，尤其是欧洲银行，开始发行以美元计价的贷款和金融工具。这个市场增长迅速，以至于到了金融危机发生时，欧洲美元投资者惊慌逃离，美联储不得不在国外向外国银行提供价值至少1万亿美元的担保。换句话说，就在美国本身濒临金融崩溃之时，它还得干预并拯救外国市场。*

欧洲兴奋剂

并非只有美国经济服用了兴奋剂，这一事实既让人悲伤又意味深长。在大西洋对岸，另外一场同美国的危机有许多类似之处的危机正在酝酿。"9·11"袭击发生大约三个月后，欧盟12个成员国采用了统一的货币——欧元，这是现代历史上最为雄心勃勃的计划之一。2002年1月，欧元纸钞和硬币开始流通。这个货币名义上其实早在1999年就被推出了，但它只是一个会计计量单位，直到实际变更发生前。

过渡期间发生了一件怪事。希腊、意大利、西班牙、爱尔兰和葡萄牙等国借到了强劲、富裕经济体的光，突然之间同德国、荷兰、法国平起平

---

* 自2008年危机以来，美国以外的美元信贷总额将近翻倍，截至2019年1月，总金额在13万亿美元左右。——原注

坐。这些欧洲较贫穷的国家借钱变得容易了。欧元区国家的债券收益率几乎完全一致。这就好比一位银行经理愿意发放贷款给处于财务困境的家庭，而且利率跟隔壁有稳健资产、信用优良的富裕家庭一样低，就因为这两家是邻居。任何合理的经济标准都不会允许这种做法，但这个欧洲项目力图削经济学惯例的足去适政治幻想之履。

时光倒退到1977年4月，英国财政大臣的首席经济顾问唐纳德·麦克杜格尔（Donald MacDougall）提交了一份报告，声称经济同盟需要各国统一预算政策。在他看来，单一货币无法存续，除非欧洲北方国家向贫穷的南方国家进行大规模资本转移。[12]为此必须建立某种形式的欧洲政府，由它来负责监管占全欧洲GDP7.5% ~ 10%的支出。这个比例低于世界各地联邦或同盟体系的一般水平。麦克杜格尔绝非孤家寡人。20世纪90年代初，德国总理赫尔穆特·科尔（Helmut Kohl）坚称，没有政治同盟就不可能实现货币同盟。1997年，美国经济学家中的货币学派代表人物米尔顿·弗里德曼（Milton Friedman）在伦敦的《泰晤士报》上发文称："欧洲的形势不利于统一货币。它由独立国家组成，操不同语言，习俗不同，公民对自己国家的忠诚度和依恋远高于欧洲共同市场或一个欧洲的理念。"[13]

欧洲委员会的官僚们驳斥了这种谨慎态度，认为财政纪律足矣。他们选择了风险更高的选项，因为他们心知肚明，欧洲的纳税人们绝不会同意授权让他们像一个真正的联邦政体一样支出费用。欧元启动前夜，希腊政府在债券市场上借钱的利率比德国政府高出50%——换句话说，市场认为希腊债券的风险更高。两年后，希腊债券在市场上交易的收益率就同德国债券的持平了。读者们应该还记得，美联储降息后，美国公民受到激励，大举借下低息贷款。欧洲利率趋向低利率，导致大量资金被注入西班牙、爱尔兰、葡萄牙和希腊等国——直至危机来临之时，它们在贷款的重压之下崩溃。政府们发债券为福利项目、公路工程和庞大的官僚体制融资。当然了，低息借款也进入了私营市场，触及消费者。跟美国抵押贷款市场当时的情况一样，人人都以为音乐的演奏永远不会停止。

幸运签饼全球化

美国人或许有炒热经济的终极借口——一次大规模的恐怖袭击、两场战争和军费翻倍。欧洲领导人在构建共同的政治经济未来时，一方面意志坚定，一方面天真轻信。无论是美国还是欧洲，领导人们都试图用全球化这副灵丹妙药来治疗根本性的经济和社会痼疾。欧洲领导人们相信，欧洲南方国家和北方国家之间的差距可以通过共同货币来消除。这是一种"装得久了就变真了"的想法。而所谓的"变真"就是创造出一个强大的超国家欧洲当局，与此同时，成员国又享有可观的自主权。

结果，欧洲形成了货币联盟，但各国没有共同的财政责任。欧洲讲求团结，但与此同时又强化国家身份认同。如果有什么听起来像个悖论，看起来像个悖论，表现得也像，那显然就是欧盟了。欧洲想团结，于是就把头埋进了沙子里，希冀自己所冒的风险会消失。

在大西洋彼岸，美国领导人们深信，"9·11"袭击后的美国经济的根本性问题可以通过向放松监管的金融体系直接注入廉价资金，以及专注于提振消费者信心来缓解。柏林墙倒塌后，人们高度乐观，正如弗朗西斯·福山的那句名言，认为历史已经终结，导致欣快情绪弥漫。政治口号变成了政策。

如果在被基地组织袭击之前，美国中产阶级实力雄厚、欣欣向荣的话，美国领导人的政策或许能成功。然而，在自由贸易的冲击下，在20世纪80年代以来的低利率的环境下，在金融业的主导地位日益上升、工资停滞不涨、美国梦破碎的情况下，美国许多蓝领工人已经过得十分辛苦。随着世界贸易中心的轰然倒塌，原本以为固不可破的大后方深受重创，单靠经济绷带根本止不住血窟窿。比尔·克林顿竞选美国总统时曾经采用过"笨蛋,问题是经济"这个口号,但后来的问题不仅仅是经济。然而,这个国家的决策者们回避解决美国中产阶级深刻的不安全感,反而不停地让他们贷款。

这是一种幸运签饼全球化。在甜品里塞一张纸条,纸条上写着陈词滥调的幸运祝词。责任时代的谨慎风格让位给狂野的信仰飞跃和对基于正向思维的政策的过度信心。欧洲中产阶级受到诱惑,同意形成政治联盟,因为他们得到的保证是这种联盟只有好处没有坏处。美国中产阶级得到的承诺是繁荣、低利率、低税率和一个不断扩张的帝国。无论在欧洲还是在美国,各个社群咬下签饼,在幸运祝词的怂恿之下,冒的风险越来越大。然而事实证明,签饼有毒,里面的幸运祝词纯粹似是而非;中产阶级对自己长期以来遵循的主流政治产生疑惑再自然不过了。

决意夺回控制权的许多中产阶级人士在寻求新的答案。这是一个反作用接着一个反作用的螺旋,转向激进主义的企图遭遇反激进主义的拦截。只需要一点火星,对当前全球化秩序的反抗就会点燃。这方面最好的例证莫过于备受折磨的希腊。

第 **10** 章

开法拉利的无政府主义者

REVOLT

● 逆 流 年 代 ●

我什么也不希求，什么也不害怕，我很自由。

——尼科斯·卡赞扎基斯（Nikos Kazantzakis）的墓志铭

雅典，2009年3月

距离原教旨主义者袭击印度已经过去四个月了。我出发前往雅典报道希腊经济的崩溃。它的崩溃是全球经济危机不可避免的结果。突然之间，反抗情绪齐齐露头，四下酝酿。

• • • •

离珍藏古希腊宝藏的国立考古博物馆不远的雅典市中心有一幢破旧的大房子。今日天气宜人，春意盎然。这幢年华老去的大房子的墙上，一切有价值的装饰品都被人剥掉了。它那沉重开裂的木头大门通常从里面用链条闩住。三名身穿牛仔裤和T恤衫的保安摊手摊脚地坐在台阶上。如果你用力敲门，门会打开一条缝，非法占住在大房子里的人会探出头来问你是谁。"我们收到电子邮件了，"他们说，"进来吧。"屋子里弥漫着一股啤酒、香烟味,还有一种气味我暂时分辨不出来,后来才豁然开朗。"我叫扬尼斯。"主人中的一位说。这位彬彬有礼的年轻人穿着一件黑色风衣。"欢迎来到我们的公社。"

希腊是西方文明的诞生地。这不但是一个历史陈述,也是一个地缘政治事实。古希腊是西方文化的源泉。从希腊流淌出了一条蕴含着丰富思想的大河;柏拉图和亚里士多德针锋相对的两大学派同犹太–基督教传统一起组成了西方文明这幅拼图。现代希腊位于欧盟的东部边界。

1974年,自1967年以来一直统治希腊的军政府垮台了。新任总理康斯坦丁·卡拉曼利斯(Constantine Karamanlis)积极推动希腊加入欧洲一体化进程。他告诉当时的一位欧洲领导人,"欧洲这个单词源自希腊语",而欧盟前身欧洲共同体的创始人们认为他们肩负和解的历史责任。时任法国总统的瓦莱里·吉斯卡尔·德斯坦(Valéry Giscard d'Estaing)言简意赅地表示道:"不可能把所有民主制度之母——希腊,排除在欧洲之外。"[1]希腊所代表的象征含义,并非欢迎希腊加入欧盟的充分理由。毕竟,希腊是一个相对贫困的国家,工业化程度远远落后于其他成员国。历史借口掩盖了较少公开提及的地缘政治考量,例如,在南欧建立一个相对经济稳定的典型对于阻止潜在的共产主义的影响非常重要。起初,希腊加入欧洲共同体看似取得了重大成功。葡萄牙紧接着加入。南北欧之间似乎形成了平衡。

这种平衡很快就被证明是海市蜃楼。几十年后,吉斯卡尔·德斯坦和当时的德国伙伴,德国前总理赫尔穆特·施密特(Helmut Schmidt)共同接受《明镜周刊》(Der Spiegel)的采访。他承认这是个错误。"希腊本质上是一个东方国家。"德斯坦告诉记者。"东方"在他口中是个贬义词。"赫尔穆特,我记得你在1981年批准希腊加入欧洲共同体前表示过疑虑。你比我明智。"[2]希腊人说,这种傲慢的腔调一直以来都让他们看不惯欧盟。

　　我到希腊时，雅典正处于严重的经济危机当中；示威者们朝警察扔莫洛托夫燃烧弹，发誓要打破"压迫体系"。那幢破旧的大房子里散落着电缆、空啤酒箱、成袋的垃圾和成箱的食品。我们上楼来到旧宅宏大的中央空间。两位年轻女学生坐在一张破旧的沙发上。她们正在起草一个宣言。之前发表的宣言已经上传到互联网。"我们再次要求获得这幢房屋的使用权，"她们写道，"我们要把它变成一个自由社交区。通过自我努力和集体组织，我们将共同打破这个世界……无处不在的反抗即将来临！"

　　这两位革命女性不太像危险分子。她们还在啜饮弗拉佩（frappé）。这是一种味道很浓的希腊速溶冰咖啡。她们加了牛奶，好让咖啡甜一些。扬尼斯告诉我："我们收到了你的电子邮件，知道你是记者，但我们还没有机会讨论这件事。我们请你来喝杯咖啡。"他申明一点："我们不跟主流媒体讲话。我们只和持不同政见者交流。你所在的媒体是持不同政见者的出口吗？"我谨慎地回答："不太是。"扬尼斯说："我们需要在全体同志大会上讨论。"

　　一个满头雷鬼辫的矮墩墩的男孩坐在不远处的一张长凳上朝我微笑。"您好，"他用希伯来语说，"我叫季米特里斯。"原来他交了一些以色列无政府主义朋友，从他们那里学了一些希伯来语。"听着，我们都很忙，"他解释说，"女生们在起草决议。我10分钟后就得到别的地方。稍后会回来。"我们交谈的时候，我注意到季米特里斯在摆弄放在他身边长凳上的几个瓶子，但我的大脑一时半会没有反应过来。他往瓶子里加注黄色液体，加到一半满就用布团或纸团塞住瓶口。空气里有股怪味。然后我恍然大悟，他正在制作莫洛托夫燃烧弹。

　　我去希腊后几周里，希腊媒体报道了一系列无政府主义者纵火案。其中有一场火情发生在希腊首都郊区的一个出售豪华邮轮器械的商店里。有个无政府主义网站发表声明对此负责：

许多人一直以来沉溺于炫富，在攀比中浪费生命，这是他们填补内心空虚的唯一方式。奢侈品和高价品供那些买得起的人膜拜——让那些买不起的人做梦。这构建了一个空洞社会的根基，这个社会成了一个满是幻想和奇观的社会。所以我们袭击阿吉鲁波利（Argyroupoli）的游艇用具店。我们决心每次袭击后都只留下灰烬和碎片，震动那些乖顺保卫财富的人的神经系统。[3]

或许读到这里你笑了。处于政治边缘的费劲又咬文嚼字的极端主义，加上它那不思变通、热血上头的激情，离可笑已经不远了。不过，激进分子在他们谴责的社会里扮演着重要的角色。他们划定的公共话语的外部边界，既往左偏也向右溢。近年来，激进主义者已经从边缘越界进入主流，要么通过被选上拥有权力的位置，要么通过让中央政党采纳他们的想法并将其转化为政策。特朗普和英国脱欧分子使用的文本就是最好的例子。这很好理解：政治中心未能避免经济大衰退，陷民众于不安全感的汪洋大海，于是危机让极端主义复活。

那座破败的希腊大宅里的无政府主义者属于长期以来反对全球化的核心。在由美国创建的全球体系中，资本主义无孔不入，尤其令他们反感。他们没有变。中产阶级的儿女们因为自身安全感、身份认同和就业机会受到威胁，邂逅了激进主义之后便不可自拔。这种现象在许多国家都出现了，当然在各地都有各自的特点，视当地社会的旧有信仰和新近裂痕而定。希腊是欧盟实力最弱的国家之一，这里的裂痕又宽又深。

希腊狂想曲

我同希腊的渊源从童年时期就开始了。我们家族在希腊有个小生意，我父亲在那里居住多年。我们不但去希腊过暑假，还体验过当地冬季的狂风暴雨。我们在空荡荡的伯罗奔尼撒半岛的海滩上漫步，在皮利翁半岛的林荫道上行车，在绿意盎然的希腊北方古城徘徊，从约阿尼纳到远眺科孚岛的海滩，我们还去了拉里萨等大学城。我同希腊和塞浦路斯青少年一起度过暑假，一起搞永生难忘的恶作剧。有一次，我们玩真心话大冒险游戏玩过火了，导致一个只穿着内衣的希腊男子对我穷追不舍，他手里还挥舞着一只我夺路而逃时滑落的凉鞋。他没抓到我，我的凉鞋也一去不复返。

　　年龄稍长后，我不再惊扰体面的希腊好人的睡梦，反而从他们那里学到了在咖啡馆消遣的艺术，一边侃大山一边啃开胃小食。亨利·米勒（Henry Miller）写的《玛洛西的大石像》（*The Colossus of Maroussi*）是一部希腊赞歌。虽说它可能带有一点东方学家的傲慢，但它也触及了一个真相，当我们谈及希腊人有多么好相处的时候：

> 　　人人都逆行，一切都混乱不堪。但谁也不会迷路或受伤，什么东西都不会丢，谁和谁都不会挥拳相向。它是一个发酵过程，酵母是希腊人的信念，也即任何事件，无论多么老调重弹，都是独一无二的。希腊人每次做同一件事都当成第一次做：他很好奇，好奇得不行，他喜欢实验。[4]

　　在许多人看来，米勒的描述放到今天依然准确。他们8月份来爱琴海诸岛度假时就能感觉到那里的生活不急不忙。他们觉得，虽然希腊人狂热爱国，但这个国家本身的力量微薄，漫无计划，所以希腊人自古以来的自由一直持续到现在。

　　我去雅典报道经济危机引发的示威时，开着租来的迷你轿车在市中心的大规模骚乱中穿行。催泪弹就在我周围砰砰落地。我需要发一个报道给我们的电视新闻节目，但我怎么也找不到停车位。截稿时间迫在眉睫。于是，我做出了一个可怕的决定——我绕过市中心的宪法广场，径直把车（没贴媒体标志）停在议会大厦门前。一个小时后我回来了，发现车还在。它没被拖走，风挡玻璃上没被贴罚单，车旁边也没有不耐烦的警官等着逮捕我。这样漫无组织但又安全逍遥的希腊在过去十年里逐渐逝去。它的退化是该国同全球化、同全球化在该国的主要代表——欧盟——抗争后的直接结果。

自1980年到经济危机爆发，希腊一共从欧盟那里获得了价值2000亿欧元（2120亿美元）左右的援助和补助。[5]希腊各地，特别是靠近交通要道的地方，都看得到欧盟资助项目的蓝色标识。希腊人历年来声称，大多数来自欧盟的资金，例如基础设施建设补助，都流入了参加项目招标的欧洲企业的腰包，继而流出希腊。这样说来，欧盟对希腊提供的资金实际上是欧盟的财政扩张，而且富裕的北方国家获利颇丰。但无论如何，希腊的地方经济增长了。然而希腊不起眼的本国货币德拉克马被欧元替代后，希腊掀起了借钱消费狂潮。任何对雅典有所了解的人都看得出来。一杯咖啡的价格从几百德拉克马（约1.70美元）翻了数倍。欧盟成员国的标签给希腊笼罩上一层发展的光环，但希腊经济的严重结构性问题并未解决。例如，它的劳动力市场僵化，劳动者每年享受一个月的假期，还有相当于一个月，有时是相当于两个月工资的奖金；企业解雇员工非常困难。在某些情况下，有孩子的女性50岁就可以领取养老金。[6]公共部门人浮于事，税收低下。[7]2010年，《纽约时报》报道说，在希腊这个拥有1100万人口的国家，只有几千名公民申报自己的年收入超过了132 000美元。而真实数字至少有几十万人。大雅典地区只有324名房主申报自家有游泳池，而危机爆发后，希腊税务当局委托航拍的照片显示，真实数字是16 974，比申报数字高出50倍还多。[8]

欧盟有一条基本规则，那就是成员国的赤字不得超出该国GDP的3%。这条规则的目的是维护稳定，但它并未得到执行。这是幸运签饼全球化的缩影——欧盟建立了货币联盟,规定了赤字规则,但没有建立起有效的机制来监控各成员国的赤字。希腊政府通过伪造账目蒙蔽欧盟机构。因为这种蒙蔽,希腊人得以在债券市场上借到更多的钱。大型投行帮助希腊把"高端金融产品"卖给别的国家,而这些产品主要用于掩盖巨大的赤字以及推迟还债。银行当然在这些"产品"身上赚到了大钱,希腊人则债台高筑。[9]

2008年大危机爆发后,庞氏骗局崩溃。希腊的赤字大白于天下,原来几近该国GDP的15%。希腊政府无法从市场上借到新债为已有债务融资,也还不起飞速上涨的利息款;希腊政府面临破产。私营企业很快陷入相同的困境。依照经典的解决方案,希腊应当货币贬值,预算收紧。货币贬值使得在名义上的工资不变的情况下降低了实际工资,减少了生产成本,鼓励出口。不在欧元区内的爱尔兰曾经在2008年和2011年两度采用这个方案,让经济迅速复苏。但希腊已经采用欧元,所以缺少响应危机的经济工具。

该国的债权人——被统称为"三驾马车"的国际货币基金组织(IMF)、欧洲央行(ECB)和欧洲委员会——要求希腊政府实施紧缩措施。作为救助计划的一部分,欧盟向希腊提供了巨额资金。但这些钱大多用于支付该国债务的本息上,而非投资于该国垮掉的经济上。为了应对危机而实施的紧缩政策非常残酷,包括大幅削减养老金、福利性支付、教育和医疗体系开支。希腊社会为此分裂。作为紧缩计划的一部分,政府还征收紧缩税,同电费一起缴纳。为了避免交税,成千上万的希腊家庭脱离电网。还有很多家庭干脆离家出走。多年来,市民们每天可以从自动取款机和银行账户里取出的金额是有限制的。2017年,希腊有50万住宅空置,多数在雅典。[10]截至2018年末,39%的希腊青年失业[11],而将近17%的人口极度贫困。[12]

欧盟的救助计划没能帮上希腊的忙。根据一项估计,如果希腊违约,法德两国纳税人的损失将高达600亿欧元,而欧盟领导人坚决不能让自己人头落地。要是希腊破产，那就打开了潘多拉的魔盒，暴露了其中肮脏的秘密、被操纵的投标和隐匿的合作伙伴关系。

把屎盆子扣在欧盟头上

奇怪的是，那天早上，被革命者侵占的雅典旧宅里充满了希望。在那些一边同我聊天一边制造莫洛托夫燃烧弹的年轻人看来，经济危机不过是完成他们父母未尽的民主革命大业的借口。1974年，他们的父辈奋起反抗军政府，占领了雅典理工大学。这些年轻人认为整个全球系统就是一个疾病。希腊的失败证明了它的压迫本质。现有的政治体系及其建制政党都是用于欺骗希腊公众和世界的政体的一部分。它们从丰厚的交易中得到抽成，然后听凭这个国家一头栽进灾难。他们对事实的分析相当准确；他们提议的解决方案也非常极端——革命者团结起来，破坏整个政治体系。有的无政府主义团体转向了暴力。

在雅典的其他住宅里，金色黎明党人也在开会，其标识和纳粹十字记号相似。金色黎明党宣扬希腊的优越性，动用严酷暴力，多数暴力行径针对的是移民。极右势力认为，希腊的危机证明它对外国人的依赖是一切罪恶的源泉。纳粹兜售的解决方案老旧且有道德缺陷，但它东山再起了。1996年选举期间，该党只获得了0.1%的选票。2015年，它变成希腊第三大党，获得了7%的选票，折合数十万选民的支持。2014年欧洲议会选举中，金色黎明党获得了希腊将近10%的人口的支持。一位嘴里叼着香烟的希腊老人在议会大厦前面示威时告诉我，他把选票投给了金色黎明党，好让他们去布鲁塞尔，"把屎盆子扣在欧盟头上"。2019年，随着希腊经济形势相对好转，警方对其展开了调查，又因为一些主流右翼借鉴了金色黎明党的竞选纲领，金色黎明党垮台了。反抗全球化的时代就是这样，政治系统长期不稳定，充满了剧烈的动荡和扭曲。

　　玛丽亚·埃克西格鲁（Maria Axioglou）在一家商业银行供职。危机爆发后，我们在一家位于格利法扎中心的时尚咖啡馆见面。格利法扎是雅典一个很时髦的郊区。那里的沃立歌美尼大道两边汽车公司林立——保时捷、雷克萨斯、宝马、奔驰、阿尔法罗密欧，诸如此类。格利法扎绿意盎然，优雅讲究，吸引来众多品牌——它的主要街道经常被描述为雅典的时尚之路。离咖啡馆不远的地方有一个大大的码头，白色游艇星罗棋布地排开。玛丽亚出生于20世纪70年代末，是土生土长的格利法扎人——她家是首批搬到郊区居住的家庭之一。她父母手头宽裕，建造了一整栋楼，她和几个兄弟姐妹各占一层。她已经在银行工作了10年，每个月税前收入为1300欧元（以2009年美元价值计算，折合1800美元）。她当然上过大学。2008年12月走上街头抗议的就是玛丽亚的朋友们。他们为自己这个群体起了个名字——700欧元一代。[13]

　　"700欧元一代，"她说，"完成了大学学位但找不到专业对口的工作。他们只好找些别的活干，如当餐馆服务员。如果他们找到了专业对口的工作，每个月的收入也不会超过700欧元。你要明白，这笔工资不够养活你自己，显然也没法让你在雅典买公寓。2008年12月的时候发生了暴乱和示威。我没去，但我有朋友参加了。人们走上街头是因为他们觉得没有前途。一切都停滞不前，他们无法动弹，而经济危机更是雪上加霜。我们所有人都觉得我们得到的肯定比我们父母的少。"

　　格利法扎洋溢的富足和宁静同玛丽亚的话语显然是矛盾的。"我们父母的希腊跟现在不一样。我们想挥霍，想消费，想享受。一方面，因为希腊是欧盟成员，我们的机会更多。你看这个街区的橱窗展示。但另一方面，我们没钱。我们也知道自己永远都不会有钱。这里的人个个靠信用卡过活。我知道的，我在银行接待他们。有的人开保时捷，但银行账户里一分钱都没有。年轻人借新债还旧债。政治体系腐败不堪。我能理解那些示威的人。不过，抗议政府和政治体系跟破坏一切不一样。别指望革命会在这里爆发。我们太懦弱了。也许我们相信革命，但我们不革命。"

她的独白表明了整个欧洲这一代人，甚至整个全球这一代人，有多么痛苦，但同时又有多么传统。至少，拿莉娜·邓纳姆（Lena Dunham）的话来说，它是"一代人的心声"。[14]

在每一个国家，全球危机都拆开了松动的针脚，让紧缚的情绪自由释放。无政府主义和拒绝等级制度对希腊的所有解放斗争都很重要——无论是对抗土耳其人、纳粹还是独裁统治。"希腊人，"玛丽亚告诉我，"不喜欢被人统治。这还不够，他们想做开法拉利的无政府主义者。"我和她一起喝咖啡是在2009年。2009—2018年，希腊实际工资水平狂跌20%。希腊人不但丢掉了法拉利跑车，连自行车都没了。

全球化世界中的金融病毒

2015年初，激进左翼联盟党赢得希腊大选。统治过几代希腊人的两大政党，泛希腊社会主义运动党和保守的新民主党，沦为在野党。同年年末，希腊公投结果揭晓，拒绝欧盟的救助计划及其配套的极端紧缩措施。自危机爆发到2015年这期间，希腊人发现了什么？

他们认识到，欧盟是为脑满肠肥的精英们谋福利的骗局。他们认为，这个骗局还结合了另一个庞氏骗局。柏林和巴黎把钱赐给它们弱小的附庸国，并确保钱能直接回流到柏林和巴黎。从账本上看，这是一笔表达泛欧立场的支出，但事实上它只不过是一种预算扩张，其目的是巩固德法两国的主导地位。2016年的一项研究表明，只有5%的救助计划资金真正流入希腊。其余所有资金都流向了私营或公有的金融机构。[15]

公投期间发生了一件不同寻常的事情。当希腊人发出响亮的"不"

时，我就在雅典。这不是他们第一次说"不"。每年10月28日是希腊的"说不纪念日"，以纪念1940年人们拒绝墨索里尼要求希腊允许轴心国军队进入该国的最后通牒。希腊英勇地抵抗了后来的轴心国侵略，地下武装力量在轴心国占领希腊后继续战斗。观看希腊公投给人留下了深刻的印象。对深受经济危机打击的希腊人来说，公投是他们站起来宣扬爱国主义精神的机会。他们的"不"究竟是激进的、极端民族主义的，还是带有共产主义色彩的，并不重要。重要的是他们把唾沫吐到了欧洲委员会、国际货币基金组织和欧洲央行的脸上。

宪法广场附近迅速搭起许许多多希腊烤肉摊，不同收入、信仰和政治派别的希腊人在一起喝茴香酒，一起喊口号。他们中有人来自极端无政府主义的巴枯宁派，有人来自希腊东正教社区，还有人来自拜伦勋爵曾经迷恋过的希腊民族主义运动。奢华酒店锁住了它们加固过的百叶窗，静候庆祝和暴怒的潮水退去。然而，希腊砸的不是窗户，它砸掉了统一的欧洲以及这个欧洲身披的傲慢斗篷。是的，一团糟，民主的混乱。希腊人说："你们要全球化，你们要货币联盟？你们要建防火墙把我们的困顿跟你们的分开？你们不能什么都要。"

希腊人把这次对欧盟的反抗事件视为希腊版的1968年布拉格之春。接着，不到一星期后，他们无条件投降了。表面激进的希腊政府接受了欧盟提出的紧缩计划。这个计划比选民们在公投时以绝大多数票否决掉的计划还要严苛。希腊人发现，正如现代希腊文学巨人尼科斯·卡赞扎基斯的墓志铭所言，他们什么也不希求。但他们跟尼科斯·卡赞扎基斯不一样。他们害怕一切，而且他们不自由。

• • • • •

现在看起来，一切都过去了。2017年以来，投资者对希腊感到满意。

希腊甚至还能通过发行债券借钱。它的私营部分的资产吸引到了投资者。后者看到了从希腊的困境中挣钱的机会。希腊满足了救助计划的严格条件，避免了赤字。失业率大大下降，经济在2020年新冠疫情暴发前一直保持过度增长。政府征税效率提高了，部分原因是欧洲债权人实施了电子监测手段。保守的新民主党在最近一次大选，即2019年大选中获胜，重返它曾经被抗议运动赶出去的政府大楼。它之所以能够获胜，要感谢包括年轻人在内的人们对新自由主义市场经济重新燃起了热情。

不过反抗还在继续，因为它诞生的土壤依旧肥沃。"700欧元一代"引起热议后，希腊政府于2012年为24岁以下的年轻人特别规定了最低工资——每月511欧元[16]，直到2019年才取消。他们父母的工资有什么变化呢？变低了，最多同以前持平。数十万希腊人依赖施舍处和食物银行。2017年，雅典的一家食物银行有26 000名注册用户。[17]

希腊生育率下降至平均每名妇女有1.35个孩子。低出生率和负的净移民数导致人口下滑。[18]2008—2016年，每100名希腊人里有4名离开希腊。离开的人大多为年轻人。[19]这很容易理解。希腊有三分之一的未成年人生活在贫困中或濒临贫困。2018年，15～24岁之间的年轻人中有40%左右失业。希腊传统上自杀率不高，但2010—2015年，自杀率上升了40%；同期，该国的精神卫生服务预算下降到以往水平的一半。[20]一度有报告说有12%的人口已经抑郁超过1个月。[21]欧洲理事会的一份报告解释了为什么有这么多40岁以上无精神疾病史的人自报抑郁。他们是"失业人士、破产的生意人、无力照顾孩子或无法保证孩子温饱的父母"[22]。

希腊可被视为危机的前线，因为它的公民比任何其他公民都更为痛切地感受到可怕的经济影响：在他们眼里，影响他们生活的全球经济力量反复无常，他们在其面前无能为力。这个国家沦为听命于柏林、巴黎和布鲁塞尔的一个省，任何同其物质幸福相关的事都不得自主。（前）主流政党醒悟了。自从对2015年的公投的反抗失败后，他们不再假装能够参与不在自己控制范围之内的经济议题的实质性辩论。他们只能为身份认同、文化和感知到的外部威胁而战。比方说，北方有一个小国改名为"北马其顿共和国"威胁到了希腊的主权和民族自豪感。（希腊有一个同名省。）

右翼相比左翼更占优势——身份认同是右翼信条的基础。右翼中最为极端的派别猛烈抨击移民。他们称之为"穆斯林入侵"。他们还鼓吹犹太人占领希腊的阴谋论。例如，2018年，他们指责希腊外交部部长尼科斯·克奇亚斯（Nikos Kotzias）是犹太裔匈牙利籍美国投资者暨慈善家乔治·索罗斯（George Soros）的代理人。主流保守政党新民主党吸纳了一些极端右翼元素。我上面写到过的希腊种族主义者康斯坦丁·普莱弗瑞斯的继承人现在是备受尊敬的新民主党领导人。新民主党副主席暨政府内阁部长之一的阿多尼斯·乔治亚迪斯（Adonis Georgiadis）过去发表过种族主义言论，还热情地推广普莱弗瑞斯写的《犹太人：全部真相》一书。普莱弗瑞斯的儿子目前担任新民主党议员。另外一名自己承认与犹太大屠杀否认者"在政治中共存"的极右分子马基斯·沃里季斯（Makis Voridis）也被任命为内阁成员。[23]

希腊只是一个橱窗，展示了世界各地正在发生的事态。主流法国右翼采纳了勒庞的移民立场，英国保守党人向脱欧派投降，美国共和党的保守主义被特朗普主义替代。

· · · · ·

揭开虚伪的面纱总是对极端主义有利。不但在希腊如此，在整个西方亦然。例如，华尔街银行家们向客户兜售号称可靠安全的投资产品，与此同时，他们把自己的钱投给那种如果投资者购入的产品有损失就会获得赔付的金融工具，这就是虚伪。[24]世界领导人支持已被明确划分为两极的世界新秩序——含中产阶级在内的被削弱的阶层和通吃的赢家们，这也是虚伪。通吃的赢家可以是政客、承包商、高科技巨头，也可以是金融家、任何极度不平等时代的获利者。这种不平等当然不是偶然形成的，而是源于精心设计的税收和利率政策。从20世纪80年代开始，全世界的利率一降再降，鼓励消费，打击储蓄。有人争辩说，低利率反映出风险降低、经济信心上升的形势。"香料必须源源不断！"电影《沙丘》里的皇帝得到告诫。[25]在现实世界里必须源源不断的不是香料，而是廉价资金。西方已经上瘾，所以必须不惜代价保证毒品的供应。为此，全世界的规则都必须改变。

这不是后见之明。2004年，哈佛大学才华横溢的伊丽莎白·沃伦（Elizabeth Warren）教授告诉美国公共广播公司，2000年以来，信用卡债务违约人数增加了55%。房屋止赎件数也跳升了45%，因为买房人还不起抵押贷款。她警告说，"创造性"金融产品正在夺走中产阶级的未来。"阿兰·格林斯潘，我们的经济领导人，"她警告说，"过去四年来一直对美国人说，'拿你的房子抵押借钱。要是你月底入不敷出，那就拿你的房子抵押借钱'，其实，他从来都不说拿房子抵押借钱这样的大白话，他说得可花哨了，什么'利用你的房屋净值'，这听上去就像跳支舞那么轻松……把这种财务建议讲给美国家庭听，实在太吓人了。而最让我害怕的是数以百万计的美国家庭居然听进去了。"[26]

沃伦针砭的是金融业占领实体经济的一个角度。简单来说，除德国以外的工业化北方国家都从制造汽车、电视等转为"制造"债券、股票、衍生产品，当然，还制造债务。

1940年，金融业所得仅占美国GDP的3%；到了21世纪的头十年，这个比例翻了4倍[27]，达到了1929年股市大崩盘以前的最高水平，而1929年股市大崩盘标志着大萧条的开端。更有甚者，在21世纪头十年中期，美国私营部分40%的利润来自银行、投资公司、私募基金和其他金融行业。[28]与此同时，美国家庭债务在1999—2008年名义上翻了一番，从占GDP的67%升至几乎100%，这主要由于抵押贷款。[29]正如伊丽莎白·沃伦所预测的那样，它以崩溃告终。然而，还有很多炸弹的定时器在滴答作响，随时都有可能引爆下一个危机——如助学贷款债务。

截至2019年末，美国家庭债务总额为14.15万亿美元，平均每个家庭负债110 000美元，比2007—2009年经济大衰退开始时还要高。[30]债务攀升的同时，金融行业的利润也在攀升。但这样的利润对经济的其他组成部分来说不是好消息。《金融时报》专栏作家马丁·沃尔夫（Martin Wolf）写道："1980年以来的金融大扩张并未带来与之相称的经济利得。"[31]

那么，我们究竟得到过什么？不断降息的政策、廉价资金、金融业的扩张、千家万户兴致勃勃地举债、资产泡沫，还有不可持续的增长。2008年的最后审判日为反抗奠定了基础，而危机后的增长复苏并没有改善中产阶级的境遇。与之相反，他们的境遇每况愈下。从2010年开始，美国的失业率猛跌，9年后跌到了历史最低水平。然而与此同时，每10个美国人里就有4个无法支付400美元的意外应急支出，除非贷款、卖一些东西——或者无能为力。[32]换句话说，美国社会的很大一部分脆弱到令人震惊，甚至是灾难性的；在经济繁荣期，他们无力恢复已经失去的财务安全。民粹主义、极左或极右势力最热切的支持者不是受危机打击最沉重的穷人，而是尚未堕入深渊但正在万分惊恐地俯视深渊的中产阶级。

风雨飘摇之际，极端主义者集合起来，放眼展望一个新世界。耶利米们都可以夸自己一声"干得好"，他们把主流政党转变成民粹主义的巢穴，建立纳粹运动，往瓶子里灌汽油，允诺建设完全平等的国家，或者严肃地进行新马克思主义革命辩证。他们可以在脸书上贴臆造的故事，在推特上狂喷阴谋论，因为他们确信极端主义已经再次受到公共话语的追捧。在多数情况下，这些人不会亲身进入权力中枢，但他们会威胁那些掌舵人，把主流政治阵营拉向极端。在这样一个充满挑战的时代里，社会身份认同和社会的意义感等关乎人类存在的元素具有潜在的爆炸性，其中最重要的一部分是家庭。

第 11 章

消失的孩子

REVOLT
● 逆 流 年 代 ●

我希望我班上有120个孩子。

——日本一年级小学生 加贺美玲香

　　离东京大约60英里处，群山在初升太阳的照耀下熠熠生辉。一条陡峭的道路沿着缓缓流淌的大河蜿蜒，早晨的空气非常清新。树梢的花朵刚刚露出新颜。赏樱季即将到来，南牧村附近的小小神庙里，由村民组成的小乐队正在演奏并祈福。乐手们的年纪都很大。这也合情合理。根据南牧村所在的县提供的数据，该村人口为1666人。[1]就在20多年前的1997年，这里的居民有4000人。人口减少了58%，该村居民的平均年龄为70岁，算是世界上最古老的国家里平均年龄最大的村庄。[2]主街上寥寥无几的商店里客流稀疏。这个地方看起来就像是被一把大扫帚扫过，居民都被扫走了。许多房屋无人居住，但被精心维护着。这就是年华老去的日本——依然拾掇得干干净净，身姿笔挺，就像樱花树。

　　当地的小学结构宏大，可以容纳几百名学生。1959年，南牧村共有3所学校，1600名学生。如今只剩这所学校，共有24名学生。

　　我们臆想的故事和真实世界的复杂轮廓大相径庭。听凭老掉牙的意象主导我们讲述的故事，忽视我们的五官收集到的某些证据，这实在太简单不过了。如果你犯了这个错误，你可能会把这所学校想象成阴郁压抑、形单影只、呼唤着更多孩子到来的地方。然而事实上，尽管小学生的人数的确很少，但学校本身却洋溢着温暖的人性。依照日本的传统，你需要在校门口脱鞋并换上拖鞋。校内的墙上贴着老师和孩子们合作完成的作业。因为孩子少，上课铃响前，年纪大的孩子带着年纪小的孩子玩，老师们也和他们一起玩。教室里的教具齐全。美术和手工工坊装备着先进的雕刻工具；学校里有计算机房，还有烹饪课专用厨房。只是大多数房间的大多数设备在大多数时候都无人使用。

在一年级的教室里，我们见到了全班同学——两名女生。加贺美玲香和广树美朱这两名幼童是南牧村的未来。她们正在做练习，圆圆的脸上一副认真的神色。教室里就摆着两套课桌椅；或许其他桌椅被搬走了，好让她们不会觉得有孩子没来上学。教室很大，所以空荡荡的。墙上点缀着两幅小女孩描绘她们小学第一年生活的图画。玲香戴着口罩，盖住口鼻，这在亚洲很常见——在新冠病毒流行期间随处可见。她有点感冒。

我觉得很尴尬。在几乎没有别的孩子的情况下，我怎么向她们采访学校的情况呢？怎么做才不会让她们感到难为情呢？

"能告诉我你们喜欢学校的哪个方面吗？"我小心地抛出一个问题，等待翻译把它翻成日语。玲香的脸上顿时露出兴奋的神情："我喜欢午餐！"美朱说她喜欢种花。

"学校里孩子不多，有什么好处，又有什么不太好的地方呢？"

"我想和二年级的同学一起学习。"玲香说。她的老师问她为什么。"因为只有我们俩人太难过了。"她说要是由她来决定，她会让班里多120个学生。美朱表示反对，认为人太多了。"那么就90个。"玲香提议道。"还是太多。"美朱严肃地说，可她的同学继续同她讨价还价。玲香希望和许多孩子一起上学。

可是，没有更多的孩子了。一年级比三年级好一点，因为三年级根本没学生。这个学校同村里的其他公共机构一样接受特别补助。虽然孩子们可以乘校车去另外一个镇上学生更多、活动更丰富的学校上学，但县政府和中央政府决定不惜代价让它继续开放。

南牧村面临的一系列困境在日本非城镇地区非常典型。最严重的打击来自当地谋生手段的流失。居民们祖传的最重要的生计是魔芋种植。亚洲人充分利用了魔芋从花到鳞茎的各个部位，制作黏性比较强的面条和备受人们喜爱的日本名菜"魔芋豆腐"。村子所在的地区被认为是日本诸岛中最适合种植魔芋的地区之一，所以它的出产很受欢迎，价格也很高。然而南牧市90%的土地是山地，所以种植魔芋很艰苦，农艺也很复杂。随着农业产业化，大型企业制农场能够出产更多价格更低廉的魔芋，夺走了当地农民的客源。许多年轻人离开村子去了大城市。出生率暴跌更是让危机雪上加霜，原本人口就稀少的地区承受的打击尤为严重。

不过，孩子们受到的教育还是非常完备的，经费也很充足。我到访的那天早上，学生们在烹饪课上学习做薄煎饼。这不是简单的实践学习课程。日本孩子从幼年起就学习如何在食材和色彩之间实现平衡，他们烹饪的餐食都遵照这些传统。下课后，6位小厨师在老师的建议下，蹦蹦跳跳地跑过走廊，把薄煎饼送给校长和副校长。后者发出"噢"的一声惊叹，并且按照日本人收到礼物时的习惯舔舔嘴唇。他们和老师们都特别暖心。

校长说，一个学校只有24名学生有好处，因为每位学生都能得到个体关怀。他向我解释说，孩子们不能在他的办公室停留太久。他们得回去打扫教室。日本公立学校不聘用清洁工。学生们——所有学生，无一例外——自己动手，负责学校的清洁工作，包括厕所卫生。每间教室的一端都有一个供孩子们晾上学期间做清洁用的抹布的架子。校长说这是管理孩子少的学校的最大挑战。"这么几个孩子要打扫这么大一栋楼，负担很重。不过老师们也会参加。"他解释说。他带我步入走廊，指给我看一张宣传学生自己动手搞卫生的好处的海报：培养学生的体质，让他们对学校有责任心，清洁时间也是安静思考的时间，打扫完毕之后的满足感也很重要。

　　站在远处书写对一个文明的悲观评论很容易，然而一旦站到近处，你会看见这个文明结出的硕果。日本文明的硕果就是从小灌输给孩子们的集体合作精神和责任感。日本在衡量教育成就的各项国际考试中一直名列前茅。高质量的日本教育和越来越空荡荡的日本学校之间的极端矛盾揭示了该国正处于十字路口。这个"二战"结束后的经济奇迹正在萎缩。仅在2019年一年，日本居住人口就减少了约512 000人[3]，相当于美国亚利桑那州图森市的人口。

童身国度

　　出生率危机事关国家大计，所以日本政府正在奋力保证南牧村的存续。这意味着不但要满足村里为数不多的孩子的需求，还要满足人数日益增多的长者的需求。从学校出来，我又参观了不远处的养老院。这里跟学校不一样，人多，气氛活跃。居民们似乎大多有90高龄。我和其中几位进行了交流。他们中有许多人参加了日本的战后重建。他们受到了很好的照料，但生活很简朴。出生率陡降的同时，日本人的长寿令人印象深刻。一位日本朋友不失苦涩地跟我开玩笑说："我们的问题不但在于人们忘了生孩子，还在于他们忘了还有死期这回事。"

　　少子化意味着老龄化城市里新建的公共游戏场越来越少，杂货店货架上成人尿布占据的空间多过婴儿尿布。2011年以来，日本每年售出的成人尿布数量均多过婴儿尿布的数量。根据日本政府的数据，这个国家饲养了1850万只宠物猫狗，但孩子的数量只有1550万。这一点在日本街头一目了然。满大街似乎都是婴儿车，但其实坐在车里的是小狗。狗被视为家庭不可或缺的成员，有时候还是一个家庭唯一的子嗣。猫有时候也享受同等待遇。有些夫妇决定只养宠物不生孩子。"狗有自己的房间,配备适合小型哺乳动物体温的空调机,"一位日本熟人告诉我,"当然了,我们外出的时候不关电视,留给狗看。"

　　事实非常极端,令人惊愕。日本有800多万空置的房屋,而且数目仍在增加。超过四分之一的人口年龄在65岁以上,为世界最高——美国的可比数字是16%。再过30年,预计每10个日本公民里就有4个年龄在65岁以上。据预测,到2065年,日本人口将从2019年的1.25亿猛跌到8800万。[4]如果当下的这些趋势持续下去,不到100年,日本人口将只剩5000万。

•••••

　　发生在日本家庭里和夫妻之间的巨变正是危机的根由。我特别指出夫妻,是因为日本问题的一个突出方面在于只有女性或男性家长的单亲家庭在日本很少见。2015年,该国只有12%的孩子生活在单亲家庭里(英国的比例为25%,美国的比例为27%)。[5]虽然有85%的单亲妈妈就业,但一半多的单亲妈妈家庭生活在贫困线以下。该数据在经济合作与发展组织成员国里垫底。[6]日本只有2%的孩子是非婚生子女;与此形成对比的是,法国半数以上的孩子出生时父母并未成婚。日本的离婚率自20世纪80年代以来已经跳升了几十个百分点,但在日本,即使经典家庭模式解体,另类家庭模式也很少被接受。据日本国立社会保障和人口问题研究所统计,2015年,日本有四分之一的50岁以下男性和七分之一的50岁以下女性未婚。这些数字不包括离婚及鳏寡人士。相比之下,1970年只有1.7%的男性50岁时仍未成婚。[7]

　　日本的整个罗曼蒂克世界,无论是异性恋还是同性恋,均处于困厄之中。"在无性日本,将近一半单身青年男女还是童身。"2016年《日本时报》在报道一个有政府背景的研究院进行的研究时用了这么一个标题大声呐喊。[8]在18岁到34岁这个年龄段，70%的单身男性和60%的单身女性没谈恋爱，40%以上的男女从未有过性经验。[9]2019年发表的一项研究称，自1992年以来，39岁以下童身的异性恋男女比例上升了。例如，按照该项研究的保守估计，35岁到39岁之间从未有过性经验的女子的数量在1992年和2015年之间翻了一番。[10]

西方媒体热爱报道日本令人难以置信的萎缩背后的原因——例如，年轻人爱上漫画或虚拟在线人物。在东京喧闹的秋叶原地区，我见到了三平。他介绍我和他妻子认识。我们在一家动漫主题酒吧落座，这名男子的名字来自一部有名的日本动画片里的角色。他把妻子从一个小纸袋里拿出来。她是日本动漫《幸运星》里的一个名叫柊司的知名角色的玩偶。按照某个漫画网站的描述，她的个性是"健忘、乐观、甜美、从不发怒"。这位青年男子或许是御宅族的一个极端例子。御宅族通常指着迷于动漫的粉丝。

他给我看照片，其中一张是两人结婚周年庆时拍的，另外一张是他给她买的巧克力的照片，还有一张是两人一起去日本迪士尼乐园时拍的。他承认这个关系只存在于他的脑海中。当我提到这一点时，他回答："难道整个世界不也是只存在于我们的脑海中吗？"我指出跟一个不会回应的女子或男子培养感情很难这个显而易见的事实。他却告诉我他们俩经常聊天。三平说，作为一名40岁的男子，他已经很成熟了，完全可以拥有"一位只存在于我脑海中的配偶"。这是一个很有意思的回答，有禅宗的特质。西方媒体把这种现象归因为猎奇或者追求轰动效应。按照这种解释，日本是一个数字文化高度发达的技术社会，以工业化导致的异化为特征。西方媒体声称，失去性欲的日本社会濒临死亡。

但在我看来，这对夫妇很能代表时代精神。男方很理性，或许有点理性过头。生活在一个对智能手机和社交网络上瘾的时代里，在尖端人工智能突飞猛进的同时，他有意地选择了一段想象中的浪漫。在实体世界里，大段大段的人生早已虚拟化，同具体现实脱节。他的爱情是一个相当自然的外延。我的一位以色列朋友因为工作压力等问题遭遇婚姻危机。他认为，三平选择了一段虽然虚假但感觉真实的恋情，而没有选择一段感觉虚假的真实婚姻。

即便日本社会的确在努力克服孤立和疏离的问题[*][11]，这种专横的人类学分析也往往流于空洞的煽情。任何处理出生率降低问题的方法都必须考虑到这一现象不只局限于日本，而是全球性问题。具体到日本，要了解这场危机，我们还需要考虑以下几个因素：工作时长、日托中心的问题、女性在工作场所的待遇、工资差别、社会安全网、经济稳定，以及经济安全。日本不只是一个数值异常的岛国而已。在很多方面——在其工业化、计算机化、娱乐、交通运输的处理上——这个国家富有创新精神，它的习惯和解决措施为全世界指出了可能的未来发展方向。日本的生育率同样如此。

日渐恶化的人口危机给整个日本社会带来了政治和预算问题，覆盖从养老金到住房市场等方方面面。2019年出生的日本孩子数量低于该国自1899年有统计以来的最低值。它打破了上一年刚刚创下的最低纪录。同年，日本的生育率为每位女性生育1.36名子女。发达国家的生育更替水平——保持现有人口水平（不算移民）所需的生育率——为每位女性生育2.1名子女。日本社会的人口状况很快就会接近劳动人口同被抚养人口持平的境地，后者指领取退休金者及儿童。日本的人口定时炸弹早已炸开，弹片四下飞溅。这个国家从20世纪90年代开始就处于严重的经济衰退之中，而经济衰退——在一个反馈回路中——会进一步拉低出生率，于是经济衰退更加严重。

---

[*] 这一现象有一个很好的例子，就是"人间蒸发"，即一个人（往往突然之间）改变身份，切断所有家庭和职业关系。2016年的一本书称，日本每年都有约100 000人以此种方式销声匿迹。——原注

　　在工业化社会里，经济低迷时出生率也低迷。在美国，出生率从2008年开始下降，衰退结束后仍然势头不改。日本的经济创伤体现为通货紧缩和增长停滞，发生的时间比美国要早，从20世纪90年代就开始了。美国和世界其他地方的股市在2000年和2008年崩盘后都完全复苏了，已达到新高，但东京股票市场2019年的日经指数只有20世纪80年代最高水平的60%（按名义价值，以2016年美元价值计算）。1980—1995年，按购买力计算的人均GDP在扣除物价因素后上涨了60%；而1995—2010年这个数字只涨了10%。这样一来，日本家庭的负担加重了。

　　直到20世纪80年代，日本社会都建立在上班族在公司里加班加点这样一个基本契约之上。作为回报，他们一般不会丢工作，会得到定期的加薪，享受良好的工作环境。换句话说，我们可以假定一名完成学业找到工作的日本男人会在同一家公司工作到退休，退休后可以领取到令他的老年生活无忧的丰厚退休金。任何偏离这条道路的事件，例如裁员，均属例外。从这里还可以得出一条推论，那就是劳动市场不灵活；劳动者不能为了拿到更高的薪水而跳槽，雇主也无法解雇效率低下的员工。很少有人打零工或为分包商工作，普通人的薪水足够养家。女性劳动参与率低；男人应该挣到足够的钱，他们的妻子不必"不得不"外出工作，连兼职都不必。[12]事实上，1945年之后的日本摒弃了女性是劳动大军的正常组成部分这一观念，在现代劳动市场上保持了父权态度。从20世纪50年代开始，女性就业率就一路下滑。

　　20世纪80、90年代，日本经济休克后，这个趋势被扭转过来。女性开始加入劳动大军，与此同时还应社会要求继续扮演生养孩子的传统角色。例如，2007年，日本厚生劳动省大臣柳泽伯夫在一次执政党大会上发表演讲，叹息日本妇女生的孩子太少。"15到50岁之间的女性数量是固定的，"他宣称，"因为生育机器数量固定，所以我们只能要求她们每个人都尽其所能……虽说把她们叫作生育机器有点不恰当。"[13]柳泽伯夫表达了他所在国家的传统观念——女人应该待在家里，如果出生率低，就是她们的错。

全球化，尤其是中国制造和技术的崛起，迫使日本企业提高效率，为此它们需要修改社会契约。大雇主们游说政府放松劳动规范。政府做出响应，允许企业更为灵活地招聘或解聘员工，尤其为企业使用分包商和劳务派遣公司打开了方便之门。一个新的临时工阶层诞生了。他们即使在同一个岗位上工作了多年也享受不到多少保障。[14]企业们向临时工支付的工资低于全职工人，即便两者从事完全一样的工作。跟全职同事工作性质完全一样的临时工的收入可能比全职同事少60%。[15]临时工无法享受许多社会福利，例如，定期缴费的继续教育和养老基金。目前，十分之四的日本劳动者是临时工，人数比25年前翻了一倍。最近25年间，全职劳动者的数量减少了4300万，而临时工的人数增加了1200万。[16]

临时工不但工作环境差，爱情生活质量也比较差。一项分析异性恋缺乏经验的趋势的研究表明，在25岁到39岁的男性群体中，收入水平最低的人从未有过性经验的比例是收入水平最高的人的10到20倍。失业男性从未有过性经验的比例是全职工男性的8倍；兼职工或临时工男性从未有过性经验的比例是全职工男性的4倍。换句话说，这项研究指出"金钱和社会地位对男人很重要"。

当日本年轻人被问及为什么只生一个孩子或者决定不要孩子时，他们常常回答说自己没有固定工作，因此对养家糊口的能力信心不足。父母们经常劝告打零工的孩子不要结婚。社会的假设是你需要一份全职工作才能养家。

女性无法补偿男性失去的就业保障，因为她们在一个有着根深蒂固的歧视女性的观念的社会里，地位不稳。约有50%的母亲生育第一个孩子后就不再重返劳动市场。[17]如果她们重返劳动市场，她们也得不到公平的薪酬。日本男女同工不同酬的差距在世界上名列前茅——例如，日本的薪酬性别差距超过阿塞拜疆。[18]她们的家庭向她们施加了巨大的压力，要求她们待在家里。"日本女性不想让别的女性代为照顾她们的孩子，这是不被接受的。"一位在日本生活多年、在私立儿童保育中心工作的以色列妇女告诉我，"日本有民营和公立的日托中心。但很少有人想到请保姆。这就意味着从孩子出生的那一刻开始，（做母亲）就是一份全职工作。"

在任何时间节点上，日本都有数以万计的孩子在等候公立日托中心的入托名额空缺；在等候的过程中，他们的母亲也只有有限的工作选择。[19]怀孕或请产假的女性在工作场所遭到歧视，尤其是女临时工。在日本，这种歧视被称为"孕妇骚扰"。骚扰形式可能包括减薪、降职和口头谩骂。2015年发表的一项研究显示，产后返岗或怀孕的女临时工有一半报告受到了虐待。[20]在过去，日本的健康保险甚至不保生产，因为生孩子不是病，而是个人选择。单单生孩子这一项就得让家庭自付几千美元的费用。

孩子出生后，许多男性并不参与养育或者承担家务。在德国、美国和瑞典，男性一天花3小时左右的时间做这些事情；日本男人只花1.5小时。平均而言，日本男性一天只陪伴孩子1小时。[21]大约三分之一的已婚美国男性下午5点就下班回家，人数超过任何其他时间段。[22]社会学家暨日本专家玛丽·布林顿（Mary Brinton）提到，她在哈佛大学的一位日本同事看到有关美国男性的这些数据时不敢相信它们是真的。布林顿说："她在计算的时候还以为数据分析有误，她说已婚美国男性不可能5点就下班！"究其原因，日本男性大多下午8点半下班，还有许多人更晚下班。[23]在日本，为工作献身的习惯要求男性无休止地工作；下班后还不能回家，按惯例应当和同事们一起外出，例如，同去唱一晚上的卡拉OK，这被视为工作的一部分。工作成瘾——或者说工作驯服——是一种全国性的流行病；事实上，日本每年有数百人过劳死。五分之一的日本人每周工作50小时或更多。[24]因为雇主的隐性或显性压力，劳动者经常不休应得的带薪假期。[25]

问题的重点不在于为什么出生率暴跌，而在于为什么它没有跌落到更低的水平。面临如此局势，日本政府开始进行改革。2019年10月，政府采取新政策，向3～5岁儿童提供免费教育，向低收入家庭免费提供2岁以上孩子的日托（日托所每月的费用在100～800美元之间，取决于它们是公立的还是私立的）。日本还降低了生孩子的相关医疗费用，并且正在试图为工作场合减压。它甚至还赞助了"单身现象研讨会"，为单身派对出资，希望能够看到更多婴儿出生。[26]

•••••

许多日本人认为，在当前的情况下，日本政府的生育率目标显示出该国父权制的狭隘思维。社会学家上野千鹤子被日本报界誉为日本"最知名的女权主义者"。我们在她东京的办公室会面，一见面她就表明了在这个问题上的立场。"我不明白这有什么问题，也不明白为什么你觉得它重要。"她说。在她看来，提出"需要"孩子这个议题本身就是出于父权冲动。她曾经发表过一篇文章，证明所有前轴心国——德国、意大利和日本——的出生率都在迅速下滑，并且她认为这是对扎根于这些社会的好斗受虐狂的反抗。[27]"你首先需要自问的是，"她告诉我，"出生率对谁重要。因为归根结底，要不要孩子是个人抉择。答案是，政府、雇主和其他希望日本经济增长的群体看重出生率。我属于另外一群人，我们问的是，人口变少有问题吗？"

"但是你们以后支持不了越来越老化的人口，社会结构会崩溃。"我指出。"人口规模是变动的，"她说，"人口缩小又怎样？在最坏的情况下，其他人会迁移过来。人口可以通过生育或移民自然增长。日本人口之所以萎缩，是因为日本政府只顾着鼓励女性生孩子。"上野提到了日本的移民政策。它传统上几乎完全禁止外国人在该国定居。如果亚洲各地数百万人口移民到日本，日本可以受益，但它坚持维护严格的民族和种族身份认同，不愿让外国人入籍。

这跟出生率有什么相关性呢？青年移民，即便他们没有受过教育，缺乏高级技能，还是能通过交税、购物、比一般人口生育更多孩子等方式为经济做贡献。然而，在日本，仍有许多人用当地版本的"黑鬼"一词指代黑人。日本政府愿意让外国护工来日本护理老年人，但尽量不大张旗鼓。

即便没有移民，上野说，保守的男性政府关心的还是如何在牺牲女性的前提下维持所有现存的权力结构。"大多数女性从事临时工作，"她补充说，"而在日本，决定生不生孩子的主要因素是经济保障。因为她们是临时工，所以多数人生完孩子后不会重返工作岗位。我们在这里看到的是现代家庭模式的新发明，由男人挣钱养家，而女人纯粹是家庭主妇。但在传统的日本生活里不是那样的。那时候人人都工作，妻子们、母亲们都工作，出生率也很高。我建议你去日本南方走走看看，你会发现那里的农业社会还是那样运作的。"

上野说，今天的日本跟北欧国家截然相反，缺乏在公共框架内教育孩子的选项，导致女性无法卸下家庭责任。事实上，日本的教育支出在GDP上的占比是经合组织国家中最低的。保守派政客不希望通过加税来建设一个全福利经济体。另外一方面，他们痛恨移民，生怕后者会改变日本的特性。因此，跟美国的许多地方都不一样，日本没有外籍或移民来的保姆提供平价的儿童保育服务，也没有外籍劳工担任家政工。

她描述了一个保守资本主义的陷阱——女性在劳动市场遭受歧视，男性必须接受不合理的长时间工作，导致他们无法积极参与育儿，而女性没有就业保障。日本政府无意打开大量移民之门，否则抚养孩子和做家务还可以轻松些。多数单亲妈妈生活贫困。不能加税来建设福利国家，于是家庭得不到支持。女性左右为难——社会期望她们在没有外力支持的情况下当好母亲，劳动市场也不给她们等同于男性的待遇。有多少女性读者读到这里在想，这个局面不只存在于日本？我打赌有许多。上野的描述只是女性和家庭在典型资本主义社会里的体验的个案研究。换句话说，这不是日本的故事，这是我们所有人的故事。

第 *12* 章

"人类是泰坦尼克号"

REVOLT

● 逆 流 年 代 ●

这个时代，没孩子的好处让多数人觉得（即使）只生一个孩子都是负担。

——小普林尼，公元1世纪

全球生育率自1950年以来已经减半，而且颓势仍在继续。[1]世界上有许多国家正在经历"婴儿荒"：新生儿数量无法维持目前的人口水平。[2]经济制约和生活方式的变化不能完全解释为什么孩子生得少了——这里面也有心理原因。据预测，世界人口增长将在2100年结束，这将是现代历史上第一次。届时，欧洲、亚洲和南美洲的人口将会缓慢减少，越接近世纪尾声减少得会更快，而非洲将是唯一一个保持高出生率的大陆。人口萎缩加上预期寿命的延长导致全球年龄中位值将在21世纪末达到42岁。1950年时，这个中位值是24岁。

出生率下滑通常不会被放到全球化和市场经济的情境里讨论，然而它影响广泛。它发生在世界秩序破裂的背景下。没有足够的孩子来替代我们，这一事实对下一代的影响会远远超过激进或民粹主义力量掌权。且不论政治因素，这些人口趋势预示着社会构成的变化，而这种变化将会影响到生活的方方面面。就业年龄人口和年轻选民人数的减少将会对工业化经济体及其政治，以及它们一度将养育孩子神圣化的文化造成重大冲击。工业革命以来的社会和市场经济建立在人口将会持续增长的前提下，而人口增长又同经济增长密切相关。养老金计划、税收政策、就业市场以及核心政治价值观大多以这个预测为基础。

如果低于2.1的更替生育水平持续下去，甚至下滑到更低水平，经济政策和制度都得进行重大调整。资本主义–消费社会将会出现危机。但是，用人口减少对环境好这种说法来将这个问题轻描淡写，或者仅仅根据人口新状况调整经济政策，等同于错失了它的许多意义。这样的态度太急躁，只顾应对问题的冲击，却忽视了它更为深刻的影响。社会开始收缩意味着什么？生活在社会里的个体、他们的家庭、他们的幸福和健康会有什么变化？生育率危机说明目前的全球秩序极其不可持续，它不但影响经济和政治，还影响人们组建家庭的能力。

• • ● • •

新宿御苑是东京赏樱的好去处。樱花盛开之际，日本家庭沿袭赏花传统，聚集在樱花树旁，观赏粉色盛景并拍照留下美丽的回忆。春寒料峭，草地依旧泛黄，但公园里满是嬉闹的儿童。我和日本女子京谷明爱还有以色列男士阿西·瑞艾斯汀一起来到新宿御苑。他们俩都是30多岁，在日本相知相爱并成婚，期盼着他们第一个孩子的到来。我们在草地上铺了一张毯子。他们给我解释为什么在日本初为人父母压力这么大。

阿西在东京经营自己的生意，明爱在一家大公司担任管理工作，还出镜为公司制造的部分产品拍广告。她这份全职工作报酬优厚，提供各种福利及就业保障。提起即将到来的孩子，阿西兴奋地说个不停，但也流露出焦虑。明爱则是一副自信的模样，神采焕发。

我们聊起了她的工作。"怀孕前，我从早上8点工作到午夜12点。"她告诉我。她总是赶最后一班地铁回家。"我会睡上4～5个小时。"她回忆说。然后她6点起床，出门上班。阿西说她那时一个星期工作70～100个小时。

我惊呆了。

"这是一种武士道精神，"明爱说，"你不要抱怨。"武士道是日本武士的荣誉准则，至今也是在工作场所被期望看到的忠诚和献身精神的基础。

明爱说，当她向同事透露自己怀孕的消息后，"大家都祝贺我，但也有些人认为我等于放弃了职业。因为有宝宝了，上班的时间就少了，所以我不能像以前那样做到一个星期工作70个小时了，对吧"？此外还有别的问题。明爱解释说："在日本，理想的母亲是家庭主妇。所以如果你请保姆什么的来帮忙，他们会觉得你是个懒妈妈。大家要求你做到完美，当超级妈妈。你想上班？所有家务你得包办，班要上好，孩子也要照顾好。"

阿西说，因为工作太忙，他们很难找到相处的时间，更别提亲密时光了。"我们的父母，还有你父母，他们5点或6点下班回家，看看电视，然后就到9点了。接下来你会做什么？"他和明爱都笑了。"性和孩子曾经是生活里的重头戏。对现在的我们来说，一个星期7天，一天24小时，都有事要做，全年无休。好东西时时有。像互联网、手机和移动设备，我们24小时都在线，生活在一个从不入眠的城市里。而且没有孩子，没有性生活，你照样可以过得很快活。"

显然有很多人这么想。1914年以来，世界人口增长了60亿左右，但这个趋势到21世纪末就会终止。[3]例如，韩国、波兰、西班牙、罗马尼亚、捷克斯洛伐克、俄罗斯、意大利、德国和希腊的出生率同日本相似，甚至更低。2018年，美国的生育率降到历史新低，每1000名妇女生育59个孩子，比2007年下降了15%。[4]这个情况不只局限于发达国家。伊朗1985年的生育率是每位妇女生育6名子女，今天这个数字只有2.1。就全球而言，在1960年，每位妇女平均生育5名子女，今天这个数字是2.45。[5]只有非洲大陆的出生率依然很高。

欧洲早已进入名副其实的危机。西班牙的出生率比日本还低，再加上经济危机和移民出境，导致这个国家的人口在2012—2018年收缩。葡萄牙人口从2010年开始就逐渐减少，预计到2050年将减少10%。[6]与此同时，全球的城镇化都加速了。于是，社会在孩子减少的同时还经历着其他改变。例如，在西班牙的加利西亚自治区，因为人口稳步收缩，居民纷纷外流到大城市，约有1800座村镇无人居住。西班牙则全国有3500座荒废的村镇。[7]引人注目的是，在2017年，意大利、德国、法国和英国的领导人都没有孩子。

世界上最著名的人口学家之一、已故的约翰·考德威尔（John Caldwell）说，我们正在目睹"生育行为的全球化"。生育率的下降始于20世纪50年代末，发生在居住着世界80%人口的那些国家里。"人口规模收缩涉及的范围之广是出乎预料且前所未有的。"考德威尔写道。他强调一点——这是历史上首次全球出生率一起变动，以前的出生率变化均局限于某个地区。"有可能，"他声称，"这种近乎同时发生的变化是席卷全球的同样的力量的产物。"[8]

他说的力量包含工业革命、信息革命和全球化、自由主义价值观的发扬、教育水平的提高、城镇化，以及女性地位的改变。全世界出生率的下降同全球化可不是弱相关——前者是后者最为突出的表现之一。全球性因素对全世界人类所做的最重大的决策——把孩子带到这个世界上来——的影响超过以往任何时候。随着互联互通的加强，这应该不太令人吃惊。或许后世会证明出生率下降是暂时的，一旦我们这个物种的数量回归可持续的水平就会打住。然而，即使有那么一天，人口的平均年龄也会比过去一段时间高，比整个历史平均年龄都高。

2000—2016年，平均预期寿命增加了5年半。[9]欧洲社会学家们议论纷纷，觉得欧洲大陆将来会被老人统治。2018年，欧洲人的年龄中位值已经达到42岁。国际清算银行2019年发表的一份报告认为，"未来的政治鸿沟将横亘于力图保护自身社会安全网的老年人和力图保护自己税后实际收入的工作年龄人口之间"。[10]三大因素——生育率的下降，寿命延长和医疗卫生支出的增加，以及劳动参与率的下降——危及了退休后颐养天年的梦想，这是战后市场经济的重大允诺之一。责任时代的价值观和政策在很大程度上源自战后出生率的提高。婴儿潮扩大了劳动者总量，婴儿潮一代的子女们则尽情生产和消费，带来了半个世纪的繁荣。而繁荣的创造者，婴儿潮的这一代人指望着能够舒舒服服地退休，但那个时代已经终结。

对全球化及其价值观的反抗在某种程度上反映了两代之间的紧张关系。父母们觉得他们辛辛苦苦工作了一辈子，该享受政治和经济上的稳定，养老金更是理所当然的事情。年轻人则必须交税满足上一代人的需求，而因为上一代人享有终身职位，又不急着退休，导致年轻人很难找到工作。此外，年轻人找到的工作不能为他们提供他们父母享受过的保障。2013年，日本财政大臣针对日本老年人的长寿发表评论，认为他们应当"赶快死去"。

陷入危机的哺乳动物社会

世界出生率的大幅下滑是我们这个时代的一个决定性现象。[11]许多读者可能觉得这是个好消息。毕竟这个世界已经太挤了。但即使生育率下降，只要目前的趋势不变，短期内世界还是会越来越挤——预计总人口要膨胀到100亿之后才会稳定下来。人口增加会加剧灾难性的气候变化、自然栖息地的破坏、生物多样性的瓦解，以及大气层、水圈和岩石圈的污染。减缓人类这一物种的繁殖看似对地球的未来至关重要。

然而，人口减少对智人来说也是一个令人生畏的挑战。我们没有一个经验证有效的、能够在人口减少的情况下维持现代社会的模型。例如，德国被认为是一个稳定的工业化国家，但它的出生率几乎同日本持平。根据德国联邦统计局的预测，到2030年，德国的劳动力总数将减少500万。到2060年，德国的劳动力总数将减少到现在的四分之三。[12]德国贝塔斯曼基金会的一项研究表明，为了弥补老龄化和出生率下跌造成的缺口，德国每年将需要50万移民入境。[13]鉴于目前民众对来自中东的难民的不满情绪，德国按上述建议打开移民大门的概率为零。如果出生率继续下滑，到2060年，德国的劳动人口和领取养老金的人口的比例将会降到1.8∶1的低位。政府将不得不加税或者削减社会福利，购买力会下滑，就业岗位会日渐减少。资本主义消费文化将不可持续，而经济——德国和其他地方的经济——将会停滞，或者变得比日本经济过去20年的情况还要糟。

衰退前景正好为拼命恐吓民众、预言灾难迫在眉睫的右翼所利用。2017年，德国极端主义政党德国选择党（AfD）张贴海报，海报上有一位白人孕妇，标题是："新德国人？我们自己生。"2018年，极右的意大利北方联盟党领袖马泰奥·萨尔维尼（Matteo Salvini）问道："我们是不是面临灭绝的国家？很不幸，是的。"[14]民主体制内的中间派政党在生育这个议题上噤若寒蝉，为民族主义者留下了真空，而后者从生育危机中获益颇多。因为富裕国家的出生率下滑，它们需要移民来维持增长；移民数量的上升又让选民害怕，感知到了威胁，于是他们转而支持民族主义–排外政党。

• • • •

保守派人士，无论是否有信仰宗教，倾向于把生育率危机看作末日前兆。历史学家乔治·奥特（George Alter）和格雷戈里·克拉克（Gregory Clark）说："在工业革命创造的逐渐壮大的大都市社会里，新产品和新生活方式拓展了选择。作为响应，富裕家庭消费更多的新产品和服务，而非生育子女。"[15]这是克拉克和奥特的观察结果，但保守人士视其为控告。

英国前首席拉比暨欧洲犹太宗教领袖乔纳森·萨克斯勋爵（Lord Jonathan Sacks）在2016年发出警告。"古希腊和古罗马的历史学家们目睹了他们各自文明的败落和消亡，"他告诉《电讯报》（*The Telegraph*），"希腊人和罗马人都将其归因于出生率的下降，因为谁都不想担负养育孩子的责任。他们过于注重享受当下，不愿意为构建未来做出必要的牺牲。"[16]他告诫说，"欧洲将因此死去……欧洲只能依靠前所未有的高移民水平来维持现有的人口规模。"

鼓吹传统的领导人们，无论他们领导的是罗马帝国还是21世纪的宗教组织，都倾向于把出生率下滑怪到享乐主义头上。但是，这种主张并无经验数据支持。研究表明，人们生育子女的数量减少，是因为他们在教育、就业和家庭规划上进行了理性的决策。例如，女性教育程度越高，生育的子女数量越少。一项追踪了从1870年开始、横跨70个国家、长达130年的有关出生率的波动情况的研究发现，教育"一直是人口结构转型的主要社会经济决定因素"。[17]女孩开始上小学后，即接受6年教育后，生育率下降了40%~80%。尼日利亚的一项研究发现，女孩每多上一年学，她们将来平均生育的子女数量就会减少0.26个。[18]如果女性学会读写，常规的家庭规模就变化得更快。在文盲率下降的印度各邦中，越来越多的人相信家里人少些会更幸福。[19]女性赋权来自以下三个方面：压抑的父权规范遭到削弱，越来越多人采用避孕措施，女性可以合法流产并且不需大费周章。

经济学家加里·贝克尔（Gary Becker）建议把生孩子的欲望看作一种对产品的需求，而这种产品可以有定价。[20]随着教育产生的经济价值的提高，人们倾向于为少数子女投资，为其提供良好的教育，而不是将少量的教育资金投资在许多孩子身上。当社会从农业经济向工业经济转型时，投资于品质的回报更高。随着女性加入劳动大军，生育负担着双重成本——除了养育孩子的成本，还有机会成本，因为女性可以把用在孩子身上的时间用于赚取劳动报酬。

另一个动因是儿童死亡率的下降。一些研究者称，儿童死亡率的下降和父母少生孩子的决策之间存在因果关系。[21]换句话说，人们之所以多生孩子，是因为他们认为有的孩子会早夭。当他们信任医疗卫生体系，认为自己的生活稳定安全时，会倾向于少生孩子。在近代以前，三分之一以上的孩子5岁前夭折。那时候的家庭，特别是发展中国家的家庭，会尽量多生孩子，以防没有孩子能平安长大。研究人员称该现象为孩子囤积。贫困国家的饮食和卫生条件有所改善后，出生率会短期上升，因为人们过一段时间后才会意识到，既然能存活的孩子多了，就不需要生那么多了。一旦意识到这一点，该国的出生率就会下降。

•••••

受教育的女性收入更高，她们的家庭生活水平也更高。避孕措施到位使得更多的女性能对自己的身体做主。儿童死亡率在降低。这些都从正面解释了为什么社会上的家庭从平均五六个孩子减少到了两三个孩子。但是，当一个社会经济失灵而缓慢萎缩，因劳动大军式微而未来严峻之时，又会发生什么呢？

即便这个社会的经济仍旧在增长，生活水平还不错，但这样缓慢消失的社会称得上健康吗？称得上成功吗？

我们首先必须区分出生率下滑和出生率长期低于生育更替水平这两者之间的差别，即每位女性生育2.1个孩子和每位女性生育1.7个孩子之间的差别，对一个物种的生存而言具有重大意义。

我有意运用了动物学术语。根据人口学家和社会学家的预测，下滑几乎可以肯定会加速。种群生物学家们在研究自然界或圈养状态下的哺乳动物社会的生殖低下现象时所提出的一系列问题，似乎同样适用于探讨人类增长上。为什么一个种群停止繁殖？是因为它未能获得必需的资源吗？是因为污染或气候变化等原因造成的生理问题吗？是极端压力造成的吗？这个哺乳动物社会的层级结构是否会造成繁殖困难？有没有外界因素对这些社会结构施压，导致种群衰落？

一个最经常被提及的理由是，更多的男男女女将生育子女的年龄推迟到了30多岁、40多岁，届时，怀孕和妊娠可能更困难。但数据表明，男女两性均面临生育挑战。发表于2017年的一项由希伯来大学与纽约的西奈山医院合作完成的荟萃分析显示，1973—2011年，西方国家男性精子数减少了一半左右。这项研究以过去40年间发表的186篇经同行评议过的论文为基础。它还表明人类精子的退化在加速。[22]非洲和亚洲的数据目前还不够多，但近年来发表的一系列研究指出了类似倾向。[23]此项荟萃分析的第一作者，希伯来大学流行病学教授哈加伊·莱文（Hagai Levine）博士说，该研究成果"敲响了警钟"。[24]

这项研究并未探讨造成这个现象的原因，但先前的研究把精子数减少同化学品的接触、杀虫剂、吸烟、精神压力和肥胖联系了起来。此外还有许多其他理论——或许跟男人身边的电子设备有关，或许是由于气候变化导致全球气温略微升高，甚至可能是由于环境中存在对生育能力有极端影响但尚未被识别出来的物质。"目前，人类这一物种就像撞上冰山前的泰坦尼克号，也可能早已撞上。"莱文说。[25]他补充说，人类的生育能力，无论男女，都很敏感，易受破坏。压力等小小的异常会造成内分泌系统的变化，而后者又可能导致成年后才显现出来的发育不全。精子数减少同母亲怀孕期间吸烟的相关性高于同男性自身18岁时吸烟的相关性。

莱文认为，除了污染物质，社会上的变化也会影响人类的内分泌系统，不过他强调这只是一种推测。"动物就是这样，所以也许人类也一样，"他说，"有可能是因为我们住在城市里，进行城市特有的社会互动，见到许许多多人，但你和他们的关系跟部落、大家庭或小群体内特有的互动不一样，影响了我们的荷尔蒙，从而影响到我们的精子数。这是我们需要研究的另一个方面。"他说，此类问题只有到达临界点时才会成为公共卫生的关键议题。如果父母们历经艰辛怀孕成功，但他们的孩子彻底做不到了，那么这就是一个临界点。近期一项研究对比了青年男子和他们父亲的精子数，发现50多岁的父亲们的精子质量更高。"想象一下，身高或智商在几十年间陡降了50%，"莱文说，"我们有一个事关人类生存的生物标记物也经历了这样的巨变。"近期的研究表明，精子质量低下是发病率和死亡率提高的一个标志。无论如何，莱文确信这是一种持久的变化。"即使我们现在就让船返航，也不一定有好的结果。下颓的趋势可能持续很长一段时间。"

使女的故事

这听起来就像从玛格丽特·阿特伍德的同名小说改编而来的电视剧《使女的故事》的某一季的开头。该小说一般被解读为当代社会女性地位的寓言，但随着出生率的下降，它似乎已经不仅仅是寓言了。2018年，伊朗裔澳大利亚人口学家梅玛纳特·侯赛尼·夏沃希（Meimanat Hosseini Chavoshi）在伊朗被捕，理由是他发表了有关该国出生率陡降的研究。伊朗精神领袖阿里·哈梅内伊（Ali Khamenei）同样关注出生率下降的问题。因此伊朗政府不但逮捕人口学家（夏沃希于2019年被释放），还鼓励一夫多妻制，提高离婚门槛，有意抬高避孕药的售价，允许童婚。没有一项措施在过去十年里显著提高了伊朗的出生率，但它们对伊朗的父权神权政体有利，对阿特伍德小说里的基列共和国有利。在匈牙利，欧尔班·维克托的民族主义政府一边鼓吹"匈牙利宝宝"和"基督教价值观"，一边通过住房补贴和3年产假来刺激出生率（当前该国的出生率为每个女性拥有1.5个孩子）的提高。

民主社会不愿意干预或试图影响个体的生殖选择。把这种选择同国家利益挂钩会有重大的道德上的负面影响，唤醒极权和独裁主义政体的幽灵。事实上，不生孩子在伦理上没有错，而生育更替水平不可能成为自由主义社会对夫妇们的法律或道德要求。然而政府们极其担忧，以至于现在它们开始当起了媒人。韩国的出生率在所有发展中国家里最低，每位女性生育的孩子少于1个（0.98）[26]，自2006年以来，政府已经投资了1300亿多美元，试图提升这个生育率。[27]每位妇女每次生育都能得到政府的补偿，某些医疗费用也由政府报销。该国的大学开设性、爱情和健康关系之类的选修课程，要求学生们和班上的同学约会。政府向地方上的媒人和单身交友社交文化活动提供补助，给有孩子的夫妇发奖金，还进行教育宣传来促进生育。

上述政策没有哪一项特别有效。当韩国人被问及为什么不生孩子时，他们通常说经济负担太重。举例说明：居住在首尔的家庭把16%的收入用在为学龄儿童请家教上。韩国青年宣布放弃求爱、婚姻和生育。他们自称"放弃"一代。

纵观历史，统治者们尝试过通过生育政策来扩大或缩小全体人口或特定群体的人口。除大屠杀外，其余政策一般都没用。罗马帝国精英阶层的出生率连续几个世纪下滑，有人认为这是帝国衰亡的原因之一。公元前18年，罗马皇帝奥古斯都颁布法律，奖励结婚生子的罗马公民，制裁那些不结婚生子的公民。这部名为《朱利亚婚姻法》的法律力图通过禁止贵族同妓女或被解放的奴隶结婚来保护罗马血统的纯洁性。法律没有奏效。"不生孩子依旧风行。"罗马历史学家塔西佗（Tacitus）一个世纪以后写道。鉴于居住在罗马帝国中心地带的公民生活相对安全稳定，出生率这么低的原因至今不明。有的古罗马历史学家认为原因在于家庭制度的崩溃和颓废文化。其他学者提议说，从炊具里析出的铅让罗马人中毒，导致他们不育。还有些学者甚至怪罪于罗马贵族喜欢洗温度很高的热水澡，一泡就好久，损害了他们的精子质量。[28]

当代的例子也不少。20世纪30年代及第二次世界大战期间，日本军政府鼓励国民生孩子，为帝国输送源源不断的士兵，结果失败了。战争结束后，日本满目疮痍，贫困不堪，日本政府没有继续鼓励生育，但婴儿潮出现了。纳粹在德国掌权后非常关心低出生率，然而尽管它出台了一系列政府计划，其中有些堪称残暴，但1938年的出生率还是很低，同当今的世界出生率差不多。[29]

中央集权的民族国家的巩固加上现代技术可能创造了影响生殖决策的机会。中国的独生子女政策似乎是此类社会工程的成功案例。中国政府相信，让国家走上快速工业化道路的主要途径是减少庞大的贫穷人口。当时，中国五分之四的居民生活在贫困中。众所周知，该国问题的根源在于贫困，而贫困源自有限的资源被分散到日渐增长的人口上。执行计划生育政策的40年间，出生率急降。到了2016年，因为出生率下降幅度太大，独生子女政策被取消。1970年，中国妇女平均生育5.7个孩子。今天，这个数字是1.6—1.7。2020年，该国的新生儿数字创下了1961年以来的新低，虽然人口总量相比1961年增加了约6.8亿。因为出生率下降，中国现在遭遇了"人口黑洞"，而这对劳动大军和经济增长的影响令人生畏。

事实上，出生率收缩究竟是否由政策和政府制裁引起，目前还不清楚。把中国社会同出生率相似的其他社会相比后就会发现，两者同期出生率下滑的趋势相似。其他生育率和出生率模型显示，"在没有实行独生子女政策的其他国家，出生率同样在降低，而且低至中国预测的水平以下"。[30]如果这是真的，那么同样的事情也发生在政府克制自己、不去干预公民卧室行为的国家里，有时影响程度甚至更大。

计划生育政策的一个非计划中的可怕后果是刺激了杀害女婴这一习俗的复活。这不是中国独有的习俗——杀害女婴是古代世界的惯例。"我还在亚历山大港，"一位驻扎在埃及的古罗马人给住在帝都的妻子写信，"我恳求你照顾好我们的小孩。一领到工资，我就给你寄来。与此同时，如果（祝你好运！）你又生产了，是个男孩就留下来，是个女孩就让她去。"[31]他的意思是抛弃她，让她死去。

据估计，20世纪80年代，中国每年都有许多女婴被害，且有更多的女婴被抛弃。随着医学干预的日渐普及，家长们试图阻止女孩的出生，例如，通过超声波检查来辨别胚胎的性别，如果是女孩就流产。同样的事情也发生在印度次大陆上。在中国，此种做法导致其性别比例严重失衡。在中国25岁以下的居民中，每100名女性对应115名男性；全国男性人口总量比女性多出3400万。[32]这可能导致整个亚洲的不稳定。男性占多数的社会容易爆发暴力内部危机，而危机可能恶化成战争。[33]

世界各地的政治领导人之所以担忧低出生率，不仅仅是因为人口不足以及它可能造成的财政灾难。孩子能够让一个社会发展、繁荣，但更重要的是，他们是人类经验的根本组成部分。孩子的消失或日渐稀少对一个社会来说预示着未来的多灾多难，它是可以感知到的对家庭这个制度的威胁，会造成政治紧张局势，导致暴力和原教旨主义。

玩偶村，2015年

名顷村是一个濒临灭绝的村庄。如果你想去名顷，你得先从东京飞到日本四大岛中面积最小、人口最少的四国岛。从机场出来后，我们驱车深入山区。这里风景很美，但路不好走。稀疏的雪花融化在风挡玻璃上。我们经过一个又一个静谧的传统村落。车越往高处开，我们看到的人就越少。

终于，我们抵达了大河边上的一个小村庄。天气很冷，但天空澄澈。

近年来，名顷村在日本赢得了"玩偶村"的名声。一看到那里的住宅和田野，你就会明白这是为什么了。到处都能看到像稻草人一样的玩偶。它们成群结队地在公共汽车站候车。它们在树下休息。它们头戴遮阳帽在田间锄地。有个玩偶坐在河岸边的一块大石头上，手持装备齐全的鱼竿。它们的脸都是手工制作的，它们穿的都是真人的衣服。这个景观令人瞩目，让人几乎心生畏惧。

66岁的月见绫野制作了这些玩偶。多年以前，她返回父母的村落，注意到了它的衰败。老年人——故去。孩子们大多都离开了。上一次有小孩出生还是在2001年。月见留下来陪伴父亲；除了她家，村里还有20名居民。她父亲已经90多岁了；我们拜访名顷的时候，他正在小小的土豆田里劳作。

月见说，她决定按离开的村民的样子制作玩偶。目前，她已经制作了350多个，散放在该村所在的小山谷的各处。当地学校里就摆了好多。我们过桥跨河来到学校，这里是日本任何一个村庄的社区中心。如今，它空荡荡的，没有一个真人。

月见勤勤恳恳地打扫学校，确保它方方面面都状态良好。她拿来一把钥匙，解开门上的链条锁。学校很大，设备齐全，游乐场的面积和设施足以让任何其他学校艳羡。教室里摆放着老师和学生的玩偶。有些教员在教师办公室里佯装喝茶。游乐场上的秋千没人荡，虽然有时它们会在微风中摇摆。月见说她想念孩子们的声音，但总的来说，她并不是因为寂寞才摆放这么多玩偶。制作玩偶"本身很好"，她说。

参观完学校后，我们在村里同河流平行的主街上逛了逛，看到了更多由月见精心制作的栩栩如生的玩偶。她的话不多。她事先提醒过我们要自备餐食，因为驱车方圆几小时都找不到饭店或加油站。当她发现我们什么也没带时，就邀请我们去她和父亲同住的朴素住宅里做客。房子结构低矮，摆满了照片。屋子里面很暖和，中间有一个烧黑炭的铁炉子，上面放着闪着银光的水壶。我们从寒冷的室外进来，围坐在炉子旁边取暖。月见给我们端来了简单但美味的当地食品——撒了味噌和山花的煮土豆，用一种黄色酱料调味的饭团，当然还有日式煎蛋。

就在我参观这个空荡荡的日本村庄几个星期后，地中海上发生了一场灾难。短短几天内，700多人在试图乘船坐筏从利比亚前往意大利的途中丧生。意大利海军救起了部分难民，把这些疲惫不堪、精神遭受重创的人送到了兰佩杜萨岛。这里是隶属于意大利的一个位于地中海中部的小岛。

全球难民危机的一个因素是非洲出生率依然很高，也就是说，非洲大陆在过去十年间因为婴儿潮左支右绌。在非洲，每100个成年劳动者就得养活73个15岁以下的孩子。[34]为此，许多非洲人被迫前往西方，希望能过上更好的生活，赚取体面的收入。这不仅是提高生活水平的问题，这是活下去最好的办法。到2050年，世界上十分之四的5岁以下儿童将是非洲儿童。他们将会居住在基础设施匮乏、路况差的地方，生活在殖民主义者建造起来的东拼西凑的城市里。

一边是几乎空无一人的日本村庄，学校设施良好却没有学生，只能用玩偶来填充。另一边是为了追求新未来、找到安全的居所不惜冒生命危险乘坐橡皮筏的非洲人。这两者之间的不和谐令人痛苦。全球化驱动并加速了日本和其他现代社会感觉到的经济压力——它们是造成出生率危机的始作俑者，同时也推动并加快了非洲生活水平的提高和人口爆炸。

在全球化不受任何限制的世界里，名顷村不会一直空下去。的确，移民们很少往偏远的地方移动，他们偏好城市中心，至少在移民初期如此。但往往他们的到来会导致原有居民搬迁到更远的郊区和周边地区。如果人口移动运行效率高的话，数千万非洲人会在欧洲重新定居，而孟加拉国人、中国人和越南人会涌入日本诸岛。根据全球化的要求，如果当地家庭无法支撑社会增长，移民家庭会接过这个重任。

可是日本人不想生活在一个全球性的国家里，不想有一个世界政府来告诉他们，孩子的声音将会响彻他们空荡荡的村庄——只是这些孩子会是外国人。另一方面，他们希望在每位妇女只生育1.36个孩子的情况下，养老金能够支撑住他们的高龄——世界上最高的高龄。

自从我2015年到访名顷村后，玩偶村已经成为人气很高的旅游景点。原因不难理解——它提供了拍摄衰败中的文明的绝妙背景。那天下午，我们坐在月见家的小屋里，天下起了小雪。我们围坐火炉旁喝清淡温和的茶水，玩偶们静静地伫立在田野里。

几个月后，成千上万的中东难民开始横渡地中海，逃离战争和失败的经济。欧洲的难民危机开始了。

第 **13** 章

出走的面孔

REVOLT

● 逆 流 年 代 ●

"你们为什么在这儿？"

"你知道为什么。"

"你们想去哪里？"

"随便。"

——与叙利亚难民利蓝（17岁）的谈话

2015年夏

傍晚时分，我站在匈牙利的铁路轨道上，这条轨道穿过了塞尔维亚的边境。成百上千的难民跨过一根根枕木——女人包着头巾，穿着厚重的深色长裙，手提着袋子；青年男子穿着T恤衫，手机插在牛仔裤后面的口袋里；女孩们头发往后梳，带着环状耳饰，背着双肩包，好似要去喜马拉雅山徒步；中年男子戴着深色墨镜，胡子修得整整齐齐，小腹微微外凸；还有孩子，数不清的孩子。他们有的抓着父母兄姊的手，有的走不动了被父母或其他家庭成员扛在肩头。这些步行者脚步沉重地走着，眼神涣散。他们中的多数看着很健康，也没有饥饿的困扰，很少有人明显带伤。然而，如果有人问起，许多人会揭开衣服，露出腹部、背上、脚上的伤疤，指出

子弹曾经从哪里进、哪里出，弹片打碎了哪个手指头，哪个烧伤的疤痕他
们希望能够褪去但或许永远都不会褪色了。

很容易被辨别出他们是从哪里来的。大部分伊拉克人看上去过得不
错。他们用最新款的手机，有的穿着名牌服装。他们是移民中随身物品最
齐全的一群人，拥有沿着铁轨走所需的各种装备。阿富汗人最衣衫褴褛，
显然最穷。但大多数难民是叙利亚人。他们跟大多数其他人不一样，一脸
焦虑与惊恐。

这些人几个星期前就离开了他们在巴格达、拉卡、阿勒颇或大马士革
的家，大部分情况下，他们横渡大海，从土耳其前往希腊，大多乘坐巴
士、火车或者搭便车进入欧洲腹地。现在，他们被禁止坐火车了。自偷偷
越过叙利亚边境进入土耳其以来，他们第一次必须靠两条腿赶路。天气酷
热，空气湿度让人感到压抑。人造生活物品沿着铁轨一路散落：一份大马
士革大学文凭的英文译本、一包尿布、空水瓶，还有多余的冬装。

就在一小时前，难民们步行穿越边界进入匈牙利。继续徒步了几英里
后，他们被警察逮捕，当即被关进临时羁留中心。筋疲力尽的他们摊手摊
脚地躺在匈牙利的绿色田野上。警察给他们发了瓶装水，但是没有遮阳
的地方。对难民来说，阴凉是一种宝贵的商品——价值几近等同于水或
食物。

一把漆着喜庆红色的轮椅被丢在一旁。谁沿着铁轨把它放到这里的？
怎么会有人推着它穿过这么大一片地？它的主人，无论他是叙利亚人、阿
富汗人还是伊拉克人，究竟经历了些什么？

难民们不问这种问题。他们坐等。或许他们在幻想会有一辆大巴出
现，载着他们走——毕竟，匈牙利只是他们北行前往德国或瑞典的中途驿
站。一位妇女和她十几岁的女儿朝我这边走过来。"我们会死在这里，"
女孩用英语说，"我们太累了。"她母亲补充说："我们要去德国。"女
儿解释说："默克尔是个好人。她爱全世界。"

坐卧在草地上的人只是依稀知道自己在哪里。对他们来说，重要的是走在路上。匈牙利只是这条路上又一个暂时驻足的国家。但匈牙利警察接到了指令：他们必须拦截所有人，然后把这些人送进一个羁留营，提取每个人的指纹。匈牙利的极端民族主义政府决心阻止难民穿越该国。它的领导人希望用这些外国人做文章，获取政治利益。

难民们害怕被提取指纹。它们可以被用来证明显而易见的事实——他们并非直接抵达德国或瑞典，而是经由了另一个欧洲国家。难民们相信，依照法律和国际协议，他们从亚洲来到欧洲，只能在落脚的第一个欧洲国家申请避难。他们后续进入的任何国家，如德国或瑞典，没有义务给他们那种身份。虽然这一点从技术上说没错，但当时德国和其他国家即使知道难民从欧洲其他国家入境，还是会允许他们避难。

不过，匈牙利警察们不知道这些细节。两名年轻警官邀请难民们踢球，球是就地取材、用白胶带裹着一个塑料球做的。"喜欢足球吗？"他们问难民。有个叙利亚男孩穿着罗纳尔多的球衣。警察们划出一块球场，召集孩子们来一场比赛。这是一个天真的姿态，它适合出现在矫情的电影里，这甜蜜的一幕表现体育可以打破一切障碍。然而在难民们尘土满面的旅程中，这场比赛有一句险恶的潜台词，那就是：你们一时半会儿去不了哪里。你们得在这里待上一段时间，所以我们一起玩吧，交个朋友。

难民们几乎同时起身，继续沿着铁轨走起来。"大家都走吧。"他们相互咕哝。他们根本不理睬球场上的年轻匈牙利警察。他们行进的脚步很快，带着迫切，只怕匈牙利人会很快赶上来拘留他们。

往前走了一段路之后，一小群难民停下脚步，焦虑地回头看警察。我朝他们走去。一条狗不知道是从哪里蹿出来的，跟在我身边。那群人中的大多数都在铁轨旁边的一个小丘上坐了下来。两名青少年，一男一女，默默地站着看我。穿着牛仔裤和条纹衬衫的女孩用鞋子在土里划拉着。她脖子上有一个高音谱号刺青，左边眉毛上戴了一个眉环。她身边的男孩穿着一件耐克热身服上衣。我问女孩叫什么名字。她告诉我，她叫利蓝，17岁，来自阿勒颇。穿耐克运动上衣的男孩没有透露名字。利蓝说他是她的表亲。

我们的谈话尖锐得就像拿刀在某个人的脖子上划。

"你能告诉我你是从哪里来的吗？"

"叙利亚。我们经过了土耳其、希腊、马其顿和塞尔维亚才到这里。一路很辛苦。"她的其余家人，包括16岁和20岁的兄弟姐妹，都还在阿勒颇。

"你们为什么在这儿？"

"你知道为什么。"她露出一个讽刺的微笑。战争似乎就装在那个微笑里。

"你们想去哪里？"

"随便。"

她问我，他们都已经走了几十公里路了，接下来会怎样？我告诉她，匈牙利人很快会试图拦截他们。她身边的男孩咒骂一声，走开坐到铁轨旁边。"愿上帝帮助叙利亚人，"他低声说。

"你们在欧洲想要做什么？"

"我就想上学。还有胜利。"她说。

"胜利是什么意思？"

"叙利亚，自由，胜利，留下来，食物，水，淋浴，一切。真的很简单。但我们需要……我要一切，一切。"

在希望的重压下，我们很快便没话说了。这位自由主义叙利亚的代表，脖子上印着高音谱号，在匈牙利-塞尔维亚边境迷茫了。

"你想要生活。"

"是的，绝对的生活。"

利蓝和他们那一小群人继续沿着铁轨走。我的摄影师在一旁跟拍。我们失联了，这里没有手机信号。突然间，我没法再指导视频的拍摄，而我眼中的这些人也不再是电视报道素材。我就和他们一起走吧。

沿着铁轨行进的人流出现了一个空档。脚程快的走到前面去了，脚程慢的还在后头很远的地方。我停下来搜寻摄影师的身影，结果没找着。一个差不多5岁大的小男孩独自坐在铁轨上。他的衣服很整洁。我看着他，他眼睛茫然无神地盯着附近的树木。所有的父母都熟悉这种表情——他累坏了。有那么一会儿，我惊慌失措：只有他独自一人吗？

然后，他的父母出现了。两人都走得踉踉跄跄，滞后了大约800米。随着他的父亲越走越近，我能看见他的脖子上挂着一个类似婴儿背带的东西，里面有一个小婴儿。"走吧，儿子。"父亲对精疲力竭的小男孩说。当这位父亲从我身边走过时，我意识到他为什么坚持让小男孩站起来自己走——父亲的背后还兜着第二个婴儿。

小男孩不肯站起来。父亲居高临下地看着他，无力呵斥。突然，一个大约10岁的男孩从后面赶上来。那位父亲叹了一口气，把背上的婴儿交给大儿子抱，自己则抱起疲惫的二儿子。

我立马想，我们的车在哪儿？或许我们可以改变路线，把这一家人送到这群人想去的布达佩斯火车东站。但是，难民们一步一挪地沿着铁轨穿越绿色的大地，越走越远，变成了一个个越来越小的黑点。只有我独自一人站在那里一动不动，什么也做不了。

新型战争

我在前面提及了出生率危机对全球的挑战。解决方案看似显而易见——欢迎并同化约8000万的难民、避难者和流离失所的人们。[1]联合国认为我们正在经历"二战"以来最严重的难民危机。[2]同今天相比，责任时代的政治领导人和他们的公民们非常谨慎。在那个相对稳定的时期，流离失所的人数少得多。到了20世纪90年代，随着东方集团国家的崩溃以及巴尔干战争的爆发，难民人数开始显著增长。

8年后，流离失所的人口翻了一番，从2000万人变成4000多万人；到2019年，这个数字翻了三倍，达7900多万人。[3]此后又有数百万人加入了这个团体，增速惊人。最近难民人口猛增的主要原因是叙利亚冲突。自2011年内战爆发以来，大约有三分之二的叙利亚人口，即1000多万人，背井离乡。有的已经移民出境——比如说有350万叙利亚人生活在土耳其——其他人则在本国沦为难民。[4]即便如此，叙利亚内战还只是政治反响巨大的国际人道主义危机的一部分。

这次难民危机之所以突出，是因为它并非由全球性冲突造成。在20世纪40年代，数千万人失去家园，四下流浪寻找安全港湾。但让他们流离失所的是一场残酷的世界大战。虽然世界进入21世纪之后遭遇了经济危机，但在过去的20年间，世界可以说变得更安全、更繁荣了。事实上，数据表明，今天的人们比以往任何时候都安全，受冲突困扰最少。[5]我们没有经历又一次世界大战或经济大萧条，新型冠状病毒尚未造成大规模的流离失所。国家间的战争数量达到了历史最低水平。世界上几乎没有哪个国家在同另一个国家开战。这在现代几乎前所未有。那么，为什么会有这么多人流离失所呢？

特别值得一提的是，在流离失所的人群中，有不到三分之一的人是离开了祖国的难民。2019年，他们的总数约为2600万人。还有4500多万人在自己的国家里无家可归——也就是说，这些人还在自己祖国的国境内，但因为战争、饥馑或被驱逐而被迫离开家园。他们要么居住在巨型难民营里，要么居住在大城市郊区的穷困街区里。[6]

国内流离失所人群的激增的原因在于内讧和跨国界流动自由的丧失。后者无须赘言：今天，各国为了不让人跨越边界，想出的办法比以前任何时候都多，例如，装备了运动传感器、闭路电视和卫星技术的智能护栏，可以检测人们所在地点的移动电话网络、生物特征护照和视网膜扫描仪。想要逃出一个国家、成为未登记的寻求避难者比以前难多了。

在越来越多的案例中，驱赶人们离开家园的不是国与国之间的战争，而是崩坏的社会。"新型战争"是玛丽·卡尔多（Mary Kaldor）教授创造的术语，用于描述苏维埃集团倒台后的世界冲突的性质。[7]在新型战争里，相互抗衡的力量包括国家和非国家行为体，犯罪和人权侵犯很常见，政治控制比实际占有领土更关键。卡尔多认为，在后两极世界里，由意识形态引发的冲突（例如共产主义对抗自由资本主义）比种族或宗教身份认同引发的冲突少。

简而言之，如今的战争与其说是为了你怎么想而战，为了你的国家向另一个国家提了什么要求而战，不如说是为了你是谁而战。一个人的观点可以通过被劝说或胁迫而改变，但宗教和种族身份认同的可塑性显然没那么强。一个人生下来就是匈牙利人、罗马尼亚人或者库尔德人，穆斯林阿拉伯人或者基督教阿拉伯人。基于身份认同的争端很难解决。让卡尔多有感而发、动笔写书的是发生在前南斯拉夫的战争。那时候，敌对各方都向往建立种族和宗教同质化的国家，有的不惜通过种族屠杀或种族清洗来实现目标。实行此种政策的国家不关心被它清除出去的人的政治观点。它力图彻底抹杀敌手的正当性和身份认同。塞尔维亚-克罗地亚战争结束多年后，我坐在杜布罗夫尼克的一家咖啡馆里，同一位前克罗地亚军官聊天。"文艺复兴时期，还有人道主义兴起的时候，这些人不在这儿，"他指的是塞尔维亚人，"他们没有自己的历史，只好诉诸神话！他们的整部历史就是一个神话！"

当代社会的内爆被归咎于新型战争、失败的国家和混合的冲突。不管用到哪个术语，它总是发生在全球化的情境下。每桶原油价格高达100美元时，委内瑞拉没有被乌戈·查韦斯及其政府的民粹主义和腐败搞垮。2014

年全球油价下跌后，委内瑞拉走向失败，迫使350多万委内瑞拉人为逃离贫困，去中南美洲其他国家避难。[8]

全球经济因素还加速了国家和非国家行为体之间的致命探戈。墨西哥缉毒战争从表面上看是政府和贩毒集团之间的冲突。事实上，它更是一场贩毒集团之间争夺金钱、权力和市场份额的战争，因为政府不断镇压他们，逮捕他们的喽啰，没收他们的毒品。这场缉毒战的多数受害者是贩毒集团的雇佣兵或平民。墨西哥政府所做的努力是墨西哥的北部邻国力图为了止住国内长期不断恶化的毒瘾危机而对墨西哥施加政治压力的结果。贩毒分子和墨西哥军队装备的武器均来自美国。

在这场冲突里，没有起始、终结明了的战斗，也没有清晰、一劳永逸的胜利方或战败方，至少目前还没有。主要动机是经济利益。世界银行的一项研究发现，在墨西哥，收入不平等与毒品战争期间谋杀率增加有相关性。[9]2006年，时任墨西哥总统的费利佩·卡尔德龙（Felipe Calderón）发动毒品战争。此后，至少有120 000人被杀，数万人失踪并被推测死亡。[10]这些数字让墨西哥毒品战争成为世界上死亡人数最多的冲突，而它跟民族主义、部落主义或者宗教没有一点关系。在全球化世界里，最强大的力量是供求关系。毒品战是不顾一切想要清除毒品供应的副产品，可对毒品的需求从未减少。

全球化的互联互通不但为冲突和它们背后的动机设定了物质条件，也改变了它们的性质。叙利亚爆发内战不是因为伊斯兰世界里的什叶派和逊尼派之间产生分歧，而是因为人们起义反抗压迫政权。随着战事的升级，国家行为体同非国家组织联手，把它变成了一场在某种程度上与宗教分歧一致的代理战争。逊尼派军队反抗阿萨德政权，后者的权力基础在阿拉维派社群，阿拉维派教徒得到伊朗的支持，而伊朗是什叶派的势力范围。战事各方利用宗教身份认同募集资金、招募战士，还呼吁对其他派别的穆斯林展开圣战。随着叙利亚战争日益全球化，战争各方宣扬的价值观变得日益本土化、宗派化和部落化，历史旧账也被翻了出来。

由于当代冲突的参与者包括非国家行为体，如犯罪集团、金融机构、企业说客、媒体，当然还包括官方国际机构，它们不再与"二战"之后建立的国家体系同声同气。在全球化创造的世界里，冲突无法被限制在主权或地理边界内。一般而言，当代没有哪场战争是"无菌的"，不受外界干预的。全球互联互通的动态把区域对抗变成黑洞，黑洞巨大的吸力吞噬了更多元素。一场叙利亚内部斗争演化成了区域冲突，区域冲突又把多个全球行为体牵扯进来。当年那个可以有国家内部界限分明、相对受控的冲突的世界已然死亡。这样的世界是否存在过另当别论。事实上，有证据表明，将冲突控制在局部战场上的企图都失败了。奥巴马政府决定不涉足叙利亚战争这个有毒的泥沼。他们有很好的理由不参与。他们没看出来叙利亚有什么经济或战略价值，认为美国促成叙利亚建立自由主义民主政体的能力非常有限，因为叙利亚冲突逐渐发展为带有宗派性质的斗争。奥巴马政府认为美国政府出手干预没什么好处可拿，或许这样想是对的。在另外一个时代，一个不那么互联互通的时代，这个政策可能会成功。可是在当下，你无法绕过区域动乱的泥沼。它会把你恶狠狠地吸进去。

• • • •

难民来自哪里？叙利亚遥遥领先，其次是委内瑞拉、阿富汗、新近建国的南苏丹（它已陷入部落战争）和缅甸。[11]所有这些国家都处于漫长且残酷的战争当中，除了委内瑞拉是由于专制政权、制裁和经济衰退而正在崩溃。它们国内流离失所的人数非常高。社群和国家的崩溃是21世纪国际生活中的一个基本现象。

联合国宪章保证国际组织成员国的主权。联合国成立时，各国最害怕的是敌方占领和帝国主义，所以寻求保有民族自决权。今天，它们面临的主要挑战是作为有凝聚力的政治社群存续下去，即活下来。

目前没有有效的国际机制对深陷内部冲突的国家进行干预，也没有规则或程序来制止国家逐步走向崩溃。事实上，国际体系建立在截然相反的范式之上——国家享有主权，因此一般不受外界干预。世界银行和国际货币基金组织或许有能力帮助发生经济冲突的国家，但它们不会自称拿得出协助某个国家平安走出多层面危机的综合方案。人道主义干预的信条没有得到普遍接受。即使它得到了普遍接受，也只有在最严重的情况下才会动用——此类情况极其罕见。各国不应该干预他国的"内部事务"。

国家的失败引发了社会和政治的连锁反应，任何试图控制这些反应的努力都失败了。叙利亚内战爆发时，数百万人被迫或主动逃离家园。他们到沿海城市避难，或者深入叙利亚沙漠。还有350万人前往土耳其。有150万人抵达富裕的欧洲，那里的人口约有7.4亿。繁荣时代掩盖了国家力量的衰弱。弱国大多是全球南方国家，在内外压力下支离破碎，在此过程中有人不得不背井离乡。这些流离失所的人在逐渐崩溃的本国寻找避风港，或者前往邻国，而邻国往往自己也处境困难。

连锁反应可以被人为地蓄意引发，叙利亚的境况正是如此。首先，巴沙尔·阿萨德（Bashar al-Assad）总统命令军队强制征召叙利亚男青年入伍，包括由政府指挥的特殊宗教团伙实施的绑架。[12]接着，阿萨德政权将义务兵役的时间延长到等同于终身服役。许多叙利亚难民称，他们之所以逃离叙利亚，就是为了逃脱强制兵役。该国的另一个新法令规定，被征召入伍者可以支付几百美元的罚款，延迟入伍。支付了这笔罚款的男人可以领到护照，这个文件在叙利亚这样的独裁制度下可不好拿。然而，到了2015年，阿萨德政权突然加快并放松了申领护照的流程。甚至已经非法离境的叙利亚人也能领到。到这个时间点为止，叙利亚难民一般先历经艰险去利比亚，然后试图乘坐橡皮筏或破旧船只横渡地中海，同非洲移民挤在一起，前往意大利。土耳其一下子拥入了几百万叙利亚人，鼓励了当地的走私者升级开发了一条耗时短、安全性高、收费还更低的路线——从土耳其海岸坐船到爱琴海上的希腊诸岛。前往欧洲的成本骤降。叙利亚人借道利比亚进入欧洲的人均费用约为6000美元，但坐船15英里从土耳其的博德鲁姆港到科斯岛只要大约3000美元。

欧洲大门已经打开的消息迅速传遍中东。因为有社交媒体和其他媒体，怎样完成通往新未来旅程的重大信息即便在叙利亚内战的地狱模式下也照样传播开来。叙利亚男青年面临一个严酷的抉择——他们要么留在叙利亚，冒生命危险或被征召进入一个遭人唾弃的独裁者的军队，要么交钱延迟兵役，领到叙利亚护照，在相对安全的情况下离开叙利亚。或许阿萨德希望反对他的人离开，或许他还想对欧洲施加压力。许多难民声称，这次大规模移民出境属于种族清洗，其意图是清空叙利亚心脏地带的逊尼派人口。这一措施的目标是进行一次有利于阿萨德的拥护者的深刻的人口变化。2016年，北约驻欧洲盟军最高指挥官暨美国欧洲司令部司令菲利普·布里德洛夫（Philip Breedlove）将军在一个国会委员会前作证，内容很重要却并未引起足够的关注。他认为，阿萨德政权驱离人口不但是为了其战事需要，也是为了在欧洲造成严重的政治破坏。"俄罗斯和阿萨德政权联手，正蓄意把移民转化为武器，"他宣称，"其目的是压垮欧洲的结构，瓦解欧洲的决心。"[13]布里德洛夫援引该政权在莫斯科的支持下对叙利亚平民进行轰炸的事实为例。他说这种轰炸"几乎没有军事效用。其设计意图是让人们上路离开，让别人伤脑筋去。让他们上路，让欧洲伤脑筋去，动摇欧洲"。

从人口统计学的角度来看，难民数量相对欧洲的人口微乎其微，但他们已经激起重大的政治反响。西方国家越来越多的选民和政客把移民描绘成迫在眉睫的威胁。这个论点的提出轻而易举，因为工业化国家的人们一直以来被鼓励相信移民是永远可控的。事实上，限制人口流动的尝试都是实验性的、全新的，或许是不可持续的。我在匈牙利边境遇到的叙利亚人面临的是留在家里就会死的前景，他们不能接受也没有接受。他们的出走是对现行国际秩序的反抗。正如17岁的利蓝所言，他们寻求的是"胜利"。

　　难民危机给较不发达国家造成的冲击最大。土耳其接收的难民比整个欧盟接收的难民总数多一倍还不止。有一天，我和摄制组继续拍摄一船又一船的难民前往科斯岛。到了中午，我们收工，去海滩上的一家饭店吃午饭，这里距离土耳其海岸线最近的点有五英里远。隔壁一桌坐着一位中年土耳其女性，她的手提包是个名牌包。我们问她，移民危机对她们那边有什么影响。"我来自博德鲁姆，"她说，"大约2个月前，一大家子叙利亚人住进了我的后院，搭起一个帐篷。"

　　"你怎么办？"

　　"我打电话报警，要警察赶走他们。"她回答。警官听了她的投诉细节之后答复说："呃，他们是我们爱戴的雷杰普·塔伊普·埃尔多安总统本人的客人。"她挂断电话重新报警，希望能同一个不会敷衍她的警官对话。接电话的是另一位警官。她再次投诉院子里的不速之客，对方答得很顺溜。"那些人吗？他们是埃尔多安总统的客人。没人告诉过你吗？"

　　我问她后来她又干了什么。

　　"我啥都没干，我懂了，这是政策。"这位土耳其妇女耸耸肩。

第 **14** 章

一个实验和它的代价

REVOLT

● 逆 流 年 代 ●

人人有权离开任何国家，包括其本国在内，并有权返回他的国家。

——《世界人权宣言》第13条第2款[1]

　　我的祖父约珥·沙思特尔身材矮小，沉默寡言。每到安息日，他就穿上完全不适合地中海气候的厚重西装，令看着他从犹太会堂缓步回家的我和我兄弟感到困惑不已。我们从未跟他深入交谈过。等我们长大了，我们才意识到他同任何人都很少深入交谈。有时候他会给我们糖果吃，但多数时候，我们怕他朝我们吼，叫我们别玩了，别在我们家周围的田野里奔跑，别爬田野那边的红壤山。他要求我们时刻小心。我们不可以摔跤，不可以撒野，不可以让任何事情发生在我们身上。谨慎至高无上。我父亲十几岁时，叛逆地在他和两个兄弟长大成人的小房子的光秃秃的墙面上安了一个架子。我祖父因为他在墙上钻洞，为这个洞造成的麻烦，为安装架子过程中的危险大动干戈，久久不能平息。

　　他一生都生活在恐惧中。他把最悲剧的部分从脑海里删除了，只留下一句神秘的希伯来语祷文，"*Ha-Nazim, yimah shemam*"，意为"愿纳粹之名被抹去"。诅咒迫害者的名字被人遗忘是一个古老的犹太习俗，而对约珥爷爷来说，它包含一切——惨遭纳粹杀害的娇妻爱子，被押送进死亡集中营后消失的其余家人，哺育他成长的文化及环境的毁灭。他也认为自己当年只能遥遥相望，无力干预也是他的诅咒。"愿纳粹之名被抹去。"
他会低声嘟哝一句，然后陷入沉默，交谈还没开始就结束了。

他于1905年出生在波兰比亚韦斯托克的一个贫困家庭。该城有一个很
大的犹太社区。我们从信件和官方文件中拼凑出了他的一生。他什么都没
告诉过我们。他去裁缝店当学徒，25岁的时候同比他大5岁的瑞吉尔·威
诺克结婚。婚礼由城里的首席拉比主持。成婚前，他在波兰军队里服过兵
役；在一张照片上，他是一个罕见的英俊小伙，眼大嘴阔。照片里的他表
情坚决，充满希望，但我们从未见他流露过同样的神情。

他的一些家人移民去了美国，他也想去。巴勒斯坦是另外一个选择。
不幸的是，受国际联盟委托管理巴勒斯坦的英国那时刚设置了限制犹太移
民进入该国的重大规定。他结婚3年后，夫妇俩做出一个大胆的决定。约珥
将持有效期为3个月的旅游护照前往巴勒斯坦，然后逾期非法滞留。到那里
之后，他再做安排让其余家人过来。他在1933年离开波兰，他的旅行证件
表明，这次行程颇为漫长。他途经捷克斯洛伐克、希腊和一个名字不详的
阿拉伯国家，这才抵达巴勒斯坦。跟我交谈过的叙利亚难民的路线跟他的
路线相似，不过方向相反，是从中东前往欧洲。逃离的路线没有变，变的
只有境遇和方向。

他到达巴勒斯坦的那一年，纳粹开始在德国执政。

我祖父定居在特拉维夫北面的一个农庄里，跟妻儿写信互通消息。他
试图为他们争取到一张当时被称为"证书"的移民许可，但一直没能成
功。因为英国人的限制，证书很短缺，而且是交给犹太事务局的官员来进
行分配的。我祖父是劳工，又是非法进入巴勒斯坦的，总之自身难保。他
到巴勒斯坦3年后，阿拉伯大起义爆发。阿拉伯人被英国允许犹太人移民并
定居在巴勒斯坦的政策激怒了。这场起义一直延续到1939年。同年，比亚
韦斯托克被德国人占领，后来又作为《苏德互不侵犯条约》的一部分被移
交给苏联。两年后，德国人对苏联发动巴巴罗萨行动。德国人重新占领比

亚韦斯托克的第一天就放火烧毁了该市中央的犹太会堂。大约有800名犹太人被困在里面烧死，而这只是开了个头。

我们无法想象我祖父的心路历程。困居巴勒斯坦的他为妻儿、父母和家人的安危忧虑害怕到发狂。他的文件述说了一切。他去敲各大领事馆的门。他用不多的积蓄请专业的写信人士帮他写请愿书和恳求辞。他花钱请公证人翻译他的出生证和结婚证。他加入政党，希望党内官员能够帮忙。1942年11月，世人得知纳粹正在对犹太人进行系统性的屠杀。这不是迫害，也不是大屠杀，而是蓄意消灭整个犹太民族。我祖父的绝望被浓缩在他去世后我们发现的两份简短文件上。第一份文件是他寄给犹太事务局的一封信，信纸正中写着大大的希伯来文字 "*hatzilu*"，意为 "救救他们！" 第二份文件是犹太机构的代表的答复，其中写道，他们 "理解他的困境" 但无能为力。

别的文件表明，他可能曾试图重返战火连天、早已开工建设毒气室的欧洲，回到家人的身边，但他失败了。他可能还自杀未遂，但我们无法确证。比亚韦斯托克的大多数犹太人都在特雷布林卡、马伊达内克或奥斯威辛遇难。

战后，在疯狂搜寻家人无果后，他同来自贝鲁特的一个古老的犹太社区的福尔图娜·塔巴赫结了婚。她和他很不一样，意志坚强，精力充沛。他们生了三个儿子，其中一个是我父亲。我祖母得病后英年早逝。那个已经失去过所有家人的男人再次遭遇悲剧。

我祖父的家人被困在边境和邪恶的恶魔之间。那时的他也形同困兽，没有国籍，没有祖国，敲响外国人的大门，乞求怜悯，无力回天。他不但未能救出妻儿，甚至未能与他们共赴死亡。

一个实验的诞生

智人具有与众不同的迁移并适应新栖息地的能力，所以他们得以散居到世界各地兴旺发展。历史在很大程度上是大规模人口流动的历史，例如《圣经》中的出埃及记，北欧部落入侵罗马帝国并对其进行重塑，征服者威廉于1066年征服英格兰，伊斯兰教的传播及早期阿拉伯人的征战，还有欧洲人入侵美洲。

我们这个时代反而正在变得异常。今天的全球化放大了民族和个人之间的政治、经济和文化交流。不过，在全球化的中心有个类似黑洞的存在，散发出阻碍人员流动的力量。就在信息、资本和商品的流动比以往都容易、更安全的同时，人员流动受到的制约更严重。

从中世纪开始，国王和领主们就意识到，控制人员进出对权力和管理领地的能力来说至关重要。即使在他们各自的领土内，统治者们有时候还会试图阻止人口流向大城市，生怕这样的流动会导致政权不稳定。除了完全剥夺行动自由的正规奴隶制，欧洲、亚洲和中美洲的上层人士还建立起农奴制和小农制，把农民限制在他们耕作的土地上，作为同一项财产的组成部分。直到1861年，沙皇亚历山大二世才解放了俄国的农奴——大约有2300万人。

殖民时代伊始，殖民帝国们也试图控制新世界、非洲和亚洲殖民地上的人口。只有持证证明他们"既不是犹太人或摩尔人，不是这些人的子女，不是与他们为伍的人，也不是遭惩罚、被定罪或被判火刑的异教徒或犯异端罪行者的子孙"的西班牙人才能获准进入西班牙的殖民地。[2]英国的模式与之相反。它有时候情愿把新得来的土地当作罪犯流放之地，要么让宗教少数群体去那里定居，北美和澳大利亚就属于这种情况。无论在古代还是现代世界，把人驱逐出他们的土地，强制他们移民，一直是一种惯例。犹太社群属于一次又一次遭受这样的命运但存活下来的少数社群之一。第一次是在希伯来王国垮台后，第二次是在公元1世纪丧失犹太主权之后。犹太人浪迹天涯，找到新家园，结果又被连根拔起。

犹太人是终极难民和永远的异乡人。"从一地到另一地，无家可归的犹太人永远走在被放逐的路上，"公元4世纪出生于现在属于西班牙的罗马省的基督徒普鲁登修斯（Prudentius）写道，"自从他被迫离开他祖辈的家园，背负杀人的罪名，手上沾满耶稣的血。"[3]被驱逐出朱迪亚之后，犹太人又被赶出法国、英国、西班牙、莱茵兰、奥地利、立陶宛，不胜枚举。在某些情况下，愿意转信基督教的犹太人可以留下来，但在大多数情况下，他们拒绝放弃自己的信仰，宁愿离开。在这个世界上，君王可以对犹太人和其他少数族裔施以暴力，但后者也可以从迫害者那里逃到其他国家。

15世纪末，犹太人遭到西班牙的驱逐。许多人去邻国葡萄牙避难。同许多其他统治者一样，葡萄牙国王若昂二世有条件地接受犹太人避难——先交黄金再入境。600个最富裕的家庭支付了大量黄金，获得永久居住权；其余家庭支付的黄金比较少，获准可以停留八个月。八个月后，他们面临两个选择，要么交特别税，要么沦为奴隶。某些证据表明，那些试图离开的犹太人到了边境也得付钱。[4]他们在西班牙边境不远处建起一座座难民营，随后瘟疫暴发了。根据历史学家弗朗索瓦·索耶（Francois Soyer）的记载，许多葡萄牙官员竭尽全力不让外国人进入他们的城镇。国王试图保护新来的人，他的官员告诉地方当局，他们无权阻挠难民在他们的行政辖区内定居。简而言之，这个情形类似今天的难民危机。[5]

有些犹太人无力支付强征的税金，于是葡萄牙国王出台了一个即便用中世纪的标准来衡量也很残忍的亲子分离政策——他颁布皇家法令，绑架犹太儿童，把他们变成奴隶。被绑架的儿童人数据估计在数百人到数千人之间不等。这个事件在葡萄牙的档案和犹太教的资料中都被充分地记录了下来。例如，有记录显示，犹太母亲们匍匐在国王的马蹄下，恳求慈悲。孩子们被当作奴隶交给一个葡萄牙贵族，然后被送往西非海岸线外的圣多美岛。他们后来的命运就不得而知了，但一般认为他们大多数很快就死了。

犹太人遭受过许多类似的残忍待遇。但在葡萄牙，故事发生了戏剧性的转折，展现了他们无路可逃后的命运。若昂二世的政策是颁发居住许可，他的继任者曼努埃尔一世希望同西班牙王室通婚。虔诚的西班牙君主们早已驱逐了犹太人。曼努埃尔国王意识到，除非他也这么做，否则对方不会同意两个王朝的联姻。根据某些记载，西班牙方面把这一条当作通婚的前提条件之一。[6]无论是哪一种情况，在西班牙驱逐犹太人五年后的1497年，葡萄牙颁布法令，要求所有犹太人离境。然而，葡萄牙跟西班牙以及所有其他中世纪时代发生过驱逐事件的国家不一样，它既不想要犹太人也不想让犹太人离开，因为犹太人在该国经济和商人阶层中扮演着重要角色。

于是，国王强迫他们留下来改信基督教。犹太教被禁止，犹太人社群不得逃离。犹太会堂被迫关闭，犹太教圣典被焚毁，被迫改信基督教的犹太人不得出售土地和住宅。成千上万的犹太儿童被强行洗礼并有组织地带离他们的家庭。据少量原始资料记载，有些犹太家庭选择同孩子们一起自杀。[7]有的"新基督徒"暗中继续信奉犹太教，并最终设法逃脱。其余的犹太人则被残暴地同化进葡萄牙社会。1506年，在里斯本的一次大屠杀中，数以千计被怀疑是犹太人的人遭到屠杀，其中许多被烧死在火刑柱上。一年后，国王屈服于大屠杀所带来的压力，允许新基督徒离开。这时距离张网诱捕犹太人已经过去了十年。这是一个临时性的措施，曼努埃尔接着要求教皇在葡萄牙建立神圣的宗教法庭。数十年后，这个法庭还在根除和杀害隐匿的犹太人。仅仅一代人的时间，欧洲最重要的犹太社群之一就被抹杀了。

15、16世纪之交，犹太人在葡萄牙的经历给了我们一个普世通用的教训。历史本来就充斥着可怕的行为，但当人们和社群无法自由离开时，可怕的行为就会更加可怕。从长远来看，个人和社群的生存需要迁移能力。犹太人与许多其他部落和民族的生活依赖于四海为家。

•‥•••

　　在古希腊，想去哪儿就去哪儿是自由的四大要素之一，是自由人有别于奴隶的标志。[8]到了后世，当世界仍然缺乏快速沟通的途径时，很难建立并执行一个标准来准许和禁止流动。护照起源于15世纪左右，是国王们颁发给他们的使者的皇家文件。但普通人不一定需要这样的文件才能从一个国家流动到另一个国家。倒不是说当时的王国和帝国倡导自由的国际流动——才不是这么回事。为了试图阻止新政教徒移民，法国国王路易十六禁止他的子民离开法国，除非他们获得许可，这个许可就是护照的一种早期形式；他还要求他的子民在法国国内旅行时也持有许可。中世纪的英国要求登船离开英格兰的人拿出一份特别文件来。皇家命令经常正式地要求出示"证件"或护照。然而，约翰·托毕（John Torpey）在他那本给人启迪良多的《护照的起源》（*The Invention of the Passport*）一书中解释说，这种证明文件在一个更加阴暗的世界里发挥作用。"护照有一种臭名昭著的'遗失'倾向，"他写道，"一旦遗失，旅行者就得到自己所在的地点申请补发护照……护照的限制的确让许多人觉得烦，但行政管理的松懈和各种好心人的协助往往让国家管控人员流动的文件控制沦为笑话。"[9]

　　王国和公国阻拦人们进入其领地的能力有限，除非新来的人数目众多，而且是集体迁移。初来乍到者的法律权利得不到保障，没有人查问他们的国籍。"国籍"这个概念要到18世纪才出现。也没有人张开双臂欢迎他们。有时候，他们在过河时遇害，或因为进不了高墙内的城市而活活饿死。然而，当一个社群踏上逃难之路时，它不会遭遇有效的技术障碍。

而今天，来自中美洲、试图进入美国避难的人会在美国南部边境遭遇技术障碍。[10]

这一点很重要。过去的统治者就像今天的统治者一样希望对出入境进行绝对的控制，但他们缺乏技术能力。19世纪的一个例外导致了当代最重要的人口迁移之一。在第一次世界大战前，美国没有什么实质性的移民壁垒，"反映了该国在殖民时代的不干涉劳动力流动的传统"，哥伦比亚大学的艾明如（Mae Ngai）写道。[11]19世纪和20世纪早期，数百万欧洲人移民到了美国，有的持有护照，有的没有护照；他们抵达时拿不出签证，也没有任何美国一定会允许他们入境的保证书，虽然事实证明被迫打道回府的人相对很少。随着时间的推移，美国国会规定了越来越多的限制条件，禁止无政府主义者、妓女、中国劳工等入境。但一般情况下，已经抵达美国口岸、目测健康、能证明自己小有钱财或者有亲戚能在财务上支持他们、走路没有明显瘸腿迹象、非低能人士的人，都可以不受阻拦地进入美国。

第一次世界大战是一个转折点。"一战"后，各国为了国家安全着想，开始封锁边境并派人巡查。[12]国家权力变得越来越大，入境时检查护照成为国际旅行的固定流程。[13]1920年，护照、海关手续及联运客票国际会议在巴黎召开，为护照设定了统一标准[14]，从而为人类历史上最伟大的实验奠定了基础——全球各地均建立起有效的边境控制，将人们隔离起来，不让他们未经允许进入另一个国家。新版护照上贴有照片，这是入境检查时识别身份的第一个相对有效的工具。美国1924年制定的移民法首次对不同种族和来自不同国家的移民设置了配额，总而言之终结了自由进入美国的时代。国际护照标准的确立为其提供了方便。[15]

这个系统在我们今天看来理所当然，我们的父辈也这么看，但事实上它具有革命性。它改变了人类之前几千年的生活、生存和兴盛的方式。1820—1930年，有3000多万人移民到美国，重塑了这个合众国。[16]这些人里有德国人、波兰人、爱尔兰人、英格兰人、荷兰人、斯拉夫人，以及许多其他人。这一波浩荡的移民潮把美国从一个拥有1000万居民、以农业为主的国家转变成下一个超级大国。这是一个独一无二的时刻，人员的自由流动被神圣化了。现在，它代表一个逝去已久的时代。那时候，饥肠辘辘的爱尔兰人和备受迫害的犹太人可以登船扬帆去往一个新未来。美国这个移民国家不是在护照检查站上建立起来的，而是由那些疲惫不堪、贫困潦倒、挤成一团的大众建造起来的。铭刻在自由女神像底座上的埃玛·拉扎勒斯（Emma Lazarus）的诗歌《新巨人》（*The New Colossus*）欢迎他们来到新世界。

拉扎勒斯是犹太人，她的祖先是西班牙裔葡萄牙人。她的家人被认为是从葡萄牙逃到了巴西。我们后知后觉地发现，大移民时代是薄暮西山的太阳的最后一缕光芒。到了20世纪，民族国家已经现代化，有足够的力量来阻止移民入境。对人员流动的限制之所以成为一个全球现象，不是因为某个系统性的意识形态的存在，而是因为技术进步了。政府和君主们以前想要这种力量，但没有实现的手段。然后，突然间，手段有了，于是他们掌握了力量。

犹太人最先承受了新限制措施的冲击，而且受到的冲击最剧烈。纳粹在德国刚开始掌权的时候，施压要犹太人离开。许多犹太人的确离开了。但美国、英国以及英国治下的巴勒斯坦所规定的移民配额在20世纪30年代造成了人道主义危机。犹太人试图像先辈们那样逃走，另寻庇护之地。

但世界各国爱上了自己所获得的上帝般的权力，大肆运用它来控制所有人的物理位置。纳粹希望建立起一个由雅利安民族一手统治的新世界。他们正需要这样的权力。

第三帝国的杀人机器开始吞噬犹太人、同性恋者、吉卜赛人、精神病人、政敌和所有其他纳粹憎恶的群体。我祖父家人的故事发生在所有这些少数群体身上：人类在面对危机时的人口迁移本是一件很自然的事，但这一过程被新实验堵住了。大多数欧洲犹太人被纳粹及其盟友杀害。"二战"结束后，国际社会以犹太人大屠杀为鉴，通过了防止种族屠杀重现的约定及规范。可是，虽然"二战"时期的滔天罪行没有重演，但依旧有人在迫使他们离开家园的邪恶力量和阻挡他们找到新家园的高墙之间进退不得。有时候他们就横死在高墙之上。

全球公民身份

在过去一百年间发生的新鲜事并非大规模跨国界的人员流动，而是此种流动被成功地限制住了。西方一般认为这个控制国境的伟大实验将会永久地进行下去，虽然它对许多人和族群来说是一种不可持续的做法。那些必须迁移的人同人类历史上前所未有的流动障碍对抗，整个世界在骚动。英国喜剧演员拉塞尔·布兰德（Russell Brand）的一套表演对此做了概括：

> "移民！移民！移民！……"
> 你知道移民就是曾经生活在别处的某人。
> "啊！你一直在那边吗？"
> "不，不，不——我以前在那边。"
> "啊！别动了！要是有人跑来跑去的我没法放松！站在这块处于无限空间里的圆石头上别动。站在这块按照当时经济现实划分的假想的地缘政治边界的圆石头上别动。别费脑子去想全球资本的自由流动需要全球劳动力的自由流动，否则资本自由流动创造出来的需求没法得到满足。这是个复杂的经济学理念，你搞不懂的。只要站在那块石头上别动就好。"[17]

移民"就是曾经生活在别处的某人"，这个定义同许多公众的理解大相径庭。它忽视了文化差异，还有来自中东的人和一辈子住在伦敦郊区的人之间的不同。这些相异点可以归因于宗教、社会地位、经济状况、殖民主义和共同的历史记忆，而这些也是任何社群构造的一部分。这些差异可以对公众对移民的想法和反应产生重大影响。一个社群的特性首先是由组成这个社群的个体决定的。当社群构成发生变化时，公共空间的许多其他方面也会变化。

布兰德的议题是普世主义的。他不重视民族自决的情绪，也不重视传统或宗教价值观。而这种普遍主义的术语为政客们大肆利用。2016年，时任英国首相的特蕾莎·梅宣称："今天，太多身居高位的人表现得犹如他们和国际精英的共同点多于住在同一条街上的人、为他们工作的人，还有跟他们在路上擦肩而过的人。但如果你相信自己是世界公民，那么你在任何地方都不是公民。你不懂'公民身份'这个词的意思。"[18]这话听起来似乎深刻地揭示了人类社群的运作原理，但其实并非如此。它同我们在之前有关民族主义和原教旨主义的章节中讨论过的企图一样，想把全球社区这种"一个世界"的概念和地方身份认同对立起来。"世界主义"是一个灵活开放的概念。世界主义者可以是传统的无产阶级人士，他们不只是那种刻板的、疏离的、乘坐商务舱的人。[19]

梅所做的区分还存在另一个问题。地球上一半的人——事实上，她所在国家的一半公民——自认为是世界公民。然而与此同时，他们当然也是某个特定国家的公民。世界经济论坛有一个"全球杰出青年年度调查"，在2017年调查了世界各地数万名青年，问他们的身份的主要成分是什么。多数人的回答是"人"，回答人数第二多的答案是"世界公民"。这两个回答占总数的60%。认同于某个特定国家的排名第三，宗教身份认同的排行远远落后。对受访者按收入水平进行划分后，发现低收入及中高收入的年轻人更认同"人"或"世界公民"这个身份。只有40%的贫困青年认同这样的身份，最富裕的青年在此项上的得分也低于中产阶级。[20]我在本书第二章引用过BBC一个历时多年的国际调查。在此项调查中，18个国家的居民被问及他们对"我认为自己先是世界公民，再是本国公民"这句话的看法。2016年，47% 的英国受访对象同意或者强烈同意这个革命性的理念。54%的加拿大受访对象、59%的西班牙受访对象和43%的美国受访对象也有同感。

或许令人惊讶的地方在于，虽然发展中国家的赤贫率极高，常常有边境冲突，但这些国家的受访对象最为赞同这句话。73%的尼日利亚受访对象、67%的印度受访对象和70%的秘鲁受访对象认为自己是世界公民。整体而言，认为自己首先是世界公民的人数和认为自己首先是本国公民的人数几乎持平。[21]

这一点令人震惊。毕竟，自称世界公民的人认同的是一个看不见摸不着的东西。对他们来说，公民身份却是实实在在的，有清楚明白的法律证明和衍生结果——有官方语言（或许不止一种）、国旗和军队，最主要的是还有一套运用自己的权力向其他人灌输公民身份之重要性的政治体系。然而他们似乎轻而易举地就采纳了"全球身份"这样一个毫无法律基础的模糊概念。本土权力为什么惊慌失措还看不明白吗？地狱的怒火也比不上被鄙视的民族国家的怒火。

· · ● ● ·

受BBC委托进行民调的民意调查公司"全球扫描（Globescan）"从2001年开始就一直负责这项民调，但只有最近一次民调结果才首次显示出自称世界公民的人数同认为自己首先是本国公民的人数持平。自称世界公民的人数的增量主要来自发展中世界，他们对全球化很热心——例如，尼日利亚人、中国人和巴西人就在积极推动全球公民身份的理念。与此相反，在7个接受调查的欧洲国家里，认为一个人可以自视为世界公民的比例逐年下降。截至2017年，只有30%的德国人选择了普世主义立场，相较于2009年降低了13%。在政府手段日益高压的民族主义的俄罗斯，只有24%的人认为自己是世界公民。

这种调查结果不能全信，但这一组数据同西方的主要发展动向相符——英国脱欧，欧洲多数国家对叙利亚难民危机不情愿的反应，还有西方充斥着仇外情绪的新政治版图。

我们正在目击一场遗弃行动。欧洲人和美国人把极端民族主义和普世主义等现代理念介绍给全世界。随着非白人世界、中国和全球南方国家登上全球化这艘船，发达国家的人却跳船而去。这不免让人怀疑他们从前对全球化的支持其实是一种维持全球北方国家对南方国家的统治的手段。看到全球化变成真正的全球化了，他们就开始退出。当事实表明全球化在解放世界上的他者，这些汗流浃背爬出四等舱的人要求掌舵时，成群的人宁可乘坐救生艇离开。

许多欧美人在匆忙跳船之际把"二战"和他们自己历史上的经验教训抛在脑后，常识更是被忘得一干二净。毕竟，欧洲是国际贸易和移民的最大受益方之一——想想看，德国在"二战"后借助土耳其客籍劳工重建经济，抑或欧洲人在欧盟内部的自由流动帮助英国提高了服务行业的效率。

自20世纪80年代以来，历史上最成功的移民国家美国接收的难民数量越来越少，特朗普担任总统后接收的人数更是少之又少。[22]2019年10月，美国接收的难民人数为零，这是有记录以来的第一次。对共和党众议员史蒂夫·金（Steve King）等人来说，这是一个值得庆贺的时刻。金在2017年宣称："我们无法用别人的婴儿来修复我们的文明。"

罗纳德·里根在其总统任期内的最后一次演讲中提到了移民的魔力以及移民对美国经历的重要性。"多亏一波又一波移民来到这块机遇之地，"他宣称，"我们这个国度才永远年轻，永远精力旺盛，永远领先，永远走在开拓世界新疆域的前列。这个品质事关我们国家的未来。如果我们哪天对新美国人关上大门，那我们将很快失去世界领导地位。"[23]

美国的实力真的来自移民吗？有的人说这只是一个浪漫的概念，不是政治事实。无论哪种情况属实，它都已经被特朗普主义扔进了垃圾堆。2019年夏天，特朗普甚至借用了三K党和其他种族主义团体的言辞，不但反对移民，而且炮轰4位身为移民二代或三代的女众议员，叫她们从哪儿来的回哪儿去。"这些地方非常需要你们的帮助，"他说，"你们离开得越快越好。"特朗普这话一出口就否定了公民身份的基本原则。公民身份是从进步理念中诞生出来的一个自由主义构想。公民身份把来自不同背景的人联合到一个单一的国家共同体里，在这个共同体里人人平等。特朗普却认为，来自父母和家庭的原始身份将永远地留存在一个人的基因里，即便你当选一个美国国会选区的公民代表也不会改变。就在这一刻，反对移民变成土生居民保护主义，又由此变成了种族主义。

控制边境，最好将它完全封死的欲望说明某些人企图收复在全球化过程中丧失大半或至少遭到削弱的某种能力。这种企图正在扩散，而在扩散过程中它有时候会同现实脱节。我和叙利亚难民一起步行的时候，看到匈牙利和塞尔维亚边境之间立起的守卫塔和高高的藩篱。一个精力旺盛的匈牙利警官带我沿着屏障参观，自豪地向我指出上面安装的先进技术。"很快，"他信心满满地告诉我，"我们就能把他们通通拦住。"没有一个跟我交流过的难民愿意定居在他的国家。

第 **15** 章

血河

REVOLT
● 逆 流 年 代 ●

我们要去德国学习和工作。幸福人生，安拉保佑。

——16岁叙利亚人 沙乌奇·阿布丹

下一批叙利亚人快来了。我们所在的希腊岛屿的海岸沿线散落着数千件救生衣，这是叙利亚人逃亡过程中留下的最后遗迹。午后不久，在一个挤满了身穿比基尼的女性和满身涂着防晒霜的男子的沙滩上，我的摄影师和我看到一条橡皮筏登陆了。大约有20个神情茫然的叙利亚人从筏子里下来。"我们这是到了哪里？"他们用阿拉伯语问。我们告诉他们这里是科斯岛，其中一人拥住一个年轻女孩一跃而起，口中大喊："希腊，谢谢你，希腊！"

海滩上的游客多数是购买了旅游套餐的欧洲人。他们发现自己身处一场人道主义戏剧当中——而且真正做到了活在当下。许多人靠近精疲力竭的难民，给他们水、水果和食品。有些度假客抱起幼童，沿着海滩走向主路。

这些新来的人很累，但也很欣喜。他们衷心感谢美丽平静的大海没有打翻他们的筏子，希腊海军没有拦截他们，海滩给他们提供港湾，神指引他们来到这里，甚至感谢那个站在沙滩上跟他们打招呼的以色列记者。

在海滨大道上我遇到了笑容灿烂、戴着方框眼镜的里亚德·比兰姆。

他和家人来自科巴尼。这个库尔德城市在战争期间先是被伊斯兰国围城，然后大半被其夷为平地。里亚德·比兰姆立刻递给我一张名片，上面写着他是计算机程序员，还有他的联络方式；他特别指出自己有WhatsApp和Viber账号。虽然他没钱，没护照，也没有永久居所——他和其他多数难民一样在街头的帐篷里栖身——但比兰姆已经做好了工作面试的准备。或许在此波难民潮之前，从未有难民这么重视过联络渠道的畅通，还在社交媒体上上传照片记录行程。"我是软件工程师，我离开叙利亚是因为它已经被毁了，"他用英语告诉我[1]，"我们决定离开，因为在叙利亚没有未来。我们不想耽搁，因为说不定再过一两个月欧洲就会关闭边境，到时候我们就走不了了。"站在比兰姆旁边的是他弟弟奥斯曼，原本在阿勒颇大学学习建筑工程。"我弟弟很聪明，"比兰姆说，"要是他留在叙利亚，他根本不可能完成学业。干吗留在叙利亚？如果我们来这里，也许他可以当工程师，当医生，当老师，或者从事其他重要的职业。留在叙利亚的话，他最多打散工。所以我们决定走。"他的乐观情绪很有感染力。

沿着海滨大道往北走几百米，我们看到差不多有200人在一个警察局前面示威。示威者讲的不是阿拉伯语，而是波斯语。他们有节奏地带着绝望的情绪冲着几个面露倦色的希腊警察呼喊"伊朗！伊朗"。"他们不给我们发证明文件，因为我们是伊朗人，"一位约莫30岁的没有剃须的男子对我解释，"我们没有地方睡觉，没有地方上厕所，而且他们不让我们深入欧洲大陆。"希腊政府尚未决定应当如何对待伊朗人，因为后者跟叙利亚人不一样，显然不是难民。"他们绞死了我兄弟，"那名男子拿一只手箍住自己的脖子，"要是我们回伊朗，他们会把我绞死。"突然，一个留着金色短发、身穿白衬衫和条纹度假裤的男子走过来。他明显不是希腊人，听他的口音是北欧人。他朝示威人群大吼："你们对我们有没有一点点尊重？你们对这个国家有没有一点点尊重？你们对法律和警察还有没有一点尊重？就这样你们还想来欧洲？你们的行为叫人难以相信，你们什么都不尊重！"然后他转向我，"你看这些垃圾货。我们欢迎他们来欧洲，给他们一切，发吃的，发钱，提供住房，结果他们什么都不尊重！"他发牢骚说。一个伊朗人比画着想说明他们既没有水喝也没有饭吃，金发男子一边学他比画一边发出猴子似的嘶鸣。

"要是你没吃没喝，你会怎么做？"我问他。

"如果这是你的国家，你们会杀了他们，赶走他们！"他朝我大声说，"在这儿，我们啥也不能做。他们毁了经济，毁了科斯岛，毁了这里的公民。"他转头加快语速朝示威者大喊："谢谢你们！欢迎来到欧洲！"

这样的敌意在2015年中期的时候相对还比较罕见，但它拉开了后来更普遍的敌意的序幕。从中东大量拥入的难民后来居上，人数超过了非洲难民。几乎没有一个国家，尤其是没有一个欧洲国家，没有产生比以往更强烈的反移民情绪。有的地方为了阻止难民入境专门成立新政党，有的地方原有的政党或政治运动企图利用反移民情绪。2017年底公布的一项横跨25个国家的益普索调查显示，五分之一的受访对象声称移民对他或她所在的国家产生了正面影响，五分之二的受访对象的观点正好相反。[2]大约有一半的受访对象认为他们所在的国家难民太多了。

穷人和移民

民族主义者几乎总是指责移民抢走了本地人的工作。的确也有研究表明，劳动力供应增加后，只具备基本技能的劳动者的工资下降了。这从短期来看是对的——如果有更多的劳动者角逐同一份工作，雇主就可以支付较低的工资。但大多数研究表明，积极效果不久就会显现。经济学家在移民问题上一般都持肯定态度。移民能创造更多需求，推动创新，提高劳动效率和劳动生产率。所有这些都可以弥补移民造成的短期问题。接收移民的国家在一开始的时候成本很高——例如，移民缴纳的税不足以抵补他们享受的教育和卫生服务成本（部分原因在于移民家庭人数相对较多）。国际货币基金组织的一份文件指出，移民的数量和社会总体生活水平的提高直接相关。这种相关性同移民的技能水平无关——高技能和低技能的移民都能提高劳动生产率。[3]根据2017年的一项测算，如果美国每年接收800万移民，它的经济年增长率将达到令人惊羡的4%。[4]

工业化国家的一个根本问题是老龄化，因此医疗和老年护理方面的开支比较高，结果产生了严重的保险精算危机。移民们一般比较年轻，而且生育的孩子普遍比当地人多，这样就可以降低整个人口的平均年龄。移民二代，也就是移民后出生的第一代，往往对社会的贡献巨大。在美国，移民二代的平均收入同全国的平均水平一致，贫困率相对较低，获得学历者所占比例较高。[5]移民出人头地的动机十足，而且因为定居在一个新国家，他们自身也发生了巨大的变化。2009年的一项研究显示，如果用购买力来衡量，一个在美国工作的墨西哥人的收入是他在墨西哥工作的收入的2.5倍。一个在美国工作的海地人的收入是他在海地工作的收入的2倍，而一个在美国工作的尼日利亚人的收入是他在尼日利亚工作的收入的15倍。[6]在工业化国家所提供的制度、基础设施、高等教育和个人安全感的支持下，这些人取得成功、过上欣欣向荣的生活的概率很高。那些身在美国的非法移民虽然难以享受到本地人享有的权利和服务，但还是能够为经济做出决定性的贡献。最近一项研究认为他们在十年里为经济贡献了6万亿美元，而且如果他们获得合法的身份，他们对美国私营部分的贡献还能增加出一半以上。[7]

●●●●

问题的关键不在于发达经济体是否从移民身上获益，而在于发达国家的哪一部分人口得益。美国的经济不平等在过去几十年里日渐加剧，所以这个问题非常关键。近年来最为全面的一份有关移民对美国经济影响的报告揭示了最大的受益者是谁[8]：移民本人和富裕阶层。移民得益是显而易见的，因为他们的生活质量和赚钱能力都大大提高了。整个移民群体的盈余，即当地人口的财富增幅，相当有限——只有540亿美元，仅占收入总增幅的0.31%。[9]

然而，在当地人口内部，移民效应又是怎样呈现的呢？哈佛大学经济学家乔治·博尔哈斯（George Borjas）的言论也许是被怀疑论者引用次数最多的。他认为本地穷人和移民角逐工作，导致工资水平下降，进而为企业减少成本，结果使得大量财富被从低收入群体转移到了美国经济中收入最高的群体中。移民的到来伤害了本地的穷人，而本地穷人又由先前的移民和出生在美国但没有上过高中的穷人组成。根据博尔哈斯的一项研究——备受同行们争议的一项研究——移民每导致劳动力供应增加10%，教育程度类似、寻求同样就业岗位的劳动者的平均工资就会下降4%。[10]博尔哈斯坚称，移民其实对企业来说是一项资产。他认为移民在让财富总体增加540亿美元的同时，还让5000亿美元的财富从劳动者那里转移到了企业那里。[11]

其他研究，例如，对劳工突然拥入德国某地区后产生的影响的研究，表明移民会让当地劳动者的工资略有下滑，而且会让年纪较大的当地劳动者的就业水平大大下降。[12]然而，本章开头引用过的那份国际货币基金组织的文件认为，移民在就业市场上的占比的增加会导致人均收入的增加，无论是收入最高的10%的人群还是其余90%的人群。

"血河"

发生在经济学家之间的辩论为移民问题上的实际冲突抹上了一层体面

的粉饰。实际冲突不在于移民对工资和经济增长的影响，而在于身份认同及社会特性——人口统计数据至关重要。1970年，有4.7%的美国居民是在海外出生的。到了2017年，这个数字上升到了13.6%，为1920年以来的最高水平。[13]20世纪80年代以来，出生于海外的英国居民的占比翻了一倍都不止。[14]德国的情况也一样——在30年的时间里，在外国出生的非公民居民的数量翻了一番。移民增加，西方国家已经有所改变，这样的感觉不是心怀不满的人的错觉。奥巴马还是总统候选人时曾经有过一句名言，称这些心怀不满的人"紧抓枪杆子和宗教不放"。上述国家出生于海外的居民占比增加主要由两个原因造成：一是政治阶层之间达成默契，认为合法移民对经济非常重要，还应该扩大；二是非法移民人数的上升。在美国，非法移民的人数自20世纪90年代以来增加了3倍。[15]

这些都是社会构成上的全面变革，因此也是身份认同上的全面变革。它们深刻地影响了文化，也影响了人们对自己生活的社会的掌控能力的认知。自由主义者老是拿一些数据做文章，声称对移民的最大阻力来自几乎没有移民的地方，因此这种反对是非理性的。然而，这个论点带着纡尊降贵的意思。人们不必住在纽约或伦敦就能感觉到他们的国家变了。一个国家的公共文化通过电视和社交网络传播到人们的起居室，反映出它的新人口统计学数据。同新来的社会成员之间的物理距离不会让身份认同受到威胁的感觉减弱，反而会加强。

在几乎所有工业化国家里，有关这些议题的政治话语都被主流政党噤声了。经济学右翼为了经济增长希望看到大规模的移民，左翼则相信移民会成为它的选民。对这些社会的富裕群体来说，移民只有好处没有坏处；毕竟，那些挟外国文化而来的贫困移民不会住在富人家隔壁，也不会同富人争夺没有高中学历也能干的工作。此外，富人们不会在他们的学校里遇上新来的人，也不会和他们一起在公立卫生诊所排队。上流社会看到的是移民在提振经济，下压服务价格，但与此同时几乎没有任何政治影响力。

无论主流右翼还是主流左翼都觉得支持移民具有道德吸引力，而且面子上也有光。

然而，随着移民的到来，社会定时炸弹的定时器在嘀嗒作响。在从未培育过移民精神的欧洲国家里，新来的人和他们的孩子很难融入。2012年，父母出生于非洲的法国年轻人有三分之一失业，有将近三分之一没有获得任何文凭就辍学了。这个数字是无移民背景的法国年轻人的2倍。[16]2015年，法国移民的收入中位值比全体法国人收入的中位值低14%。[17]甚至连那些拥有跟既有人口同等资历的移民找工作也很困难。他们在社会上被边缘化，遭受种族主义迫害，在资源配置中受到了歧视。[18]

这并不令人吃惊。西欧是白人基督教同质性的大本营。加拿大、美国和俄罗斯的少数族裔人口均高过西欧国家。几个世纪以来，欧洲比世界其他任何地方都致力于清除种族和宗教少数群体——其手段包括种族隔离和驱逐出境，有时甚至毁灭整个群体。或许有可能把欧盟所在的欧洲变成一块移民大陆，但要做到这一点，就不能忽视历史，不能不鼓起勇气进行严肃认真的公共讨论。当主流政客，如英国的伊诺克·鲍威尔（Enoch Powell），用煽动性的言辞批评移民时，他们遭到了抨击，落下仇外或种族主义的名声。鲍威尔在1968年的无情预言或许形同狗哨："不祥之兆压倒了我；我像罗马人一样，看到台伯河上泛着鲜血的泡沫。"

然而，就移民展开对话必不可少。极端伊斯兰恐怖主义核心小组已经在欧洲活动了20年，欧洲右翼坚称鲍威尔在他的"血河"谩骂演说中所做的预言已经实现。欧洲近年来遭受的一些恐怖主义袭击是移民或移民的后代做的恶，例如，2005年发生在伦敦的袭击；2012年发生在图卢兹一所犹太学校的大屠杀；2013年，英国士兵李·里格比（Lee Rigby）在伦敦中心城区街头被害，险遭斩首；2015年，法国讽刺漫画周刊《查理周刊》（Charlie Hebdo）的巴黎总部和一家犹太洁食超市遭遇袭击；同年，在巴黎巴塔克兰剧院和市郊数个地点发生了恐怖主义协同袭击；2016年卡车冲向尼斯滨海大道上的人群，导致86人死亡；同年晚些时候，在柏林圣诞市场上发生了类似的袭击；仅仅几个月过后，2017年，伦敦威斯特敏斯特发生了汽车袭击。[19]

移民及其后代发起的袭击被那些长期以来争辩说欧洲同质性的丧失会削弱欧洲大陆安全的人拿来当作有力的论据。反对移民的核心驱动力是个人安全感的丧失，不是失业或工资减少。极右势力几十年来一直试图用"移民在抢夺我们的工作"之类的口号来争取公众支持，但没有成功。只有在恐怖袭击让人们感觉不安全的时候，仇外情绪才会大涨。精英阶层一直以来都低估了人们对想杀死他们的外国人的恐惧的政治影响力，也没有想到这种脆弱感可以在实际威胁消失后很久还一直存在。

许多西方人对自己身边以及所在社区内的穆斯林人数的估计超过实际数字。益普索市场研究公司曾经请法国人口的一个代表性样本估计穆斯林人口占法国人口的比例，答案的平均值为28%[20]，而实际数字约为9%[21]。比利时人、加拿大人、澳大利亚人、意大利人、美国人和许多其他国家的人也有类似的错误认知。[22]人们在哪里都看得到他者，无论真假。

这种曲解对暴力极端右翼、对德国选择党以及意大利的马泰奥·萨尔维尼所鼓吹的民粹主义民族主义来说是个大好机会。受限于大范围传播的谎言、富有的精英阶层和经济利益团体，政治话语已经退化到了激进组织可以踢倒从前把他们和他们的理念排挤到边缘的业已腐朽的障碍的地步。

阿布丹一家

2015年夏天。我发现沙乌奇·阿布丹和沙赫德·阿布丹在一个码头上席地而坐，双腿在水面上晃晃悠悠，两眼凝视着湛蓝的大海。这两位十几岁的少年是兄妹，来自阿勒颇，叙利亚人称之为哈拉普。她14岁，他

16岁。他们夜间悄悄越境进入土耳其，然后乘橡皮筏渡海来到希腊。此时此刻，这个早晨，他们在等更多的破旧难民船抵达，希望他们的父母就在船上。沙赫德透过长长的黑发朝我露出一个热情的微笑，沙乌奇用力荡着双腿。他们都长得很美，也非常乐观和天真，对自己的未来充满信心，很难相信他们刚刚从一个惨遭战争蹂躏的国家逃出来。沙乌奇向我回忆了他们的旅程：从叙利亚到土耳其的加济安泰普，再从那里到"哪儿都不对劲的"伊斯坦布尔，然后从伊斯坦布尔到"人人都睡在街头"的伊兹密尔，最后在博德鲁姆登船。但是他们被土耳其警察拦截了，又被送回伊兹密尔。在那里，他们再次趁着夜色出海。他面带微笑地讲完了整个故事，就好比他跟我讲述的不是一场险象环生的逃亡，而是一次学校组织的郊游。

他们聊起在战火纷飞的阿勒颇的日常生活——什么时候可以上街，什么时候太危险。沙乌奇说，他有一次在伊斯兰国设置的路障那里被扣留了，因为他的发型，他说，"太时尚了"；伊斯兰教主义者怀疑他是基督徒。沙赫德告诉我，她的学校被阿萨德的军队轰炸后就关闭了，她还说自己想当儿科医生。"我想当工程师。"沙乌奇说。他向我保证他们一定会平安到达德国。"我们要在那里学习和生活，"他预言道，"幸福人生，安拉保佑。"

2015年冬，德国法兰克福附近。这一次我见到了沙乌奇、沙赫德以及他们的父母和兄弟姐妹。我们在挤满难民的科斯镇的码头相识后不久，他们就团聚了。他们住在一个由德国旧军营改造成的难民营里。德国人对他们的热烈欢迎让阿布丹一家非常高兴。根据一项调查显示，3000多万德国人向来自中东的难民们捐献了食品、衣物和金钱。阿布丹一家已经在德国政府资助的德语班里上课。德国政府这样做，是希望难民们能比以往的移民们更顺利地融入德国社会。他们告诉我，在逃走之前，他们的家遭到了叙利亚空军的轰炸。

"然后你们决定离开？"

"不，"沙乌奇和沙赫德的父亲阿卜杜拉回答说，"然后我们决定重建。"

"之后它又被毁了，"沙乌奇眼中闪着火光，插嘴说，"我兄弟躲在桌子下面，这才幸免。"

"于是你们决定离开。"

"不。"他们说。他们搬到了叙利亚另外一个地方，那里靠海，但也不安全。沙乌奇补充说，她母亲的胸腔里还有经历爆炸后留下的弹片。我们全都沉默了一会儿。"我们重新开始，"沙乌奇插嘴说，"我们会忘掉过去，开始新生活。"

这场谈话阐明了在西方针对移民的唇枪舌剑中差点被遗忘的东西。人们一般只有在别无选择的情况下才会离开家园和祖国，在他们试过所有其他选项均无果后才会离开，无论他们的家在叙利亚还是萨尔瓦多。移民们通常痛切地知晓他们必须付出沉重的代价。他们的余生都将作为外国人存在，他们将苦苦地学习一种新语言，但极有可能没法学好或者不带一丝口音。他们在社会上的地位将会连降好几级，同新文化之间或多或少存在隔阂，还会时时怀念故土和遥远的过去。大多数人永远都不能充分发挥潜力。在叙利亚、委内瑞拉或者南苏丹，移民不只是个时髦的选择。贫穷但稳定的国家会让人们感觉一切都走在正轨上，不会出现那么多难民和寻求庇护者。

2019年夏。这一次，沙乌奇用Skype软件跟我通话。[23]他和全家人都已经能熟练掌握一定程度的德语，说明德国政府教难民德语和文化的政策取得了一定成果。"没有什么是不可能的，"沙乌奇说，"是挺难的，但我们成功了。我们学了。"他说有的老师很棒，有的一般，但整体来说，他们很好。"不像在叙利亚，老师有时候会揍你。"他回忆说。当年，他在叙利亚的一位老师因为他穿牛仔裤上学打过他。"在那里，你没办法。"

他父亲当上了巴士司机，母亲在当地的一所学校食堂上班。沙乌奇自己已经高中毕业，在一家酒席承办公司找到了工作。一家人住在租来的公寓里，正在存钱准备把它买下来。原本想当医生的沙赫德改变了主意，决定上药学院。她的小妹妹想学法律。原本打算当工程师的沙乌奇决定明年学摄影。他说，来德国的历程改变了他的想法，让他意识到自己真正想要什么。"我想要让大家知道我是怎么看世界的，我要在电视或者社交媒体界工作。"他说。他的父母对此没意见。"他们说我想做什么样的工作都可以，最重要的是开心，有所作为。"他报告说，德国人"很好，但不是所有人都好。有一些人恨我们。我不知道为什么。他们不想任何难民来德国。不过这些人是少数……在德国东部有些纳粹，不多。我在我们城里没遇到过他们，但我的朋友们遇到过。警察很好，很友善。这里的德国人很亲切。他们说，我们都是人……我们都一样"。他觉得很幸运。"住在这里就像生活在梦里。我们的梦想就是来到这里，过和平美好生活。"

他提到"美好生活"的时候，我想到了亚里士多德。人类的生活存在伟大进步和凄惨悲凉这两个极端。移民们最能体会美好生活的含义。这也可以理解。在我们这个画地为牢的世界里，很少有受迫害的人能够越过国界找到新家园。如果他们能够找到新家园，之前束缚他们的贫困或冲突的枷锁就会被打破。逃亡者为自己重建了一个新世界，也许经历了亚里士多德说过的美好生活的标志——幸福，人类的繁荣昌盛。

• • • •

传统媒体和社交媒体很少报道沙乌奇一家这样的移民成功的故事，而是更关心移民融入新社会的困难、社群日益敌对的反应、极右势力的崛起和恐怖威胁。2015—2018年，140多万寻求庇护者来到德国。他们之所以出走，是因为中东国家内部的战事、导致政局动荡的气候变化，以及部落、种族和宗教仇恨。他们当中夹杂着极少数伪装成战争难民借机进入欧洲的激进的极端主义者。[24]这些人的攻击行为和其他违法行为让极右势力找到了切入点，其中最为人所知的是2016年元旦前夜发生在科隆和其他德国城市的大量性侵事件。此后，德国极右势力的人气开始上涨，出镜次数也增加了，随之而来的是针对穆斯林移民和少数族裔的严重暴力。

"二战"结束到2008年经济衰退这60多年间，作为一种对犹太人大屠杀的回应，德国社会一直坚定地打击种族主义。经济衰退带来的影响是有限的，德国的中产阶级不像西方其他国家的中产阶级在经济上那么弱势和受到威胁。然而，这些大规模移民数量的骤然增长和2016年的事件已经足以逆转先前的成果，扇旺德国种族主义的余火。

针锋相对的两股反抗势力

2016年6月23日，涌向欧洲的难民潮开始不到一年后，欧盟遭受了其历史上最为沉重的打击之一：英国全民公投，决定脱欧。这次公投或许是"9·11"恐怖袭击以来对全球化最为具体的攻击。英国和西方其他国家的媒体和政治精英全都目瞪口呆。公投之前的拉票宣传战就冲突不断，极尽尖酸刻薄之能事，完全不见经典的英式克制。倡议留欧的英国议员乔·考克斯（Jo Cox）被一名极端右翼分子枪击后刺死。凶手在行凶时大喊："这是为了英国。英国永远优先。"

此次公投结果的背后有着复杂的历史和政治原因。它们同英国保守主义暗流有关，而这些暗流可以追溯到玛格丽特·撒切尔执政时期、英国选民同欧盟爱恨交加的关系、保守党和工党的领导力真空以及2008年的经济危机。这些事件强化了一种感觉，那就是英国的权力结构空虚，无力解决普通人面临的实际问题。欧盟在英国的地位很脆弱，一方面是因为英国人传统上认为英国同欧洲大陆分离，比欧洲强，另一方面是因为欧盟采用自上而下的官僚体制，民众支持非常有限。

　　上述没有哪一样能够保证脱欧一派在公投中获胜，但在政治情境中，有时候某些因素会打破平衡，导致事态朝某一个特定方向发展。英国脱欧支持者们拥有一个决定性的优势——他们反对移民，而这个立场比以往任何时候都受欢迎。欧盟内部的人员自由流动向来是欧盟最富裕的成员国间的一个政治矛盾导火索，虽然受过良好教育但又愿意接受低工资的中欧和东欧劳动者拥入这些国家后让这些国家获益。来自欧盟其他国家的合法移民加上来自中东的难民，实际上组装成了一枚政治炸弹，在英国脱欧公投之际爆炸。脱欧拉票宣传战把反对移民当作其反对欧洲纲领的一个中心主张。公投前一个月，有一份报告称，英国创下了移民新纪录，一年就接收了330 000名来自欧盟及别处的移民。[25]这个数字一曝光，辩论的主题就不再是反对或支持移民，而是谁能止住这股所谓的"洪流"。留欧派突然改了说辞，辩称在欧盟内部控制移民比较容易，但听起来就像一堆临时拼凑起来的违心之语。

　　移民引起了如此广泛的关注，这一事实对鼓吹英国脱欧的民粹主义右翼来说是一个胜利。脱欧派英国独立党（UKIP）领袖奈杰尔·法拉奇（Nigel Farage）采用了一张极具煽动性的海报，海报的主体是一张照片，照片里，几百名中东难民正排着长队穿越巴尔干半岛。红色的"崩溃临界点"字样横跨页面。下面还有另一行广告语："欧盟辜负了我们所有人"。[26]这张海报广受谴责，有人将其比作纳粹宣传。然而在这个社交媒体的时代，谴责有一个实质性的重大意义：更高的受众参与率和曝光率。

　　聚焦移民问题似乎成功了。一项研究表明，声称自己"担心"移民问题的受访对象里有73%投票脱欧。[27]陪同选民前往投票站的研究者告称，预测人们会把选票投给哪一方的最有效指标是他们对外国人的态度——胜过了他们是否在经济、安全和其他议题上持右翼态度或者他们的年龄。[28]有的人——如领导英国脱欧宣传战并在2019年12月就职英国首相的鲍里斯·约翰逊——争辩说，对抗仇外情绪的最好办法是离开欧盟，因为"如果你夺回控制权，你就能大大中和反移民情绪"。

跟鲍里斯在竞选拉票过程中说过的很多话一样，一出口就让人觉得纯粹是废话，但公投结束后也体现出其危险的一面。据英国警方的报告，种族主义袭击和仇恨犯罪在公投前夕暴增，公投结束后更是有增无减。[29]公投结束后的一个月里，仇恨犯罪数量增加了41%[30]，而且这个比例一路走高。根据伦敦警方提供的数据，自公投以来，仇恨犯罪数量相比公投前每年增长15%。[31]一项公投前后的对比研究称，少数族裔在公投后对以伪装成幽默的恶意评论、大肆反对移民的言辞和网络暴力的投诉上升了许多。[32]民族主义是一种自体免疫疾病。它一旦发作，政治这具身体就很难恢复原先的平衡。

· · · · ·

反抗具有多面性。就在许多西方中产阶级反抗倾向移民的自由主义的同时，移民们也在反抗向他们关闭边境的全球秩序。对抗不可避免。

如今，过去十年的任何一个时间点上都有数百万移民和难民在等待穿越边境的机会。根据2017年德国《图片报》（*Bild*）获得的一份从德国政府流出的报告估算，600多万人在等候横渡地中海进入欧盟。[33]自2018年起，比以往更多的非洲移民正前往中美洲和南美洲，希望能进而入境美国。如果事态没有变化得那么迅速，我们正在面临的气候和生物多样性危机只会进一步加剧这一场从世界较为脆弱的地点向较为平静、稳定和气候温和的地点的大规模人口转移。对居住在穷困国家的数以亿计的人口来说，移民出境是最为理性和有效的自救方式。如果他们身为父母，移民出境也是一种保护后代的人类本能。

这些移民终将抵达别的国家——其他人的家园所在。我这么写不一定是个隐喻。还记得那位来自土耳其博德鲁姆的女士吗？她家后院里就有难民安营扎寨。在本国边境甄别哪些难民可以入境不仅仅是一项国际认可的主权国家的权力，判断谁是我们的人、谁是局外人是一个国家政体性质的基础。

旧有的国际秩序赋予各国行使主权、阻止本国人口构成变化的权力。这项正式权力能保护它们不受历史变迁的影响吗？不受无视数百万逃离本国死亡、压迫或饥馑威胁的人的性命的道德挑战的影响吗？

民族主义者喜欢拿罗马帝国举例。他们说正是因为外国人太多了，罗马帝国才走向衰亡。然而，正是因为有外国人不断入境，才有了现代欧洲的诞生。这个具体实例说明，移民既改变又促进了国家和文明的发展。[34]历史对"社群能把变革拒之门外吗？"这个问题的回答是响亮的"不！"，但历史判断没有考虑到边防检查和铁丝网。这个实验有可能妨碍或延迟历史。

即便移民们顺利入境，他们抵达的新国家本身可能也处于危机当中。它们或许在同原教旨主义做斗争，同经济不平等做斗争，或者正在经历出生率危机。移民入境是一股强大的颠覆性力量，有可能象征着国家对其公民的公共结构的重要性正在变弱。如果一个政客不能阻止其他人不请自来，说一门外语，那他还有什么价值。对一些政客来说，移民问题给了他们一个机会。特朗普赢得共和党总统提名后投放的第一个全国性电视广告里有叙利亚难民的画面，还发出不祥预警，说希拉里·克林顿会允许外人"拥入"美国。[35]第二次同希拉里·克林顿进行电视辩论时，特朗普说："许多人来到我们的国家。我们不知道他们是谁，来自哪里，他们对我们国家的看法……这将成为历史上最可怕的特洛伊木马。"[36]

那一年，美国的三个州——密歇根州、威斯康星州和宾夕法尼亚州——决定了总统大选的结果。在这三个州进行的民调询问选民们觉得美国面临的最重要的问题是什么——外交、经济、恐怖主义还是移民。希拉里的得票率在认为经济最重要的选民当中略占优势。在认为移民或恐怖主义问题最严峻的三州选民当中，特朗普的得票率远远高于希拉里。[37]

　　全球北方国家的精英阶层和权力中心一直以来都企图在移民问题上达成全国共识，或者低调处理移民问题而不引发公共讨论。然而，一旦中产阶级感觉自己的身份认同及个人安全感受到威胁，这种企图就引燃了熊熊怒火。移民们在国门门口特朗普想象中的特洛伊木马里藏身，而许多居民要把门闩上，然后造起一堵高墙。

第 **16** 章

帝国的子民发话了

REVOLT
● 逆 流 年 代 ●

宾夕法尼亚州玛丽安娜，2016年6月

我们已经在镇上狭窄泥泞的街道上来来回回地开了一个小时了，还没找到奎格利一家的住所。大雨从产煤区的灰色天空上倾注而下。夜幕早已降临，能见度极差，GPS也停止工作了。

就在我们差点放弃的时候，奎格利家出现在我们眼前。

杰西卡和乔尔的两个孩子在这栋木结构房屋的起居室里玩耍，屋里摆满了家庭照片，很温暖。他们一边相互打闹一边玩手机。乔尔和杰西卡坐在沙发上，还有乔尔的父母老乔尔和卡罗琳。我是来采访他们的，想问问他们在即将到来的总统选举中投谁的票。

这个提问乍一听毫无意义。所有的民调结果都显示希拉里·克林顿在宾夕法尼亚州一路领先。1988年之后还没有哪一位共和党候选人在这里赢得过选举。同我在华盛顿交流过的共和党和民主党工作人员都毫不含糊地承认，鉴于民调结果，特朗普不可能胜出。那在当时是个热门话题。特朗普宣布参选后，《赫芬顿邮报》（*Huffington Post*）宣布会在娱乐版面而非政治版面报道他。我读到过的报道标题有"别紧张，唐纳德·特朗普不会赢"[1]或者"2016年选克林顿的理由是她代表美国唯一一个还没被疯子夺权的主要政党"[2]。美国媒体中的一位权威人士私底下告诉我："别相信。还有手段没使出来。共和党人会在内部干掉他。这个人不会变成他们的总统

候选人。相信我，你不知道我刚和谁讲完电话。"在我这个美国局外人看来，特朗普的宣传战就像一个性格古怪的亿万富翁玩弄的花招。

当我把注意力集中到特朗普说了些什么，而不是他天人共怒的举动之后，我的想法改变了。特朗普猛烈地抨击世界秩序。他常常用彻头彻尾的谎言和煽动性言辞来支持他的论点。然而，他满是漏洞的言论透露出有关全球化阴暗面的一个被压制但又强大的真相。当他气势汹汹地抱怨"被人操纵的体系"和自由贸易时，当他朝政治正确喷发怒火时，他听起来就像在做国际关系及政治经济学课程的作业："用5页纸的篇幅讨论民族主义–民粹主义候选人可以采用哪些手段来获取民意支持，重点关注全球化的缺点及其对劳动力市场和本土文化的影响。"

电视记者在实际拍摄前会对拟报道的内容进行研究。[3]我带着摄制组出门采访时，已经有相当大的把握知道报道的主人公会说些什么。玛丽安娜让我们所有人都大吃一惊。我以为杰西卡、乔尔、卡罗琳和老乔尔会告诉我他们不确定到底要不要像以前一样把票投给民主党。然而我完全没有料到，这些勤奋工作的美国人对美国梦的破灭有这么深刻的切肤之痛，根本没有把选票投给特朗普还是希拉里这么简单。在过去，这样愤世嫉俗的情绪，你不会在宾夕法尼亚州一个典型的中产阶级家庭的起居室里听到它。

街对面房屋上空那面被雨水浇透的美国国旗在风雨中飞舞。身为典型的美国家庭，奎格利一家跟我细细道来，为什么他们厌恶美国。这让我对即将发生的大事隐约有了一丝预感。总统大选正在转变成全民公投，而议题正是我在之前的章节里所记录的那些危机——有缺陷的全球化、移民、国际贸易、就业和安全。希拉里·克林顿想把此次选举当作对普世主义美国美好未来的肯定，但事实上，选举的中心议题是过往的罪恶和对大批中产阶级的背叛。在玛丽安娜，我意识到美国已经越过了临界点。它已经不再是我们这些生活在美利坚帝国遥远前哨站的人所以为的美国了。

• • ● •

　　在一个美国独霸天下数十载的世界里，人人心目中都有各自的美国意象、梦想、理念或恐惧。我的美国意象在前往玛丽安娜前14年、"9·11"袭击发生几个月后成形。当时，以色列总理阿里埃勒·沙龙前往华盛顿同美国总统乔治·W.布什会晤。我是随行记者之一。第二次巴勒斯坦起义席卷了以色列和巴勒斯坦领土；美国已经入侵阿富汗，正准备入侵伊拉克。沙龙正在抵抗来自美国的压力，不愿意同巴勒斯坦人民无可争议的领导人亚西尔·阿拉法特谈判。同布什保持良好的关系对沙龙的大计的最终成功非常重要，即阻止巴勒斯坦人建国，虽然他发誓自己其实支持后者建国。他的战略是一贯同意谈判但从不跟他极度憎恶的阿拉法特直接对话。沙龙有一次告诉我，要在中东活下来，你得说一套，想一套，做另外一套。

　　2002年，华盛顿正从基地组织的袭击中恢复过来。它被反恐战争的迷雾笼罩。布什顾问团队内部的新保守主义派占了上风；他们长期以来倡导果断运用美国的军事实力以体现美国的领导力，而这已然成为官方政策。在这个时间点上来到美国很有预示性，而且这是我成年后第一次来美国。我走出酒店，步入康涅狄格大道，随后在华盛顿街头连续漫步几小时。一种很难向美国人解释的感觉涌上我的心头。

　　这种感觉跟时事或者政治没有任何关系。我只是觉得宇宙万物有其秩序，突然之间一切都说得通了，我身处向外放射秩序和逻辑的权力中心。我来到了我所生活的帝国的首都；我的感受跟一个公元2世纪在伊比利亚长大的少年来到罗马、亲眼看到它的雄伟和堕落差不多。纵观历史，人们一直被他们那个世界的统治中心所吸引；毕竟，在人类文明直至20世纪上半叶的编年史中，最重要的政治单位是帝国。

　　我们这些住在西方偏远行省里的人到处都能识别出帝国的标志，即便美国不完全符合历史上帝国的定义。我们的理性告诉我们，美元是整个世界的基础货币；美国在全世界利用各种方式发挥它的硬实力和软实力；美国文化，尤其是美国的影视文化，无孔不入。然而，只有你亲身来到华盛顿或纽约之后，你才会突然感到，而非仅仅知道，我们的生活中最突出的部分来自美国。你会恍然大悟，原来你所在国家的政治、经济，甚至美学话语都其实是这个遥远文化的方言配音版。

这是一种顿悟，并不带自卑感。你突然意识到美国在持续不断地向你的当下生活和过去广播。请注意，广播里说，毋庸置疑，你是帝国的子民，听好了，美国人是你们的统治者。对我而言，这一切发生在华盛顿。当我拾级而上进入林肯纪念堂，看着风景，然后转到南墙去读镌刻在其上的《葛底斯堡演说词》"民有、民享、民治之政府"的选段时，我的美国意象整体成形了。如今，许多统治者和政权都许下同样的诺言，自由民主制度也不再为美国独有，今天的美国自由民主制度或许也不是民有、民享、民治的最佳体现。但这里是那种公正的源泉所在。它被铭刻在石头上。没有其他人比得上亚伯拉罕·林肯，他的"政府民有"的断言将永远是第一个声音。我这个帝国子民站在这个参照点面前的感受就像某人半夜梦回，突然解开了一个遗忘已久的谜团。

就座状态的林肯从他的纪念堂里眺望远方。历史上著名的国家领导人和民族英雄的雕像很少摆成这种姿势。他散发出一种平静的力量。这种动用权力时的平静，这种自然的姿态，是美利坚帝国的现代性和超常的创新性。这不是一个贪婪剥削殖民地的重商主义帝国，也不是一个开疆辟土、掳掠财富、为上层阶级牟利的陆上强国。罗马从共和国变成帝国。不列颠睁大双眼去开创帝国。美国生来就是一个另类。用托马斯·杰弗逊的话来说，它是"一个自创建之初就前所未有的自由的帝国"[4]。

美国采取一系列手段稳步扩大它的领土。它压迫、杀害、驱逐原住民，带着典型的欧洲人的残暴，致使原住民灭绝；它的经济发展建立在一直持续到19世纪的大范围的奴隶制的基础之上。它每到一地作战，就会留下不走。虽然它经常把权力移交给当地居民，但美国军队和其经济利益往往得到保留。它的军队驻扎在70多个国家和领土上，它是历史上最强大的军事大国。冷战期间，在对抗苏联的同时，美国支持过独裁者、残暴的君主和毒枭，煽动过政变，杀害和拷问过反对它所扶持的政权的人。从伊朗到洪都拉斯，到处都有它的身影。为了同另一个帝国对抗，所有手段都是正当的——美国和苏联都是帝国主义大国，虽然华盛顿和莫斯科都把"帝国主义"当成贬义词。

不过，在运用权力的同时，美国也在所到之处播下自由主义价值观的种子，这一点跟历史上的所有其他帝国都不一样。美国军队临时占领德国和日本期间，在那里宣扬人权和公民权利，当然也提倡自由市场经济，这在历史上从未有过。这样一来，它就成了民主时代的帝国。纪念堂里，林肯坐在那里，四周是关于公民自由的名言，这就是最恰当的体现。他的座椅扶手上雕刻着由古罗马执法官创造的、象征着他们有权力（"统治权"）迫使他人服从的束棒。在林肯纪念堂，它们代表的是合众国的权力以及内战结束后保有这个权力的必要性。那就是这个美国地标传达的信息。但林肯的"统治权"对像我这样住在美国以外的地方的人意味着什么？答案可能是：在这里有自由，同时还有让别人服从的权力。

等级制度非常清晰。假设你正在白宫椭圆形办公室外面等待着获准进入，为你的总理与他长途跋涉前来朝圣的美国总统短暂拍摄媒体照。白宫职员向你精确解释了规则，任何疑似违规者都会被从拥挤不堪的媒体区请走。大家都明白此次朝圣是个常规事件，就像在14世纪向中国皇帝致敬一样。一进到椭圆形办公室，你就看到乔治·W.布什总统一脸沉静地坐在那里，他旁边是斋月战争期间指挥装甲部队拯救了你的祖国的年迈总理。你的领导有点出汗，有点焦虑。谁手里握有权力，谁就能平静地运用这个权力，一目了然。

当然了，我的视角有乡下人之嫌。但自20世纪50年代以来，世界上一半的地方在某种意义上均属于美利坚帝国的行省；20世纪90年代以来，这个比例更是超过了一半。全球化扩展并加深了这些关系，然而平等不存在。美国让人觉得它是这个分裂的、担惊受怕的、贫困的世界里的丰饶源泉。例如，美国人有没有意识到，他们习以为常的免费续杯正是外国人在美国的甜美体验的真髓？

外国人无论是从哪里来的美国都是一样的，无论他是苦苦挣扎、试图提高生活水平的非洲人，还是依然记得过去的节衣缩食的东欧人，还是偶尔生活水准高于美国的高效率的西欧人，抑或是中东人。他们第一次得到咖啡或软饮料的免费续杯都等同于得到一次启示。我记得自己小时候听说这个概念后又开心又纳闷。我感到十分惊讶，为什么大家不站在那里一次又一次地装满他们的可乐杯呢？答案很简单——因为他们喝够了。如果他们想要续杯，就可以续杯。即使你不是穷人，你也会为美国的富足和安全感感到吃惊；只要你从美国以外的地方来，你都会感到吃惊。美国梦的诱惑体现在免费续杯上，归结于自助餐厅或加油站对顾客的信任上，而顾客也具备足够的良知，不会滥用这种信任。美国梦的诱惑还体现在一个资本主义洞见上，那就是鼓励消费者消费，甚至亏本让他消费，常常会诱导他购买其他产品。它表明消费是一种乐趣。当然了，随之而来的是致命的超额热量、环境破坏和过分放纵的生活方式。

在我的母语里，"美国"这个词一直以来可以当作形容词。"你的假期过得怎么样？"你问别人。对方回答说："美国。""你的新车怎么样？"你问朋友。对方回答说："美国。"希伯来语里有一个类似的表达法，也是从英语里借用的第二个单词，叫作*"lehiyot large"*，意思是像在美国一样大方。大方可以是从美国用大船运过来的专门用来看电视的躺椅，就好比它们是从亚述古国首都运送到帝国的每一个遥远角落的神像。大方也可以是你在电影院买的大桶爆米花，或者在一大块牛排上面盖着的两只大虾和黄油。

节制的胜利

　　虽然美国卷入了许多冲突，而且它参与冲突的模式有令人不安甚至毛骨悚然的裂纹，但它在每一项"软实力"指标上的排名都独占鳌头，要么至少名列前茅。[5]美国不是法国，后者向世界贡献了美味佳肴；美国也不是英国，没有皇室、牛津剑桥两所大学和披头士乐队。美国是个独断的超级大国，但与此同时它依然受欢迎。[6]它的权力光环不仅来自美国之外的那些人对美国梦和美国产品的向往，还有保护偏远行省的承诺。例如，中东人都知道，战争随时可能爆发，而且一旦爆发就极其残酷，但同时他们也心照不宣地认定战争打不长，因为美国（过去还有苏联）的干预会让它迅速收尾。

　　以色列的安全政策建立在如下假设的基础上：如果爆发武装冲突，美国会做出决策，发布命令，结束战斗。同样地，以色列军队的战斗信条也一直建立在必须在有限时间内完成战斗、占据领土的基础上，而且每当超级大国（起初是两个超级大国，现在只剩一个了）叫停时就得停火并且不再推进。事实上，苏联和美国运用它们的力量阻止过敌对行动，偶尔还把停火线细化到英寸。

　　华盛顿的舵手地位并非在帝国所有地方、在其影响范围内的所有社会里都一直受欢迎，但它能起到缓和作用。这些国家的决策者可以声称他们受到美国的压力，从而抵制国内的战争贩子。华盛顿是他们的终极借口。

　　某个既定政策可能会招致华盛顿的不喜，另外一个选项可能让世界上最强大的国家支持我们。埃及在20世纪70年代末就采用了后一种策略。它同以色列签订合约，同式微的苏联断交，改为同美国结盟。在中东行之有效的手法对西欧国家来说更有效。在苏联解体后，整个欧洲大陆都采用了。

　　1956年，美国向法国、英国和以色列表明了谁才是这个它已经着手建设的世界里的发号施令者。它（伙同苏联）强迫这三国全面退出它们在一次联合行动中从埃及那里夺来的西奈半岛和苏伊士运河。从此，虽然有过抗议（尤其是法国），这些西方国家认识到它们的主要战略决策需要美国的同意。1963年，美国总统约翰·F.肯尼迪前往被东德封锁的柏林。他宣称："你们一点都不孤独。"这是向所有美国盟友传递的信息。

这并不意味着美国人不会犯错误或者干出破坏性极大的荒唐事情来，也不是说他们不会参加发生大规模杀戮的战争。越战就是一个例子。他们完全清楚自己的权力，相信运用此种权力对抗共产主义和传播自由是他们扮演的独一无二历史性角色，甚至是上帝赋予他们的角色。他们认为这使得美利坚合众国有别于同时期以及以往所有其他国家。这个信条于19世纪40年代初期被采纳，被称为美国例外论。

每当美国总统候选人宣誓效忠美国例外论时，外国人听起来会感觉就像目击了一个神秘的入会仪式。奥巴马总统发表了一段被认为是在否定美国帝国角色的话后，他整个任期都为此受到尖锐的批评。[7]

美国自视为"山巅之城"，认为自己担负着领导和行动的道德义务。这不算什么新鲜事。美国例外论例外的地方在于，从历史的角度来看，它一点都不例外。公元前1世纪，罗马干预以色列内战，任命封臣为希律王后不久，维吉尔就向罗马青年说教罗马例外论："千万不要忘记／这将是你们被委派的任务／用你们的技艺治理世界／给它和平／用秩序和正义让它安宁／饶恕战败者／消灭自大者／结束战争。"[8]

• • • •

然而事情的真相是，这种安全感，这种公众不受本土政客支配，因为他们还得向身为更高权威的美国报告的认知，只惠及美国以外的某些人。没有外部力量保证美国自身的安全或谴责美国领导人的不负责行为。从来没有强大的盟友建议美国人不要开战——因为开战会带来灾难性后果。美国总统不必接听华盛顿打来的电话，而这是世界上所有其他领导人都害怕的事情。有人约束我们这些行省的人，不让我们凭最坏的直觉行事，但美国领导人没有受到这样的约束。与此同时，美国的命运同以往所有帝国一样，跟它远程遥控的领土的命运密不可分。它对后者负责，认为这是身为帝国的义务。正如雷茵霍尔德·尼布尔（Reinhold Niebuhr）在他的经典著作《美国历史的反讽》（*The Irony of American History*）中所写的："一个强大的美国比一个相对弱小的美国还不能完全掌控自己的命运。后者偏居新大陆一隅，在其安宁的摇篮中入睡，如婴儿般天真无邪……我们不能随心所欲，即便我们相信我们的心和欲能带来'人类幸福'也不行。"9

不过，美国摒弃了尼布尔的论调。它在20世纪的两次世界大战中扮演了关键性的角色，随后又压倒了跟它旗鼓相当的另一个超级大国，于是它的领导者觉得自己战无不胜、不可或缺，还往往天真烂漫地雄心勃勃。知名作家暨《纽约时报》专栏供稿人托马斯·弗里德曼（Thomas Friedman）曾在一次采访中告诉我："人们喜欢取笑美国，他们爱取笑我们的天真……可美国的天真对世界非常重要。如果我们不再捍卫权利，捍卫隐私，捍卫性别平等，捍卫基本良知，整个世界就会改变。要是我们陷入黑暗，整个世界也都会陷入黑暗。"

2016年春天，我们在《纽约时报》华盛顿记者站他的办公室里交谈。几个月后，唐纳德·特朗普当选总统。

帝国建造计划

我们今天所理解的全球化就像基督教传遍罗马帝国一样传遍西方世界。它也像15、16世纪的伟大海上帝国那样改变了人们相互交流和贸易的方式。被全球化收归旗下的民众和领土超过以往的任何一个大国，成为现代以来最成功的帝国建造计划，而且它是美国提出的。

布雷顿森林协议及其建立的制度，还有马歇尔计划，都是美国在同苏联冷战的初期宣布的。建设一个国际贸易不受限制的世界、用强大的互惠关系连接各国的愿望源自"二战"结束时的美国经济状况。20世纪50年代，美国生产世界约一半的产品[10]，但它的人口只占世界人口的6%。得有人买美国那些高效率的工厂生产出来的那么多的收音机、汽车、软饮料和其他产品才行。

美国投资了120多亿美元（用2020年美元价值计算的话，相当于1700亿美元）重建战后的欧洲。这等于它当时的年GDP的4%。

查尔斯·L. 米（Charles L. Mee）写过一本关于马歇尔计划的专著。他在书里说，全欧洲的各家报纸，特别是英国报纸，事先都收到过简报，被告知美国国务卿马歇尔即将发表的、宣布该计划的演讲的内容及其重要性。[11]与此形成对比的是，美国当局尽其所能地压制国内对这次演讲的报道。美国记者没有收到聆听演讲的邀请。他们被轻描淡写地告知，这只是一次"常规的毕业典礼演说"。据《华盛顿邮报》事后透露，那些不依不饶爆料的美国记者遭到了他们的编辑的断然拒绝。事后，美国国务院告诉他们，演讲没有什么新内容。[12]

这是一个很棒的例子，说明帝国子民得到了安全和经济支持的许诺，而帝国自己的公民事后才得知，而且知之不详。这个例子很典型——帝国并非建立在开诚布公的基础之上。关于美国政策的真相在帝国的边疆可以找到，在帝国向其公民提供的信息里不见踪影。1846年，詹姆斯·波尔克总统向国会撒谎，因为他想跟墨西哥打仗，开拓美国西部的疆土。1940年，富兰克林·罗斯福总统在备战期间告诉美国公众："你们的儿子不会被派到外国去打仗。"1961年，约翰·肯尼迪总统在猪湾行动前夕告诉美国公众，美国无意对古巴进行军事干预。

重建欧洲是创建战略联盟的筹码，为北大西洋公约组织奠定了基础。[13]
柏林墙倒塌后，美国提倡华盛顿共识，要求进行私有化改革，开放资本市
场，消除贸易壁垒。

1998年，时任国务卿的马德琳·奥尔布赖特（Madeleine Albright）宣
称：“我们是不可或缺的国家。”她的意思是，唯有美国具备保障世界安
全及繁荣的实力。在接下来的十年里，美国试图在巴尔干半岛、北爱尔兰
和中东等地一劳永逸地解决绵延几个世纪的史诗级别的冲突。有时，它取
得了成功。

在奥尔布赖特做出上述宣称3年后，基地组织发动袭击，证明世界并没
有那么安全，而原教旨主义对自由主义秩序构成了深刻的挑战。美国人内
心的自信被证明是幻觉。

为了应对这个战略意外，美国发动了两场战争——在阿富汗同支持和
保护基地组织的塔利班政权打了一仗，然后极尽欺骗和自我欺骗之能事，
在伊拉克同萨达姆·侯赛因的政权打了一仗。一直以来回避将自己建设成
统治他国的经典帝国模式的美国，开始习惯于统治他国，并视其为军事所
需，或许还视其为天定命运。它不再是那个举起束棍宣称“民有、民享、
民治之政府”的帝国。它只是高举束棍。

这大大偏离了美国在战后一手炮制的全球化。运用武力统治他国人
民、掀起“文明”之间的战争、关闭边境的帝国同美国在1945年以后塑造
的开放世界和开放经济格格不入。满足个人安全需求是对每一个政体的基
本要求，而寻求个人安全感的美国人爱上了一种过时的力量概念。历史学
家尼尔·弗格森（Niall Ferguson）宣称，美国是个“帝国……它不敢大声
说出自己的名字”，还指责说，因为它是一个“拒绝接受现实的帝国”，
所以它危及世界安全。[14]“美利坚帝国（习惯起来）。”《纽约时报》的大
标题如是说。其后还涌现了更多同样的标题。[15]乔治·W.布什的一位高级
顾问私下告诉《外交政策》（*Foreign Policy*）杂志：“我们现在已经是个

帝国了。"[16]2003年12月,副总统迪克·切尼在寄出的圣诞贺卡上引用了本杰明·富兰克林的话:"如果麻雀落地都不能逃脱神的注意,有哪一个帝国不受神的帮助能崛起?"[17]要是美国副总统发出的圣诞卡上写了一句这类的名言,那这可不是简单的文学行为。当时,美国军队正在巴格达度过第一个圣诞节。布什总统认为有必要公开否认他的国家的帝国野心,于是宣布"美国没有帝国要扩张,也没有乌托邦要建设"。这两次战争究竟花了多少钱,对此众说纷纭,最低估计是1.6万亿美元[18],而多数认为估计将近3万亿美元。[19]2018年的一项研究估算出来的总成本是6万亿美元。它把受伤将士的终身养老金都计算进去了。[20]

美国的一些盟友警告过美国不要打仗。但没有一位轻声细语、手持大棒的美国总统警告它说:"如果你,一个强国,在受到攻击后发动一场代价昂贵的战事来反击,你会发现自己负债累累,对基础设施和其他经济增长动因的投资减少,军费开支螺旋式上升,国内经济危机愈演愈烈。这是帝国衰退的典型道路。"没有比它更强大的大国阻止它自寻死路。

重点从来不是这里

这个帝国用无效的硬实力取代了有效的软实力。战争都发生在远离美国的地方。与此同时,美国自身一头扎进20世纪30年代大萧条以来最严重的经济衰退。同以往一样,为之付出代价的是本来就已经摇摆不定的中产阶级,也就是特朗普赢得大选、制造美国历史上最重大的政治颠覆事件的前几个月,我在旧称钢铁带、现称铁锈带腹地的宾夕法尼亚州玛丽安娜见到的那些人。

20世纪初的玛丽安娜是美国工业革命成就的典范。镇民们居住在铺设了管道系统的现代石结构的住宅里。在那个时代的自由移民政策的鼓励下，来自中欧、俄罗斯和意大利的移民蜂拥而至。匹兹堡布法罗公司在镇子附近经营的三家煤矿被誉为当时最先进、最安全的煤矿。由于玛丽安娜站在技术前沿，西奥多·罗斯福总统于1908年10月带领欧洲煤炭专家专程前来视察。44天后，一场国家级的灾难降临——154名矿工死于爆炸。

在镇上被精心维护的小图书馆里，我见到了乔·格莱德。89岁的他身姿挺拔，双目炯炯有神，头戴棒球帽。他轻抚一大块钢铁冶炼业里常用的烟煤，告诉我这是一块"很好的精煤"。"二战"结束两年后，乔当上了矿工。他父亲引他入门，教给他矿工生存所必需的学问。例如，要是你看到矿里飞起稍许尘灰，听到了嘎吱嘎吱的响动，看到老鼠一窜而过，"你最好跟上那只老鼠"。

刚进矿的时候，他和父亲一起装煤。他们俩每人每天大约装3吨煤。每装1吨煤的工钱是93美分。[21]他摊开大手给我看。有几天早上，他回忆说，他的手张不开、合不拢，"因为手掌上全是老茧。所以爸爸会带我去水龙头那里，放热手浇我的手，泡软它们，然后就能上工去了"[22]。

镇议员杰里米·贝拉尔迪内利打开于1988年停业的煤矿旧建筑的大门。这是一个宏伟的废墟，面积浩大，地面上累累的矿坑有一种残缺美。他给我看从地下挖出的最后一堆煤。"他们把煤留在这儿，万一有一天我们建博物馆能用上。"他说。博物馆到现在也没建起来。格莱德带我去看他当年被招进煤矿的地方，也就是矿山主管的办公室。他触景生情，流下了眼泪。"伤心，太伤心了。不但我伤心，这里有好多不错的人，都失业了，也伤心。"他说，"我老了，快死了，最多还有一两年。年轻人该怎么办呢？"

乔尔·奎格利就是他口中的年轻人之一。乔尔从前在离玛丽安娜不远的韦恩斯堡（Waynesburg）附近的一个煤矿上班。后来它和别的煤矿一样停业了。在奎格利一家的起居室里，我们的谈话从煤开始，以煤结束，自始至终都离不开煤。煤炭业是否会反弹，为什么我们需要煤，煤的敌人是谁。乔尔的妻子杰西卡已经在家照顾孩子7年了，但她现在需要找一份工作，因为"他挣的钱不够多"。乔尔说，相比当年做矿工，他现在"花双倍的精力和时间只能挣到从前的一半"。

提及在该区域经营煤矿的公司，乔尔说："他们怪煤炭业不景气，害他们破产，但其实是他们自己的错。"乔尔的父亲老乔尔在煤矿里工作了32年后退休，靠养老金过活。他认为倒闭是由"企业的贪婪"引起的。他儿子表示同意："你们的CEO照样拿大钱。"当谈到唐纳德·特朗普时，他的语音中带着歉意。"特朗普正在试图让工人重返岗位，"乔尔说，"那么你应该做点什么呢？"乔尔的母亲卡罗琳解释说她不喜欢特朗普："我不喜欢他，但要是他能让我们回去上班，我就选他。"

"你们知道，"我说，"这个国家的领导人说没办法拯救煤炭业。如果煤矿停业了，还有其他工作。我们不会补贴煤。这是自由市场。或许这就是美国，我不知道，我不是美国人。"他们笑了一会儿。老乔尔说，即便如此，他还是不明白为什么要把美国的煤送到中国去，"让他们的发电厂发电，而我们的发电厂通通关门"。没错，美国向中国出口煤。

他们说从来没有把选票投给共和党过。

"这次你们会选特朗普？"

"我们可能只好选他。"我们都笑了。

"你们觉得美国是世界上最伟大的国家吗？"他们的反对声在起居室里此起彼伏："不！不是！"乔尔转向他的父亲。"也许你爸爸小的时候，美国是世界上最伟大的国家，可现在？"杰西卡补充说，美国"让人尴尬"。在他们说过的所有话里，这句话最吸引我的注意力。他们的国家让他们尴尬。他们说，有的孩子饥肠辘辘，但也有人靠这套体系脑满肠肥。只有在特朗普获胜之后，我才领悟到这样的认知已经渗透美国。

杰西卡说："没人能自己帮助自己。重点从来不是这里，总是我们可以在海外买到更便宜的东西，我们能在外国做什么，重点从来不是这里。"最后几个字，她一个音节一个音节读得格外重。

她声称的"重点从来不是这里"指出了很明显的一点：美国农村、所谓的"飞越之地"，还有美国繁盛的城市中心区同其他地方之间的差距被忽视了。不那么显而易见的是，"这里"已经不复存在。世界已经变得如此全球化，如此紧密相连，以至于没有什么事真正发生在这里。

我的祖国就是奎格利一家口中的外国之一。我们受益于责任时代提供的保障。无论谁担任美国总统——克林顿、布什还是奥巴马，无论这位总统的政策是否睿智，美国总在我们身边。

然而，就在美利坚帝国的力量绵延于偏远的村镇之际，它的发动机，也就是美国梦，打不出火花来了。我们就像一个日本战败多年后才走出丛林的日本老兵，沉迷于久已逝去的东西。我们谈论美国，对美国寄予厚望，害怕美国，但作为美国内核的诺言已成往事。特朗普在总统竞选之初就发出了同样的断言，还沾沾自喜地如同受虐狂。他宣称："美国梦已死。"

2016年，奎格利一家把选票投给了他。他们只能这么做。

第 **17** 章

"我母亲就是在这里遇害的"

REVOLT

● 逆 流 年 代 ●

当年，美国梦最为鲜活的地方莫过于底特律。美国梦的烟消云散也从那里开始。我参加了一个都市观光团，搭乘一辆小型巴士，行驶在废弃的建筑物之间。我的旅伴们对废墟很着迷，他们是一个日本人、一个时髦的德国青年、一对来自佛罗里达的美国夫妇。观光从一项传统的美国仪式开始——签署一份免责协议，同意在观光期间，如果遭遇犯罪行为，进入某栋残破建筑物后发生事故，旅游经营商一概不负责。

巴士停在哈里·B.哈钦斯初级中学门口。这幢巨大且雄伟的建筑坐落在一条令人伤感的街道上。首次投入使用时，当地的一家报纸宣传说，它"不但提供孩子们学业成长所需的一切，还为他们提供完备的体育和职业教育……此外，它也是一个社区中心"[1]那是1922年。美国各地的官员都来底特律学习它那卓越的学校体系并回去模仿它的成功。

进门时，导游提醒我们打开手电筒，还警告我们不要从地板上捡任何东西，尤其不能捡针筒。水从坑坑洼洼的墙面上滴落下来——废金属拾荒人已经把能挖的东西都挖走了。导游带我们去看更衣室——那里的淋浴间是用进口大理石造的。底特律是20世纪早期的硅谷，为了孩子，这个地方极尽奢侈品之所能。

更衣室那头是两个又大又深的游泳池，现在空荡荡的。当年，一个游泳池供男生使用，另一个为女生专用。学校里还设有车间，供学生们学习电工、印刷、木工和汽车修理。定制的实木储物柜还完好无损；阳光从内庭上方倾泻而下，照亮了无人使用的教室。"因为有云，这个适中的光线特别适合拍照。"导游说。一位游客捡起一只旧鞋放在一张腐烂的课桌上。墙面上满是褪色的涂鸦。相机闪光灯闪烁。

2018年，底特律的总人口约为670 000。[2]它地域广大，面积将近140平方英里，同"汽车城"的地位匹配。1950年，它被称为汽车城，它的总人口有180万，后来减少了65%。[3]2010年，底特律有53 000所废弃住宅和至少90 000块空地，而后者大多是房屋被焚毁或被拆除后留下的。某些街区人迹罕至，许多街道被几座孤零零的房子占据，房屋之间的大量空地上曾经也有人家。

底特律不像19世纪淘金潮时期涌现出来的那些小镇，它的经济并非完全依赖于矿藏——一旦矿藏枯竭，整个社区就失去生机。它也从未因地震、饥馑或战争流失人口。它的萎缩源自全球化之河的倒流。也就是说，这条河原本从东向西流淌，而现在改为从西向东流淌。这座城市的不幸象征着美国梦被打碎的残酷。底特律的苦难还来自城市规划不善、种族不平等、对企业过度依赖、贫困和税收下滑的恶性循环、毒品盛行、犯罪和实施不力的城市复兴计划。近年来，在它正式宣布破产并开始复建进程之后，底特律大兴土木。然而，截至2018年，底特律的谋杀案件数仍在所有美国城市中高居第三。

在一条貌似废弃的街道上，圣玛格丽特·玛丽天主教堂门窗紧闭，上了锁。一辆车在我们身边停下。车里坐着两位白人女性，莎伦·普罗布斯特和她的女儿。她们来这个旧街坊寻根，看见了站在教堂门口的我们。70多岁的莎伦1963年时就是在这座教堂结的婚。"教堂现在看起来大不一样。"她用平平的中西部语气节奏说，挂着拐杖指着女儿，"她就是在这里接受的洗礼。"[4]她请我扶她跨过疯长的绿植进入教堂。

教堂的内壁上满是涂鸦，墙上所有的金属物件都已经被剥光了。一架因为过于潮湿而腐烂膨胀的钢琴翻倒在地上。圣器收藏室里挂着一件灰扑扑的白色长袍，好似恐怖电影里的廉价道具。莎伦站在离祭坛不远的高坛上，她头顶上方有两个金色的翅膀。她用拐杖重重地敲击地面。她说，当年，教堂里都是人。

"你迟早得离开，"她说，"你再也不能相信任何人。世事艰难，真的很难。"沉默了一会儿之后，她补充道："我母亲和继父就在这个街区遇害，就在他们自己的家里……1974年12月6日。"

我问她是不是因为入室抢劫。

"是的，隔壁邻居，"她回答说，"朝他们俩每人开了22枪。那些人先刺死了家里的狗，因为它保护着房子。等到他们俩回家，又杀了他们俩。那些人击中我母亲的时候，她已经打通了警察的电话。你能听到听筒落下、她倒地的声音。我继父在地下室里，他上楼时迎面碰上了他们。他们射死了他。"

她话音平淡地讲述了这个暴行。我后来找到的一张旧剪报表明，受害者克里夫·莱德贝特和李·莱德贝特的两个孩子，给那条名叫"女士"的狗举办了英雄葬礼。

• • • •

美国印象：

2008年，芝加哥格兰特公园。我走在巴拉克·奥巴马竞选胜利集会散会后的人群里。他们兴高采烈，走起路来都飘飘然。我查看自己的黑莓手机；就在1小时前，我设法通过安检，跻身于环绕奥巴马发言舞台周围的一小群人当中，拍到了他出场的画面。一位约莫70岁的黑人女性也走在散场的人群里，她问我："你拍到了什么，孩子？"我给她看手机屏幕。我们俩都笑了，就好像我们有了一个共同的秘密。我返回酒店时，那晚的兴奋感还没有消退。两名身穿牛仔裤和T恤衫的白人男子同我和我的同伴一起进了电梯。我朋友对选举发表了一个戏谑式的评论；他们似乎无动于衷，但电光火石之间，他们动了，就像发起攻击的动物。其中一人逼近电梯里的我们，吼道："该死的外国人，不许糊弄我们的选举体系！"他的朋友也逼近过来。他们一身酒气。我意识到他们以为我们把票投给了奥巴马。我们逃出了电梯。

2016年，总统大选前几周，俄亥俄州的一个堕胎诊所。主管医生大卫·伯孔斯觉得自己在被人穷追猛打。他快70岁了，却说自己是州里最年轻的人工流产医生。没有别人愿意承担这么受人憎恶的危险工作。对那两名长期在诊所外面示威的男士来说，他是杀婴犯；他收到了死亡威胁。一位青年学生来这里做药物流产。"我的决定是对的，"她告诉我，"我看得很清楚。"诊所外面的那两个男人戴着棒球帽，手里举着耸人听闻的标语牌，等她离开诊所。"这是谋杀，这是奥斯威辛，"他们向我慷慨陈词，"这是大屠杀。"一位年轻黑人女性坐在等候室里。她迫切地需要流产，但没有足够的钱。费用是425美元。她问有没有政府资助。医生吃了一惊，忍住苦笑。绝对没有政府资助。

北卡罗来纳州温斯顿-塞勒姆，罗恩·贝蒂主理的教堂。他虔诚的教众正准备做周日礼拜。贝蒂把同性恋者比作蛆虫，用《圣经》里描述所多玛城和蛾摩拉城的语言警告人们不要赞成同性恋婚姻。"你们以为埃博拉病毒已经够糟糕的了，等着瞧。"他曾经说过。[5]那天是父亲节，他发放螺丝刀给所有男性教众作为礼物。我凝视着那一堆螺丝刀。它们就放在教会门口，看上去好孤独，我忍不住大笑。还有不到两个月就要举行2016年总统大选了。牧师贝蒂在教堂外面告诉我，跨性别是一种精神病，他的美国依旧活蹦乱跳。"别急着埋葬我们。"他告诫我。

那一周早些时候，就在60英里开外的夏洛特市，我围观了跨性别女子艾丽卡·拉卓维兹公然违抗牧师贝蒂大力提倡的北卡罗来纳州所谓的"厕所法案"*。艾丽卡带着她可爱的8岁女儿爱丽丝进入了当地一个时髦的农产品市场附设的女洗手间里。爱丽丝的脑袋深埋在她母亲的衬衫里。我请她们去冰激凌店。爱丽丝在桌上跟我讲起了她的一个朋友。"我从幼儿园起就认识她了，每年都参加她的生日会，她也来参加我的。但是等我们上了二年级，她就不邀请我了。"她转向母亲，"她不知道你是跨性别人士的时候一直邀请我，可等我告诉她了，她就没好好跟我讲过话了。"

激变时刻

一个社会的激变时刻——当之前不可思议的事情突然打破习俗的藩篱成了一个选项——就隐藏在上述快照中。巴拉克·奥巴马的当选就是一个激变时刻，触动了美国人对公民身份最深层的情感、社会流动性和种族的敏感心弦。有的人觉得他们的国家被他人窃取了。许多人，例如唐纳德·特朗普，冲出来用阴谋论填补他们认为应当发生的事情和实际发生的事情之间的间隙。出身论者坚称，奥巴马并非出生在美国本土，因此没有担任美国总统的资格。这一观点表明，许多美国人既无法接受奥巴马的候选资格，也无法接受他当选的事实。他们需要声称奥巴马是个冒牌总统，是个骗子，是借助阴险谎言才当选的。

激变时刻让人们失去合理预测社会生活在不久的将来将会变成怎样的能力。对政治问题的回答很绝对，灰色区域遭到忽视。今日的美国，也不知肤色各异的人们究竟是在大步迈向更多平等机会，还是深陷有毒现状所构建和维系的偏见迷宫。因为选区被重新划分，他们的选票失去了意义。

---

* 《公共设施隐私及安全法案》，俗称HB2，或称"厕所法案"，于2016年通过。它要求学校和公共设施禁止人们使用与他们出生时性别不符的厕所。它还禁止州内各地方政府自行制定反歧视政策。——原注

同理，权力集团玩弄各种花招，限制他们的投票权，不让他们平等享有公共资源。

那个我在夏洛特见到的跨性别母亲不知道她究竟生活在一个促进还是反对同性恋平等权利的州里。牧师贝蒂无法预测他是否很快就能再次规定人们应当同谁做爱，上哪个厕所，抑或他的时代已成往事。数百万美国人不知道奥巴马的医改究竟会在几年后失效，还是正好相反，它将被一个全民医保体系取代。内城区居民不知道他们是会经历20年来一直鼓吹的内城复兴，还是他们的城市注定会像底特律东区那些破旧的房屋一样崩塌。谁也不知道美国是否会继续在某种程度上保护女性对自己的生育权和身体做主的自由，或者最高法院会推翻"罗诉韦德案"的判决，允许各州和市县以危害胚胎生命为由将女性或执业医师告上法庭。某些地方已经开始这么做了。[6]

这些不确定性并非普通意义上的政治分歧，它们深刻地反映出美国人对自己国家的观感：究竟它是一个担负帝国义务的全球强国，还是一个试图与世隔绝、回避国境以外义务的孤立主义国家。另一种划分则建立在如下差异上：美国是一个具有赋权于国民的自由主义愿景的国家，还是一个白人至上主义渗入主流政治的国家。还有关于美国究竟应当转向已经征服了许多年轻人的情感和理智的社会主义，还是继续走资本主义道路的争论。

拿钱跑路

美国发电机长期以来为美国的繁荣前景保驾护航，但它已经显露疲态。"二战"后，自由市场体系和降低贸易壁垒的全球趋势将全球化推向一个新高潮，美国经济因而繁荣昌盛。

"二战"刚结束时，将近40%的美国非农劳动力从事制造业。全球化对一个工业卓越的国家来说至关重要，因为它有助于市场准入。然而，随着战后复苏，法国、英国、德国、日本等国的经济变强盛了，美国在制造业上的优势开始流失。2015年，只有9%的美国劳动者从事制造业。[7]

这不仅是自动化和生产率提高的结果。在一个全球化的世界里，竞争的剧烈程度与日俱增，但美国表现得就好像底特律的三大汽车巨头——通用汽车、福特和克莱斯勒——跟风和太阳一样都是自然之力。美国其他地方的劳动生产率的提高速度远远高于汽车行业，但汽车工人的工资却更高。[8]围绕钢铁带的衰退这一话题产生了许多怪罪贸易和自由市场的错误想法。事实上，宾夕法尼亚州的许多钢铁厂之所以关门，并不是进口钢材造成的，而是工作岗位和制造业被迁移到了美国南部——那里工资更低，劳动保障不太完善。

不过，进口的确在美国工业的衰退中扮演了重要角色。去劳动成本较低的国家开展生产制造，为企业省了钱，给了消费者更多可支配的收入，提高了这个国家的整体生活水平。很少有美国人愿意放弃这些利益。我问住在玛丽安娜的奎格利一家，愿不愿意多花几千美元买电视和智能手机，好让制造业留在美国。他们都笑了。

麻省理工学院的戴维·奥特尔（David Autor）专门研究国际贸易是怎样摧毁美国各地的社区的。他发现，进入20世纪没几年就至少有100万美国人失去了制造业的就业岗位，他们随后找到的其他工作工资低、保障少。奥特尔为我们揭示了，美国各地的小型社区均未从2001年以来中国加入世贸组织后制造业大规模崛起所带来的冲击中恢复过来。[9]2017年接受美国沃克斯新闻采访时，奥特尔解释说，传统观点认为劳动者可以在行业之间轻而易举地流动，最多工资少一点，但这种观点是错误的。"人们没法轻易流动，"他说，"他们掌握的技能是行业特定的，他们对自己的工作产生了依恋，工作是他们身份认同的一部分。然后冲击来了。由于制造业在美国的地理分布非常集中，所以冲击的破坏力很大。"[10]破坏力的表现形式可以是制造业工人本来就低的工资进一步被降低，出生率降低，结婚率降低，非婚生子女数量增加，生活在赤贫状态下的孩子的数量增加。普林斯顿大学经济学家安格斯·迪顿（Angus Deaton）和安妮·凯思（Anne Case）描述了一种"绝望之死"，即25~64岁的白人中年男性因自杀、毒品、酒精性肝病和肝硬化而死亡的概率较高。[11]在美国，绝望之死最引人瞩目的表征是阿片类药物的流行，它夺去了数万人的生命。美国劳动年龄白人男性死亡率提高是一个比较普遍的趋势。

所以说，国际贸易和进口夺走了就业岗位。这是一个零和博弈。2016年大选前，唐纳德·特朗普在底特律发表演讲时说："摩天大楼在北京和世界许多其他城市拔地而起，底特律的工厂和街区却分崩离析。"[12]

但那只是一个片面的解释。例如，20世纪90年代，美国汽车企业迫于来自日本和欧洲竞争对手的压力，提高了制造效率。美国GDP和劳动生产率持续提高，但制造业岗位的流失速度却更快了。20世纪80年代，工作岗位的流失主要是生产线自动化造成的。相当多的数据表明，2000—2010年，美国多数制造业工作岗位的流失是技术造成的——最高可达87%。[13]换句话说，国际贸易不是近几十年来美国就业岗位流失的主因。真正的主因要从机械手臂和自动化技术的增强说起。怪罪墨西哥或中国比较容易，至少目前还很难妖魔化机器人。

全球化意味着没有哪个社会是孤岛。没有哪个社会能真正控制供求力量，除非它愿意变成朝鲜。实际上，即便是那些最富裕的、催生了目前这一轮全球化的国家，也无法逃脱这个事实。让一个社会整体富裕水平提高的进程也可以让这个社会内部的大量人口贫穷，而且，从纯粹的全球经济学的视角来看，这些人的贫穷并不重要。事实上，从中国进口的产品提高了美国中产阶级的生活水准；这个惠益超过2000年以来就业流失的价值。生产线自动化既残忍也具有可预见性。

问题的关键不在于它发生了，而在于美国精英阶层该如何应对它。他们本可以增加对基础设施和教育的投资，同意为自己的财富缴纳更高的税，以便促进下一个技术飞跃。他们也可以保护小型企业和新创企业，因为这是美国人自立并攀登经济阶梯的典型途径。然而，精英阶层没有做出上述任何应对。事实上，自20世纪70年代以来，美国小型企业的数目已经减少了一半。[14]一个原因就是大型企业和连锁商店利用规模经济效应挤占了小型企业原本立足的缝隙市场。[15]

不过，情况越来越糟了。企业与企业的所有者、经营者们心知肚明地提倡对个人和社会整体有害的政策和产品。他们不但在美国这样做，在全世界都是如此。石油公司早在1977年就知晓化石燃料会导致气候变化的相关科学研究，比公众早了足足11年。石油公司甚至做过复杂的实验，测试各种预测排放温室气体的后果的气候模型。[16]他们利用这种知识来传播不实信息，花费数千万美元跟气候变化方面的科研成果对着干。[17]石油公司的行为跟美国的烟草企业差不多，后者则是在竭力捂住吸烟会造成巨大的健康风险这一事实。

在美国，受益和谎言已经形成相辅相成的格局，最恶名昭彰的例子当数普渡制药的过度营销，利用误导性信息或作假的数据宣传阿片类药物奥施康定。[18]奥施康定是夺走美国数万人生命的阿片类药物危机的主要催化剂之一。

这些阴谋的目的都是剥削他人。即便我举的获利者麻木不仁的例子属于少数例外，美国其他那些有钱有权的人也无法脱身。至少，他们把注意力集中在减少自己的税负和大量敛集资本利得上。他们已经拿钱跑路了（例如，跑到避税天堂去）。托马斯·皮凯蒂（Thomas Piketty）和两位同事在2017年进行的一项研究表明，如果看人均实际收入，收入排名后50%的人口在2014年挣的钱跟他们在1980年挣的钱一样多——只有16 000美元（税前，以2014年美元价值计算）。此外，在这34年时间里，收入最高的

1%的人口的人均收入翻了三倍还不止，达到134万美元。[19]由此产生了一个必然的结果，50%底层人口的收入在国民收入中的占比下降了一半。[20]

美国劳动者的工资和收入水平是一个痛苦而充满争议的话题。经济学家们多年来苦苦寻求一个貌似简单的问题的答案——工资增长了没有？如果增长了，增幅是多少？根据一项测算，从20世纪70年代中期到20世纪90年代中期，美国劳动者的平均小时工资一分没涨。可是根据另外一些被认可的测算，平均小时工资是猛跌的。[21]有一项估算称，生产型和非主管型员工的周薪在1978年达到高峰，此后再也不曾重返那个水平。[22]即使20世纪90年代平均工资开始上涨，但同过去比还是处于较低水平。皮尤研究中心的一份论文称，今天的平均工资的购买力等同于40年前。[23]问题在于，如果采用另外一种通胀率的计算方法，包括中产阶级在内的工资水平是大大上涨的。既然生活水准有所提高，有些经济学家主张说，工资停滞是种荒诞的说法。

解决这个表面上的悖论的一个办法是看家庭收入。扣除税并计入食品券和医疗补助/老年保健医疗等权益的价值之后，美国中产阶级（大致定义为将收入水平十等分后处在第二组到第八组的人群）的收入在37年间上升了47%，相当于每年上升1%多一点。[24]上一代美国中产阶级的境遇要好得多。他们的年收入增长率是这一代中产阶级的2倍或更多[25]；每10个1940年出生的美国中产阶级里就有9个收入比他们的父母高出一大截。[26]自1980年以来，全世界的收入不平等现象都有所加剧，但欧洲的情况比美国好一点。[27]

要是决策者和国会议员们不对形势视而不见的话，美国中产阶级不会遭到这样的蹂躏。他们之所以容许这个派对，是因为他们就是派对的主宾。从20世纪80年代开始，美国的政治竞选和游说支出上涨了许多倍。一个立法案例研究表明，企业花在游说上的费用可以获得最高达200倍的回报。[28]

美国领导人们看到的是美国的GDP和劳动生产率在提高，各类股指高歌猛进。然而，此类合计数字掩盖了地方的政治脓疮，而这些脓疮对社会未来的健康有可怕的影响。奥特尔的一项研究指出，国际贸易高暴露的地区表现出更多政治极端主义，左翼或右翼皆如此，主流民选官员被极端分子取代。[29]从20世纪80年代开始，美国人得到的承诺用罗纳德·里根在1984年竞选广告里的话来说就是"黎明重临美利坚"，柏林墙倒塌后更是如此。实际上，对许多人来说，夜幕在降临。

自我认知的觉醒

我在宾夕法尼亚州韦恩斯堡同一些业已体会到夜幕降临的人座谈。几个小时之前，我试图进入2015年停业前为这个地区提供生计的埃默拉尔德矿山，但门口的保安叫我走开。这里大约有40 000名居民，其中一半人的家庭年收入最高为44 500美元，比宾州的收入中位值低了15 000美元。[30]他们说，镇上的年轻人预计只能一年挣到14 000美元，比墨西哥的平均收入还低。大约一半人口生活在贫困线以下。

我们所在的房间里挤满了人，照明来自日光灯，屋内的装潢很简朴。当地的政府官员和美国矿工联合会的领导人坐在我的对面——桌子的另一头。当我说到煤矿停业纯粹是经济事务时，他们愤怒了。"政府想要关闭它们，"郡行政长官布莱尔·齐默尔曼（Blair Zimmerman）说，"他们在毁掉我们的社区。他们不在乎我们的命运。我们遭遇酗酒、毒品和家庭问题。以前，丈夫会在家里做家务，给妻子搭把手，现在成了卡车司机。"开长途卡车是被裁员的矿工们能找到的薪酬最高的工作，工资大约是矿上的一半，但他们几乎见不到家人。

所有参加集会的人都能如数家珍地说出哪些高效清洁的丹麦和日本发

电厂烧煤。[31]他们声称天然气行业正在资助反对煤炭行业的环境和政治宣传战。这不是阴谋论。据《时代》杂志报道，2007—2010年，美国历史最悠久的环保组织塞拉俱乐部从美国天然气行业以及问题多多、污染严重的油页岩行业那里获得了2500多万美元。这些钱的用途之一是资助"超越煤炭"这一宣传战役。该战役明确呼吁关闭煤矿。[32]塞拉俱乐部报告说，天然气企业还想再捐至少3000万美元，但那时候俱乐部决定断绝与该企业的关系。

埃德·杨科维奇是矿工联合会的领导人之一，说起话来自带许多感叹号。"我们只好从事其他职业，对吧？"他说，"没有其他职业！哪里都没有！在阿巴拉契亚山区根本没有！你可以从阿巴拉契亚山脉的最北端开始找，那大概是在缅因州，一路往南直到亚拉巴马州，你告诉我哪里有别的职业！根本不存在！这里的孩子们，格林郡的孩子们，阿巴拉契亚山区的孩子们，他们不笨，他们很聪明。我们可以按高新科技行业的要求培训人，但我们找不到明天早上就可以敲门求职的地方，没办法自我介绍说'我来了，我准备好到高科技行业上班了'，因为这里根本没有就业机会！而且在可见的将来，我也没听说有人会把就业机会带到这里来。"

他往后靠在椅背上。他的话里最引人注意的就是受伤的自尊心。他断言这个房间里所有人的孩子都不笨，只是没有得到公正的待遇。

· · · · ·

2016年3月，希拉里·克林顿到访俄亥俄州哥伦布市，在那里提出一个计划，即用可再生清洁能源替代火电厂和燃油发电厂。"我是唯一一个制定政策，把清洁可再生能源作为关键，为煤炭产区引入经济机遇的候选人，"她宣称，"因为我们会让很多煤矿工人失业，很多煤矿企业关门，对吧？"

她计划向煤矿社区投资300亿美元，但无人关心这个计划。新闻播报的内容是，她想让"很多煤矿工人失业，很多煤矿企业关门"。后来她认为这是她竞选过程中犯下的最大错误。

特朗普竞选团队抓住机会大做文章。同年5月，特朗普在煤矿重镇西弗吉尼亚州举办集会。他戴上安全帽，眯起眼睛，撅起嘴唇，做出挥舞煤锹的动作。集会人群为之狂热。"我当选后会做什么，你们等着瞧，"他大声说，"我们要让矿工们回到矿山，你们会为你们的总统自豪，你们会为你们的国家自豪。"

我采访过的韦恩斯堡停业煤矿的前矿工们听到了两个谎言。一个是特朗普撒谎说他会重振濒临死亡的煤炭行业。但他们也听到了来自希拉里的一个覆盖面更广、蕴意更黑暗的谎言。她知道，而煤矿工人们也知道，没有哪个政府计划能够拯救他们，没有高科技工厂会从天而降。他们知道华盛顿早已忘记他们，而希拉里的说辞是出于政治需要。希拉里需要煤矿工人的选票，但她也信服环保主义的论点，同意清洁能源应取代煤炭。在这些煤矿工人看来，希拉里的许诺是背景噪音，就像大雨敲打废弃小镇上的一辆锈迹斑斑的运煤车的声音。倒不是说他们对特朗普信以为真。几乎所有我采访过的人都强调他们不喜欢特朗普，有的人甚至厌恶他。"我们只能在两个骗子当中选一个，"我在韦恩斯堡一个停业矿山门前遇到的两位前矿工之一说，"而且我们知道特朗普至少会试一试。"在社交媒体这一回音室中，特朗普和希拉里通常都被描述为不诚实的人，但事实核查者们一致认为希拉里更可信些。特朗普曾向矿工们保证，要逆转市场经济的强大洪流，但他的诺言不过是空话。2017—2020年末，美国的燃煤产能在其任期内遭遇了有史以来最严重的下滑。

这些人失去了报酬丰厚的工作。他们的储蓄水平以两位数的速度下降，他们的收入在国民收入中的占比猛跌，他们的工会变得无足轻重，他们的孩子根本没有享受到机会均等。对陷入贫困的恐惧是一股强大的政治力量，民族主义情绪因此高涨。2008年危机期间发现自己的财产净值崩塌的中产阶级满心恐惧地俯视美国社会的下半部分。[33]与此同时，正如奎格利一家所想，"其他国家"被视为对他们的身份认同和生活的威胁。那比他们停滞不前的工资重要得多。

就这样，一种全新的意识诞生了。"天网开始以几何速度学习。它在东部时间上午2点14分产生自我意识。"科幻电影《终结者》里的终结者报告说。[34]我采访的人长期以来被当作无声的工具被繁荣兴旺的美国加以利用。但是，由于信息获取变得更便捷，社交网络兴起，全球化意识增强，蓝领工人们开始意识到自己的真实处境。玛丽安娜和韦恩斯堡的煤矿工人们同我讨论股东分红、公司税、教育政策、全球经济和能源市场，展现出宾夕法尼亚州小镇居民从前不曾普遍具备的专长和知识。随着他们的知识呈指数级增长，他们无意错失2008年危机后引爆的激变时刻带来的机会。在他们看来，无论是在过去还是在当下，这都不是什么"强烈反对"或"民粹主义浪潮"。这是一种从根本上改变美国权力和优先级的航线的尝试。他们不信任现有的社会制度——从国会到媒体，他们选择反抗。

第 **18** 章

反全球化者

REVOLT

● 逆 流 年 代 ●

大胜之后，我在夜里做了一个梦。梦里一片平和静谧。晴空万里，原
野鲜花盛开。没有国境，没有铁丝网。在我的梦里，人们在田野和工厂里
劳作，没有憎恨，没有恐惧，他们在一起劳作，无论民族、宗教、种族或
性别，因为人人都为一个目标劳作。他们都为我劳作。

——汉诺赫·列文，《席兹》（*Schitz*），1974年[1]

2018年底，我在英国一个与世隔绝的庄园里参加了一个学者大佬们的
集会。天气寒冷，但是我们可以啜饮波特酒取暖。与会者们发表了他们对
唐纳德·特朗普当选美国总统两年后的国际形势的看法。欧洲人口吻谨
慎，流露出一定程度的冷静，但鉴于英国即将脱欧，这种冷静也有限。与
之形成对比的是美国人。他们没有一个把选票投给特朗普。他们的话音中
流露出深深的攸关人类存亡的绝望，让我很难不同情他们。他们怀疑美国
永远无法恢复被此届政府糟蹋的政治规范。对美国地位的损害无可挽回，
美国从前给盟友的安全感或许已成往事。不过，我也听到了出乎意料的言
论——特朗普的横空出世有其必要性。"他迫使我们，"其中一人说，"重
新思考我们的根本假设。但更重要的是，他重新激发了自由主义情绪。"
虽然他们恨他，但他们也表扬他直面其他人回避的议题。"特朗普揭开了我
们都心知肚明存在的但谁都不愿触碰的伤疤。从移民到美国在世界上的地

位。现在他把伤疤揭开了——无论是以何种方式。"另一位与会者说。美国政治文化中的形形色色的禁忌,召唤出了一个毫无忌讳可言的人。

这样的评估需要回溯到最重要的参与者——特朗普的选民们。2020年1月,我重返宾夕法尼亚州的玛丽安娜,再次见到了奎格利一家。杰西卡和乔尔搬进了乔尔的父母让给他们住的一所更大的房子里。两位老人已经踏上横穿美国的退休之旅。房屋被建在一座俯瞰小镇的山上,占地有几英亩*。乔尔又开始当煤矿工人了,不过换了一个煤矿。杰西卡在一家旅馆工作,新近升了职。旅馆的住客多数来自能源行业。玛丽安娜看上去景气了一些。奎格利夫妇提到,他们不用大老远开车到别的地方买肉了——镇上开了一家肉店。天黑了,我们和他们一起开车带孩子去外面吃饭。比萨的味道真不错。他们一边吃,一边告诉我几个月前的迪士尼乐园之行。他们重新小康起来的生活跟特朗普政府的煤炭政策有关系吗?没什么关系,他们说,但这家人表扬总统改善了整体的经济状况。"我们开始朝正确的方向走了。"乔尔说。

在我重返玛丽安娜之前,我给他们打过电话。他们听上去很坚决,同时充满希望。[2]"特朗普为这个国家做了很多,"乔尔说,"他创造就业,失业率下降了,但特朗普也有一些问题,比如,他的讲话方式就有问题。那个没必要,但从政务来看,我觉得他做得对。"他们俩都觉得自己当时把票投给特朗普是对的。杰西卡甚至专门去登记成为共和党人。"经济总的来说很好,大家都出来挣钱、花钱,我这辈子从未见识过失业率下降的幅度这么大。" 杰西卡说。杰西卡为她身边的怀疑和消极态度感到惋惜,她认为这主要怪特朗普的对手们。"我认为社交媒体这玩意很可笑,但我不觉得全都要怪唐纳德·特朗普,"她解释说,"我只是觉得可能有很多事情被夸大了,要么就是社交媒体上流传的东西太多……大家都慌了。"

---

* 英美制面积单位,1英亩约合4046.86平方米。——编者注

奎格利夫妇认为民主党人对特朗普的批评过火了。杰西卡说："实在太夸张了。他们就想拉特朗普下马。"特朗普愿意"同所有人共商大事"让乔尔印象深刻。用他的话来说，"他在努力"。

乔尔不喜欢特朗普冲人"咆哮之类的"。"那天，我看到他说自己比囧司徒（乔恩·斯图尔特）强，"乔尔说，"囧司徒是个电视节目主持人，但他为参加'9·11'袭击事件救援的消防员和急救人员的医保奔走呼吁，最后搞定了。特朗普居然回嘴说他觉得自己比囧司徒强，他不必说那样的话。"

每当我想起他们的话，重温我2016年拜访他们家时做的笔记，我就会意识到一个重大的改变已经发生。2016年，世界和"其他国家"在我们的谈话中占很大的比重。美国的地位也是。3年后，奎格利夫妇闭口不谈那些话题。他们只讨论美国。乔尔和杰西卡说2020年他们可能还是会投票给特朗普。

• • ● • •

责任时代为全球化的第一幕搭好了舞台。在第一幕里，美国和西方兴旺发达，世界被划分得相当有序，有超级大国、繁荣的都市中心，还有劳动力和环境剥削中心。在进步价值观的激励和制造业与技术的助力下，剥削中心开始恣意发展。

在第二幕里，富裕国家的体系变得越来越不稳定。制造业和工资增长移动至全球东部和南方国家，数百万人得以摆脱赤贫。出于经济和社会原因，左翼和右翼许多人都欢迎移民。与此同时，反对自由主义价值观的势力增强，原教旨主义开始推石头上山。

在第二幕结尾，所有反抗所需的条件都到位了。许多人感觉到他们的个人安全、社会身份和工作岌岌可危。受到背叛的中产阶级掏出手枪放在壁炉台上。现在，第三幕开始了，随着反抗四下爆发——原教旨主义、民粹主义、民族主义、移民危机、英国脱欧、左翼激进主义、贸易战，以及整个全球秩序的颠覆，事态发展的速度越来越快，越来越激烈。并非所有人都参与了反抗，甚至不能说大多数人都参与了，但参加者的确人数众多。这场反抗缺乏一个连贯一致的系统性理念。它有许多化身，视各地情境不同而不同。

有些人说，当前这个时刻和革命爆发并不相似，比如，1917年10月的布尔什维克革命。当时，军队里的一小群人之所以能够控制整个俄罗斯，是因为他们组织有善，而且受到一个全面且激进的思想的推动。俄罗斯共产党人几乎从最开始就抛出了一个基于马克思和恩格斯理论的可选择的社会模式。

我们还没有达到那一刻。变革的势头已起，但我们才刚刚朝新时代迈出第一步。这个激变时刻的推动者们抛出的答案是破坏现有的权力结构；他们还没能阐明要用什么连贯一致的、基于共识的结构来取代它。

如果一定要找一个类似的革命，不应该看十月革命，而应该看比它再早几个月的、于2月发生的那场革命。那时，沙皇退位，君主制被废除，苏维埃（工人代表会议）纷纷成立，临时政府统治俄罗斯，相比后来的内战几乎没流什么血，但空气里已经隐约可以闻到即将到来的大屠杀的血腥味。二月革命颠覆了俄罗斯的政治体系，激进分子这才得以组织起来，发动攻击。列宁这才能登上现在已成为传奇的"封闭"列车车厢，穿越德皇威廉二世统治下的德国，返回俄罗斯，领导政变。[3]

唐纳德·特朗普不是列宁。他只是拿起了第二幕里被放在壁炉台上的手枪并开了枪。枪声预示着新时代的黎明。特朗普主义只是个开端。

全球化的黑暗之子

具有讽刺意味的是，特朗普的崛起比任何其他美国总统都更得益于他力图破坏的全球化。特朗普的政治地位在全球金融危机之后上升,他最强有力的说辞,即让他从2016年共和党候选人中脱颖而出的说辞,就是围绕移民、就业和国际贸易政策的失败展开的。

不过,政治只是特朗普生命中的一个新篇章。他是一位地产开发商,在世界各地造高尔夫球场,在曼哈顿用中国钢铁建摩天大楼,把公寓卖给俄罗斯人,借助一家德国银行的融资重建他破产的生意。他对推特这个全球化的社交网络很上瘾。上述可不是什么毫无意义的流水账。之所以一个纽约房地产巨头能够利用中国钢铁、德国融资、俄罗斯资金和在海外直接投资发大财,扬名立万,是因为商品、信息和资本流动途中的障碍被稳步移除了。特朗普在责任时代建筑师们规划的世界里风生水起。后者建立了布雷顿森林体系、世界银行、联合国和世界贸易组织。所有这些都遭到了特朗普的鄙视。如果没有这些政策为世界秩序奠定基础,他几乎无法像现在这样成功,也可能早已在屡次的财务危机中折戟。他父亲弗雷德·特朗普建立的房地产帝国几乎全都在美国境内。唐纳德·特朗普立志打造全球化的帝国。他是全球化的敌人吗?特朗普是终极局内人。

特朗普经常出尔反尔。他以前是民主党人,现在是共和党人。他以前支持女性选择权,现在谩骂堕胎。美国刚入侵伊拉克时,他是鼓吹者,后来变成谴责者。但是有两点他始终如一——自20世纪80年代以来,他一直猛烈地抨击美国的贸易政策以及他所谓的美国海外软肋。多年来,他给迫切需要爆料的媒体提供了很多谈资,声称美国以外的地方都在经济和政治上利用美国,只有他——《交易的艺术》(*The Art of the Deal*)一书的名义作者,才能拯救美国。他从一开始就借全球化时代的东风把生意做大,同时用自己的成功来攻击它。

特朗普是消费主义时代的表演者。你可能在电视上看过,他抓住世界摔角娱乐公司的首席执行官并将其拖进摔角场,往对方头皮上抹剃须膏,然后现场直播剃头。为了自己的新真人秀电视节目,他让摄制组进入自己的办公室，一边说俏皮话一边任他们把一只秃鹰放在他的肩膀上。他身穿亮黄色的西装出现在《周六夜现场》的一个滑稽短剧里，同一群打扮成小鸡的演员一起宣传虚构的"唐纳德·特朗普鸡翅屋"。这些好脾气的表演背后的设定向来是他个人取得了成功。他的选民们从不觉得自己是听他演讲的观众，而是观看他的演出并为之开怀的客户。

"亿万富翁"这个标签对他的形象至关重要（特朗普本人乐于把"数十亿"这个表述插入到任何情境当中去）。但是如今，世上有成千上万的亿万富翁。特朗普在美国亿万富翁界鹤立鸡群的原因在于他把自己塑造成了亿万富翁的原型，从不疑惑，从不在意旁枝末节，正如动画情景喜剧《辛普森一家》对他的描绘。他用标志性的发型、橘黄色的皮肤和夸大的言辞把自己变成了特朗普品牌的标识。他在私人飞机上吃肯德基或麦当劳食品的照片是精心设计的，其用意是为了说明，无论你称之为荒谬还是诡异，但他就是一个普通人、一个平民、一个中产阶级浪漫投射的化身。弗兰·莱博维茨（Fran Leibowitz）说过："特朗普是穷人心目中的富人。"

特朗普当然不是真正的普通人，但他是平易近人的亿万富翁。财富水平同他相当的富人很少有像他这样对媒体上心的。他算不上最富有的亿万富翁、最聪明的亿万富翁或最性感的亿万富翁，但他是唯一一个经常出没于媒体和娱乐行业的亿万富翁。正因为如此，他的出镜率比他那个收入档次里的所有其他人都高。当总统前，他定期担任霍华德·斯特恩（Howard Stern）主持的电台节目的嘉宾，吹嘘他前一晚又跟哪位时装模特约会去了，发表他对女性身体不同部位的看法，逗观众一乐。他也是深夜电视节目的常客，在经济类节目中接受采访，还在电影和电视里扮演过他自己。即使当上总统后，他也会不事先通报就打电话给电台和电视节目。他总是那么乐意露脸，那么渴望关注，以至于他会打电话给记者，自称是特朗普的公关兼朋友"约翰·米勒"[4]，然后用这个人的口气对自己大加赞美，《华盛顿邮报》报道称。"讲到女人，数得上的美人都会打电话给他，"据称他在一次被电话录音的谈话中这样吹嘘道，"女演员们，你报道的那些人，都会打电话来，问能不能跟他外出约会什么的。"这位化身特别指出"他对麦当娜一点兴趣都没有"，虽然"她打过电话，想跟他约会"[5]。随着特朗普在初选中攻城略地，鄙视他的保守派大佬比尔·克里斯托尔（Bill Kristol）大发雷霆说："共和党就要提名奥兹国的男巫做总统候选人了。"

克里斯托尔说得没错，但他的怒气不合时宜。在美国，想当男巫，只要外表言辞像就可以。特朗普屡次经历债务重组、公司破产，经济类报章杂志嘲笑他的商业头脑和所谓的好名声，但他还是成功了。最终让他扭转颓势的是21世纪初推出的电视真人秀《飞黄腾达》（*The Apprentice*）。他在其中扮演终极商人。亿万富翁高踞资本主义食物链的顶端，而特朗普是唯一一个定期出现在美国公众起居室里的亿万富翁。多亏了这档收视率名列前茅的电视真人秀，他从纽约社交圈名人一跃成为国家偶像。当然了，节目从未提到过特朗普的企业破产了，且有充分的证据表明他拖欠供应商和承包商的款项，也没有提到他热衷于打官司。[6]美国人在电视上看到的是一位粗鲁好斗、接地气的强盗式资本家。他主持一档资本主义角斗秀，输家们被告知"你被解雇了！"堪称市场经济风格的处决。他把自己打造成一大批美国人求而不得的某个东西——成功——的权威。这个人设完美地契合了社交网络世界，那个不容漠视的世界。

即使到了特朗普竞选胜利几年后的今天，许多人还是很难相信他居然入主了白宫。22名女性公开指控他对她们犯下猥亵、性侵犯或强奸等性罪行。他在一段录音里说："只要你是名人，她们就会让你为所欲为。你想怎样就怎样。你可以抓她们的下体。"[7]没有哪位美国总统的丑闻达到过这个量级，但这只不过是他开创的又一个先河而已。他是第一位在当选前从未担任过公职的总统，自理查德·尼克松以来第一位不公开纳税申报单的总统，第一位名下生意多次破产的总统候选人。"唐纳德·特朗普是个骗子，是个欺诈犯。"米特·罗姆尼（Mitt Romney）在2016年宣称。[8]用任何客观指标来衡量，特朗普都称得上是领导现代大国的最多产的大话王之一。然而，他的重要意义不仅在于他乐意撒谎，还在于他喜欢在公众面前撒明眼人都能看穿的拙劣谎言。上述没有哪一项能阻挡选民们在2016年站到他身后，此后许多美国公众还在继续支持他。

要是美利坚帝国没有罹患被领导人们有意无意忽视的严重的系统性疾病，他不可能当选。这些领导人否认全球体系正在伤害美国大陆上一个又一个社群。他们否认美国在世界上的权力回落，否认美国人自"9·11"袭击以来日渐增长的不安全感。他们并非真心实意地想应对诸如移民和身份认同等争议很大、容易引火烧身的议题。他们往往承认蓝领工人等人群的困境，但他们的回应只不过是列举幸运签饼全球化的信条，让大家坚持正向思维，还反复给出神秘主义预言，声称美国能够成功克服任何挑战。这些主张都建立在一个经典的归纳型谬论上：美国总会成功，因为它以前一直成功。

特朗普向美国人传递的颠覆性信息正好与之相反。他争辩说，许多美国人都感觉到，美国正处于末日边缘，这一点都没错。身为市场营销天才，特朗普在兜售一个新颖的产品——绝望。对广义全球化——不但指全球贸易，还包括参与世界事务，同世界互动，以及普世主义价值观——的敌意已经无处不在，以至于他这个出生于豪门、来自曼哈顿的亿万富翁都利用了这种情绪。他在共和党全国代表大会上接受总统候选人提名时所做的演讲既残忍又愤怒。"我们召开大会时，我们的国家正处于危急时刻。"他宣称。他的演讲里有一系列黑暗预言：

> 袭击……恐怖主义……我们街头的暴力……混乱……犯罪和暴
> 力……杀人……枪击案受害者……有犯罪前科的非法移民……四下
> 游荡威胁爱好和平的市民……一个接一个的国际耻辱……一个又一

个……美国比以前不安全得多，世界比以前不稳定得多……灾难……
伊斯兰国的势力已经扩散到整个地区和全世界……激进的穆斯林兄弟
会……混乱……危机……局势比以往任何时候都糟糕……死亡、破坏
和恐怖主义和软肋……美国……实话说，这个环境比我所见的任何环
境、比在场各位在电视上看到过的或者亲眼看到过的任何环境都更
危险。[9]

全球化选举

特朗普的言辞契合反抗时代的不稳定和不安全这两个特点。2016年竞
选季是美国历史上全球化程度最高的一次，而这一轮竞选活动——尽管污
迹斑斑——将他推向高位，让他领导世界上最强大的国家。

首先，特朗普得益于外国势力对美国政治话语的干预，即俄罗斯进行
的大规模秘密行动。用美国情报界的话来说，俄罗斯行动的目的是在美国
土壤上播撒不和的种子，提高特朗普的胜出概率。即使有人相信俄罗斯的
介入未能在大选中起到决定性作用，也很难否认俄罗斯人开展了空前的情
报行动。他们实现了苏维埃帝国鼎盛时期未能实现的目标——把信息散布
给数以百万计的美国人，让其中许多人不知不觉地上当受骗，从而有效推
进了显然来自弗拉基米尔·普京办公室的议程。[10]

但是，普京并非竞技场上的唯一玩家。私人运营商出于盈利目的也散
布了虚假信息。它们中有许多来自海外。英国政治咨询公司"剑桥分析"
未经明确同意就从数百万人的脸书页面收集了个人数据和偏好，然后利用
后者向特定类型的选民投放定向广告。奥巴马政府决定不参与叙利亚内
战，但接着美国发现自己同伊斯兰国杠上了。叙利亚内战引发国际难民危
机，对欧洲产生重大影响。在英国，它拉高了对脱欧的民意支持；在美

国，它给特朗普竞选战注射了强心针。在一个全球化的世界里，不存在孤立的局部冲突；保持被动姿态的超级大国将付出代价。

全球化已经逐渐侵蚀各国的实际主权。这种侵蚀在2016年达到巅峰。特朗普的确采用了"美国优先"的口号，但之前没有哪一次总统选举受到过如此密集的来自外国的势力的影响，甚至某个外国大国能读取美国人的电子投票机[11]，有能力在远处煽动游行示威。

这是全球相互关系日益紧密不可避免的后果。全球化不但搭好了舞台，还规定了这场戏的节奏、配乐和剧本。舞台搭好之后，全球化派出以特朗普为首的演员上台，特朗普又引出之前作为背景故事的全球化，把它放在聚光灯下。"我们不会再让这个国家或者它的国民屈服于虚伪的全球化之歌，"他宣告，"民族国家仍然是幸福与和谐的真正基础。我怀疑那些束缚我们、打压美国的国际联盟关系。"[12]希拉里·克林顿明言捍卫全球化，警告美国不要走上孤立主义道路，因为她认为这会伤害美国及其劳动者。然而，到了这一刻，美国中产阶级先前胸有成竹的因素——就业保障、社群团结、对他们的孩子会过上比他们还好的生活的信念——已经被模糊的全息影像替代。

这个现实幻影召唤出了特朗普。他是国民中的亿万富翁，他朝媒体喷射仇恨之火，但又同它形成共生关系。他那才华横溢的传记作者迈克尔·丹东尼奥（Michael D'Antonio）告诉我，见到特朗普就像走进特朗普已经写好剧本的一场戏。他背诵的台词一如既往地鼓吹美国的伟大，但这些熟语已经同其起源、同促进美国崛起的价值观和政策脱节。与之相称的是，他借助一档电视真人秀闯入美国意识，他这个冒牌货甚至不再需要假装代表真实的世界。他只要像他家那座仿凡尔赛宫的镀金顶层公寓就好。

令人瞩目的是，许多住在类似宾夕法尼亚州格林县的人就需要他这样的赝品。在那些地方，美国梦已经变成空洞的许诺。如今美国的中产阶级劳动者有信贷而非储蓄，贪婪地追求消费主义而非真正的财务安全，加班而非加薪，摄取垃圾食品而非营养，用智能手机同世界连接但很可能享受不到他们父母曾享受受过的繁荣。如果世界上的真品都被赝品取代了，那么胆子最大的赝品就是王者。

选举结果看似随机，或者说近似随机。单看选民票数的话，希拉里得到的选票比特朗普多出将近300万张，但她在三个州失利，丢失了不到80 000张选票，于是落败了。要是多哪怕0.25%的美国人不那么反感女人当总统的话，要是她成功说服更多非白人选民出门为她投票的话，甚至要是时任美国联邦调查局局长的詹姆斯·科米（James Comey）扣住他那封如今臭名昭著的要求重启对希拉里"邮件门"的调查的信件不发的话，她就能当选。然而她输了。美国已经跑得如此跟跄，以至于它愿意推着像唐纳德·特朗普这样的人冲过终点线。

政治领导人们一直以来蜷缩在对不可阻挡的进步、自由贸易和宽松的移民法律的信心的羽绒被里打盹，而美国的腹地却倍感威胁。然后，写有MAGA（意为"让美国再次伟大"）字样的红色棒球帽出现了。从边缘区域开始的对全球化的反抗，在世界上最伟大的强国的政治中心发动游击战，占领了它的最高办公室。特朗普并未对反对全球化的声音做出条理清晰的回应，他只是宣告末日可能来临的最弱小的一位骑士。

一个民族主义者的诞生

2018年国会中期选举前不久，特朗普飞到休斯敦为参议员泰德·克鲁兹（Ted Cruz）站台拉票。当年，竞选共和党总统候选人提名时，两人曾经恶语相向；特朗普的恶语远远多于克鲁兹。他给克鲁兹起了个外号叫作"撒谎的泰德"，因为他声称后者是"我一生中打过交道的人里的头号大话王"，更别提他还是"一个很不稳定的人"，"有点癫狂"。克鲁兹说特朗普根本不适合当总统，说他"自恋"并且是个"连环作恶的色鬼"，还说美国人或许某天早晨醒来发现他已经"用核武器攻击了丹麦"。上述只是两人交锋时用过的诽谤之言的一个小样本。

特朗普当选后，克鲁兹同大多数共和党人一样，在他曾经断言对美国有害的人的背后站好了队。而作为总统，特朗普当然不希望共和党人失去克鲁兹的席位。

于是特朗普改口称克鲁兹为"美丽的泰德"，就好像中世纪的教皇包涵一个任性的贵族。当晚的活动充满节日气氛，人群浩大，热情澎湃。特朗普在演说中长篇大论地讨论美国的经济状况，宣布欧洲国家"再也占不到我们的便宜了，各位"[13]。接着，他解释了自己计划如何颠覆当前的自由主义秩序和全球化，都是老生常谈。"美国再次胜利。美国再次受到尊敬，因为我们以美国为先。我们事事以美国为先。我们已经几十年没有这样做了。"他告诉人群。然后他指出了敌人。"激进的民主党人想要时光倒流，让腐败的、贪恋权力的全球主义者掌权。你们知道全球主义者是什么样的人，对吧？你们知道全球主义者是什么样的人吗？全球主义者想要全球好，但老实说，他们不太在乎我们的国家。"

把信奉自由主义价值观的人塑造成叛徒是经典的民族主义言论。它树立了一个错误的对立，把普世主义价值观同本土利益和民族文化对立起来。它传递的信息非常明确：我们当中隐藏着敌人。美国极右势力把"全球主义者"这个词在这个背景下用于反犹目的。特朗普的女儿和外孙女们都是犹太人，但特朗普了解这一点吗？无论怎样，特朗普毫不犹豫地欣然采用了一个在几乎整个20世纪以及21世纪美国政治话语中有毒的词。

"你们知道，他们有个词，"他说，"它有点老掉牙了，叫作民族主义者。我说，真的，我们似乎不应该用那个词。你们知道我是什么人吗？我是民族主义者，怎么样？我是民族主义者。民族主义者……用那个词吧。用那个词。"

那天晚上，特朗普并没有解释他所说的民族主义是什么意思。第二天，在白宫新闻发布会上，他重申自己是民族主义者，但斩钉截铁地否认自己早就知道这个词同种族主义和白人至上主义有关联。他同样回避解释他对民族主义的定义。他的做法符合民族主义者的习惯，不用这个词来界定他是谁，而是用它来界定他不是什么样的人。他不是奸诈的全球主义者，不会企图借秘密的国际主义议程的名义来蓄意破坏美国。

这自然引发了公众对民族主义的广泛辩论，从族群或种族民族主义到意大利革命者朱塞佩·马志尼（Giuseppe Mazzini）阐述的经典自由主义民族主义理念，再到史蒂夫·班农所倡导的经济民族主义。这场辩论还从历史的角度分析了为什么"民族主义"这个概念从美国的正当政治话语中消失了。辩论之下，一个明摆着的事实被遮蔽了：特朗普已经承认自己的真实身份。"民族主义"准确地描述了他长期以来从未偏离的、令人深为不安的表现，这也是他本人用来对其加以描述的唯一一个"主义"。

有些观察家争辩说，多年来，特朗普认为形式就是内容，风格可以冒充实质。正是因为如此，他接连不断地吐出空洞的、蛊惑人心的意识流，把它拆分成一段段自恋的发言，发在他手机里安装的唯一一个应用程序推特上。按照这个看法，特朗普最多是个危险的小丑。

然而，他的支持者认为他是一个民粹主义者。民粹主义者在这里是个褒义词，指务实、坚定、不把礼仪或公认的言行标准当回事、面对陈腐的政治建制一意反对而不顾一切向前进的人。在他2016年赢得总统大选胜利之前，莎莲娜·齐托（Salena Zito）就很有预见性地在《大西洋月刊》（*The Atlantic*）上概括说："新闻界照着字面意思理解他，但并不认真对待他；他的支持者们认真对待他，但并不按字面意思理解他。"[14]

回顾过去，他需要别人既认真对待他，又按字面意思理解他。特朗普尝试过兑现他许下的多个诺言，即使让美国社会、美国经济、外交关系和世界上最重要的共和国的政治文化付出沉重代价也在所不惜。无论是在美墨边境建墙，贸易战，还是虐待移民和寻求庇护者，没有人能说他的态度柔和了，变得更有分寸了，或者采用了既定规范。正如塔列朗对法国波旁王朝君主的著名评价，用在他身上似乎也很合适：身为总统的他什么都没学会，什么都没忘记。这位美国第45任总统就是他自己政府里正在爆发的火山、内部摩擦和纷争的来源，而他利用这些达到自己的目的。

特朗普孜孜不倦地散布民族主义言论。以前有人认为，他是个经典的孤立主义者，只想让美国安宁地偏居一隅，但这个看法已被证明不属实。他显然把一半的美国人视为勾结外人、加入反美全球阴谋的投敌者。特朗普把政敌看作"国民的敌人"。这些政敌包括记者、移民、全球主义者、民主党人、把工厂搬迁到海外去的企业、美联储、已故参议员约翰·麦凯恩（John McCain）、新冠病毒流行期间食品和药物管理局中的一些人，以及许多其他人。他的口号"美国优先"源自当年阻止美国参加第二次世界大战的运动，流露出来的仇外情绪可不是一点半点。他的经济理念是经典的民族主义理念，同美国保守的传统中的自由市场原则大不相同。他试图阻止伊斯兰国家的人进入美国。他无休止地同其他国家——从丹麦到中国——的领导人公开对峙。他执迷于拦截移民、封闭美国的边境、建起象征种族–民族主义原则的边境墙，把外国人和"真正的美国人"区分开来。而"真正的美国人"暗指表面上拥有共同历史、传承、文化价值观和身份认同的白人。

当新纳粹分子和白人至上主义者在弗吉尼亚州夏洛茨维尔游行、同反对游行的人发生冲突 ——导致1人被害——时，特朗普宣称："两边都有一些优秀的人。"[15]他对4名有色国会女议员说，"回到"她们的祖国去。[16]

这不是一个连贯一致的议程。连续不断的即兴创作是特朗普政府的标志。不管怎样，他的民族主义都站不住脚。一个真正的民族主义者不会漠视甚至欢迎外国势力干预他的国家的选举。一个真正的民族主义者不会贬低他自己国家的战争英雄，不会在电视采访里用"我觉得我们的国家也杀过很多人"来为一个外国领导人的残暴开脱。[17]

他的民粹主义风格早已同民族主义结合，但这两种态度之间有一个根本性差异。民粹主义首先问，谁在社会顶层，谁在底层。用本杰明·德克林（Benjamin De Cleen）的话来说，它考察无权–有权的维度。[18]民粹主义者声称，公众有真实且正当的要求，而精英阶层和政坛力图阻挠这些要求。

在西方，"民粹主义"已经成为一个笼统的术语，指称一系列现象。结果，因为它试图包罗万象，所以它非常空洞。我们目睹的不是类似19世纪晚期那种自我标榜为民粹主义政党的崛起，而是"民粹主义"这个概念回归描述性词汇的本色，而且还往往带有贬义。"民粹主义"不足以描述民族主义、种族主义、原教旨主义和激进左翼理念在当代的崛起；重要的是，如今既没有自我标榜的民粹主义者，也没有条理清晰的民粹主义议程。学者们、权威人士们、记者们和主流政客们有时候偏向于不使用更加精确的术语，所以他们继续把现任总统及其支持者的理念称为共和党理念，继续把总统叫作民粹主义者，虽然他本人自称"民族主义者"。执意把今天的反抗者称为"民粹主义者"的现象在美国之外也存在。欧洲人也不愿意把民族主义者、法西斯主义者或种族主义者等标签贴在极右翼政党身上，因为这些词汇让人联想起20世纪30年代的高压的极权式政府和第二次世界大战的恐怖。"民粹主义"就像一层七彩涂料，外观温良，没有散发恶意或暴力倾向。

民族主义同民粹主义形成对照。它不问谁是一个既定社会的统治者，谁被统治。它关注的不是上下层级的关系，而是横向关系——它试图判断谁在它理想中的民族主义社群里面，谁在外面，哪些社群内人士应该被赶出去。

民族主义者感兴趣的不是民粹主义在意的阶级和权力关系，他们关注的是那些可以确认一个人是属于一个国家还是应该被排除在外的身份元素。"这是一个讲英语的国家，不是讲西班牙语的国家。"特朗普在2016年的一次总统竞选辩论中说。还有一次，他声称一位出生于美国、父母是墨西哥移民的法官不能主审控告特朗普的案件，因为存在利益冲突。

民族主义还有另外一个特点。它无法同其他理念长期共生。特朗普任命的官员、实施的税改以及他同共和党领导层之间形成的良好关系已经清楚地表明他不是民粹主义者。值得一提的是，特朗普并未也不曾试图改变他所在国家的精英阶层同其他人之间的基本权力关系。他没有把权力交给国民，也没有不断增加他们的社会福利或扩大政府开支。正好相反，他传播给国民的只有怨恨，只有这样他才能建起他那"美丽的高墙"，外国人才不可能"闯进来"。

民族主义者的性质决定了他无法长期隐藏本色——民族主义社会主义理念里根本没有社会主义，而民族主义民粹主义只是昙花一现。族群或种族民族主义只能同法西斯主义合唱，它们俩倒是相得益彰。

特朗普的崛起是否将美国带上了法西斯主义道路，这个辩论仍在进行，而且火药味很浓。然而，并没有多少证据表明特朗普本人是一个法西斯主义者。他没有一个统一协调的计划，推行一个极权主义项目，夷平民主政体的各类制度。特朗普侵蚀美国民主政治的方式，特别是在对他的弹劾案以宣布他无罪告终之后，并无计划性，而是恣意地率性而为。在特朗普的世界里，没有哪一个理念大得过他本人。不过，他的世界还是有一个行进方向的，那就是民族主义。特朗普的民族主义很粗糙。它的中心思想是美国受到内外部势力的威胁，威胁到了美国独一无二的身份认同和民族社群的成功。因此，认为真理和正义的标准独立于国家政权的假设对他的世界观不利。社会主义、保守主义和民主政治都尊重公民社会，但对民族主义者来说，公民社会永远是次要的。民族主义的本质决定了它总会杀死自己的宿主。

特朗普就是这样。他没有通过制定任何——好的坏的都没有——民粹主义法律，以从根本上改变精英统治或创造出新的资源配置的方法，他的民粹主义只是一种风格，一种名牌配饰，一种在按脚本上演的大型集会上空轰隆发声的情绪。

虽然特朗普是个虔诚的民族主义者，但他对自己打响的贸易战对美国经济及劳动者造成的伤害视而不见。他唯一的专注点是坚决不让任何其他国家利用美国，并不考虑自己的政策对他的国家的地位及其劳动者的福利的影响。

"民族主义是被自我欺骗调和的对权力的渴望，"乔治·奥威尔写道，"虽然民族主义者对权力、胜利、失败和报复念念不忘，但他往往对真实世界里发生的事情不大感兴趣。他想要的是觉得自己所在的群体处于某个其他群体的上风。" [19]

如果这样一种态度想要长期持续，如果政客们即便在他们的行动后果证明他们失败之后还想要活得好好的，对客观真理的漠视就必须扩散到整个社会。

第 **19** 章

真相的内爆

REVOLT

● 逆 流 年 代 ●

我们的新闻发言人肖恩·斯派塞给出了另类的真相……

　　　　　　——凯莉安·康威，特朗普总统的高级顾问[1]，2017年

　　我们这个时代的民族主义者和原教旨主义者如果想在政界风生水起，反抗如果想要席卷各地，单单让中产阶级觉得他们被剥夺了经济和文化权利还不够。首先需要散播对事实越发漠视的态度，打压有关客观真理的理念，促进意气用事。社交网络已经为之做出了贡献，但我们的社会里还发生了一件影响更为深刻的大事。它事关真相带来的挑战，而非网上流传的有关谎言的老生常谈。

• • • • •

　　唐纳德·特朗普大选获胜几个月后，我出差去了另一个美国——不是受到忽视、被人遗忘的美国内陆地区，而是硅谷。当时，高科技精英们处于极度惊慌的模式。那天早上，旧金山湾区上空烟雨迷蒙。我的宾馆在索萨利托的南边，离漆成红色的金门大桥不远。我听得到船只的汽笛声，辨认得出宾馆下方青山间盘旋而上的身穿防风夹克的自行车手。加利福尼亚州的这部分地区植被繁茂，居民富裕。我开车沿着蜿蜒的公路驶向旧金山

的途中经过了许多小镇，能体会到富足骚动人心的感觉。

湾区经济和美国其他地区很不一样，贫富差距之大高居榜首。随着高科技行业的兴盛，不平等现象加剧。[2]加州在美国各州里最具自由主义色彩。流落加州街头的人口比所有其他州的流浪汉都多[3]，但在湾区安家的亿万富翁人数也比世界上任何其他大都会区的人数多。[4]2019年，美国市值最高的5家企业里有3家把总部设在硅谷，相距不到15英里——它们是谷歌、苹果和脸书。

"在过去17年里，我在硅谷构建自己的人生。"苹果公司首席执行官蒂姆·库克告诉乔治·华盛顿大学2015届的毕业生们，"它是一个特别的地方。一个没有什么问题不能解决的地方……那里有一种发自内心的乐观精神。20世纪90年代的时候，苹果公司有过一个广告宣传活动，叫作'非同凡想'。其实很简单。每一幅广告上都有一张我们心目中的英雄的照片……如甘地和杰基·罗宾森、玛莎·葛兰姆和阿尔伯特·爱因斯坦、阿梅莉亚·埃尔哈特和迈尔斯·戴维斯……他们提醒我们要遵照我们内心最深处的价值观生活，实现我们的最高抱负。"[5]

正如库克在演讲中所称的，硅谷的高管们不认为硅谷只是一个逐利企业的聚集地。在他们看来，硅谷阐述了一个几乎是救世主般的讯息，改善了人类的生存状况。至少，他们试图兜售这个理念。

然后，2016年11月到来了。硅谷创造出来的社交网络和传播媒介，被整合融入智能手机宇宙，连接了整个世界，但结果出乎技术奇才们的预料。它们生成了由想法一致的人组成的封闭群落，放大了群落内部人士自我确证的回音室。这些人没有接触到不同的意见，因此也没有动力去核查他们所认为的事实。美国总统竞选过程中就有人利用了这套系统，例如，传播伪造的希拉里·克林顿同所谓的穆斯林支持者在一起的照片，或者发帖压制以黑人为主的地区的选民出门投票。而在另一个收到了130 000个点赞的帖子里，唐纳德·特朗普身穿圣诞老人的服装站在椭圆形办公室里，标题写着"我们又能说圣诞快乐（Merry Christmas）了"！这个帖子抗议人们在政治正确的驱使下，不得不改口说"节日快乐（Happy Holidays）"。[6] 相比网上植入的其他更为险恶的阴谋论，这个谎言还算无伤大雅。

有了搜索引擎和移动技术，近似无穷无尽的信息唾手可得。然而，不实信息也是如此。根据BuzzFeed网站的一项分析，在2016年总统竞选的最后3个月里，20个流传最广的虚假新闻总共得到了8 711 000次转发、评论和表情。在脸书上广为流传的假新闻标题有"教皇方济各震惊世界，公开支持唐纳德·特朗普"，"维基解密确认：希拉里·克林顿向伊斯兰国出售过武器！"，以及"读一下法律：希拉里没有担任任何联邦职务的资格"。与此形成对比的是，脸书上人气最高的20个来自《华盛顿邮报》《纽约时报》和美国全国广播公司等知名媒体网络的新闻故事得到了7 360 000次转发、表情和评论。[7]约有三分之二的美国人在社交媒体上获悉新闻。[8]竞选后的研究发现，接触过虚假新闻网站的美国人的数量比大多数观察家的预计高出很多。2016年10月到11月间，四分之一的美国人访问过虚假新闻网站。脸书是"传播虚假新闻的主要载体"。[9]

《连线》（Wired）杂志讲述了一个十几岁的马其顿少年鲍里斯（不是他的真名）是怎样走上有偿传播不实信息的职业道路的。他在自己名为"日常趣事"的网站上发的第一个帖子里放了一个链接，指向他在网上发现的一篇文章。文章声称，在一次北卡罗来纳州的集会上，唐纳德·特朗普甩了一名同他意见不合的男性听众一个耳光。这件事根本就没发生过。他把这篇博客发在自己的脸书页面上，还转发给一些美国政治兴趣团体。据《连线》杂志报道，这篇博文被转发了大约800次。"2016年2月那一个月，鲍里斯通过在自己的网站上插入谷歌广告挣了150多美元。他认为这是充分利用自己的时间的最好办法，于是不再去高中上学。"[10]来自贫困国家不发达地区的少年鲍里斯在网上做起了有利可图的生意。这也揭示了全球化的阴暗面。

2017年冬天，我来到硅谷一家企业的办公室，那里的装潢豪华时尚，厨房里花色品种繁多，沙发非常舒适。很显然，这个原本风平浪静、志得意满的水塘已经皱起了一池焦虑的涟漪。"我们理解其中的挑战，"一位高管告诉我——这场谈话发生在私底下，因为公司没有批准他同记者交流，"我们认识到发生在我们身上的事情，我们会负责并且解决它。"他看上去很疲惫。在这之前，他真心相信他的工作，报酬惊人还附带股票期权的工作，在人和人之间搭起了桥梁；可现在，他发现自己身处电视剧《黑镜》中特别惊悚的一集里。他面临越来越多的不祥挑战——有人在煽动暴力，犯下暴行，利用他的平台实时传播有毒内容。我们交谈完两年后，那个在新西兰清真寺大开杀戒的人通过脸书直播杀人。

这位高管谈到了一个重大的长期挑战。他的平台需要有一种方法来清除谎言，或者至少需要警告用户别上假新闻的当。"在不久的将来，我们无望通过人工智能来实现这个目标。我们只能动用真人。但要是我们开始审查和编辑内容，我们就会变成被我们取代的东西。我们会变成传统媒体。"这个前景让他胆寒——他们需要监控巨量信息，判断哪些是真的，想办法衡量真相，缓和因内容引起的持续对抗。总之，他们做的工作等同于一家有几千名供稿人的报纸。当我问起他的平台对美国以外的社会的影响时，他似乎吃了一惊。他表示，这方面他们还没有深刻地思考过，因为他们面临的政治问题出在美国。

从那以后，世界各地的种族主义者和煽动仇恨者是怎样利用YouTube、谷歌、脸书、推特等网络媒介传播谎言、动摇社会根基的，变得更为清晰。在某些地方，族群之间的关系本来就脆弱。[11]在缅甸，因为有人在脸书的聊天应用Facebook Messenger上煽风点火，人口占多数的巴玛佛教徒和人口占少数的罗兴亚穆斯林教徒之间的矛盾加剧了，使后者沦为种族屠杀暴力的牺牲品。[12]一项德国研究追踪了针对移民的袭击前后极端右翼仇外人士在脸书上的发帖情况，发现在社交媒体使用率最高的地区，两者相关性最强。[13]全球行动主义运动Avaaz在2020年发布的报告称，在抗战新冠病毒的背景下，脸书的算法是"公共健康的最大威胁"。据报告称，在脸书上，顶级网站传播的错误的健康信息，其大致的浏览量几乎是主要的健康机构发布的内容的四倍。[14]

随着社交媒体企业受到的审查的增加，它们试图同谣言制造行业以及在它们平台上如鱼得水的激进主义言论拉开距离。它们投入资金进行研究，加大监控力度，努力创造机制将有问题的内容过滤掉。出于绝望，脸书调低了来自各类企业和新闻组织、政治群体和粉丝群体的帖子在用户信息流中弹出的频率。公众也越来越关注不实信息的影响，于是创业者们更加积极地探索能够识别和揭露谎言的新的解决方案。特拉维夫的高科技创新者经常告诉我他们正在开发工具，以帮助社交媒体和网站过滤不实信息，实时核查信息，或者至少在有争议的信息上加标签提醒用户谨慎对待。"如果我们成功开发出来，那我们就能拯救世界，"一家以色列企业的副总裁告诉我，"或者至少能拯救真相。"

媒介即（假）讯息

在互联网巨头的行动和公众的一般辩论背后有几个假设。首先，社交网络和整个互联网在特朗普竞选获胜以及类似俄罗斯人炮制的虚假信息的传播过程中起到关键作用。第二，通过执法，利用工具，展开教育，社交网络可以被修正并转变成真理获胜的地方。第三，人们不小心误入假信息森林，需要保护和救援。

上述的每一个假设都有问题，或者绝对错误。首先，社交网络并非阴谋论传播的唯一载体，甚至不是主要载体。唐纳德·特朗普的获胜也不能归因于俄罗斯的干预和假新闻的结合。相比于用来解释竞选胜利的常见原因——主流媒体的新闻报道（有的是假的）；党派偏好和选民参选率；联邦调查局局长詹姆斯·科米写给国会的有关调查希拉里·克林顿"邮件门"的信，还有白人蓝领工人为了表示抗议把票投给特朗普[15]——这两个因素的效应微不足道。换句话说，虚拟世界并没有改变现实事态，而是反映了早已存在的趋势，或许还将趋势放大到更为极端的水平。

硅谷亡羊补牢的努力同在硅谷运营的企业制造出来的基本状况并不相符。马歇尔·麦克卢汉（Marshall McLuhan）有过一句名言——"媒介即讯息"[16]，但硅谷的程序员们或许没有把他的话太当真。新媒介告诉用户，每个人都可以抒发心声，重要的是在社交网络上跟其他用户互动会让人觉得开心。让事实或者层层把关、过滤信息的机制见鬼去吧。硅谷新富人士都心知肚明，跨国企业创造这个新媒介的目的就是盈利。谎言非常适合社交网络的算法，越是离谱越能吸引到回应，提高参与率。它们是这个媒介的内置功能，不是程序漏洞。

第三个假设最站不住脚。传播媒介的消费者是需要保护的受害者或傻瓜这个观点没有多少实证证据支持。许多民众不相信主流新闻组织报道的新闻，同样地，他们也不会相信新研发出来的信息核实工具的核查结果。事实上，民调结果表明，将近半数的美国人已经认定信息核实网站有政治偏向。[17]许多用户很清楚自己在消费不实信息和虚构故事，有时还传播它们。2018年的一项覆盖了27个国家的国际益普索调查结果显示，在19 000名受访者当中，65%的人认为大多数人在网上的活动都局限于各自的"'泡泡'里……只和跟他们相似的人互动，只愿意看到他们早已认可的意见"，同时还有超过三分之一的受访者承认自己就是这样的人。十分之六的全球受访者说，人们不再关心事实，他们只"相信他们想要相信的"；美国受访者里有68%的人认同这一点，德国受访者中有62%的人对此表示认同。[18]英国拉夫堡大学的网上公民文化中心（OCCC）曾经对英国社交媒体的用户做过一次问卷调查，十分之四的受访者承认自己在转发过新闻报道之后才知道它是捏造的或不准确的。六分之一的受访者承认自己有意传播过明知是错误的材料。调查问卷还问他们为什么在社交媒体上转发政治新闻。出现频率最高的回答是他们想表达自己的感受，将近五分之一的受访者说他们这样做是为了让他人不好过。[19]

现在，感受很重要，比理性且目标明确的辩论重要得多。2016年，美国共和党全国代表大会期间，前众议院议长纽特·金里奇在接受采访时为特朗普的一个谎言辩护。特朗普说，美国城市"犯罪率猛增"，声称"人们感到比以往更大的威胁"。[20]负责采访的美国有线电视新闻网络记者评论说，特朗普对人们的感受的描述可能没错，但这些感受没有事实证据支持。"作为政治候选人，"金里奇回应说，"我会追随人们的感受，让你们去追随理论家。"金里奇不但展现了政客的愤世嫉俗，而且还替公众一吐为快，说出了情绪的重要性。

2018年，麻省理工学院一项大规模调查研究了过往十年间300万推特用户转发过的126 000篇新闻报道，得出的关键性结论是，真相输得一塌糊涂。无论报道的主题是什么，从政治到娱乐，也无论采用哪个衡量指标，相比准确的内容，不实新闻或假新闻的曝光率都更高，影响力更大，传播速度更快。不实新闻触及1500人的速度比真实新闻快6倍。更重要的是，之所以出现这样的现象，不是因为利益团体操纵僵尸号（机器人账号），而是因为真实的社交媒体用户。谎言文化之所以兴盛，"是因为人类，而非机器人，更可能散布谎言"，负责此项调查的研究人员说。[21]这项研究，加上人们对自己行为的报告，说明在网上传播谎言已经变成一种罪恶的快感。

每3个美国人里就有2个认为，主流媒体相当频繁或非常频繁地报道假新闻。[22]他们能判断新闻的真假吗？如今，人们发现辨别真伪越来越难了。2019年，皮尤研究中心的一项调查发现，半数受访的美国人说他们曾经有过避免同某人交谈、生怕对方聊起假新闻的经历。[23]

　　西方社会已经发生了一个深刻的变化。关键问题不在于为什么人们对谎言信以为真，而在于为什么他们不再信任传统的权威信源，即政府、学者和新闻界。如今，反驳错误或误导性陈述是受到围困的精英阶层最喜欢的消遣活动。但究竟是什么导致了信任的崩塌和谎言生态系统的生发？

● ● ● ●

　　"世界正面临信任赤字。"联合国秘书长安东尼奥·古特雷斯于2019年宣称。[24]在人类社会里，信任和繁荣携手并进；研究表明，这两者之间存在因果关系——社会成员之间的信任水平越高，社会就越兴旺发达。[25]爱德曼国际公关公司是世界上最大的公关公司之一。从它发布的爱德曼信任度晴雨表可以看出，近年来，世界各地的人们，特别是西方人，遭遇了信任危机。接受该晴雨表调查的半数全球受访者流露出对政府、媒体、非政府组织和企业的不信任。无论他／她是受过良好教育的富足人士，还是没有任何学位的贫困人士，只有五分之一的受访者相信目前的体系运行良好。每10位美国人里就有7位说他们有"变革的欲望"。[26]只有十分之四的工业化国家的居民信任他们的政府。[27]60%的欧盟成员国受访对象说他们不太信任本国政府。[28]

　　在过去的40年间，美国社会几乎每个制度都经历了公众信任度的显著下降。对国会的信任度凋萎到了个位数。对总统的信任度从20世纪70年代到现在已经猛跌了27%。对政府整体的信任度在1972年为53%，到目前已经降低了三分之二还不止。[29]这些年里，用GDP和劳动生产率衡量的美国经济增长了，所有人口的生活水平都提高了，美国起初是两个超级大国之一，现在它变成了唯一一个超级大国。越是出生在美国霸权晚期的人越有可能对他的国家悲观。千禧一代对民选官员、军队、宗教和企业界的信任度最低。[30]

但问题不只出在制度上，人际信任也下降了。人际信任通过询问人们是否同意"大多数人值得信任"之类的陈述来衡量。如今，只有三分之一的美国人同意这句话。[31]如果从1到10打分，美国人对他人的信任度的平均分为5.8分；英国人的平均分为5.5分，法国人的平均分只有4.9分。[32]每10位年轻人里有7位坚称，大多数人只要有机会都会占你便宜。这些受访者可是享有人类有史以来最佳生存环境的人。65岁及以上的美国人在责任时代长大，生活水平相对简朴，但他们中只有十分之四的人对他人持怀疑态度。[33]总体而言，年长者对外国人的信任度是年轻人的2倍。

或许这跟一个人在什么样的社会里长大有关。研究人员发现，缺乏社会平等和缺乏信任之间存在相关性，并认为是一种因果关系。[34]那些感到被他人出卖的人的不信任度最高：少数族群、穷人、年轻人、没有上过大学的人。[35]在饱受经济不平等、歧视和物质匮乏之苦的地方，信任度下降幅度最大。在离硅谷很远的密歇根州弗林特市，居民们对这一点的了解比谁都深刻。

中毒的城市

阳光下的弗林特河波光粼粼。我走下步道，靠近泥泞的河岸，发现水里有东西：若干生锈的铁棍、一个被水浸透的纸袋，还有某种油脂浮在河水表面。在过去的几年里，这座地处密歇根州的城市一直是今日美国暗黑故事的主角。任何认为信任崩塌和谎言文化始于数字世界的人都应该去弗林特这样的地方看一看，同生活在那里的人谈一谈。他们早在不实信息通过社交网络传播之前就不再信任。他们的故事是一个谎言受害者的故事，对他们说谎被认为是一件无伤大雅的事。

我站在河边离一个净水厂不远的地方。这是世界上最臭名昭著的水厂。水厂正中矗立着一座熠熠生辉的白色水塔。不远处有一个打开的消防栓。水流涓涓，形成一个小水潭，然后又流回河里。在弗林特，对当地水源的需求不高。

当年，弗林特处在从北到南连接萨吉诺和底特律的商路上。白人赶走了当地土著苏人，苏人称弗林特河为帕瓦努金河，意为"弗林特的河"。非裔美国人从美国南方移居此地。弗林特是通用汽车公司及其旗下所有汽车品牌的诞生地。

在这个以黑人居民为主的城市里，40%的人生活在贫困线以下。由于该市的财务状况一团糟，密歇根州州长剥夺了市长和市议会的多数权力，并且在2011年的时候指派应急管理团队来管理这座城市。这些技术官僚推行紧缩政策，削减向市内的弱势群体提供的基本服务。他们的效率提升项目之一是通过改造城市供水系统来省钱。该市原本从休伦湖取水，但他们决定在改造期间临时从弗林特河取水——该市工业革命期间产生的污水大多排到了这条河里。[36]他们推断说，如果通过供水系统把净化过的弗林特河水引进居民家中，可以节约500万美元。不过，没什么可担心的——净化污水的技术很过关。这些非民选官员签字通过了计划，宣布水质安全。

在净水厂的开业仪式上，市长举起一杯处理过的水，提议大家为弗林特市举杯祝福，然后一饮而尽。[37]然而，市民们一打开水龙头，便纷纷投诉。他们抱怨说，家里的水浑浊且有异味。技术官僚们再次向公众保证水质没问题。2015年1月，自来水公司发现水中的三卤甲烷（THMs）水平过高。三卤甲烷是一种疑似致癌物质。市长建议聘请一个水质顾问。后来，军团病在城里暴发，最终夺走了12个人的生命，但公职人员没有把疾病暴发同供水联系起来。到了6月份，美国环境保护署收集到足够的数据，发出紧急令，要求公众停止饮用家中的自来水。[38]

与此同时，弗林特市民们向媒体发送家中浴缸里的褐色沉积物照片。他们报称身上起了皮疹，孩子患了病。密歇根环境质量局宣布："担心弗林特饮用水含铅量的人可以放心。"然而，弗吉尼亚理工大学水务工程师马克·爱德华兹（Marc Edwards）应一位弗林特市民所请，带领一个科学家团队前往调查。他们发现，弗林特许多家庭的自来水含铅量很高。在某些家庭，水中的含铅量近似于未经处理的工厂污水。负责的官员第一个反应是坚持水的安全性。但这一次，科学证据不容无视。事实很快被公之于众。结果证明，水厂没有做好净化工作。从水厂流出来的水酸性极强，严重腐蚀向家庭供水的原本就老旧不堪的管道。铅从管道析出到水里。人体内含铅量过高会造成终身损害，对孩子的危害尤其严重。例如，铅暴露会损伤大脑，导致行为障碍。而且这些副作用的后果不可逆转。

2017年，即被污染的水开始在弗林特的供水管道里流动三年后，另一项研究解释了为什么弗林特的出生率从2014年开始下降。该市从弗林特河取水的那段时间，胚胎死亡率升高了58%，出生率下降了约12%。[39]密歇根州检察官说，共谋和虚假陈述导致了这一切。"过分关注财务状况和资产负债平衡表，"他宣称，"导致人员死亡……他们把数字看得比人重，把钱看得比健康重。"[40]

弗林特的痛苦是美国基础设施普遍退化的一个臭名昭著的例子。继弗林特之后，美国各地的供水系统，从新泽西州的纽瓦克市到亚拉巴马州的休斯敦郡，都暴露出含铅量超标的问题。

· · · · ·

弗林特市政停车场上有一个大大的白色流动小儿科诊所，提供心理测评和职业疗法。流动诊所车的上一个驻地是新奥尔良，它在那里照顾卡特里娜飓风的受害者们。经过翻修和重新上漆，它已经做好准备，为另外一群被抛下的美国人服务。车里有几个旧旧的玩偶，还有美工材料。奎阿纳·汤斯是车上的儿童心理咨询师之一。她告诉我，她家里人讨论最多的话题是水。"离水远一点，什么时候打开水龙头，记得喝净化瓶装水，要么打开过滤器。"她说。她有两个女儿，一个7岁，另一个14岁。要是小女儿刷牙时忘记开过滤器，她就会惊慌失措，"因为我不知道她会不会因为多吞下这一口脏水就完了"。她生怕铅毁了她们的人生。"我7岁的小女儿学习成绩非常好，"汤斯说，"她学得很快，人也聪明，我老是想，她小时候喝过脏水，会不会总有一天会拖她学习的后腿。每当这时候，我就内疚无比。我会想——要是当时我多留点心……"

"内疚"这个词在我们的谈话中反复出现。她说："我感到极为内疚……因为之前有迹象的。我注意到水把浴帘染成了一种特别的颜色，我注意到水里有一股以前没闻到过的气味。"她热泪盈眶，"我以为我可以信任那些对我说水很安全的人，所以我没有好好地保护我孩子的安全。"

听到这里，我忍不住一遍又一遍地说她理智上同意但情感上无法接受的话：这不是她的错。我情不自禁地想到这件事让人们失去了什么——信任。打开水龙头，接一杯水给你的孩子喝，她不会中毒。这个期望并不高。"我真是没办法理解，在这样一个社会，你知道，在美国，"她说，"居然有市政当局允许水质坏到这个地步。"

可现在她理解了，她的女儿们也理解了。州长派来的应急管理团队被赶走之后，弗林特选出了令人印象深刻的新市长，她叫凯伦·韦弗（Karen Weaver）。她显然知道市民们的信任危机。我到她的办公室拜会她。她告诉我，如果弗林特的居民大部分不是黑人也不是穷人，这样的事就不会发生。这毫无疑问。她说当地的通用汽车工厂要求断开来自弗林特河的供水，因为厂里的金属制品都坏了。它的要求很快便得到了满足，但市民们继续喝含铅的水。

美国的知识分子精英们有一种浪漫的幻想，以为社会地位低下的人会走向投票站，用手中的选票来复仇。事实上，弱者被践踏和下毒后，对现行的制度和他们自己失去信任后，他们不再投票。2016年总统大选期间，弗林特所在的杰纳西郡的参选率下降了3%~4%[41]，而且不愿出门投票的主要是贫困城市的民主党票仓。甚至更多的弗林特人待在家里，拧得紧紧的水龙头一打开就会流出弗林特河的毒液。2012年，该郡投给奥巴马的选票比投给共和党候选人的票多出了57 000张；4年后，虽然希拉里·克林顿同样在郡里获胜，但票数只高出19 000张，这对特朗普以微小的优势拿下密歇根州很有帮助。共和党人的成绩比过去28年都好。

此后，弗林特的供水系统进行了大修。美国环保署的测验表明，现在水质安全了，水里的含铅量低了。然而，截至2019年，即危机爆发5年后，韦弗市长仍然告诫市民只能喝过滤水或瓶装水。许多市民严格遵照她的指示。

弗林特先是中了水里的毒，然后中了谎言的毒。谎言的毒物就是不信任。

向我外婆说谎

有一次，我外婆让我帮她买一台洗衣机。她此前从未有过这样的要求——我的外公外婆一直独立生活到80多岁。他们的个性符合责任时代人的特点，既挑剔又勤勉，总是去声誉良好的店购物，从来不赊账，买东西前总会请亲朋好友推荐，也总能得到好的推荐。外婆给我的指令非常精确。我得去一家指定的商店——不能去别处——在那里买一台我们已经决定好型号的洗衣机。他们的电器一直以来都是在那家店买的。"我们信任他。"外婆向我强调。

到了店里，我报出洗衣机型号，店主的要价非常高——事实上是虚高。我花了一分钟在谷歌上搜了搜，发现在不远处的一家店里，同款洗衣机加同样的维保权益加送货费比这里低三分之一。我告诉外婆"她的"店狮子大开口，她吃惊地瞪大了眼睛。"这么多年来他一直在骗我们吗？"她问。

我在买大件前都会在谷歌上查价格。在我看来，那家店要价高的原因显而易见。它坐落在一个高级的购物中心里，顾客通常为老年人，而且大多照老规矩办事。可我外婆非常生气。在她盛年时，没有可以比价的网站，人们也不会通过电话或者邮购采买大件产品。买大件是人与人之间的交易。它需要付出时间，要花心思做研究。它也需要对卖家的信任，因为他会为商品讲一个故事。外婆突然醒悟，几十年来她一直相信那位店主会向她诚信出价，但其实对方也许这么多年来一直不太诚实。

在某种意义上，我们都像我外婆——一直如此。想象一下，有个人30年前听讲座时得知，某个遥远的国度刚刚形成一个惯例——在葬礼前摘除死者的肾脏。那位讲者说，这个做法是几年前才开始的。这位听众觉得很诡异，对此有些难以置信。他决定核实一下。但那时是30年前，核实的途径不多。去图书馆查资料没什么用，因为图书馆里的书专业化的程度不够高，时效性也不够强。百科全书里也查不到。那他要不要乘飞机去一趟那个遥远的国度？还是等学术类期刊发表有关的论文？或者他可以打电话给那个国家的大使馆，请工作人员帮他调查，然后得到确认或否认。然而，这将是一个浩大的、费时费力的工程。任何正确答案都要等上几星期或者几个月才能被传递给调查员，那时候他都快忘记那些古怪的外国人和从尸体上摘下来的肾脏了。

假设在此期间，这个人去做了个体检。他的医生建议他把常用药换成另一种。别担心，医生告诉他，这是个专利药，比你原来服用的仿制药强，即使你的健康保险不覆盖也值得。病人听信了。他其实别无选择。理论上他可以再找一位医生听取意见或者找一些医学专业期刊来读一读。但这不大可能，因为金钱和时间成本太高。历来的研究均表明，许多医生没有向病人坦白自己的商业利益冲突。有一篇论文称，十分之四的医生不会告知病人自己同药企或其他医用品生产商之间的商业关系。[42]

同一个人晚上打开电视机。财政部部长正在引用经济数据。我们这位受害者——显然，他是受害者——回忆起不同的数字。或许他有强迫症，保留了某个经济类杂志的所有过期刊物，所以他能核查数据。但这种情况不太可能。他想要核实政客引用的数据，该怎么办呢？

第二天早上，他在报纸上读到一条令人震惊的新闻，说在希腊一座被烧毁的森林里发现了一具潜水员的尸体。尸体是怎么到那儿去的？报道中，有专家猜测说，有一架参加森林大火扑救的灭火飞机在取海水装满水箱的时候把潜水员吸了上来，然后又把他扔进了火场。他几年前是不是也读到过一个类似的新闻？这也太如出一辙了吧？他想这可能是个都市传奇（它的确是的），但他再次发现很难驳斥它。

所有上述案例都发生在一个没有谷歌的世界里。那里没有可靠且快捷、廉价地进行核查、比较、确认、验证及驳斥消息和断言的方法。

而且，需要反驳证伪的东西很多。人们每天都在撒谎。一项1977年完成的经典研究认为，普通人一天会遭遇大约200个谎言，其中包括善意的谎言。[43]另外一项研究发现，每10个人里有6个人做不到在10分钟的谈话里不撒2~3个谎。他们在倾听了自己参与的谈话录音后承认自己说了谎。[44]更乐观的研究声称，美国人平均一天只撒1~2次谎。其他人员复核这些数据后，发现人和人之间的差异非常大。有人是连环谎话王，也有人能一连几天不说谎。[45]大多数人都没有准确地报告自己说谎的次数，或许他们是无意的，或许他们在报告说谎这件事上也说了谎。这样的假设似乎挺合理的。

那么，有权有势的人说谎多不多？这是一个重要问题。他们对其余人生活的影响更大，而且有时候，他们能从谎言中获利。目前对掌权人士的诚实程度的研究还不够多，但哥伦比亚商学院的研究人员进行了一个很精彩的研究。47人被随机分配到两个组里，一个组是"领导"，另一个组是"下属"。领导们在复杂的角色游戏扮演框架下行使权力，决定下属的经济和社会地位。接着，研究人员让领导和下属都去偷100美元，偷完后再试图说服一位询问者（询问者对实验不知情），让后者相信他们没偷过钱。谁能说服询问者，谁就不用交还100美元。

实验结果表明，一个简短的角色扮演游戏就能把领导们变成无耻谎话王。他们表现出来的说谎者特有的认知和情绪标志比下属的要少。领导和下属之间不但存在心理差别——还表现在生理上。研究人员在实验前后提取了每位参与者的唾液样本，用于测量他们的皮质醇水平。皮质醇是人在处于有压力的情况下释放的一种荷尔蒙。领导们的唾液样本里的皮质醇水平远远低于下属。研究人员得出结论，"权力形同减震器，让有权有势的人撒起谎来容易得多"[46]。

谎言被揭穿

以下是个假设：首先，成倍增加的不是谎言而是信息，因此找到真相的能力也在增强。信息量增长的速度很快，技术飞跃和全球化互动更是让它如虎添翼。确认、反驳以及核实陈述的能力越发强大，以至于突然间许多谎言被同时揭穿。宣扬对假信息的驳斥变得更容易。真相更容易获得，威胁了旧有的权力结构和常规。人们先前对制度以及其他社会成员的信任开始出现巨大的裂痕。由此给人一种印象，那就是大家都在互相说谎，这样一来反而鼓励了人们说谎。

当全体公众意识到权威人士一直在向他们撒谎，而且撒的是弥天大谎的时候，转折点就到来了。社会，每一个社会，都会向某些成员授予告知他人世间真相的正式或非正式的权力。公众对这些人有合理的期待，认为他们会向大众讲真话或者向个人提供有关他们的生活的特别关键的信息。

当然了，这些人——政客、银行家、医生、记者、警察、教师、地方社群领导人，甚至我外婆经常购物的电器店的经营者——一直都在不同程度上说着谎。他们之所以说谎，是因为，嗯，我们大家都说谎，而且如果上述引用的研究成果是正确的，有权势的人更擅长说谎且不太会感到内疚。

直到30年前，人类还生活在一层不诚实的帷幕后面，为那些当权者留出不精确陈述和谎言的腾挪空间。这层帷幕还没有被完全撕开，但它变透明的速度已经加快了。更多的人如今具备揭穿谎言的能力，因为相比以前，我们可以很容易做到对权威人士做出的断言的每个要素都进行详尽的调查。

其结果是，许多谎言被揭穿。技术——更准确地说是谷歌——的重大意义在于，我们有了一个空前有效、便捷和廉价的工具，随时可以核实各种有关这个世界的说法。当然了，我们无法揭穿所有谎言，但我们能够揭穿的谎言比过去多多了。互联网上真话的比例和信息的实效性胜过数字时代前的消息来源，因为互联网跟印刷出来的纸质书不一样，它是动态的。要在谷歌上搜索信息，你需要接入互联网和数字时代的读写能力。随着时间的推移，不具备这些能力的人在变少，能在网上确认或驳斥信息的人在全球人口中所占的比例逐步上升。再说了，如果你不知道该怎么核查一个特定事实，你脸书上的好友或者WhatsApp上的联络人肯定知道。

信息过载出现了。早在2016年，谷歌2分钟内就要处理400万条查询，一年就是2万亿条。许多查询都是全新的，即以前从未有人问过谷歌那些问题。[47]这是一种真相的扩张，或者说是一种寻求真相的欲望的扩张。它不断延展，不断挑战社会常规。例如，医生们敌视"谷歌医生"，因为在谷歌上查询过的病人老是批评他们的诊断和处方。

"谷歌医生"比儿科医生更能看好你孩子的病吗？或许不能。但因为有了谷歌，轻点几次键盘就能获得事实，就能得知又有许多捏造的信息被揭穿，这个新世界带来的冲击把怀疑本身变成了论点。一项研究表明，如果家长在网上的搜索结果同儿科医生的说法有出入，家长们就不再信任孩子的医生了，即使他们还没有核实搜索结果的准确性。[48]

无端起疑如今司空见惯。盖洛普过去几十年来收集的有关信任的数据显示，1997—2007年，美国人对美国制度的信任度降幅最大。[49]这同中产阶级的状态、经济不平等和"9·11"袭击有关。那段时间为不信任危机的发芽提供了土壤。不过，还必须考虑到其他因素——上述十年也是互联网和谷歌崛起的十年，许多人不再觉得有必要依赖掌权人士讲的故事。

千禧一代就是在这个时代长大成人的。虽然他们对大部分的社会制度的信任度很低，但相比年长者，他们表现出对下列三类人士的高度信任：科学家、学术界的教授和记者。[50]这三种职业都要求从业人员核查信息、对比信源。判别某个说法的真伪是他们工作的一部分。对那些在谷歌问世后出生的人来说，这样做更能获得他们的信任。

•••••

现在，我们来谈谈谎言。

在真相剧烈扩张，紧接着内爆之后，一个真空出现了。每当某个耳熟能详的社会制度或声名卓著的人被揭露曾经蒙过人或撒过谎，江湖骗子的力量就会增强——那些兜售所谓注射疫苗真相的人，宣传有人试图隐匿地球是平的这一事实的阴谋论者，还有声称乔治·索罗斯掌控世界的人。

谎言还发生了另外一个变化——说谎的人不再局限于那些有权有势、身居高位的人，或者站在街角高呼"末日就要来临"的预言家。传播谎言的能力被私有化、去中心化，交到了大众的手里。既然这样，人们做出了完全理性的抉择，他们不再信任任何人。

真相的扩散、信任的侵蚀、用谷歌核查事实的能力加强了"人人都在说谎"这个论点的说服力。赛思·斯蒂芬斯–达维多维茨（Seth Stephens-

Davidowitz）创作的《人人都在说谎》（*Everybody Lies*）一书是2017年全球畅销书。[51]这本书运用搜索引擎数据，揭示了人们向朋友、研究人员和自己说谎的本质性虚伪。他的研究说明，技术时代扩展了信息，从而揭露了伪善——例如，人们一边过马丁·路德·金日，一边在网上搜索针对黑人的种族主义笑话。

既然相信人人都说谎，那么人人都心照不宣地为自己说谎找到了正当理由，因为大家都这么做。人人都说谎，没错，但如果能够透过树木看到森林，你会发现真相是，人人都上过谎言的当。这就是当代公共话语的语境。

根据一项调查结果，三分之二的美国人声称别人向他们撒过谎。这个数字比20世纪80年代末高出50%。[52]或许是他们觉得别人向他们撒了谎的情况比以前多了，但更重要的是，他们至少拥有科技工具，可以轻松地揭穿大多数谎言。人们从未像现在这样可以迅速或轻松地赢得辩论。他们可以通过问Siri或用谷歌来找到准确率相当高的答案。

真相内爆后，人们退守某种他们能控制的、别人无法反驳的东西——他们的观点，这些观点偶尔有适用的或捏造的事实支持。他们说在人际交往中，事实不再重要，或者表示不再愿意加入有关新闻和信息的谈话。无论如何，有一项研究称半数以上的美国人在区分客观表述和主观意见表达上有困难。[53]在参加PISA国际学生评估项目的15岁中学生当中，有86%的人无法辨别这两者。问题在于，人们还愿意辨别吗？

汉娜·阿伦特（Hannah Arendt）在《极权主义的起源》（*The Origins of Totalitarianism*）中写到了负责镇压的国家机器以及它同真假不分、事实与观点不分的关系。"在一个不断变化、难以理解的世界里，"她说，"大众已经到了这样一个地步，他们既相信一切也一切都不相信，既认为一切都有可能又认为没有什么是真的。大众政治宣传一方发现它的受众随时愿意相信最坏的结果，无论这个结果有多么荒谬，而且他们对受骗不怎么反感，因为反正每一个陈述都是谎言。"[54]

当年让阿伦特心无旁骛的极权主义至少目前处于休眠状态，但她所描述的对真相的极度的冷嘲热讽已经再次抬头，并且正在煽动暴力。但它不是由法西斯精英授意的，而是在网络上被动员起来的草根现象。在一个没有什么东西是真的，也没有什么东西是假的的世界里，进步本身岌岌可危。

第 **20** 章

为进步而战

REVOLT

● 逆 流 年 代 ●

我会给你看一捧尘土里的恐惧。

——T.S.艾略特 ，《荒原》

人类正在书写自己冒险故事的新篇章。在这个新篇章里，我们之间的互联性胜过以往任何时候。责任时代减少了主权国家之间开战的频率。工业化和贸易把新机遇带给此前一直孤立于西方繁荣之外的全球东部和南方数亿人口。平均而言，人类的生存环境大有改善，但那并非故事的全部。整个社群都失去了工作，被推搡到社会的边缘，承受气候变化的冲击，眼睁睁地看着自己的家乡或祖国变成剥削中心。许多人感觉到他们的身份认同和生活方式遭受了攻击。他们的直觉没错，全球化伤害了他们中的许多人，这个领悟也不是臆想。

这个既充满希望又让人害怕的新世界的内核存在一个悖论，那就是人们在追逐数个世纪以来的人们一直在追求的东西——安全、生计、爱、信念，或许还有自由。他们之间的相互联系比以前更紧密，他们尝到技术进步的甜头，用更加超国家的视角思考他们的文化，但他们的基本需求和欲望没变。对我们来说，有意义的世界主要是我们生活的当地。全球化是在这种紧张关系的推动下的持续性革命。新冠肺炎的大流行表明了，我们的地理位置、社会环境和政治共同体的运作方式不仅决定了我们的健康风险，还决定了我们经济和情感上的顺遂。赶上好时候，每一个个体都可以是全球化的化身；当战争来临，或有一种新病毒暴发时，邻居和政府才是对我们影响最大的。有些人可能会觉得，这让他们感到安心、宽慰。未必，民族主义者、民粹主义者或原教旨主义者掌权也不一定能宽慰人心。然而，即便不考虑当前领导阶层的缺陷，一场全球性危机也需要全球性的机构、解决方案和共识。这些并不是时下流行的观点。

　　"对多数人来说，目前这种全球化模式貌似浮士德同魔鬼的交易。"诺贝尔经济学奖得主约瑟夫·斯蒂格利茨（Joseph Stiglitz）在2006年写道，"同一个国家里有的人更富裕了；GDP的统计数据，不论真伪，更好看了，但人们的生活方式和基本价值观受到威胁。"[1]一年半后，大萧条以来最严重的金融危机爆发。自危机以来，全世界频频经历快闪式剧情——全球经济衰退、政府债务危机、英国脱欧、特朗普当选美国总统、叙利亚内战、孤注一掷的难民走上大规模迁移之路、政治不稳定、暴力极右势力的崛起、假新闻猖獗、环境在几乎所有维度上都螺旋式恶化，还有在全球大流行的新冠肺炎。

　　对全球化的怨恨情绪愈演愈烈，而且怀有这种情绪的人越来越多。长期反对全球化的人士嗅到了即将来临的胜利的味道。"我认为精英们在自己的小圈子里待得太久了。"玛丽娜·勒庞奚落道。她一直坚定地反对民族主义者口中的"全球主义"。她指控说："他们的行为就像食肉动物，世界存在的目的就是让他们餍足。无论是唐纳德·特朗普的当选还是英国脱欧，都让精英们意识到民众不再对他们唯命是从，民众宁愿自己决定自己的未来。而且他们希望在一个完全民主的框架下夺回对自己命运的控制权。这让精英们惊慌失措，因为他们赋予自己的权力正在流失。"[2]

　　勒庞巧妙地无视了全球化作为一种民主进程中的产物，帮助许多人摆脱了贫穷和死亡这一事实。说实话，全球化让她的许多选民更富足。不过，有一点她没说错，一直以来领导全球化的是政治精英，而政治精英的力量趋于疲软。就在本土传统、社群及企业在信息时代的变革中奋力求生存之时，精英们掩住了双眼，蒙住了双耳。他们退隐到富裕社区、高科技创业孤岛和学术界象牙塔。同时，人们也在甩掉全球村的许诺，把自己重塑成激进分子。他们代表了大批感到日益被变化无常的世界边缘化、如同断线的风筝般的选民，而且主要是西方选民。

•••••

为这种脱离贴上"民粹主义浪潮"或"对民主的威胁"等标签的做法既过分简单化，也无济于事。民粹主义标签略去了几乎在所有地方——从缅甸到中东再到欧洲——壮大的原教旨主义力量。原教旨主义是当代的政治力量之一，不是来自蒙昧过往的幽灵。对弱者和穷人来说，原教旨主义扮演的角色等同于民粹主义在中产阶级那里扮演的角色——它是对破裂的当前世界的一种貌似合理的回应。民粹主义可能是掩盖了种族主义或极端民族主义势力的表面现象。

雅斯查·蒙克（Yascha Mounk）等人提出了另一种视角来看待当前的危机，那就是认为世界可能正在经历"民主解固"。每一个政权都在面对越来越多的挑战，民心不稳，其根源在于全球意识的崛起、世界经济一体化和创新技术的扩散。

即便在西方，青年人对民主制度的信心的消退并不一定意味着他们偏好威权主义。如民调所示，他们可能会说民主制度并非关键，但他们也没有上街游行要求采用另外一种政府形式。许多人对自己所在社会的制度和政治掮客失去信心，并且此时此刻他们乐于尝试新的想法。[3]虽然许多人愿意为曾经被视为政治边缘的倡议而战——人人享有基本收入、非警务形式的公共安全（"停止向警局拨款"）、绿色新政，但大部人只是在等待，经历着旧时代死亡和新时代诞生之间的迷失。

我们当前正在见证的是某些比"我们"对"他们"这个简单的二分法要善变得多、混杂得多、凌乱得多的事情。简单的二分法可能很有吸引力，但"我们"其实不复存在，因为身份认同的层次变多了。今天的身份分割线五花八门，不再像过去的"都市精英"对"乡下美国人"那么简单。唐纳德·特朗普之所以当选，不仅是因为低中收入的白人把选票投给了他，还因为年收入超过20万美元、多数居住在大城市郊区的美国人宁可选他也不选希拉里·克林顿。二分法风靡于冷战时期，但今天的世界日益多极化。政治范式在崩塌，旧有标签不足以描述当代反抗。2016年以来，世界上最突出的自由主义领导当数德国总理安吉拉·默克尔，她领导的政党在德国历来是保守党。历史上致力于自由市场和自由贸易的美国共和党现在已经被关税和补贴的倡导者接管。一些激进左翼人士纵容反犹太主义，杰里米·科尔宾（Jeremy Corbyn）领导下的英国工党只是最新的例证。原教旨主义、民粹主义、民族主义和激进左翼的离群者要么不愿承认不利于他们的事实，要么浸淫于阴谋论，要么两者兼而有之。"一切都四散了，中心再也不保……"诗人叶芝的名句用在此处颇为合适。[4]

这场反抗既没有连贯一致的理念，也没有清晰的结构。它四下出击，形式多变。它的每一面都各不相同，但又相互联系，就像全球化世界里的所有事物那样。如果把民粹主义、原教旨主义、反科学主义和民族主义种族主义看成通往自由主义秩序道路上的小小颠簸，以为它们是启蒙运动价值观取得最终胜利之前的孤立事件或暂时的障碍，那你就犯下了一个危险的错误。

前途莫测的不只是和平、繁荣和稳定这些责任时代建筑师们的主要目标。进步本身也遭受了威胁。在情绪政治以及赋权于部族间的仇恨政治的激进分子或借助于此的主流政客的步步紧逼下，理性和科学数据日渐边缘化。有权有势的人的行为越来越符合巴巴拉·塔奇曼（Barbara Tuchman）对愚行的定义："同理性相悖，与文明的利己背道而驰的行为。"[5]

康涅狄格州纽敦镇，2016年秋

我看了一眼杰里米·瑞奇曼（Jeremy Richman）博士的脸，临时决定不向他提有关阴谋论的问题。所谓阴谋论，是指有人声称康涅狄格州纽敦镇的桑迪·胡克小学在2012年根本没有发生过枪击案，该校的6名教职员工和20名一年级学生也不是在校内遇害的。瑞奇曼博士的女儿阿维尔·罗斯是20名一年级学生中的一个。诺厄·波兹纳遇害时只有6岁，他的家人此后连续搬了7次家，因为不断有人威胁、挑衅他们。

在一些讲述中，有人声称这都是幻觉，那些被害的孩子根本没有出生过。还有一些说法则称孩子们的确遇害了，但凶手是政府特工。这些阴谋论的拥护者认为，奥巴马政府是这场恶意阴谋的幕后主脑，其目的是管控枪械。

杰里米·瑞奇曼如此悲痛，我实在不忍心问他怎么看待为这些谎言摇旗呐喊的最知名的人物——网红亚历克斯·琼斯（Alex Jones），一个被唐纳德·特朗普认为 "了不起的人物"。[6]琼斯辩称，"没有一个人死于"桑迪·胡克小学。（他被受害者家人告上法庭，法庭勒令他收回说过的话，并且支付100 000美元律师费和诉讼费。）

我去纽敦镇时，9月的第一波落叶已经开始积聚。它们从公园步道两侧高高的大树上缓慢飘落。游乐场旁边的一块大大的标牌宣称："儿童保护区。我们会拨打911报警。"

我见到了凯特琳·罗伊格-德贝利斯。她是桑迪·胡克小学一年级的教师。2012年12月14日，天气晴朗，她正在备课，计划给学生们讲讲圣诞曲奇的烘焙和圣诞老人等节日传统。杀手于上午9点半左右进入学校大楼。此前他杀害了自己的母亲，拿走了她的半自动步枪和十个弹夹。他全身着黑，佩戴太阳眼镜和耳塞。射杀学校行政人员后，他进入劳伦·鲁索负责的一年级教室。劳伦最近刚刚成为该校的全职教师。她和正在辅导班上的一名特殊学生的治疗师蕾切尔·达维诺试图把她们的学生推进卫生间藏起来，但无济于事。她们两人和15名一年级学生均被射杀。

凯特琳个性坚韧，令人钦佩。听到枪响后，她迅速把孩子们都推进了卫生间。"我们的卫生间非常小，所以加我在内的16个人躲进去似乎是不可能的事，"她回忆说，"但当时的情况就是，要么挤进去，要么活不了。"她告诫孩子们千万不能出声。

一墙之隔的教室由维多利亚·索托负责。遇害前，她恳求凶手放过班上的学生，还用自己的身体遮挡他们。凯特琳和她班上的孩子们听得到墙那边的尖叫声和枪响声。

我们坐在公园里一张小小的木质长椅上。凯特琳说她当时以为大家都会死。"我以为我就要死了。我以为我会眼睁睁地看着孩子们在我面前倒下，然后轮到我。"她回忆说。凶手没有进入她们藏身的卫生间，所以她们都幸免于难。她告诉我，她在这件事发生之前就想到过可能会有枪手袭击学校，她说她总是做最坏的打算，而这种最坏的情况往往会出现在美国。

• • • •

阿维尔的父母杰里米·瑞奇曼和詹妮弗·亨塞尔，以她的名义创建了阿维尔基金会。杰里米是一位神经科学家，专攻阿尔茨海默病；詹妮弗是一位开发过抗癌药物的微生物学家。基金会宣称自己的使命是"通过神经科学研究、社区参与和教育防范暴力，构筑同情心"[7]。

我们坐在纽敦镇中心瑞奇曼医生办公室外面的草地上。"阿维尔性格开朗，她进到哪个房间，就能让哪个房间生色。她笑起来很有感染力，人人都希望能拥有她那样的笑容，"他告诉我，"她总是想让别人笑，对她来说最奏效的办法是讲故事。她很喜欢故事。她想听别人给她讲故事，大一点后又想讲故事给别人听。就算她这一天过得平平淡淡，她也想把它变成一个好听的故事。'我正在和爸爸一起洗碗，我怎么把它变成一个好听的故事呢？'"

草地附近的初中传来了喧闹声。阿维尔如果活着，也会升学去那里。"她应该和那些孩子一起笑闹。每天想到这一点，我都痛苦万分。我太想她了。"他说。枪击案发生后，他和詹妮弗又有了两个孩子，伊莫金和欧文。

瑞奇曼博士之所以接受我的采访是为了一个目的——他想谈谈以他女儿的名字命名的基金会所提倡的科学工作，其目的是研究科学能否为阻止美国和世界上的暴力指明一条道路。"我们赞助研究大脑结构和大脑化学的课题，希望找到它们同我们在真实世界里看到的行为之间的相关性。我们试图在生物化学和行为科学之间搭起桥梁。"他告诉我。他解释说，在家里存放武器是自杀及枪支所有者被害的主要风险因素。他给我详细介绍了证明这一点的数据。

我们见面前几天，我刚刚在密歇根州参加了一次民兵组织的武装巡逻。该组织的成员坚决不同意放下武器，因为他们相信只有这样才能保护自己不受即将到来的暴政的迫害。有的成员拥有几十件武器。"你知道，"我对瑞奇曼说，"当我告诉他们统计数据以及对持有枪支的风险的研究的时候，他们说这是达尔文学说，只有傻子才会把自己射死。还有人说，如果学校里有枪，说不定结果会大不相同。我听唐纳德·特朗普说过这话。""当然了，"瑞奇曼苦涩地说，"他们不动脑子，也不看数据。"他看上去很沮丧。"他们有意利用恐惧，还在制造更多恐惧，这会让问题更严重，导致人们坚信持有火器更安全。由于大家观点极其对立，谁都不想听科学数据；他们早已下定结论，他们不听。"

2019年3月25日，杰里米·瑞奇曼博士的遗体在纽敦镇市政厅附近被人发现。他自杀身亡了。他的妻子詹妮弗发表声明说："他屈服于无法逃避的悲痛。"

• • • • •

这些年来，每当我报道美国再次由于美国枪支政策这种极端愚行发生大规模枪击案，造成数百人被害时，同瑞奇曼医生的谈话就会在我脑海中回响。

我会想到，他曾经试图用科学和理性来应对导致他女儿遇害的糟糕事态。美国医学会认为，枪支暴力是一种公共卫生危机。面对这场不可想象的悲剧以及后续否认枪击事件曾经发生的病态残忍，瑞奇曼博士力图提倡科学研究，希望找到应对这种突发事件的方法。他相信当前的局势必须改变，可以改变，而且这种改变将源自对人类大脑的实证式的冷静研究。这种假设是过去200年间所有成就的基础：理性思考、科学和进步观念不但已经改善了人类的处境，也是我们最大的希望。

因此，他的自杀不但是一场个人悲剧，而且似乎也是一个警告。他的声音在我的脑海里一遍又一遍地响起，告诉我："他们不听。"

罗马鲜花广场，2018年

夜已降临。这个小小的广场上设有欧洲最古老的农产品市场之一。摊贩们在收摊前大声叫卖的声音此起彼伏，响彻天空。广场中心矗立着一座深色的雕像，跟你在意大利首都各处看到的古典主义雕塑略有不同。这座雕像眼神热切地凝视着下方，头上覆着修士斗篷的蓬帽，身披僧侣长袍。他双手交叉于腰部，紧抓一本书。他的一条腿向前抬起，另一条腿随时准备跟上。几朵枯萎的粉色花朵落在他的脚下。

这是乔尔丹诺·布鲁诺的雕像。1600年2月17日，一群罗马暴民聚集在此处，围观他被宗教法庭下令烧死在火刑柱上，还大声喝彩。在点火之前，布鲁诺被倒着吊在火刑柱上。因为他被判散布异端邪说，所以他的舌头被钉在上颚上，这样他就不能再发表亵渎神明的言论了。

布鲁诺是一位哲学家暨神学家。他公开接受哥白尼的日心说，宣称宇宙没有中心，指责教会玩弄廉价的手段迎合大众。他撰写宇宙哲学论著，讨论宇宙中存在无数个世界的可能性。他提倡的神秘主义观点同当时的天主教相悖。布鲁诺被指控亵渎神明、宣扬异端邪说。在历时几年的审判中，他拒绝公开放弃他的非正统主张。

传说，他被宗教法庭宣判死刑后做出如下回应："你们在宣读判决时所亲身感受到的恐惧比我聆听这份判决时能够感受到的还要多！"[8]他的雕像于1899年落成，当时，工业革命如火如荼。它已经成为罗马城市景观的固定组成部分。他的故事是一个标准的旧日英雄的故事。他先被诽谤中伤，然后遭人遗忘，死后成名。（教会已经为处决他而道歉。）然后，他又被大多数人遗忘。

如今，学者们认为他遭到处决主要是因为他的神秘主义-宗教异端邪说，或者更多的是因为他天性爱挑衅，不是因为他的宇宙观。这已经不再重要——布鲁诺是最早为科学献身的人之一。

我远观这座雕像，发现它的侧面粘着一些非常小的纸片。纸片上是手写的意大利文，在谴责唐纳德·特朗普。这是古典主义"会说话的雕塑"传统的延续，把纪念碑变成论坛，且通常发表的是质疑统治阶层的常规惯例的言论。对散发这些传单的人来说，布鲁诺不惜生命也要坚持他眼中的真理，而特朗普代表的东西同布鲁诺截然相反。

布鲁诺赴死时，一个革命性的理念正在欧洲激荡——世上存在人人都同意的客观事实，无论他们来自哪个民族、哪个部落，信仰哪种宗教。在这样的新制度下，人们需要提出许多新假设并进行经验主义研究。对从宗教权威那里传承来的和世世代代流传下来的命题的信仰被一种新的原则取代，那就是通过对世界的理性观察、逻辑和推理得出的结果比最纯洁的祈祷得到的结论更准确。"科学革命并不是知识的革命，而是无知的革命，"尤瓦尔·诺亚·赫拉利（Yuval Noah Harari）在他的全球畅销书《人类简史》（*Sapiens*）中写道，"真正让科学革命起步的伟大发现，就是发现人类对于最重要的问题其实毫无所知。"[9]正是对这些问题的探究开启了将人神圣化的启蒙运动时代。

开始探究这些问题的人以为往昔的世界会凋萎消亡。正如孔多塞侯爵（Marquis de Condorcet）在1793年写的："总有一天，太阳底下只有自由的民族，除了理性不遵从任何其他主宰……我们只会悲叹各民族以往的受害者和上当受骗者，而且每当忆起他们可怕的暴行时，我们都会提醒自己警惕、慎重。要是迷信和暴政再次在地球上露头，我们可以立刻识别出来，并且借助理性的力量有效地扼杀它们。"[10]

虽然人类的处境有了很大的改善，但宗教法庭的观点从未像孔多塞侯爵预言的那样消失，它们只是在进步的成就面前被推到了一边。

我说的"进步"不是一种人类社会注定会线性改善的决定论，而是来自启蒙运动、受其启迪的一套价值观：理性的探究、人类的尊严和个人自由、认同科技是一种改善人类处境的手段，以及通过政治保护这些观点的自由主义。人类是自己命运的主宰，不需要神的调解就能实现救赎。在进步时代，救赎意味着亚里士多德所定义的幸福——实现人类的繁荣。

从历史观点来看，这是一个结构性的转变。智慧和知识不再承继自古人。历史不再被视为轮回。通过科学手段累积的人类知识可以用于帮助社会演变、适应和改善。"要是有人认为流传了几个世纪的、代代相传的观点可能不会全然错误，那这纯粹是幻觉。"皮埃尔·贝尔（Pierre Bayle）在17世纪末写道。[11]

这种一刻不停的对变革和进步的追求可能会导致令人难以置信的残酷

后果。犯下酷行的人可能真心相信，革命性的进步有时候需要暴力且可以证明暴力的正当性。犯下酷刑的人也可能借进步的名义满足贪欲，打造帝国，或者两者兼得。利奥波德二世在刚果进行种族屠杀并建立殖民地，而他将其描述为"配得上这个世纪的十字军东征"。[12]事实上，20世纪所有的极权政权都宣称自己站在进步的前列，试图为自己对挡路者施下的暴行披上正当性的外衣。这种行为力图让进步同启蒙运动价值观脱钩，去掉进步的内核，只留下一个腐败的空壳——比如更好的公路和工厂。一个国家可能拥有遏制疫情所需的最才华横溢的科学家和装备最先进的医院，但如果疫情不得公开，言论自由被压制，如果医生们受到威胁，那么单单依靠技术可能无济于事。

与进步作战

对全球化的反抗是我们这个时代的真正的斗争的平台——关于进步究竟是什么的理念上的斗争。剥削、不平等、灾难性的环境威胁、对本土身份认同的抑制和毁灭、恣意专断的感受——都为原教旨主义者和种族主义民族主义者等进步的敌人所用。全球化本身，加上它催生出来的去中心化的媒体和紧密的相互联系，为那些传播与全球化的自由秩序敌对的思想的人提供了武器。进步的敌对者声称代表穷人或中产阶级的利益，但他们的真实意图更为激进。宗教原教旨主义者和种族民族主义者，两者通常是不共戴天的仇敌，但他们至少有一点共通之处——他们正在利用全球化世界上存在的怨气来破坏使之成为可能的价值观。

这场反抗对进步的威胁主要体现在两个方面。其一是某种新卢德主义。我们已经见识到移民和国际贸易的影响，听到民粹主义者或民族主义者声称它们夺走了中产阶级的就业。但事实非常清楚——近几十年来，让蓝领工人焦虑不安的不是贸易或移民。他们的就业流失大部分是工业化和自动化造成的。据保守估计，到2030年，全世界至少有8.5%的工业就业岗位会消失，因为工人将会被机器人或软件替代。[13]一份报告称，这意味着将会有2000万人失业。毫无疑问，这些人将会被告知，他们可以接受职业培训，转行从事其他工作，但这种希望常常枉然。

真相是，他们的命运将同铁匠们的一样。1850年，铁匠的人数占到美国劳动力的2%。他们这个行业显然已经消失。[14]信息革命及其后续的人工智能革命同工业革命不一样，不会创造足够的就业机会来抵补那些被它们消灭的岗位。就业数据同样表明了这一点。

1956年，三大汽车制造商——克莱斯勒、通用汽车和福特——直接雇用了90多万名工人。今天，三大硅谷巨头——脸书、苹果和谷歌——一共雇用了不到30万人，但它们的市值和收入高过上述汽车厂商的最高纪录，而且同期美国人口翻了一番。据美国劳工统计局估计，到2028年，该国截至2018年统计的文字处理和键入方面的就业岗位的数量将会减少三分之一，汽车电子设备安装及维修工作岗位将会减少28%，电话接线员岗位将会减少28%，邮政工作岗位将会减少27%——这些只不过是举例而已。[15]新技术还危及传统、社群和宗教。成为新卢德主义者的人不一定出于实利主义的目的，他们可能是因为害怕全球主义会践踏本土的生活方式、威胁权力结构而辱骂或者试图破坏新技术。

"在特朗普的世界以及往后的世界里，我害怕高举火把——和干草叉——的人。"一位在硅谷工作的以色列裔美籍计算机工程师于2019年告诉我。他这番因为焦虑而夸大的言辞背后隐藏着一个真相。只有一小部分特定人群享受到了最近几十年来金融和技术行业的高利润、高薪水盛宴。大型科技企业成功地创造出了高效的、颠覆性的、破坏就业的技术。当你应邀赴宴时，你很少会想到谁没有收到邀请。这些企业一边宣扬一体化互联世界，一边利用自己的影响力呼吁放松监管，扼杀来自小创业者的竞争，积极推进避税战略。它们推卸责任，无视在它们的平台上发表的煽动性言论和言语攻击。与此同时，暴力话语在它们的平台上盛行，让它们获益，它们因此借机卖出更多广告。它们蚕食了文学、新闻和创意材料，但拒绝对此类内容的创造进行大力投资。在这个独一无二黄金时刻，这些企业逃脱了尚处于模拟时代的老派政客的注意力，成为不受监管的垄断企业，一心追逐利润，无视对社会造成的伤害。

不过，那个黄金时刻已成过去。模拟时代的选民们和决策者们都在死去，他们的位置被出生于线上数字世界的一代人取代。年轻一点的人对老派政客们口中的"互联网"没有那些不切实际的幻想。反对的热潮已汹涌而来。有人呼吁分割巨无霸技术企业，以维持竞争，保护民主。还有人在讨论叫停所有技术发展。

福克斯新闻台主持人塔克·卡尔森（Tucker Carlson）或许是特朗普阵营最具影响力的电视人物。他的观点就反映了这一趋势。他赞成禁止无人驾驶汽车，因为"以驾车维生是这个国家受过高中教育的男性的最常见的工种……消除他们的就业岗位带来的社会成本……太高了，无法持续，所以保护你的公民符合社会更大的利益"[16]。

他的话是有道理的。美国有350万卡车司机；他们工作时间长，薪酬相对较低，任务艰巨，经常独自一人连续驾驶许多个小时。他们很快会面临更艰巨的处境，因为技术巨头们正在不遗余力地开发和实行无人驾驶卡车，使其在人工智能的操控下安全且廉价地行驶在公路上。

不过，先辈们在试图阻止技术进步的时候已经用过同样的论点，例如，反对拖拉机替代马匹，反对电冰箱夺走卖冰人的生计。中产阶级对停滞不前的薪水和就业保障的丧失的反抗这一政治现象正在脱胎换骨，化身为旨在实际阻挠技术进步的具体政策建议。

特朗普发誓不再勒令燃煤发电厂停业，甚至让已经停业的发电厂复工就是例证——它们为他赢得了失业工人们的支持。然而，如果他的誓言得以落实为政策，社会其余部分将会为此付出代价，因为现在可以不用煤而改用更高效、更廉价、更清洁的方法生产能源，满足需求。

反抗的焦点将从移民和贸易转向技术、人工智能和机器人。毕竟，它们对许多岗位构成了实实在在的威胁，所以必须找到一种方法来妖魔化它们和它们的创造者。

• • • •

第二种威胁进步的方式更具实质性。本书上一章论及真相过载会导致内爆，造成更多的不信任和谎言。反抗创造出一个回音室。在回音室里，不安全感被放大，激进分子和阴谋理论家鼓吹他们的事业。事实证明，在所有方面都称得上是进步的宿敌的原教旨主义擅长利用不信任。但是，反疫苗者、坚信地球是平的人、种族主义者、政治大话王、不同流派的法西斯主义者、部落主义者等等，也很擅长利用不信任。有人说，从出生率下滑和环境破坏可以看出目前这个全球化的世界不可持续，所以进步本身已经失败。为了利用日益增长的对社会制度的不信任，反对进步的代理人们如今可以为旧有目标招募到新的支持者。新卢德主义者关注物质，而这些进步的反对者们瞄准的是意识。

在许多国家，对社会制度的信任的丧失以及对事实的关注的下降为极端的国内政治提供了肥沃的土壤，并且还影响到了国际合作。在20世纪80年代，全球携手坚定地应对臭氧层空洞危机，与之形成明显反差的是，在应对目前更为极端、更为严重的气候危机的过程中，各国敷衍了事、无精打采。这种愚行的来源并非某种反对启蒙运动价值观的冥顽不灵的意识形态，而是力图避免因为对科学家的警告做出回应而失去选票的政治上的愤世嫉俗。每当特朗普发表鄙夷气候变暖的言论或者嘲笑科学家对某些化学物质造成臭氧层空洞的解释时，他没有反抗世界秩序或者贸易协定；他在质疑科学是解释我们这个物质世界的可靠方法这一假设，他把科学家们同左翼政治联系起来。当特朗普及其盟友建议，如果美国停止对新冠肺炎的检测，"我们就会有很少的病例，如果有的话"时，他们不仅在喋喋不休地讲着相对性的废话，他们也在无视事实。

　　富有煽动性的原教旨主义也好，愤世嫉俗的政治也好，都是对社会话语必须基于理性这一信条的抨击。理性话语本身正在遭受攻击，当人们都说事实不重要而且分不清真实信息和虚假信息时，当纳粹分子和其他种族主义者捏造种族纯洁性的伪概念并且试图恢复种族纯洁性，声称重要的不是事实有无实质，而是谁以什么身份呈现事实时。攻击同样存在于当实业家和政府无视科学数据，在企业游说和肆意妄为的政客们的操纵下一如既往地允许温室气体的随意排放时，当家长听信假消息后拒绝为自己的孩子注射疫苗时。

　　当原教旨主义者让人相信，现代世界已经失败，无中生有的虔诚才是出路时，当地球飞速进入灭绝时代而决策者们置之不理时，当数百万人受困于一场前所未有的实验，既无法在自己的祖国改善生活也无法自由流动时，当民粹主义者追求失败的经济政策导致可怕的破坏，但仍能连任时，理性话语和进步都在遭受攻击。

　　一场合乎情理的对全球化的反抗已经突变成对进步本身的弃绝。

• • • • •

　　人们放弃中世纪的药物，选择现代的药物，是因为后者有疗效。人们大多已经放弃用魔叉探测法来确定打井位置，因为地质学家在预测水源所在地上更在行。农业研究人员提供了更好的种子和肥料，增加了庄稼产量，降低了饥荒风险。人类社会用民主制度替代了君主专制政体以及君权神授的信仰，因为民主制度给它们更好的政府、更幸福的生活。工厂预见到用更高效的自动化生产线取代效率较低的人工生产线后收入会增加——自动化生产线就是运转得更好。科学之所以进步，是因为它被验证有效，因为社会、经济体和政治结构是科学研究和发现的既得利益者。马克斯·韦伯（Max Weber）写道，现代性"主要意味着没有什么神秘的、不可捉摸的力量在起作用，而是一个人原则上可以通过计算主宰一切。这就意味着整个世界是祛魅的"[17]。

然而，今天的世界陷入了一种不同形式的幻想，一种人性使然的幻想。成功是进步施下的一个强大魔咒。成功让人有一种世界永远在进步的信念。城市在荒地和沼泽上拔地而起。先前不识字的人群现在有了图书馆为他们服务。我们的生活要比我们祖父母的生活轻松得多。世界变得更好了——无可阻挡地、不可避免地变得更好了。

从广义上说，这个神话建立在过去两个世纪的事实的基础上。财富的创造和人类寿命的延长让人有理由相信进步无可阻挡，人类将会继续前进。是的，我们告诉自己，暴风时有发生，如种族主义和纳粹主义，但它们都被制服了。同进步相关联的民主政体可能不完美，但它最有韧性，终将胜利。

这同样是个神话。因为人类在过去的两百年来一直在进步，所以今后还将继续进步，或者说以同样的速度进步，这个逻辑站不住脚。有时候，某些社群的人们选择回归一种被他们视为传统、更有效且种族纯洁的生活，但事后发现这种回归并不合理，甚至导致暴力的恶意。

成功等同于我们这个时代的魔咒。然而，当人类社会面临严重危机、不得不质疑其基本价值观的时候，魔咒可能遭到破除。它被一种虚构的过去替代，被一种优越感替代，或者被一种对谎言的成瘾替代。试以1979年伊斯兰革命前的伊朗为例。原有政权腐败不堪，民众处于高压之下，伊朗社会极度不平等，但是对妇女的压迫有所缓解，经济在增长，公众受教育程度在提高。然后，革命爆发，伊朗经济和公民社会被迫从属于严格死板的神权。

土耳其实现了从军人独裁向有限民主的转型。但是在过去十年里，它又回转成独裁统治，执政党带有伊斯兰主义色彩。

俄罗斯男性的预期寿命比发达国家男性的预期寿命少10年。自20世纪60年代以来，俄罗斯男性的预期寿命只增加了4年。因为那里的酗酒情况很普遍，而且教育和卫生系统相较于其他工业国家存在缺陷。

以密歇根州弗林特市以及许多其他地方发生的事件为例，美国社会根深蒂固的问题展现了领导人能让社群倒退到什么程度，他们甚至会毒害社群。美国人拿他们繁荣的工业州换取了某种金融寡头政体。

以上都是失败的案例，然而最严重的当数环境问题。贾雷德·戴蒙德（Jared Diamond）和罗纳德·赖特（Ronald Wright）在《崩溃》（*Collapse*）[18]和《极简进步史》（*A Short History of Progress*）[19]中分别生动地描写了自然环境在过去是如何成为文明稳定和发展的最重要的决定因素的。从这两本书里可以得出一个推论，那就是人类今天对自然资源的无情利用可能导致崩坏和倒退。赖特警告说，前期人口增长引起的资源损耗速度高于自然界能承受的速度。戴蒙德详细介绍了一个又一个文明是怎样因为不可持续的增长方式耗尽了资源，从而走向崩坏的。由于存在"进步的陷阱"——一系列成功到达一定程度后，就会引发灾难和导致自我毁灭——所以这个进程无法被及时制止。

两位作者均认为，全球化时代各国之间日益紧密的关系造成了文明本身的"全球性"。这个说法是赖特提出来的。从中可以得出一个推论，那就是人类未来要么共同成功，要么共同崩坏。[20]冰川在融化，物种在灭绝，珊瑚礁在白化，海平面在上升，沙漠化步步紧逼。因为现代农作，全世界的表层土在过去150年里流失了一半；我们在剩下的土地上种植全世界人口所需的粮食的95%。[21]否认这些事实无异于在人类最迫切需要科学之际背弃科学革命。

　　进步貌似是一股无可阻挡的自然力，而我们尽情享用它的慷慨。然而，进步只能存活于理性政治的温室。在这个温室里，自然和生态资源得到尊重。同样重要的是，蓄意的谎言被这个温室摒弃。我们必须重新记起已经遗忘的东西——我们必须认识到，对一触即发的可怕大战的恐惧在本质上是有益处的。

　　战争是笼罩这个拥有毁灭自我的知识和手段的世界的终极危险。波兰诗人暨诺贝尔奖得主切斯瓦夫·米沃什（Czeslaw Milosz）在1943年目睹了纳粹放火烧毁华沙犹太区时的场景。他想到了另外一场火，教会在罗马烧死乔尔丹诺·布鲁诺的那场火：

> 就在这同一座广场
> 他们烧死乔尔丹诺·布鲁诺。
> 爪牙们点起了
> 被暴民紧紧围住的火刑柴堆。
> 在火焰熄灭之前
> 小酒馆重新挤满了人，
> 一筐筐橄榄和柠檬
> 又扛在商贩们的肩头上。
>
> 我想到了鲜花广场
> 站在华沙的旋转木马旁
> 那是一个晴朗的春日夜晚
> 狂欢节的曲调奏响。
> 欢快的旋律淹没了
> 从犹太区围墙齐发的枪炮声，
> 一对对伴侣高飞在

无云的天空中。

火堆吹来的风时不时
会把黑色的风筝刮起
骑在旋转木马上的人们
抓住半空中的花瓣。
那从火堆吹来的热风
掀起姑娘们的裙子
人们大声笑着
在美丽华沙的星期日。[22]

第 **21** 章

一个新故事

REVOLT

● 逆 流 年 代 ●

　　在担任美国国防部部长前，詹姆斯·马蒂斯（James Mattis）将军指挥过美军驻伊拉克的海军陆战队第一师。一个夏日，他麾下的士兵在伊拉克西部沙漠逮捕了一名青年男子。当时后者正在路边安放炸弹，打算在将军的车队驶过时引爆。马蒂斯听说这个俘虏会讲英文，就亲自去见他。那位未遂刺客一边喝着咖啡，抽着香烟，一边解释他为什么想要行刺美军指挥官以及随行的海军陆战队官兵。他说这是因为他们是践踏伊拉克领土的外国侵略者。"我理解你的感受。"马蒂斯告诉那人，还通报说会把他送到臭名昭著的阿布格莱布监狱。"将军，"那人问马蒂斯，"要是我好好服刑，当上模范，你觉得我有一天能移民去美国吗？"[1]

　　那位伊拉克青年认为自己在对抗异教徒外国侵略者。那位美军将领相信自己派驻伊拉克的使命是解放伊拉克并且保护他自己的国家不受恐怖主义者袭击。享用完宽宏大量的捕获者给他的咖啡和香烟之后，那个男青年会被送往监狱。然而，将军所效忠的帝国最终会撤军，结束这次灾难性的占领。

　　美国梦萦绕在许多人的心头。那个伊拉克青年追求的不是真实世界里的美国，而是山巅之城。那仍是"美国"这个字眼在我们这些并不身处其中的人心中唤起的形象。这个青年渴望生活在一个自由、富足、充满机会的地方。在迄今为止的整个人类文明历史中，能够提供这些东西的唯一模型是自由民主制以及作为自由民主制的支撑的启蒙运动和进步价值观。

　　那个意图行刺美国将军却又想成为美国人的男青年体现了当前这个激

变时刻。他的愿望既让人想到自由主义秩序对本土社群及权力结构的入侵和异化，又让人想到它的诱惑力有多强。

家

本书记录了我去过的不同地方和过去十多年来发生的事件。我故事里的主人公——美国工人、失业的希腊人、中国企业家、叙利亚难民——走在一条羊肠小道上，左手是希望，右手是恐惧。身为记者的我在小道上同他们短暂遭遇，有时正好碰上他们幻想破灭，有时碰上他们惶惶奔逃。那个17岁、脖子上有高音谱号刺青的叙利亚难民利蓝如今在何方？那位从伊斯兰国中逃出来、带着名片抵达欧洲、准备立刻开始找计算机编程工作的里亚德后来怎么样了？找到工作了吗？制造莫洛托夫燃烧弹的希腊无政府主义者是已经回归往日的中产阶级生活，还是继续躲在某座废弃的房屋里策划对资本主义野兽的又一次攻击？我在杭斯拜的救援诊所里看到的那些如果不被强行喂食就会饿死的非洲企鹅现在怎么样了——有多少已经重获自由，回归海洋？

郁闷的时候，我会想起那些我在反抗全球化第一线遇到的新纳粹分子和其他种族主义者。他们的梦想已经开始成真。世界比以前更割裂、更涣散。他们的宣传启发了越来越多的大规模杀人事件。随着西方的骄阳坠向地平线，阴影渐长，他们在谋划什么？

在过去，这些问题没有答案。然而，在今天这个互联的世界里，用脸书或者WhatsApp寻找答案并非难事。那些愿意同我保持联系的人持续向我更新他们的近况，庆祝过什么，经历过什么灾难。来自科巴尼的里亚德在德国当上了程序员。他知道自己能在德国安身很幸运。但他也说，他在那里越来越体会到同当地社会的疏远。利蓝在上学，她不想讨论逃离叙利亚的经历。撰写长篇大论的反犹文章的康斯坦丁·普莱弗瑞斯很高兴地看到他的门生进入了希腊政治领导层。斯里兰卡的桑帕斯·埃克纳亚克还在提倡利用电子围栅阻拦和救助大象,但与此同时相信它们最终的命运不容乐观。

在过去的两个世纪里,像《圣经》里的耶利米那样预言末日即将来临的人的预言不太灵验。人类经历了两次世界大战、犹太人大屠杀和其他种族屠杀,但乐观主义者的预言一次又一次地比灾难预言者准确。那些认为又一次大萧条不可避免的人困惑不已。那些在冷战期间为人类将要自我毁灭而颤抖,并说因此最好的生活方式是"吃喝玩乐,因为我们看不到明天"的人发现世界不但没有毁灭,反而建立起新的世界秩序,在很大程度上实现了繁荣。那些建造起防核爆避难所、囤积黄金、预言世界将被毁灭的人为自己的焦虑付出了高昂的代价。冒险家、正向思维的人,还有国际主义者大获全胜。

不过,类似的命运也发生在那些坚信全球化及其普及的实践将创造出一个统一的世界、根除贫困、超国家普世主义和西方民主制度在任何地方都能实现的人身上。我们可以看到全球化对环境、部分中产阶级以及许多地方的文化、传统和社群稳定的破坏性的影响。乐观主义者们之前没有预见到许多人会感觉全球化太蛮横、太武断。究其主要原因,是因为他们在优越感或者恐惧的驱动下,忽视了意义和身份认同在人们生活中的重要性。他们错得没有那些散布恐慌心理的人那么离谱,但他们还是错了。反抗证明了这一点。

改革的时代

这是一个易变且动荡的时代。民族国家虽然有了控制、监视和操纵公民的更大能力,但它们的主权正在遭受侵蚀。世界变得越发互联互通,但移民壁垒在某些方面比以往任何时候都有效。这是一个在温和政治环境中建立起来的世界，但从出生开始就享受繁荣的世人把越来越多的选票投给了极端主义者。区分真相和谎言变得更容易，速度更快也更廉价了，但越来越多的人确信有人在向他们撒谎——并且坦率地承认自己也在散布谎言。用任何一个物质指标来衡量，我们的生活都比以往任何时候好，但许多人觉得他们面前的机会变少了。这个坚信乐观精神且自觉成就不凡的社会同时也生怕文明的崩坏。

工业化、全球化以及在此过程中涌现出来的制度已经帮助10亿人脱贫，拯救了1亿多儿童的生命，现行国际规范把国与国之间的冲突和伤亡人数降低到自近代以来的最低水平。然而，在许多地方，全球经济力量来过，剥削过，然后扬长而去，丝毫没有顾及当地人的身份认同和怨恨。它们播下了反抗的种子。全球化很大程度上推动了各个社群的进步，但它也创造出一种社会氛围，滋养了那些企图毁掉它的人。

世界需要全球范围的改革，需要对全球经济和各国管理内政的方式进行深刻反思。随着对全球化的反抗演变为对进步本身的讨伐，改革的机会就快要错失了。

所有的改革都必须依照一条自明之理，那就是世界和世人相互依赖，没有退路。即便民族主义者获胜并且根除了自由主义秩序，世界仍然互联——只是它缺乏管理互联的有效制度。相互负责不是什么天真的白日梦——它是一个基本需求。"我们都确确实实地身处一个无法逃脱的相互关系的网络中，受到同一件命运外衣的束缚，"马丁·路德·金曾这样说，"任何直接影响一个人的东西，都会间接影响所有人。"[2]2020年初暴发的新冠肺炎疫情凸显了全球化危机的影响范围。全球化世界里的病毒危害突然之间近在眼前、真实无比且杀伤力极强；在排外和保护主义的情绪之上，关闭国境又多了一个理由，那就是公共卫生。疫情的扩散还凸显了确保安全和可持续性的国际工具及规则的匮乏。世界经济依赖贸易和庞大的空中客流，但国际机构依然缺乏对主权国家进行快速干预的权力，无法监控、调查和防范危险的病原体的传播。2008年是金融危机，2020年是来势汹汹的威胁了世界稳定性的大瘟疫。下次也许就是一场由地方纷争升级成的全球冲突。我们生活在一个全球化的时代，但我们没有与之匹配的全球化责任和权力来管理它。

在过去的20年间，试图解决当前全球化秩序的缺陷的补救措施和改革建议层出不穷。本章无法一一述及，只想强调一点，那就是解决方案有，谁都可以拿去用。

世界需要采纳一些具有约束力的协议来应对人类面临的最艰巨的挑战，即气候变化。西方必须为自己制造的污染和排放的温室气体，以及它们对全球南方国家造成的不成比例的伤害付出比以往更高的代价，这完全符合逻辑。更重要的是，世界迫切需要一个新的经济模式。旨在通过重复利用和减少浪费来最大限度地利用资源的循环经济概念提供了重大可能性。即使全球共同采取措施应对气候变化，我们仍然需要一个步调一致的国际机制来帮助因为危机扩散而有可能沦为气候难民的大量人口。一个应对生物多样性丧失和物种灭绝危机的全球计划至关重要。贫困国家需要空置某些领土作为关键生态保护区，但它们必须为此得到充分补偿。

国际政治主体急需改革。目前联合国的最高权力机构安理会有五大常任理事国（美国、俄罗斯、英国、法国和中国，代表第二次世界大战的胜利方）。一票否决权让它们拥有对由15个理事国组成的安理会的不成比例的控制权。安理会需要改革，要么取消这些特权，要么赋予非洲和中南美洲国家代表类似的特权。来自这些大洲的国家应当对国际集体决策有更大的影响力；对联合国的组织结构来说，沿用上一次世界大战的结果已经站不住脚了。

美国放弃作为超级大国的义务和责任给世界带来的危险同给自己带来

的危险一样重大。采取孤立手段对世界上最大的经济体来说不是一个明智的选择，特别是考虑到美国的国债以及它希望继续保有美元作为世界通货的地位。美国屡屡削弱联合国等国际机构。这些机构，还有世界银行和国际货币基金组织，在保证全球稳定和繁荣方面发挥了重大的作用。它们也急需美国的更多帮助。

全球贸易规则急需改革，为弱势国家向强势国家出口简单产品和农产品提供便利。2001—2008年的多哈回合贸易谈判上，世贸组织成员国之间就此类改革有过尝试，但失败了。

跨国企业不应继续享受道德和法律豁免权，不可以像之前那样逃税漏税且产品一旦售出概不负责。大型互联网企业面临越来越激烈的批评。鉴于它们的规模、影响力以及对个人隐私和民主的持续威胁，要么应当拆分它们，要么应当建立一个法律结构来逐一攻破它们已经建立起来的复杂垄断体。

总体而言，如果各国继续相互逐底竞争，不断调低公司税和财产税，以期吸引到企业和亿万富翁，那么它们的力量将继续受到侵蚀，而企业们将成为世界舞台上更加重要的参与者，取代代议制机构。为了防范这一点，我们需要建立一个全球企业税和个人税制度。中产阶级和最富裕的1%的人群之间的税负不平等对资本主义和公正的社会理念同样有害。此外，这种不平等还是各种极端主义者的培养皿。

全球的税务改革也势在必行，因为大企业对社会的影响远非局限于繁荣的全球北方国家。许多西方人一直没意识到脸书和谷歌之类的大企业是怎样从欧美以外的当地社会挣钱的，不知道在它们的推波助澜下，那些社会的政治话语有可能变得更为激进，甚至达到危险的地步。它们伤害了雇用当地员工的企业，但在那些地方几乎不交税。这个现象无法逐一纠正；当今世界，企业盈利来自全球各地以及线上交易，所以税金应当交给代表企业收入产生地的民众的政府。

资本主义需要针对人口减少的社会进行调整，而这属于未知领域。移民危机对西方国家来说是一次机遇。在这个出生率严重下滑的全球化世界里，各国需要培养和采纳一种移民风尚。它是一种务实的需求。如果西方仍然想把移民控制在最低水平，最好的办法是向那些贡献大批外逃移民的国家投入重资，为这些人口创建更能忍受的生存环境。即使西方不打算为殖民主义与造成的损害和不公承担责任，为了它自己的利益也应该大量投资于贫困国家的发展和援助。

以上只是部分例子。没有哪一个例子特别新颖或者让人吃惊，但它们值得在这本书的语境里得到重申。它们大多是常识，但并不因为是常识就不那么必要。

一个新叙事

全球化依然不稳定，而且有缺陷，但不是因为我们理念匮乏，茫然不知如何在全球范围内改进司法管辖权和权力当局，改革贸易政策，促进全球南方国家更有效地发展，创造对环境来说可持续性更强的经济。根本问题在于选民们无意为任何形式的全球化奋斗。

领导人和决策者们知晓能够把世界变得更美好、更稳定的计划和方案的存在，但他们很少愿意冒政治资本的风险去执行。如果他们执行过，他们可能会被民粹主义的海啸扫地出门，失去公职。他们无法寄希望于式微的主流。对左翼来说，全球化以及其普及的实践被剥削玷污；对右翼来说则是对社群主义价值观的威胁。责任时代结束了。如今的领导人和站在他们身后的公众没有亲身经历过世界大战，也没有大战留下的伤痕。国际合作这个话题让很多人反感；谨慎被抛弃，冒险主义取而代之。启蒙运动价值观在最好的情况下被当作既定条件，在最坏的情况下被视为业已存在的专政的工具，由想象中的深暗势力所掌控。正如灭亡前的罗马帝国，全球化缺少的不是哲学家，而是战士。在民主政体里，战士就是选民。

全球化越发难以维持。当全球化语境下讲述的故事变得明显不可信——"我们都将是赢家，我们都住在同一个地球村里！"——它便很难有所改观。在刚果的钶钽铁矿和底特律的贫民区里，人们早就明白这种对所谓的全球化下的涓滴效应的乐观描述是骗人的，不能当真。替代叙事既残酷又了无生气。虽然工业化和供需法则能更好地解释我们这个世界的运作，但有谁愿意在它们的旗帜下面团结起来共同战斗呢？只有最上面的那1%的人。

上述两个版本的全球化叙事都有很大缺陷。其中一个版本全然作假，另外一个版本无法获得民众支持。公众不信任第一个版本，不能支持第二个版本，而且它们俩都危及一切本土事物。许多社群备受就业不保、工资停滞、污染、土壤流失和海平面上升之苦。宗教和民族身份认同被嘲弄为明日黄花。人们越来越相信他们的制度无力对抗极度专横武断的全球化力量。个体们被告知需要放弃他们的生活锚点，接受一种疏远的通用体系指示，例如，美联储的利率政策。现行的全球秩序是一个政治建构。它把自己包装成一种自然之力，要求公民们屈服，接受它赐予的任何善意。可人们知道，全球化及其价值观既非天命，亦非永恒，全球化制度可以被制约，有时甚至还可以被取消。工业化和互联互通不是自然界的风、太阳和波浪。

那么，挑战已经非常清楚。这意味着我们不但要找到新的、有想象力的方法来改革这个全球化的世界，还要培育改革的动力。这意味着为了把反抗力量引导到改革当中去，自由主义秩序和它催生的全球化需要一个新叙事。这个新叙事必须实事求是，而且勇于对主流进行大刀阔斧的改造。

在21世纪，人们将会为民族和宗教而战。但他们会不会也为自由、科学、提供互惠的互联世界等理念而战，为普世价值观而战？他们能被打动，从而认为这些东西值得一战吗？

这个新故事的轮廓已然清晰。主权国家不是全球化世界或普世价值观的敌人。认为爱国主义同普世利益无法调和的主张明显错误地把两者对立起来，等同于屈从于民族主义者。国际社会必须帮助各国在复杂的全球化世界里生存，实现繁荣并避免它们沦为失败的国家。当前的国际秩序已经在某种程度上开发出了干预国家之间冲突的工具，但有效应对国家内部崩坏的工具尚缺。陷入内战和大规模屠杀的国家影响整个世界。随着全球一体化程度的加深，一度被视为局部或区域冲突的事件也会需要国际干预。

鉴于技术变革的速度日益加快，或许各国将要面临的最艰巨的难题会是失业。退休年龄、养老金体系、社会保障和医疗方面都需要大胆的决策。

我们的根本性假设应当是：正在经历加速的技术革命的社会需要更好的社会安全网，他们需要为维护公民团结做更多而不是更少。我们将会需要更高的税率，还要征收新型税种，如渐进式消费税。在全球互联程度日渐加深的世界上，更大范围的团结必不可少。

如果向富裕的都市人群征收团结税，用于农村地区的基础设施投资和教育，伦敦和曼哈顿都不会因此而崩溃。如果经济精英们继续同民族主义或极端保守势力结盟，如果他们不允许此类加税，而是让许多人落后，那么只会加剧民众的反对声。

作为一个政治理念，全球化千万不能毁掉身份认同、地方特色和传统主义。恰恰相反，它应当把它们奉上神坛。民族情绪不是敌人，它可以成为自由主义的担保人。在一个日益同质化的世界里，精英们应当拥抱那些挥舞国旗的人，而不是斥责他们为民族主义者。

社群不能在未经公开讨论移民恶潮的情况下被迫接收移民；它们不能

听任寻求快速获益、更快速退出的国际企业的摆布。当人们确信他们的身份认同会得到尊重时，他们将受到鼓舞，愿意为更高大的原则奋斗。经典保守自由主义为了保护殖民宗主国的灵魂而摒弃帝国。这种保守主义借传统礼仪之名倡导善行，不只是为了保护人权。它必须融入全球化叙事。

这样一个全球化的版本，这样一个愿景，结果一定好于平均值。它必须让那些有可能被全球化力量碾压的社群获利，而且应当把它们作为重点。只有一个聚焦正义的故事才能将人们团结起来，给人们以力量。

•••••

如果我们只是一遍又一遍讲述通过进步所取得的成功，我们将再次回到2016年11月。启蒙运动的成就无可否认，但提醒人们这一点不会带来政治上的任何改变。更糟糕的是，它会进一步疏远启蒙运动的怀疑者。要是那些在异化的迷宫里茫然不知所措的人相信，这种现状就是进步的缩影，他们往往会得出结论，认为反对进步就能获得自由。他们可能推理得出脱困离开迷宫的方法是倒退，而不是前进。那些接受自由秩序思想的人，无论是左翼还是右翼，都习惯于成为多数派；而这种思想已遭到侵蚀。他们需要开始把自己想成野心勃勃的反对者。在唐纳德·特朗普成为世界上最有权势的人多年后，在乔治·弗洛伊德等人被诛杀，人们开展抗议活动后，草根环保运动兴起，土地开始震动。

"冲突令人兴奋，让人激动不安、全神贯注，而且暂时压制了所有其他动荡。它必须这么做，要么它什么都不做。没有斗争，就没有进步。"弗雷德里克·道格拉斯（Frederick Douglass）在美国内战前不久说。[3]他的话启发了我们，保证进步的延续不是通过怀念地提起它的好处或将现状神圣化来实现的，而是通过加入斗争以及表明想要改变的意愿。

反抗四起。它正在扫荡责任时代的残渣。这个激变时刻提供的机会大于它预示的危险——这是一个塑造更公正、更可持续发展的世界的机会。它的目的不是保全先前时代构建的家园，而是用一个更好、更有活力的家园来替代它。现在，看我们的了。

纳达夫·埃亚尔

于以色列甘内提科瓦

和希腊皮纳卡特斯

2020年

致　谢
THANKS

　　您面前的这本书是我从事新闻工作二十年来的成果，所以我要感激历年来我供职过的平面媒体和电视媒体。在我创作这本书的过程中，它们给予了我很大的灵活性，来报道并整理出这些情节紧凑的新故事。以色列新闻10台和Reshet新闻13台，《新消息报》（*Yedioth Ahronoth*）和《晚报》，还有《自由》杂志均允许我使用我供稿的专栏文字和电视报道。我感谢所有相关编辑。我要感谢耶迪奥特图书（Yediot Books）出版社的两位负责人多夫·艾兴瓦尔德（Dov Eichenwald）和埃亚勒·达杜什（Eyal Dadush），他们是本书希伯来文版本取得成功的功臣。德博拉·哈里斯（Deborah Harris）是我的作品经纪人，但她做的工作远远超出代理职责范围。没有她的智慧和决心，我不可能把手稿变成一本书。

　　本书的英文版译者哈伊姆·瓦茨曼（Haim Watzman）给了我很多睿智的评论和建议，也为我纠正了错误。乔治·S. 埃尔特曼（George S. Eltman）为本书做了注解和更正，他才华横溢的认知大大改进了书中内容。因巴尔·阿舍（Inbal Asher）核查了事实和来源，也对文本做出了深刻评论。

　　本书希伯来文版的编辑达夫娜·马奥尔（Dafna Maor）同时担任《国

土报》国际新闻编辑，为本书发挥了极为重要的作用。诺亚·阿米尔·拉维（Noa Amiel Lavie）和因巴尔·戈兰（Inbar Golan）为本书进行了深入的调查工作。许多朋友和专家也伸出援手，补充材料，纠正错误。他们是：安舍尔·普费弗（Anshel Pfeffer）、利阿德·穆德里克（Liad Mudrik）教授、亚伊尔·阿苏林（Yair Assulin）、托马尔·珀西科（Tomer Persico）博士、奥里·卡茨（Ori Katz）博士、乌里·沙那斯（Uri Shanas）教授、塞菲·亨德勒（Sefy Hendler）博士、约阿夫·亚伊尔（Yoav Yair）教授、尤瓦尔·德罗尔（Yuval Dror）博士、奥默·莫阿夫（Omer Moav）教授、萨伊凯特·达塔（Saikat Datta）、杰里米·福格尔（Jeremy Fogel）博士、鲁蒂·科伦（Ruti Koren）、海利克·沙里尔（Hilik Sharir）、阿里埃勒·埃尔格拉布里（Ariel Elgrabli）、艾曼纽·埃勒巴兹-费尔普斯（Emmanuelle Elbaz-Phelps）、加利·巴尔塔尔（Gali Bartal）、奥里特·科佩尔（Orit Kopel）、安东尼娅·亚明（Antonia Yamin）、戴维·阿加西（David Agasi）、内塔·利文（Neta Livne）、诺姆·吉德龙（Noam Gidron）博士、巴拉克·拉维德（Barak Ravid）。本书有任何错误，均由我本人负责。

最重要的是一路走来不断鼓励我、容忍我、爱我的妻子塔马·伊什·沙洛姆（Tamar Ish Shalom）。她是我写下的每一个单词的第一位也是最重要的一位读者。言语无法表达我对她和我们的孩子祖海尔（Zohar）、希列尔（Hilel）、内奥米（Naomi）的感激之情，因为他们牺牲了世界上最宝贵的资源——家庭时间。

注 释
NOTES

▍引言 一个时代的消亡

1. Howard J. Langer, ed., *World War II: An Encyclopedia of Quotations* (Abingdon, UK: Routledge, 2013), 39.

2. William A. Lydgate, "My Country, Right or Left?" *The Magazine of the Year*, 1947, http://www.oldmagazinearticles.com/cold_war_opinion_poll-pdf.

3. Ibid.

4. Edward T. Imparato, General MacArthur: Speeches and Reports, 1908—1964 (Nashville, TN: Turner, 2000), 192, 247; General Douglas MacArthur, radio broadcast from the battleship USS *Missouri*, September 2, 1945, *Missouri* battleship memorial, https://ussmissouri.org/learn-the-history/surrender/general-macarthurs-radio-address.

5. Martin W. Sandler, ed., *The Letters of John F. Kennedy* (New York: Bloomsbury, 2013), 230.

6. Roberto Stefan Foa and Yascha Mounk, "The Signs of Deconsolidation," *Journal of Democracy* 28, no. 1 (2017): 5—15.

7. "Trends in Armed Conflict, 1946—2017," Peace Research Institute Oslo (PRIO), May 2018, https://www.prio.org/utility/DownloadFile.ashx?id=1698&type=publicationfile.

8. Max Roser and Esteban Ortiz-Ospina, "Literacy," in "Our World in Data, 2019" (data sources: OECD; UNESCO), https://ourworldindata.org/literacy.

9. Tomas Hellebrandt and Paolo Mauro, "The Future of Worldwide Income Distribution," Peterson Institute for International Economics, Working Paper Series 15—7, 2015 (data sources: OECD; Consensus Forecasts; IMF/World

Bank; authors' forecasts for growth; United Nations for population projections; Luxembourg Income Study and World Bank for household survey data on income distribution).

10. Foa and Mounk, "The Signs of Deconsolidation."

▋第1章　袭击报社

1. "Poverty and Shared Prosperity 2018: Piecing Together the Poverty Puzzle," World Bank, 2018, https://openknowledge.worldbank.org/bitstream/hand le/10986/30418/9781464813306.pdf.

2. Francisco Alcalá and Antonio Ciccone, "Trade and Productivity," *Quarterly Journal of Economics* 119, no. 2 (2004): 613—46; Steven N. Durlauf, Paul A. Johnson, and Jonathan R. W. Temple, "Growth Econometrics," *Handbook of Economic Growth* 1 (2005), pp. 555—677.

3. James C. Riley, "Estimates of Regional and Global Life Expectancy, 1800— 2001," *Population and Development Review* 31, no. 3 (2005): 537—43; Richard A. Easterlin, "The Worldwide Standard of Living Since 1800," *Journal of Economic Perspectives* 14, no. 1 (2000): 7—26.

4. "How Has Life Expectancy Changed over Time?," Decennial Life Tables, Office for National Statistics (UK), September 9, 2015, https://www.ons.gov.uk/ peoplepopulationandcommunity/birthsdeathsandmarriages/lifeexpectancies/ articles/howhaslifeexpectancychangedovertime/2015—09—09; Max Roser, "Life Expectancy," in "Our World in Data, 2019" (data source: Human Mortality Database, University of California), https://ourworldindata.org/life-expectancy.

5. Max Roser and Esteban Ortiz-Ospina, "Global Extreme Poverty," in "Our World in Data, 2019" (data source: François Bourguignon and Christian Morrisson, 2002), https://ourworldindata.org/extreme-poverty.

6. Max Roser, "Child Mortality," in "Our World in Data, 2019" (data sources: Gapminder; World Bank), https://ourworldindata.org/child-mortality.

7. Martin Ravallion, "The Idea of Antipoverty Policy," Working Paper 19210, National Bureau of Economic Research (US), 2013, https://www.nber.org/ papers/w19210.pdf.

8. Arthur Young, 1771, quoted in Edgar S. Furniss, *The Position of a Labourer in a System of Nationalism: A Study in the Labor Theories of the Later English Mercantilists* (Boston and New York: Houghton Mifflin, 1920), 118.

9. Bernard De Mandeville, "An Essay on Charity and Charity Schools," in *The Fable of the Bees: Or, Private Vices, Publick Benefits*, 3rd ed. (J. Tonson, 1724; reprinted from 1714), 328.

10. Philippe Hecquet, 1740, quoted in Daniel Roche, *The People of Paris: An Essay*

in Popular Culture in the Eighteenth Century (Berkeley: University of California Press, 1987), 64.

11. Immanuel Kant, "What Is Enlightenment?" in *Eighteenth-Century Answers and Twentieth-Century Questions*, ed. James Schmidt (Berkeley: University of California Press, 1996), 58.

12. Karl Marx and Friedrich Engels, *The Communist Manifesto* (New York: Simon & Schuster, 2013; reprinted from 1848), 63.

13. Clayton Roberts, David F. Roberts, and Douglas R. Bisson, *A History of England, Volume 2: 1688 to the Present,* 6th ed. (Abingdon, UK: Routledge, 2016), 357.

14. David Mitch, "The Role of Education and Skill in the British Industrial Revolution," in Joel Mokyr, *The British Industrial Revolution: An Economic Perspective*, 2d ed. (Boulder, CO: Westview Press, 1998; reprinted from 1993), 241—79; Sascha O. Becker, Erik Hornung, and Ludger Woessmann, "Education and Catch-up in the Industrial Revolution," *American Economic Journal: Macroeconomics* 3, no. 3 (2011): 92—126.

15. Max Roser, and Esteban Ortiz-Ospina, "Primary and Secondary Education," in "Our World in Data, 2019" (data sources: OECD and IIASA, 2016; Wittgenstein Centre for Demography and Global Human Capital, 2015), https://ourworldindata.org/primary-and-secondary-education.

16. Oded Galor and Omer Moav, "Das Human Kapital: A Theory of the Demise of the Class Structure," *Review of Economic Studies* 73 (2006): 85—117.

17. Roser and Ortiz-Ospina, "Global Extreme Poverty."

18. Voltaire, "Défense du Mondain ou l'apologie du luxe," 1736, in Theodore Besterman, *Voltaire's Notebooks* (Geneva: Voltaire Institute and Museum, 1952), 244.

19. Gregory Clark, "Introduction: The Sixteen-Page Economic History of the World," in *A Farewell to Alms: A Brief Economic History of the World* (Princeton, NJ: Princeton University Press, 2007), 1.

20. Angus Maddison, *The World Economy* (Paris: OECD, 2003), 263.

▌第2章　一个月冲两次澡

1. "GDP per Capita (current US$)—China," World Bank, 2019, https://data.worldbank.org/indicator/NY.GDP.PCAP.CD?locations=CN.

2. Hu Angang, Hu Linlin, and Chang Zhixiao, "China's Economic Growth and Poverty Reduction (1978—2002)," in *India's and China's Recent Experience with Reform and Growth*, eds. Wanda Tseng and David Cowen (Basingstoke, UK: Palgrave Macmillan, 2005), 59—90.

3. "China—Systematic Country Diagnostic," World Bank, 2017, http://documents.

worldbank.org/curated/en/147231519162198351/pdf/China-SCD-publishing-version-final-for-submission-02142018.pdf, 20.

4. "Literacy Rate," Data for Sustainable Development Goals—China, UNESCO, 2018, http://uis.unesco.org/en/country/cn#slideoutmenu.

5. "Trends in Under-Five Mortality Rate," Key Demographic Indicators—China, UNICEF, 2018, https://data.unicef.org/country/chn/.

6. Quoted in Susan Whitfield, *Life Along the Silk Road* (Berkeley: University of California Press, 1999), 21.

7. Valerie Hansen, *The Silk Road: A New History* (New York: Oxford University Press, 2012), 9—10, 139.

8. Moahn Nair, "Understanding and Measuring the Value of Social Media," *Journal of Corporate Accounting & Finance* 22, no. 3 (2011): 45—51.

9. Richard Dobbs, James Manyika, and Jonathan Woetzel, "The Four Global Forces Breaking All the Trends," in *No Ordinary Disruption* (New York: Public Affairs and McKinsey Global Institute, 2015).

10. Paul Hirst and Grahame Thompson, "Global Myths and National Policies," in *Global Democracy: Key Debates*, ed. Barry Holden (Abingdon, UK: Routledge, 2000), 50.

11. Esteban Ortiz-Ospina, Diana Beltekian, and Max Roser, "Trade and Globalization," in "Our World in Data, 2018" (data source: Giovanni Federico and Antonio Tena-Junguito, 2016), https://ourworldindata.org/trade-and-globalization#trade-has-grown-more-than-proportionately-with-gdp.

12. "Global Citizenship a Growing Sentiment Among Citizens of Emerging Economies: Global Poll," Globescan for BBC, April 27, 2016, https://globescan.com/wp-content/uploads/2016/04/BBC_GlobeScan_Identity_Season_Press_Release_April%2026.pdf, 1, 4.

13. Eric C. Marcus, Morton Deutsch, and Yangyang Liu, "A Study of Willingness to Participate in the Development of a Global Human Community," *Peace and Conflict: Journal of Peace Psychology*, 23, no. 1 (2017): 89—92.

14. Anthony Elliott, *Contemporary Social Theory: An Introduction* (Abingdon, UK: Routledge, 2014), 322—28.

15. Sugata Mitra, "Self-Organising Systems for Mass Computer Literacy: Findings from the 'Hole in the Wall' Experiments," *International Journal of Development Issues* 4, no. 1 (2005): 71—81.

16. Alvin Toffler, *Future Shock* (New York: Random House, 1970), 413—18.

17. *Life*, February 17, 1941, 65.

18. *The Bhagavad Gita*, trans. Juan Mascaro (New York: Penguin, 1962), 92.

第3章 全球化大战

1. Edward Wong, "In China, Breathing Becomes a Childhood Risk," *New York Times*, April 22, 2013, http://www.nytimes.com/2013/04/23/world/asia/pollution-is-radically-changing-childhood-in-chinas-cities.html.

2. Celia Hatton, "Under the Dome: The Smog Film Taking China by Storm," BBC, March 2, 2015, http://www.bbc.com/news/blogs-china-blog-31689232.

3. "Air Pollution," World Health Organization, 2018, https://www.who.int/airpollution/en/.

4. "The Cost of a Polluted Environment: 1.7 Million Child Deaths a Year," World Health Organization, March 6, 2017, http://www.who.int/mediacentre/news/releases/2017/pollution-child-death/en/.

5. "9 out of 10 People Worldwide Breathe Polluted Air, but More Countries Are Taking Action," World Health Organization, May 2, 2018, https://www.who.int/news-room/detail/02—05—2018—9-out-of-10-people-worldwide-breathe-polluted-air-but-more-countries-are-taking-action.

6. Qiang Zhang et al., "Transboundary Health Impacts of Transported Global Air Pollution and International Trade," *Nature* 543 (2017): 705—9, https://doi.org/10.1038/nature21712.

7. Ibid., 708—9.

8. "The Air Quality Life Index," Energy Policy Institute at the University of Chicago (EPIC), https://aqli.epic.uchicago.edu/the-index/.

9. Immanuel Wallerstein's work on the dynamics of periphery and metropolitan areas in international trade and the international economy is the seminal work on these issues: Immanuel Wallerstein, *World-Systems Analysis: An Introduction* (Durham, NC: Duke University Press, 2004).

10. Derek Thompson, "The Economic History of the Last 2,000 Years in 1 Little Graph," *The Atlantic*, June 19, 2012, https://www.theatlantic.com/business/archive/2012/06/the-economic-history-of-the-last-2—000-years-in-1-little-graph/258676/.

11. Gottfried Wilhelm Freiherr von Leibniz, *The Preface to Leibniz' Novissima Sinica: Commentary, Translation, Text*, ed. and trans. Donald Frederick Lach (Honolulu: University of Hawaii Press, 1957; original text published 1699), 69.

12. Emperor Qianlong, Letter to George III, 1793, in Harley Farnsworth MacNair, *Modern Chinese History: Selected Readings* (Shanghai: Commercial Press, 1923), 4—5.

13. Nick Robins, *The Corporation That Changed the World: How the East India Company Shaped the Modern Multinational* (London: Pluto Press, 2006), 152.

14. Hsin-pao Chang, *Commissioner Lin and the Opium War* (Cambridge, MA: Harvard University Press, 1964), 172—79.

15. Lin Zexu, "Letter to the Queen of England," in *The Chinese Repository*, Vol. 8 (Canton Press, 1840), https://books.google.com/books?id=ngMMAAAAYAAJ&printsec=frontcover&source=gbs_ge_summary_r&cad=0#v=onepage&q&f=false, 499.

16. Angus Maddison, *Contours of the World Economy 1—2030 AD: Essays in Macro-Economic History* (New York: Oxford University Press, 2007), 379.

17. Weimin Zhong, "The Roles of Tea and Opium in Early Economic Globalization: A Perspective on China's Crisis in the 19th Century," *Frontiers of History in China* 5, no. 1 (March 2010): 86—105.

18. Letter from Willaim Jardine to Dr. Charles Gutzlaff, 1832, quoted in Maurice Collis, *Foreign Mud: Being an Account of the Opium Imbroglio at Canton in the 1830s and the Anglo-Chinese War that Followed* (New York: New Directions, 2002; first published 1946), 82.

19. W. E. Gladstone, "War with China—Adjourned Debate," *Hansard Parliamentary Debates, House of Commons*, April 8, 1840, Vol. 53, cols. 817—18, https://api.parliament.uk/historic-hansard/commons/1840/apr/08/war-with-china-adjourned-debate#column_821.

20. Whitney Stewart, *Deng Xiaoping: Leader in a Changing China* (Minneapolis: Lerner, 2001), 23.

21. Zheng Bijian, "The Three Globalizations and China," *HuffPost*, November 26, 2014, https://www.huffpost.com/entry/globalization-and-china_b_4668216.

22. Paul Michael Linehan, *The Culture of Leadership in Contemporary China: Conflict, Values, and Perspectives for a New Generation* (Lanham, MD: Lexington Books, 2017), 107—22.

23. Library of Congress, "Federal Research Division Country Profile: Haiti, May 2006," https://www.loc.gov/rr/frd/cs/profiles/Haiti.pdf.

24. Malick W. Ghachem, "Prosecuting Torture: The Strategic Ethics of Slavery in Pre-revolutionary Saint-Domingue (Haiti)," *Law and History Review* 29, no. 4 (2011): 985—1029; Anthony Phillips, "Haiti, France and the Independence Debt of 1825," Canada Haiti Action Network, 2008, https://www.canadahaitiaction.ca/sites/default/files/Haiti%2C%20France%20and%20the%20Independence%20Debt%20of%201825_0.pdf.

25. Quoted in Carolyn E. Fick, *The Making of Haiti: The Saint Domingue Revolution from Below* (Knoxville: University of Tennessee Press, 1990), 19.

26. Ibid., 20.

27. David Geggus, *The Haitian Revolution: A Documentary History* (Indianapolis, IN: Hackett, 2014), 13.

28. James, *The Black Jacobins*, 74.

29. Ibid., 271.

30. Ibid., 78.

31. "Haitian Constitution of 1801," The Louverture Project, trans. Charmant Theodore, 2000, http://thelouvertureproject.org/index.php?title=Haitian_Constitution_of_1801_(English).

32. Tim Matthewson, "Jefferson and the Nonrecognition of Haiti," *American Philosophical Society* 140, no. 1 (1996): 22—48.

33. "Haiti's Troubled Path to Development," Council on Foreign Relations, March 12, 2018, https://www.cfr.org/backgrounder/haitis-troubled-path-development.

34. Herb Thompson, "The Economic Causes and Consequences of the Bougainville Crisis," *Resources Policy* 17, no. 1 (1991): 69—85.

35. "PNG Leader Apologises to Bougainville for Bloody 1990s Civil War," Australian Associated Press, January 29, 2014, https://www.theguardian.com/world/2014/jan/29/papua-new-guinea-apologises-bougainville-civil-war.

36. Daniel Flitton, "Rio Tinto's Billion-Dollar Mess: 'Unprincipled, Shameful and Evil,'" *Sydney Morning Herald*, August 19, 2016, http://www.smh.com.au/world/billiondollar-mess-a-major-disaster-the-people-do-not-deserve-to-have-20160817-gquzli.html.

▍第4章 最后的大象之地

1. Samuel White Baker, *The Rifle and the Hound in Ceylon* (London: Longman, Brown, Green, and Longmans, 1854), 9, 187, 373.

2. Monique Grooten and Rosamunde Almond, eds., "Living Planet Report—2018: Aiming Higher," WWF, 2018, https://c402277.ssl.cf1.rackcdn.com/publications/1187/files/original/LPR2018_Full_Report_Spreads.pdf?1540487589

3. Gerardo Ceballos, Paul R. Ehrlich, and Rodolfo Dirzo, "Biological Annihilation via the Ongoing Sixth Mass Extinction Signaled by Vertebrate Population Losses and Declines," *Proceedings of the National Academy of Sciences* 114, no. 30 (2017): e6089-96; "Global Assessment Report on Biodiversity and Ecosystem Services: Summary for Policymakers," IPBES, 2019, https://ipbes.net/system/tdf/inline/files/ipbes_global_assessment_report_summary_for_policymakers.pdf?file=1&type=node&id=36213, 12.

4. Vernon R. Booth and Kevin M. Dunham, "Elephant Poaching in Niassa Reserve, Mozambique: Population Impact Revealed by Combined Survey Trends for Live Elephants and Carcasses," *Oryx* 50, no. 1 (2016): 94—103.

5. Kenneth V. Rosenberg et al., "Decline of the North American Avifauna," *Science* 366, no. 6461 (2019): 120—24.

6. Caspar A. Hallmann et al., "More Than 75 Percent Decline over 27 Years in Total Flying Insect Biomass in Protected Areas," *PLOS ONE* 12, no. 10 (2017): e0185809.

7. Villy Christensen et al., "A Century of Fish Biomass Decline in the Ocean," *Marine Ecology Progress Series* 512 (2014): 155—66; Ransom A. Myers and Boris Worm, "Rapid Worldwide Depletion of Predatory Fish Communities," *Nature* 423 (2003): 280—83.

8. Boris Worm et al., "Global Catches, Exploitation Rates, and Rebuilding Options for Sharks," *Marine Policy* 40 (2013): 194—204.

9. "UN Report: Nature's Dangerous Decline 'Unprecedented'; Species Extinction Rates 'Accelerating,'" *Sustainable Development Goals* blog, May 6, 2019, https://www.un.org/sustainabledevelopment/blog/2019/05/nature-decline-unprecedented-report/.

10. Moses Maimonides, *The Guide for the Perplexed*, trans. Michael Friedländer (New York: E. P. Dutton & Co, 1904), Part 3, 274.

11. See Susan Scott's film *Stroop: Journey into the Rhino Horn War*, South Africa, 2018.

▌第5章 "我们不愿意死"

1. "Sri Lanka: Floods and Landslides Emergency Response Plan (June—October 2017)," UN, 2017, https://reliefweb.int/sites/reliefweb.int/files/resources/SriLanka_ResponsePlan_020617.pdf; "FAO/WFP Crop and Food Security Assessment Mission to Sri Lanka," Food and Agriculture Organization of the United Nations and World Food Programme, June 22, 2017, http://www.fao.org/3/a-i7450e.pdf.

2. Noah S. Diffenbaugh and Marshall Burke, "Global Warming Has Increased Global Economic Inequality," *Proceedings of the National Academy of Sciences* 116, no. 20 (2019): 9808—13.

3. Stanford's School of Earth, Energy & Environmental Sciences. "Climate change has worsened global economic inequality," ScienceDaily, 2019. www.sciencedaily.com/releases/2019/04/190422151017.htm.

4. Marshall Burke, Solomon M. Hsiang, and Edward Miguel, "Global Non-Linear Effect of Temperature on Economic Production," *Nature* 527 (2015): 235.

5. Sebastian Bathiany et al., "Climate Models Predict Increasing Temperature Variability in Poor Countries," *Science Advances* 4, no. 5 (2018): eaar5809.

6. Martin Parry et al., "Climate Change and Hunger: Responding to the Challenge," World Food Programme, 2009, https://www.imperial.ac.uk/media/imperial-college/grantham-institute/public/publications/collaborative-publications/Climate-change-and-hunger-WFP.pdf;
Terence P. Dawson, Anita H. Perryman, and Tom M. Osborne, "Modelling Impacts of Climate Change on Global Food Security," *Climatic Change* 134, no. 3 (2016): 429—40.

7. "Bangladesh: Reducing Poverty and Sharing Prosperity," World Bank, November 15, 2018, https://www.worldbank.org/en/results/2018/11/15/bangladesh-reducing-poverty-and-sharing-prosperity.

8. "Bangladesh Climate Change Strategy and Action Plan 2009," Government of the People's Republic of Bangladesh, September 2009, https://www.iucn.org/downloads/bangladesh_climate_change_strategy_and_action_plan_2009.pdf, 7—8.

9. Nellie Le Beau and Hugh Tuckfield, "The Change Luck City: Dhaka's Climate Refugees," *The Diplomat*, August 10, 2016, https://thediplomat.com/2016/08/the-change-luck-city-dhakas-climate-refugees/; Tim McDonnell, "Climate Change Creates a New Migration Crisis for Bangladesh," *National Geographic*, January 24, 2019, https://www.nationalgeographic.com/environment/2019/01/climate-change-drives-migration-crisis-in-bangladesh-from-dhaka-sundabans/?cjevent=92f17507352911e981a300f30a240612&utm_source=4003003&utm_medium=affiliates&utm_campaign=CJ/.

10. Kanta Kumari Rigaud et al., "Groundswell: Preparing for Internal Climate Migration," World Bank, 2018, 148; Scott A. Kulp and Benjamin H. Strauss, "New Elevation Data Triple Estimates of Global Vulnerability to Sea-Level Rise and Coastal Flooding," *Nature Communications* 10, no. 1 (2019): 1—12.

11. Julie Rozenberg and Stéphane Hallegatte, "The Impacts of Climate Change on Poverty in 2030 and the Potential from Rapid, Inclusive, and Climate-Informed Development," World Bank, November 8, 2015, http://documents.worldbank.org/curated/en/349001468197334987/pdf/WPS7483.pdf.

12. Mark Spalding, Corinna Ravilious, and Edmund Peter Green, *World Atlas of Coral Reefs* (Berkeley: University of California Press, 2001); Marjorie Mulhall, "Saving the Rainforests of the Sea: An Analysis of International Efforts to Conserve Coral Reefs," *Duke Environmental Law & Policy Forum* 19 (2009): 321—51.

13. Manfred Lenzen et al., "The Carbon Footprint of Global Tourism," *Nature Climate Change* 8, no. 6 (2018): 522—28.

14. Xavier Romero Frías, The Maldive Islanders: A Study of the Popular Culture of an Ancient Ocean Kingdom, Nova Ethnographia Indica, 1999, 443.

15. Joseph C. Farman, Brian G. Gardiner, and Jonathan D. Shanklin, "Large Losses of Total Ozone in Antarctica Reveal Seasonal ClOx/NOx Interaction," *Nature* 315 (1985): 207—10.

16. Robert Mackey, "Donald Trump's Hairspray Woes Inspire Climate Denial Riff," *The Intercept*, May 7, 2016, https://theintercept.com/2016/05/06/donald-trumps-got-hairspray-riff-hes-gonna-use/.

17. Douglas Adams, *The Hitchhiker's Guide to the Galaxy* (New York: Harmony Books, 1980; first published 1979), 35.

18. Alex Crawford, "Meet Dorsen, 8, Who Mines Cobalt to Make Your Smartphone Work," Sky News, February 28, 2017, https://news.sky.com/story/meet-dorsen-8-who-mines-cobalt-to-make-your-smartphone-work-10784120.

19. Naomi Klein, *This Changes Everything: Capitalism vs. the Climate* (New York: Simon & Schuster, 2014), 44.

▎第6章　反抗前兆

1. "Terror in Mumbai," CNN Transcripts, December 12, 2009, http://transcripts.cnn.com/transcripts/0912/12/se.01.html.

2. Krishna Pokharel, "Investigators Trace Boat's Last Voyage," *Wall Street Journal*, December 2, 2008, https://www.wsj.com/articles/SB122816457079069941#.

3. Rahul Bedi, "India's Intelligence Services 'Failed to Act on Warnings of Attacks,'" *The Telegraph*, November 30, 2008, https://www.telegraph.co.uk/news/worldnews/asia/india/3537279/Indias-intelligence-services-failed-to-act-on-warnings-of-attacks.html.

4. "Terror in Mumbai," CNN Transcripts, December 12, 2009.

5. Nadav Eyal, "Darkness and Terror in Mumbai," *Ma'ariv Daily*, November 30, 2008.

6. Guillaume Lavallée, "'Banned' Group Thrives in Pakistan," AFP, UCA News, February 10, 2015, https://www.ucanews.com/news/banned-group-thrives-in-pakistan/72963.

7. John C. M. Calvert, "The Striving Shaykh: Abdullah Azzam and the Revival of Jihad," in Ronald A. Simkins, ed., "The Contexts of Religion and Violence," *Journal of Religion & Society*, Supplement Series 2 (2007): 83—102.

8. Shaykh Abdullah Azzam, "Join the Caravan," 1987, https://archive.org/stream/JoinTheCaravan/JoinTheCaravan_djvu.txt, 24.

9. Ibid., 10.

10. Zbigniew Brzezinski to the Mujahideen, "Your cause is right and God is on your side！," YouTube, September 4, 2014, https://www.youtube.com/watch?v=A9RCFZnWGE0.

11. Peter L. Bergen, *Holy War, Inc.: Inside the Secret World of Osama bin Laden* (New York: Simon & Schuster, 2002), 56.

12. Andrew McGregor, "'Jihad and the Rifle Alone'：' Abdullah ' Azzam and the Islamist Revolution," *Journal of Conflict Studies* 23, no. 2 (2003): 92—113, https://journals.lib.unb.ca/index.php/jcs/article/view/219/377.

13. "US Embassy Cables: Lashkar-e-Taiba Terrorists Raise Funds in Saudi Arabia," *The Guardian*, December 5, 2010, https://www.theguardian.com/world/us-embassy-cables-documents/220186.

14. John Rollins, Liana Sun Wyler, and Seth Rosen, "International Terrorism and Transnational Crime: Security Threats, US Policy, and Considerations for Congress," Congressional Research Service, January 5, 2010, https://fas.org/sgp/crs/terror/R41004—2010.pdf, 15.

15. "Lashkar-E-Tayyiba," United Nations Security Council, 2010, https://www.un.org/securitycouncil/sanctions/1267/aq_sanctions_list/summaries/entity/lashkar-e-tayyiba.

16. Rituparna Chatterje, "Dawood Ibrahim's Wife Tells TV Channel World's Most Wanted Terrorist Is in Karachi, Sleeping at the Moment," *HuffPost*, August 22, 2015, https://www.huffingtonpost.in/2015/08/22/dawood-ibrahim_n_8024254.html.

17. "Al-Mourabitoun," Counter Extremism Project, March 28, 2019, https://www.counterextremism.com/threat/al-mourabitoun; "Mali: Group Merges with Al Qaeda," Associated Press/ *New York Times*, December 4, 2015, https://www.nytimes.com/2015/12/05/world/africa/mali-group-merges-with-al-qaeda.html.

18. Simon Usborne, "Dead or Alive? Why the World's Most-Wanted Terrorist Has Been Killed at Least Three Times," *The Guardian*, November 28, 2016, https://www.theguardian.com/world/shortcuts/2016/nov/28/dead-or-alive-mokhtar-belmokhtar-most-wanted-terrorist-killed-three-times.

19. Ishaan Tharoor, "Paris Terror Suspect Is 'a Little Jerk,' His Lawyer Says," *Washington Post*, April 27, 2016, https://www.washingtonpost.com/news/worldviews/wp/2016/04/27/paris-terror-suspect-is-a-little-jerk-his-lawyer-says/?noredirect=on&utm_term=.0d0887cd1bb2.

20. Paul Tassi, "ISIS Uses 'GTA 5' in New Teen Recruitment Video," *Forbes*, September 20, 2014, https://www.forbes.com/sites/insertcoin/2014/09/20/isis-uses-gta-5-in-new-teen-recruitment-video/#59240edb681f.

21. Andrew K. Przybylski and Netta Weinstein, "Violent Video Game Engagement Is Not Associated with Adolescents' Aggressive Behaviour: Evidence from a Registered Report," *Royal Society Open Science* 6, no. 2 (2019), https://royalsocietypublishing.org/doi/10.1098/rsos.171474.

22. Jean Baudrillard, *Simulacra and Simulation*, trans. Sheila Faria Glaser (Ann Arbor: University of Michigan Press, 1994; first published 1981), 84.

23. "For What It's Worth," Buffalo Springfield, 1966, https://genius.com/Buffalo-springfield-for-what-its-worth-lyrics.

24. Abdullah Azzam, "So That the Islamic Nation Does Not Die an Eternal Death," *al-Jihad* 63 (1990): 29.

25. Asaf Maliach, "Abdullah Azzam, al-Qaeda, and Hamas: Concepts of Jihad and Istishhad," *Military and Strategic Affairs* 2, no. 2 (2010): 80.

26. Bernard Lewis and Buntzie Ellis Churchill, *Islam: The Religion and the People* (Upper Saddle River, NJ: Pearson Prentice Hall, 2008), 153.

27. Robert Allen Denemark and Mary Ann Tétreault, *Gods, Guns, and Globalization: Religious Radicalism and International Political Economy* (Boulder, CO: Lynne Rienner, 2004).

28. Ibid., 1—3.

29. Michael J. Stevens, "The Unanticipated Consequences of Globalization: Contextualizing Terrorism," in *The Psychology of Terrorism: Theoretical Understandings and Perspectives*, Vol. 3, ed. Chris E. Stout (Westport, CT: Greenwood Publishing Group, 2002), 31—56.

▍第7章　跟民族主义者交谈

1. Nicholas Cronk, *Voltaire: A Very Short Introduction* (New York: Oxford University Press, 2017), 37.

2. Tom Baldwin and Fiona Hamilton, "Times Interview with Nick Griffin: The BBC Is Stupid to Let Me Appear," *The Times*, October 22, 2009, https://www.thetimes.co.uk/article/times-interview-with-nick-griffin-the-bbc-is-stupid-to-let-me-appear-lkqvlv6r6vk.

3. "Barack Obama's Speech in Independence, Mo.," *New York Times*, June 30, 2008, https://www.nytimes.com/2008/06/30/us/politics/30text-obama.html?mtrref=www.google.com

4. David Nakamura, "Obama: Biggest Mistake Was Failing to 'Tell a Story' to American Public," *Washington Post*, July 12, 2012, https://www.washingtonpost.com/blogs/election-2012/post/obama-biggest-mistake-was-failing-to-tell-a-story-to-american-public/2012/07/12/gJQANHBFgW_blog.html?noredirect=on&utm_term=.547a520e6035.

5. "Countering Violent Extremism," US Government Accountability Office, April 2017, https://www.gao.gov/assets/690/683984.pdf, 0, 4.

6. "Timothy McVeigh: The Path to Death Row," CNN Transcripts, June 9, 2001, http://edition.cnn.com/transcripts/0106/09/pitn.00.html.

7. Angelique Chrisafis, "Jean-Marie Le Pen Convicted of Contesting Crimes against Humanity," *The Guardian*, February 16, 2012, https://www.theguardian.com/world/2012/feb/16/jean-marie-le-pen-convicted.

8. Jeremy Diamond, "Trump Embraces 'Nationalist' Title at Texas Rally," CNN, October 23, 2018, https://edition.cnn.com/2018/10/22/politics/ted-cruz-election-2018-president-trump-campaign-rival-opponent/index.html.

9. Sigmund Freud, *The Future of an Illusion*, trans. and ed. James Strachey (New York: W. W. Norton & Company, 1961; first published 1927), 12.

10. Noam Gidron and Jonathan J. B. Mijs, "Do Changes in Material Circumstances Drive Support for Populist Radical Parties? Panel Data Evidence from the Netherlands During the Great Recession 2007—2015," *European Sociological*

Review 35, no. 5 (2019): 637—50.

11. Carlo Bastasin, "Secular Divergence: Explaining Nationalism in Europe," Brookings Institution, May 2019, https://www.brookings.edu/wp-content/uploads/2019/05/FP_20190516_secular_divergence_bastasin.pdf.

12. Ronald F. Inglehart and Pippa Norris, "Trump, Brexit, and the Rise of Populism: Economic Have-Nots and Cultural Backlash," Harvard JFK School of Government Faculty Working Paper Series No. RWP16-026, August 2016, 1—52.

▌第8章 纳粹复活

1. Nadav Eyal, "Hatred: A Journey to the Heart of Antisemitism," Channel 10, Israel, October 7, 2014, https://www.youtube.com/watch?v=helC1_cog0A.

2. Thomas Rogers, "Heil Hipster: The Young Neo-Nazis Trying to Put a Stylish Face on Hate," *Rolling Stone*, June 23, 2014, https://www.rollingstone.com/culture/culture-news/heil-hipster-the-young-neo-nazis-trying-to-put-a-stylish-face-on-hate-64736/.

3. Conrad Hackett, "5 Facts About the Muslim Population in Europe," Pew Research Center, November 29, 2017, https://www.pewresearch.org/fact-tank/2017/11/29/5-facts-about-the-muslim-population-in-europe.

4. "Europe's Growing Muslim Population," Pew Research Center, November 29, 2017, https://www.pewforum.org/2017/11/29/europes-growing-muslim-population/.

5. J. D. Hunter, "Fundamentalism in Its Global Contours," in *The Fundamentalist Phenomenon: A View from Within; A Response from Without*, ed. Norman J. Cohen (Grand Rapids, MI: William B. Eerdmans, 1990), 59.

6. Alon Confino, *A World Without Jews: The Nazi Imagination from Persecution to Genocide* (New Haven, CT: Yale University Press, 2014); Avner Shapira, "The Nazi Narrative: How a Fantasy of Ethnic Purity Led to Genocide," *Ha'aretz*, April 23, 2017 (Hebrew), https://www.haaretz.co.il/gallery/literature/.premium-1.4039220.

7. "International Military Trials—Nurnberg," in Office of United States Chief of Counsel for Prosecution of Axis Criminality, *Nazi Conspiracy and Aggression*, Volume 4 (Washington, DC: US Government Printing Office, 1946), http://www.loc.gov/rr/frd/Military_Law/pdf/NT_Nazi_Vol-IV.pdf, 563.

8. Michael B. Salzman, "Globalization, Religious Fundamentalism and the Need for Meaning," *International Journal of Intercultural Relations* 32, no. 4 (2008): 319.

9. Garry Wills, *Under God: Religion and American Politics* (New York: Simon & Schuster, 1990), 15—16.

10. General Social Survey Data (GSS), NORC at the University of Chicago, 2018, http://www.norc.org/Research/Projects/Pages/general-social-survey.aspx.

▌第9章　中产阶级的反抗

1. "Wall Street and the Financial Crisis: The Role of Investment Banks," Hearing Before the Permanent Subcommittee on Investigations of the Committee on Homeland Security and Governmental Affairs, United States Senate, 111th Congress, second session, vol. 4 of 5, April 27, 2010, https://www.govinfo.gov/content/pkg/CHRG-111shrg57322/pdf/CHRG-111shrg57322.pdf.

2. Bruce Horovitz, "Shoppers Splurge for Their Country," *USA Today*, October 3, 2001, http://usatoday30.usatoday.com/money/retail/2001—10—03-patriotic-shopper.htm.

3. "Defence Expenditure of NATO Countries (2010—2017)," NATO Public Diplomacy Division, March 15, 2018, https://www.nato.int/nato_static_fl2014/assets/pdf/pdf_2018_03/20180315_180315-pr2018—16-en.pdf; "Defense Budget Overview," United States Department of Defense, Fiscal Year 2020 Budget Request, March 5, 2019, https://comptroller.defense.gov/Portals/45/Documents/defbudget/fy2020/fy2020_Budget_Request_Overview_Book.pdf.

4. Moritz Kuhn, Moritz Schularick, and Ulrike Steins, "Asset Prices and Wealth Inequality," VOX CEPR Policy Portal, August 9, 2018, https://voxeu.org/article/asset-prices-and-wealth-inequality.

5. Andrew G. Haldane and Piergiorgio Alessandri, "Banking on the State," Bank of England, September 25, 2009, https://www.bis.org/review/r091111e.pdf; Andrew G. Haldane, "The Contribution of the Financial Sector: Miracle or Mirage?" Bank of England, July 14, 2010, https://www.bis.org/review/r100716g.pdf.

6. Julia Finch and Katie Allen, "What Do Bankers Spend Their Bonuses On?," *The Guardian*, December 14, 2007, https://www.theguardian.com/business/2007/dec/14/banking.

7. "Northern Rock Besieged by Savers," BBC, September 17, 2007, http://newsvote.bbc.co.uk/2/hi/business/6997765.stm#story.

8. Jonny Greatrex, "West Midlands Men Planning Credit Crunch Full Monty," *Birmingham Mail*, April 19, 2009, https://www.birminghammail.co.uk/news/local-news/west-midlands-men-planning-credit-239734.

9. William Boston, "Financial Casualty: Why Adolf Merckle Killed Himself," *Time*, January 6, 2009, http://content.time.com/time/business/article/0,8599,1870007,00.html.

10. Nic Allen and Aislinn Simpson, "City Banker Spent ￡43,000 on Champagne," The Telegraph, February 20, 2009, https://www.telegraph.co.uk/news/

newstopics/howaboutthat/4700148/City-banker-spent-43000-on-champagne. html.

11. Rebecca Smithers, "Au ATM: UK's First Gold Vending Machine Unveiled," *The Guardian*, July 1, 2011, https://www.theguardian.com/money/2011/jul/01/ au-atm-gold-vending-machine; Wei Xu, "Gold ATM Activated, but Not for Long," *China Daily*, September 27, 2011, http://www.chinadaily.com.cn/ business/2011—09/27/content_13801006.htm; Associated Press, "Gold-Dispensing ATM Makes U.S. Debut in Fla.," CBS News, December 17, 2010, https://www.cbsnews.com/news/gold-dispensing-atm-makes-us-debut-in-fla/.

12. "Report of the Study Group on the Role of Public Finance in European Integration," Vols. 1 and 2, Commission of the European Communities, European Union, April 1977, https://www.cvce.eu/content/publication/2012/5/31/91882415—8b25— 4f01-b18c-4b6123a597f3/publishable_en.pdf; https://www.cvce.eu/content/ publication/2012/5/31/c475e949-ed28—490b-81ae-a33ce9860d09/publishable_ en.pdf.

13. "Why Europe Can't Afford the Euro," *The Times*, November 19, 1997, from *The Collected Works of Milton Friedman*, eds. Robert Leeson and Charles G. Palm, https://miltonfriedman.hoover.org/friedman_images/Collections/2016c21/ 1997novtimesWhyEurope.pdf.

▌第10章　开法拉利的无政府主义者

1. Serge Berstein and Jean-François Sirinelli, eds., *Les années Giscard: Valéry Giscard d'Estaing et l'Europe, 1974—1981* (Paris: Armand Colin, 2007; first published 2005), 135.

2. "'Seventeen Countries Were Far Too Many,'" *Der Spiegel*, September 11, 2012, https://www.spiegel.de/international/europe/spiegel-interview-with-helmut-schmidt-and-valery-giscard-d-estaing-a-855127.html.

3. "Taking responsibility for the arson of yachts on 30/3," April 3, 2009, https:// bellumperpetuum.blogspot.com/2009/04/303_03.html

4. Henry Miller, *The Colossus of Maroussi*, 2nd ed. (New York: New Directions, 2010; first published 1941), 14.

5. Joergen Oerstroem Moeller, "The Greek Crisis Explained," *Huffington Post*, June 22, 2015, https://www.huffingtonpost.com/joergen-oerstroem-moeller/the-greek-crisis-explaine_b_7634564.html.

6. "Europe Balks at Greece's Retire-at-50 Rules," AP, May 17, 2010, https:// www.cbsnews.com/news/europe-balks-at-greeces-retire-at-50-rules; "Pensions at a Glance 2013: OECD and G20 Indicators," OECD, 2013, http:// dx.doi.org/10.1787/pension_glance-2013-en.

7. "Greece 10 Years Ahead: Defining Greece's New Growth Model and

Strategy," McKinsey, June 1, 2012, https://www.mckinsey.com/featured-insights/europe/greece-10-years-ahead.

8. Suzanne Daley, "Greek Wealth Is Everywhere but Tax Forms," *New York Times*, May 1, 2010, http://www.nytimes.com/2010/05/02/world/europe/02evasion.html?th&emc=th&mtrref=undefined&gwh=C3F3DF2E8C5C2 2D2A667A933C80604C9&gwt=pay.

9. Elisabeth Oltheten et al., "Greece in the Eurozone: Lessons from a Decade of Experience," *Quarterly Review of Economics and Finance* 53, no. 4 (2013): 317—35; Beat Balzli, "How Goldman Sachs Helped Greece to Mask Its True Debt," *Der Spiegel*, February 2, 2010, http://www.spiegel.de/international/europe/greek-debt-crisis-how-goldman-sachs-helped-greece-to-mask-its-true-debt-a-676634.html.

10. Nikos Roussanoglou, "Thousands of Empty Properties Face the Prospect of Demolition," *Kathimerini*, March 19, 2017, http://www.ekathimerini.com/216998/article/ekathimerini/business/thousands-of-empty-properties-face-the-prospect-of-demolition.

11. "Youth Unemployment Rate," OECD data, 2019, https://data.oecd.org/unemp/youth-unemployment-rate.htm.

12. "Severely Materially Deprived People," Eurostat, July 2019, https://ec.europa.eu/eurostat/databrowser/view/tipslc30/default/table?lang=en.

13. Nicole Itano, "In Greece, Education Isn't the Answer," Public Radio International, May 14, 2009, https://www.pri.org/stories/2009—05—14/greece-education-isnt-answer.

14. Alyssa Rosenberg, " 'Girls' Was About the Path—and Costs—to Being 'A Voice of a Generation,' " *Washington Post*, April 14, 2017, https://www.washingtonpost.com/news/act-four/wp/2017/04/14/girls-was-about-the-path-and-costs-to-being-a-voice-of-a-generation/?utm_term=.0f1a5526c60e.

15. J. Rocholl and A. Stahmer, "Where Did the Greek Bailout Money Go?," ESMT White Paper No. WP—16—02, 2016, http://static.esmt.org/publications/whitepapers/WP-16—02.pdf.

16. Susanne Kraatz, "Youth Unemployment in Greece: Situation Before the Government Change," European Parliament, 2015, http://www.europarl.europa.eu/RegData/etudes/BRIE/2015/542220/IPOL_BRI(2015)542220_EN.pdf.

17. Karolina Tagaris, "After Seven Years of Bailouts, Greeks Sink Yet Deeper in Poverty," Reuters, February 20, 2017, https://www.reuters.com/article/us-eurozone-greece-poverty/after-seven-years-of-bailouts-greeks-sink-yet-deeper-in-poverty-idUSKBN15Z1NM.

18. "Fertility Rates," "Population," OECD data, 2019, https://data.oecd.org; Lois Labrianidis and Manolis Pratsinakis, "Outward Migration from Greece

during the Crisis," LSE for the National Bank of Greece, 2015, https://www.lse.ac.uk/europeanInstitute/research/hellenicObservatory/CMS%20pdf/Research/NBG_2014_-Research_Call/Final-Report-Outward-migration-from-Greece-during-the-crisis-revised-on-1—6—2016.pdf.

19. David Molloy, "End of Greek Bailouts Offers Little Hope to Young," BBC, August 19, 2018, https://www.bbc.com/news/world-europe-45207092.

20. Dunja Mijatović, "Report of the Commissioner for Human Rights of the Council of Europe," Council of Europe, 2018, https://rm.coe.int/report-on-the-visit-to-greece-from-25-to-29-june-2018-by-dunja-mijatov/16808ea5bd.

21. Marina Economou et al., "Enduring Financial Crisis in Greece: Prevalence and Correlates of Major Depression and Suicidality," *Social Psychiatry and Psychiatric Epidemiology* 51, no. 7 (2016): 1015—24.

22. Ibid., 1020.

23. Herb Keinon, "Greek Minister Distances Himself from Past Associations with Neo-Nazi Groups," *Jerusalem Post*, July 15, 2019, https://www.jpost.com/Diaspora/Antisemitism/Greek-Minister-distances-himself-from-past-associations-with-neo-Nazi-groups-595623.

24. "How Some Made Millions Betting Against the Market," National Public Radio, May 2, 2011, https://www.npr.org/2011/05/02/135846486/how-some-made-millions-betting-against-the-market.

25. *Dune*, David Lynch, dir. 1984.

26. "Flashback: Elizabeth Warren (Basically) Predicts the Great Recession," *Moyers on Democracy*, June 25, 2004, https://billmoyers.com/segment/flashback-elizabeth-warren-basically-predicts-the-great-recession/.

27. Thomas Philippon, "Has the US Finance Industry Become Less Efficient? On the Theory and Measurement of Financial Intermediation," *American Economic Review* 105, no. 4 (2015): 1408—38.

28. Sameer Khatiwada, "Did the Financial Sector Profit at the Expense of the Rest of the Economy? Evidence from the United States," International Institute for Labor Studies, Cornell University and International Labor Organization, 2010, https://digitalcommons.ilr.cornell.edu/cgi/viewcontent.cgi?article=1101&context=intl.

29. "Household Debt, Loans and Debt Securities Percent of GDP," IMF, 2018, https://www.imf.org/external/datamapper/HH_LS@GDD/CAN/ITA/USA; "How Has the Percentage of Consumer Debt Compared to Household Income Changed over the Last Few Decades? What Is Driving These Changes?," Federal Reserve Bank of San Francisco, 2009, https://www.frbsf.org/education/publications/doctor-econ/2009/july/consumer-debt-household-income/.

30. "Household Debt and Credit Report (Q1 2019)," Federal Reserve Bank of New York, 2019, https://www.newyorkfed.org/medialibrary/interactives/

householdcredit/data/pdf/hhdc_2019q1.pdf

31. Martin Wolf, "Bank of England's Mark Carney Places a Bet on Big Finance," *Financial Times*, October 29, 2013, https://www.ft.com/content/08dea9d4—4002—11e3—8882—00144feabdc0.

32. Report on the Economic Well-Being of U.S. Households (SHED), Federal Reserve Board's Division of Consumer and Community Affairs (DCCA), 2018, https://www.federalreserve.gov/publications/report-economic-well-being-us-households.htm.

▌第11章 消失的孩子

1. "Mobile Population Survey (November)," population by municipality, Gunma Prefecture statistical information, November 2019, https://toukei.pref.gunma.jp/idj/idj201911.htm.

2. Kiyoshi Takenaka and Ami Miyazaki, " 'Vanishing Village' Looks to Japan's LDP for Survival," Reuters, October 17, 2018, https://www.reuters.com/article/us-japan-election-ageing/vanishing-village-looks-to-japans-ldp-for-survival-idUSKBN1CM0VM.

3. Ben Dooley, "Japan Shrinks by 500,000 People as Births Fall to Lowest Number Since 1874," *New York Times*, December 24, 2019, https://www.nytimes.com/2019/12/24/world/asia/japan-birthrate-shrink.html.

4. Charlotte Edmond, "Elderly People Make up a Third of Japan's Population—and It's Reshaping the Country," World Economic Forum, September 17, 2019, https://www.weforum.org/agenda/2019/09/elderly-oldest-population-world-japan/; "Population Projections for Japan (2016—2065)," National Institute of Population and Social Security Research (Japan), April 2017, http://www.ipss.go.jp/pp-zenkoku/e/zenkoku_e2017/pp_zenkoku2017e.asp; "2019 Revision of World Population Prospects," United Nations, 2019, https://population.un.org/wpp/.

5. "Family Database: The Structure of Families," OECD statistics, 2015, https://stats.oecd.org/Index.aspx?DataSetCode=FAMILY/.

6. Alana Semuels, "Japan Is No Place for Single Mothers," *The Atlantic*, September 7, 2017, https://www.theatlantic.com/business/archive/2017/09/japan-is-no-place-for-single-mothers/538743/; "Child poverty," OECD Social Policy Division, November 2019, https://www.oecd.org/els/CO_2_2_Child_Poverty.pdf.

7. "Declining Birthrate White Paper, 2018," Cabinet Office (Japan), 2018, https://www8.cao.go.jp/shoushi/shoushika/whitepaper/measures/english/w-2018/index.html.

8. Mizuho Aoki, "In Sexless Japan, Almost Half of Single Young Men and Women

are Virgins," *Japan Times*, September 16, 2016, https://www.japantimes.co.jp/news/2016/09/16/national/social-issues/sexless-japan-almost-half-young-men-women-virgins-survey/#.WmxosqiWY2x

9. Abigail Haworth, "Why Have Young People in Japan Stopped Having Sex?" *The Guardian*, October 20, 2013, https://www.theguardian.com/world/2013/oct/20/young-people-japan-stopped-having-sex; "The Fifteenth Japanese National Fertility Survey in 2015, Marriage Process and Fertility of Married Couples, Attitudes toward Marriage and Family Among Japanese Singles," National Institute of Population and Social Security Research, March 2017, http://www.ipss.go.jp/ps-doukou/e/doukou15/Nfs15R_points_eng.pdf.

10. Cyrus Ghaznavi et al., "Trends in Heterosexual Inexperience Among Young Adults in Japan: Analysis of National Surveys, 1987—2015," *BMC Public Health* 19, no. 355 (2019), https://bmcpublichealth.biomedcentral.com/articles/10.1186/s12889-019-6677-5.

11. Léna Mauger, *The Vanished: The "Evaporated People" of Japan in Stories and Photographs*, trans. Brian Phalen, with photographs by Stéphane Remael (New York: Skyhorse, 2016).

12. Frank Baldwin and Anne Allison, eds., *Japan: The Precarious Future* (New York: NYU Press, 2015).

13. Justin McCurry, "Japanese Minister Wants 'Birth-Giving Machines', aka Women, to Have More Babies," *The Guardian*, January 29, 2007, https://www.theguardian.com/world/2007/jan/29/japan.justinmccurry.

14. Baldwin and Allison, *Japan*, 58—59.

15. "OECD Economic Surveys: Japan 2017," OECD, April 13, 2017, https://www.oecd-ilibrary.org/economics/oecd-economic-surveys-japan-2017/the-wage-gap-between-regular-and-non-regular-workers-is-large_eco_surveys-jpn-2017-graph28-en; Koji Takahashi, "Regular/Non-Regular Wage Gap Between and Within Japanese Firms," Japan Institute for Labour Policy and Training, 2016, https://www.jil.go.jp/profile/documents/ktaka/asa14_proceeding_721357.pdf.

16. "Employed Persons by Age Group and Employee by Age Group and Type of Employment," Historical data (9), Japan Statistics Bureau, 2019, https://www.stat.go.jp/english/data/roudou/lngindex.html.

17. Kathy Matsui, Hiromi Suzukib, and Kazunori Tatebe, "Womenomics 5.0," Portfolio Strategy Research, Goldman Sachs, April 18, 2019, https://www.goldmansachs.com/insights/pages/womenomics-5.0/multimedia/womenomics-5.0-report.pdf, 14.

18. "The Global Gender Gap Report 2018," World Economic Forum, 2018, http://www3.weforum.org/docs/WEF_GGGR_2018.pdf, p. 8.

19. "Record Low of 16,772 Children on Day Care Waiting Lists in Japan, Welfare Ministry Says," *Japan Times*, September 6, 2019, https://www.japantimes.

co.jp/news/2019/09/06/national/japan-day-care-waiting-record-low/#. XfyXbOgzY2w; "Report on the Status Related to Day-Care Centers," Ministry of Health, Labor and Welfare (Japan), April 1, 2019, https://www.mhlw.go.jp/stf/houdou/0000176137_00009.html.

20. Justin McCurry, "Japanese Women Suffer Widespread 'Maternity Harassment' at Work," November 18, 2015, https://www.theguardian.com/world/2015/nov/18/japanese-women-suffer-widespread-maternity-harassment-at-work.

21. Matsui, Suzukib, and Tatebe, "Womenomics 5.0."

22. Mary Brinton, "Gender Equity and Low Fertility in Postindustrial Societies," Lecture at the Radcliffe Institute for Advanced Study, Harvard University, April 9, 2014, https://www.youtube.com/watch?v=XiKYU07QqPI.

23. Ibid.

24. "Employees Working Very Long Hours," Better Life Index, OECD, 2019, http://www.oecdbetterlifeindex.org/topics/work-life-balance/.

25. "White Paper on Measures to Prevent Karoshi," Ministry of Health, Labour and Welfare (Japan), 2017, https://fpcj.jp/wp/wp-content/uploads/2017/11/8f513ff4e9662ac515de9e646f63d8b5.pdf.

26. "Japan's State-Owned Version of Tinder," *The Economist*, October 3, 2019, https://www.economist.com/asia/2019/10/03/japans-state-owned-version-of-tinder.

27. Chizuko Ueno, "The Declining Birth Rate: Whose Problem?," *Review of Population and Social Policy* 7 (1998): 103—28.

▌第12章　"人类是泰坦尼克号"

1. "Fertility Rate, Total (Births per Woman)," World Bank, 2019 (data source: United Nations Population Division, World Population Prospects: 2019 Revision), https://data.worldbank.org/indicator/SP.DYN.TFRT.IN.

2. Christopher J. L. Murray et al., "Population and Fertility by Age and Sex for 195 Countries and Territories, 1950—2017: A Systematic Analysis for the Global Burden of Disease Study 2017," *The Lancet* 392, no. 10159 (2018): 1995—2051.

3. Anthony Cilluffo and Neil G. Ruiz, "World's Population Is Projected to Nearly Stop Growing by the End of the Century," Pew Research Center, June 17, 2019, https://www.pewresearch.org/fact-tank/2019/06/17/worlds-population-is-projected-to-nearly-stop-growing-by-the-end-of-the-century/; Max Roser, "Future Population Growth," in "Our World in Data, 2019," https://ourworldindata.org/future-population-growth.

4. "Vital Statistics Rapid Release, Births: Provisional Data for 2018," Report No. 7,

National Center for Health Statistics (US), May 2019, https://www.cdc.gov/nchs/data/vsrr/vsrr-007—508.pdf.

5. "Fertility Rate, Total (Births per Woman)," World Bank, 2019, https://data.worldbank.org/indicator/sp.dyn.tfrt.in.

6. "Population Growth (Annual %)," World Bank, 2019, https://data.worldbank.org/indicator/SP.POP.GROW?locations=ES-PT.

7. Rachel Chaundler, "Looking for a Place in the Sun? How About an Abandoned Spanish Village," *New York Times*, April 9, 2019, https://www.nytimes.com/2019/04/09/realestate/spain-abandoned-villages-for-sale.html.

8. J. C. Caldwell, *Demographic Transition Theory* (Dordrecht, The Netherlands: Springer, 2006), 249.

9. Life Expectancy," World Health Organization, 2020, http://www.who.int/gho/mortality_burden_disease/life_tables/situation_trends_text/en/.

10. "Mapped: The Median Age of the Population on Every Continent," World Economic Forum, February 20, 2019 (data source: The World Factbook, CIA, 2018), https://www.weforum.org/agenda/2019/02/mapped-the-median-age-of-the-population-on-every-continent/; Charles Goodhart and Manoj Pradhan, "Demographics Will Reverse Three Multi-Decade Global Trends," Bank of International Settlements, Working Paper No. 656, 2017, https://www.bis.org/publ/work656.pdf, 21.

11. Jay Winter and Michael Teitelbaum, *Population, Fear, and Uncertainty: The Global Spread of Fertility Decline* (New Haven, CT: Yale University Press, 2013).

12. "Germany's Population by 2060, Results of the 13th Coordinated Population Projection," Federal Statistical Office of Germany, 2015, https://www.destatis.de/GPStatistik/servlets/MCRFileNodeServlet/DEMonografie_derivate_00001523/5124206159004.pdf;jsessionid=0EDFA73EBE669FB229AAED0566265526, 6, 20.

13. "The Labor Market Will Need More Immigration from Non-EU Countries in the Future," Bertelsmann Stiftung, 2015, https://www.bertelsmann-stiftung.de/en/topics/aktuelle-meldungen/2015/maerz/immigration-from-non-eu-countries/.

14. Lorenzo Fontana and Ettore Gotti Tedeschi, *La culla vuota della civiltà: All' origine della crisi* (Verona: Gondolin, 2018).

15. George Alter and Gregory Clark, "The Demographic Transition and Human Capital," in *The Cambridge Economic History of Modern Europe: Volume 1, 1700—1870*, ed. Stephen Broadberry and Kevin H. O' Rourke (Cambridge: Cambridge University Press, 2010), 64.

16. John Bingham, "Falling Birth Rates Could Spell End of the West—Lord Sacks," *The Telegraph*, June 6, 2016, https://www.telegraph.co.uk/news/2016/06/06/falling-birth-rates-could-spell-end-of-the-west-lord-sacks/.

17. Fabrice Murtin, "Long-Term Determinants of the Demographic Transition, 1870—2000," *Review of Economics and Statistics* 95, no. 2 (2013): 617—31.

18. Una Okonkwo Osili and Bridget Terry Long, "Does Female Schooling Reduce Fertility? Evidence from Nigeria," *Journal of Development Economics* 87, no. 1 (2008): 57—75.

19. Amartya Sen, *Development as Freedom* (New York: Oxford University Press, 2001; first published 1999), 153; Max Roser, "Fertility Rate" (under "Empowerment of Women"), in "Our World in Data, 2017," https://ourworldindata.org/fertility-rate.

20. Gary S. Becker, *A Treatise on the Family* (Cambridge, MA: Harvard University Press, 1981); Gary S. Becker, "An Economic Analysis of Fertility," in *Demographic and Economic Change in Developed Countries*, ed. Gary S. Becker (New York: Columbia University Press, 1960), 209—40.

21. Luis Angeles, "Demographic Transitions: Analyzing the Effects of Mortality on Fertility," *Journal of Population Economics* 23, no. 1 (2010): 99—120.

22. Hagai Levine et al., "Temporal Trends in Sperm Count: A Systematic Review and Meta-Regression Analysis," *Human Reproduction Update* 23, no. 6 (2017): 646—59.

23. Chuan Huang et al. "Decline in Semen Quality Among 30,636 Young Chinese Men from 2001 to 2015," *Fertility and Sterility* 107, no. 1 (2017): 83—88; Priyanka Mishra et al. "Decline in Seminal Quality in Indian Men over the Last 37 Years," *Reproductive Biology and Endocrinology* 16, no. 1 (2018), article 103.

24. Conversation with the author, October 2019.

25. Netta Ahituv, "Western Men's Free-Falling Sperm Count Is a 'Titanic Moment for the Human Species,'" *Ha'aretz*, November 17, 2017, https://www.haaretz.com/science-and-health/.premium.MAGAZINE-western-men-s-dropping-sperm-count-is-a-titanic-moment-for-humans-1.5466078.

26. "South Korea's Fertility Rate Falls to a Record Low," *The Economist*, August 30, 2019, https://www.economist.com/graphic-detail/2019/08/30/south-koreas-fertility-rate-falls-to-a-record-low.

27. Joori Roh, "Not a Baby Factory: South Korea Tries to Fix Demographic Crisis with More Gender Equality," Reuters, January 4, 2019, https://www.reuters.com/article/us-southkorea-economy-birthrate-analysis/not-a-baby-factory-south-korea-tries-to-fix-demographic-crisis-with-more-gender-equality-idUSKCN1OY023.

28. A. M. Devine, "The Low Birth-Rate in Ancient Rome: A Possible Contributing Factor," *Rheinisches Museum für Philologie* 128, nos. 3—4 (1985): 313—17.

29. Goran Therbon, *Between Sex and Power: Family in the World, 1900—2000* (Abingdon, UK: Routledge, 2004), 255; Kate Bissell, "Nazi Past Haunts

'Aryan' Children," BBC, May 13, 2005, http://news.bbc.co.uk/2/hi/europe/4080822.stm8.

30. Wang Feng, Yong Cai, and Baochang Gu, "Population, Policy, and Politics: How Will History Judge China's One - Child Policy?," *Population and Development Review* 38, Supplement 1 (2013): S115—29; Stuart Gietel-Basten, Xuehui Han, and Yuan Cheng. "Assessing the Impact of the "One-Child Policy," in "China: A Synthetic Control Approach," *PLOS ONE* 14, no. 11 (2019).

31. James Renshaw, *In Search of the Romans* 2nd ed. (London: Bloomsbury, 2019), 244.

32. "China," *The World Factbook*, Central Intelligence Agency, 2018, https://www.cia.gov/library/publications/the-world-factbook/geos/ch.html; Simon Denyer and Annie Gowen, "Too Many Men," *Washington Post*, April 18, 2018, https://www.washingtonpost.com/graphics/2018/world/too-many-men/.

33. Valerie M. Hudson and Andrea M. den Boer, *Bare Branches: The Security Implications of Asia's Surplus Male Population* (Cambridge, MA: MIT Press, 2004).

34. "World Population Prospects," UN, 2019, https://population.un.org/wpp/DataQuery/.

▌第13章　出走的面孔

1. "Refugee Data Finder," Refugee Statistics, UNHCR, https://www.unhcr.org/refugee-statistics/ .

2. "Forced Displacement in 2015," Global Trends, UNHCR, June 20, 2016, https://www.unhcr.org/576408cd7.

3. "Refugee Data Finder," Refugee Statistics, UNHCR, https://www.unhcr.org/refugee-statistics/.

4. "Syria Refugee Crisis," UNHCR, 2019, https://www.unrefugees.org/emergencies/syria/.

5. Max Roser, "War and Peace After 1945," in "Our World in Data, 2019" (data sources: UCDP; PRIO), https://ourworldindata.org/war-and-peace#war-and-peace-after-1945.

6. UNHCR's Populations of Concern, UNHCR Statistics, 2019, http://popstats.unhcr.org.

7. Mary Kaldor, *New and Old Wars: Organized Violence in a Global Era* (Cambridge, UK: Polity Press, 1999).

8. "UN and Partners Call for Solidarity, as Venezuelans on the Move Reach 4.5 million," UN News, October 23, 2019, https://news.un.org/en/story/2019/10/1049871.

9. Ted Enamorado et. al., "Income Inequality and Violent Crime: Evidence from Mexico's Drug War," Latin America and the Caribbean Region, Poverty Reduction and Economic Management Unit, World Bank, June 1, 2014.

10. Kimberly Heinle, Octavio Rodríguez Ferreira, and David A. Shirk, "Drug Violence in Mexico," Department of Political Science & International Relations, University of San Diego, March 2017, https://justiceinmexico.org/wp-content/uploads/2017/03/2017_DrugViolenceinMexico.pdf.

11. "Refugee Data Finder," Refugee Statistics, UNHCR, https://www.unhcr.org/refugee-statistics/.

12. Hugh Naylor, "Desperate for Soldiers, Assad's Government Imposes Harsh Recruitment Measures," Washington Post, December 28, 2014, https://www.washingtonpost.com/world/middle_east/desperate-for-soldiers-assads-government-imposes-harsh-recruitment-measures/2014/12/28/62f99194-6d1d-4bd6-a862-b3ab46c6b33b_story.html; Erin Kilbride, "Forced to Fight: Syrian Men Risk All to Escape Army Snatch Squads," Middle East Eye, April 3, 2016, http://www.middleeasteye.net/news/escape-assads-army-373201818.

13. "Gen. Breedlove's Hearing with the House Armed Services Committee," United States European Command Library, February 25, 2016, https://www.eucom.mil/media-library/transcript/35355/gen-breedloves-hearing-with-the-house-armed-services-committee.

▌第14章 一个实验和它的代价

1. Universal Declaration of Human Rights, Article 13, Clause 2, UN, https://www.ohchr.org/EN/UDHR/Documents/UDHR_Translations/eng.pdf.

2. Joseph de Veitia Linage, Norte de la contratacion de las Indias Occidentales (Sevilla: por Juan Francisco de Blas, 1672), cited in Bernard Moses, The Casa de Contratacion of Seville, 1896, 113. https://books.google.com/books?id=JyTDJEsXMqUC&printsec=frontcover&source=gbs_ge_summary_r&cad=0#v=onepage&q&f=false

3. Prudentius, "The Divinity of Christ," in Prudentius, trans. H. J. Thomson, Vol. 1 (London: William Heinemann and Harvard University Press, 1949), 161.

4. Haim Beinart, The Expulsion of the Jews from Spain, trans. Jeffrey M. Green (Oxford: Littman Library of Jewish Civilization, 2001), 285.

5. Francois Soyer, "King John II of Portugal 'O Principe Perfeito' and the Jews (1481—1495)," Sefarad 69, no. 1 (2009): 75—99.

6. Moises Orfali and Tom Tov Assis, eds., Portuguese Jewry at the Stake: Studies on Jews and Crypto-Jews [Hebrew] (Jerusalem: Magnes, 2009), 30.

7. Richard Zimler, "Identified as the Enemy: Being a Portuguese New Christian at the Time of the Last Kabbalist of Lisbon," European Judaism 33, no. 1 (2000):

32—42.

8. Rachel Zelnick-Abramovitz, *Not Wholly Free: The Concept of Manumission and the Status of Manumitted Slaves in the Ancient Greek World* (New York: Brill, 2005).

9. John C. Torpey, *The Invention of the Passport: Surveillance, Citizenship and the State*, 2nd ed. (Cambridge: Cambridge University Press, 2018 ; first published 2000), 27.

10. Alan Dowty, *Closed Borders: The Contemporary Assault on the Freedom of Movement* (New Haven, CT: Yale University Press, 1987); Bonnie Berkowitz, Shelly Tanand, and Kevin Uhrmacher, "Beyond the Wall: Dogs, Blimps and Other Things Used to Secure the Border," *Washington Post*, February 8, 2019, https://www.washingtonpost.com/graphics/2019/national/what-is-border-security/?utm_term=.cd9d7eb58313.

11. Mae M. Ngai, "Nationalism, Immigration Control, and the Ethnoracial Remapping of America in the 1920s," *OAH Magazine of History* 21, no. 3 (2007): 11—15.

12. Daniel C. Turack, "Freedom of Movement and the International Regime of Passports," *Osgoode Hall Law Journal* 6, no. 2 (1968): 230.

13. Richard Plender, *International Migration Law* (Leiden, The Netherlands: Martinus Nijhoff, 1988); Martin Lloyd, *The Passport: The History of Man's Most Travelled Document* (Canterbury, UK: Queen Anne's Fan, 2008; first published 2003), 95—115.

14. Ibid.

15. Mae M. Ngai, *Impossible Subjects: Illegal Aliens and the Making of Modern America* (Princeton, NJ: Princeton University Press, 2014).

16. "Immigration Timeline," The Statue of Liberty—Ellis Island Foundation, https://www.libertyellisfoundation.org/immigration-timeline.

17. "Russell Brand: Messiah Complex (2013)—Full Transcript," *Scraps from the Loft*, November 7, 2017, https://scrapsfromtheloft.com/2017/11/07/russell-brand-messiah-complex-2013-full-transcript/.

18. Theresa May, "Theresa May's Conference Speech in Full," *The Telegraph*, October 5, 2016, http://www.telegraph.co.uk/news/2016/10/05/theresa-mays-conference-speech-in-full/.

19. Irene Skovgaard-Smith and Flemming Poulfelt, "Imagining 'Non-Nationality': Cosmopolitanism as a Source of Identity and Belonging," *Human Relations*, 71, no. 2 (2018): 129—54; Pnina Werbner, ed., *Anthropology and the New Cosmopolitanism: Rooted, Feminist and Vernacular Perspectives* (New York: Berg, 2008); Kwame Anthony Appiah, "Cosmopolitan Patriots," *Critical Inquiry* 23, no. 3 (1997): 617—39.

20. World Economic Forum, Global Shapers Annual Survey 2017, http://www.

shaperssurvey2017.org/.

21. "Global Citizenship a Growing Sentiment Among Citizens of Emerging Economies: Global Poll," Globescan for BBC, April 27, 2016, https://globescan. com/wp-content/uploads/2016/04/BBC_GlobeScan_Identity_Season_Press_ Release_April%2026.pdf.

22. Brittany Blizzard and Jeanne Batalova, "Refugees and Asylees in the United States," Migration Policy Institute, June 13, 2019, https://www.migrationpolicy. org/article/refugees-and-asylees-united-states.

23. Ronald Reagan, January 19, 1989, in Public Papers of the Presidents of the United States: Ronald Reagan, 1988—1989 (Washington, DC: US Government Printing Office, 1990), https://www.reaganlibrary.gov/research/ speeches/011989b, 1752.

第15章　血河

1. The conversations with the Syrian refugees were part of a documentary for Channel 10 TV, Israel.

2. "Global Views on Immigration and the Refugee Crisis," Ipsos, September 13, 2017, https://www.ipsos.com/sites/default/files/ct/news/documents/2017—09/ ipsos-global-advisor-immigration-refugee-crisis-slides_0.pdf.

3. Florence Jaumotte, Ksenia Koloskova, and Sweta Chaman Saxena, "Impact of Migration on Income Levels in Advanced Economies," International Monetary Fund, 2016, https://www.imf.org/en/Publications/Spillover-Notes/ Issues/2016/12/31/Impact-of-Migration-on-Income-Levels-in-Advanced- Economies-44343.

4. Lena Groeger, "The Immigration Effect," *ProPublica*, July 19, 2017, https:// projects.propublica.org/graphics/gdp.

5. "Second-Generation Americans: A Portrait of the Adult Children of Immigrants," Pew Research Center, February 7, 2013, https://www.pewsocialtrends. org/2013/02/07/second-generation-americans/.

6. "The Progressive Case for Immigration," *The Economist*, March 18, 2017, https://www.economist.com/news/finance-and-economics/21718873-whatever- politicians-say-world-needs-more-immigration-not-less?fsrc=scn/tw/te/bl/ed/.

7. Ryan Edwards and Francesc Ortega, "The Economic Contribution of Unauthorized Workers: An Industry Analysis," *Regional Science and Urban Economics* 67 (2017): 119—34.

8. Francine D. Blau, and Christopher Mackie, *The Economic and Fiscal Consequences of Immigration* (Washington, DC: National Academies Press, 2017).

9. George J. Borjas, "Among Many Other Things, That Current Policy Creates a

Large Wealth Transfer from Workers to Firms," *National Review*, September 22, 2016, http://www.nationalreview.com/article/440334/national-academies-sciences-immigration-study-what-it-really-says, accessed January 29, 2018.

10. George J. Borjas, "The Labor Demand Curve Is Downward Sloping: Reexamining the Impact of Immigration on the Labor Market," *Quarterly Journal of Economics* 118, no. 4 (2003): 1335—74.

11. Borjas, "Among Many Other Things."

12. Christian Dustmann, Uta Schönberg, and Jan Stuhler, "Labor Supply Shocks, Native Wages, and the Adjustment of Local Employment," *Quarterly Journal of Economics* 132, no. 1 (2017): 435—83.

13. Jynnah Radford, "Key Findings About U.S. Immigrants," Pew Research Center, June 17, 2019 (data sources: US Census Bureau; American Community Survey [IPUMS]), https://www.pewresearch.org/fact-tank/2019/06/17/key-findings-about-u-s-immigrants/.

14. "Proportion of Resident Population Born Abroad, England and Wales; 1951—2011," Office for National Statistics (UK), 2013, http://www.ons.gov.uk/ons/rel/census/2011-census-analysis/immigration-patterns-and-characteristics-of-non-uk-born-population-groups-in-england-and-wales/chd-figure-1.xls; "Population of the UK by Country of Birth and Nationality: 2018," Office for National Statistics (UK), May 24, 2019, https://www.ons.gov.uk/peoplepopulationandcommunity/populationandmigration/internationalmigration/bulletins/ukpopulationbycountryofbirthandnationality/2018.

15. Jens Manuel Krogstad, Jeffrey S. Passel, and D'vera Cohn, "5 Facts about Illegal Immigration in the U.S.," Pew Research Center, June 12, 2019, https://www.pewresearch.org/fact-tank/2019/06/12/5-facts-about-illegal-immigration-in-the-u-s/.

16. "An Edgy Inquiry," *The Economist*, April 4, 2015 (data source: Insee—National Institute of Statistics and Economic Studies [France], France strategie), https://www.economist.com/news/europe/21647638-taboo-studying-immigrant-families-performance-fraying-edgy-inquiry.

17. "Settling In 2018: Indicators of Immigrant Integration," OECD, 2018, https://www.oecd.org/publications/indicators-of-immigrant-integration-2018—9789264307216-en.htm.

18. Rick Noack, "Some French Wanted to Find Out How Racist Their Country Is. They Might Get Sued for It," *Washington Post*, February 4, 2016, https://www.washingtonpost.com/news/worldviews/wp/2016/02/04/why-it-can-be-illegal-to-ask-people-about-their-religion-or-ethnicity-in-france/?utm_term=.21f58814349b.

19. "Timeline: Deadly Attacks in Western Europe," Reuters, August 17, 2017, https://www.reuters.com/article/us-europe-attacks-timeline-idUSKCN1AX2EV;

David Batty, "Timeline: 20 Years of Terror That Shook the West," *The Guardian*, November 14, 2015, https://www.theguardian.com/world/2015/nov/14/paris-attacks-timeline-20-years-of-terror.

20. "The Perils of Perception 2018," Ipsos MORI, 2018, https://www.ipsos.com/ipsos-mori/en-uk/perils-perception-2018.

21. Hackett, "5 Facts about the Muslim Population in Europe."

22. "The Perils of Perception 2018," Ipsos MORI, 2018; Pamela Duncan, "Europeans Greatly Overestimate Muslim Population, Poll Shows," *The Guardian*, December 13, 2016, https://www.theguardian.com/society/datablog/2016/dec/13/europeans-massively-overestimate-muslim-population-poll-shows.

23. The conversation was conducted by Inbar Golan, the researcher who worked with me on a series of reports called "Exodus" for Israel's Channel 10, and on this book. It was during the preparation of these reports that we met the Aboudan family.

24. "German Spy Agency Says ISIS Sending Fighters Disguised as Refugees," Reuters, February 5, 2016, https://www.reuters.com/article/us-germany-security-idUSKCN0VE0XL; Anthony Faiola and Souad Mekhennet, "Tracing the Path of Four Terrorists Sent to Europe by the Islamic State," *Washington Post*, April 22, 2016, https://www.washingtonpost.com/world/national-security/how-europes-migrant-crisis-became-an-opportunity-for-isis/2016/04/21/ec8a7231—062d-4185-bb27-cc7295d35415_story.html?utm_term=.7cf4615e01c9.

25. Alan Travis, "Net Immigration to UK Nears Peak as Fewer Britons Emigrate," *The Guardian*, May 26, 2016, https://www.theguardian.com/uk-news/2016/may/26/net-migration-to-uk-nears-peak-fewer-britons-emigrate.

26. Heather Stewart and Rowena Mason, "Nigel Farage's Anti-Migrant Poster Reported to Police," *The Guardian*, June 16, 2016, https://www.theguardian.com/politics/2016/jun/16/nigel-farage-defends-ukip-breaking-point-poster-queue-of-migrants.

27. "The Vote to Leave the EU," in *British Social Attitudes* 34, The National Centre for Social Research, 2017, http://www.bsa.natcen.ac.uk/media/39149/bsa34_brexit_final.pdf; Daniel Boffey, "Poll Gives Brexit Campaign Lead of Three Percentage Points," *The Observer (The Guardian)*, June 5, 2016, https://www.theguardian.com/politics/2016/jun/04/poll-eu-brexit-lead-opinium.

28. Rose Meleady, Charles R. Seger, and Marieke Vermue, "Examining the Role of Positive and Negative Intergroup Contact and Anti‐Immigrant Prejudice in Brexit," *British Journal of Social Psychology* 56, no. 4 (2017): 799—808.

29. Yago Zayed, "Hate Crimes: What Do the Stats Show?" House of Commons Library, April 8, 2019 (data source: Home Office, Office for National Statistics), https://commonslibrary.parliament.uk/home-affairs/justice/hate-crimes-what-do-

the-stats-show/.

30. Hannah Corcoran and Kevin Smith, "Hate Crime, England and Wales, 2016/16," Home Office (UK), October 13, 2016, https://assets.publishing. service.gov.uk/government/uploads/system/uploads/attachment_data/ file/559319/hate-crime-1516-hosb1116.pdf.

31. Qasim Peracha, "How Hate Crimes Have Spiked in London since the Brexit Referendum," *My London*, May 3, 2019 (data source: London Metropolitan Police), https://www.mylondon.news/news/zone-1-news/how-hate-crimes-spiked-london-16217897; "Hate Crime or Special Crime Dashboard," London Metropolitan Police, 2019, https://www.met.police.uk/sd/stats-and-data/met/ hate-crime-dashboard/.

32. Robert Booth, "Racism Rising since Brexit Vote, Nationwide Study Reveals," *The Guardian*, May 20, 2019 (data source: opinion survey, 2014—16), https:// www.theguardian.com/world/2019/may/20/racism-on-the-rise-since-brexit-vote-nationwide-study-reveals.

33. Franz Solms-Laubach, "Mehr als 6 Millionen Flüchtlinge auf dem Weg nach Europa," *Bild*, May 23, 2017, https://www.bild.de/politik/ausland/fluechtlinge/6-millionen-warten-auf-reise-nach-europa-51858926.bild.html.

34. Peter Heather, *Empires and Barbarians: Migration, Development and the Birth of Europe* (London: Macmillan, 2009).

35. "Two Americas: Immigration," August 18, 2016, YouTube, https://youtu. be/3mKzYPt0Bu4.

36. "Transcript of the Second Debate," *New York Times*, October 10, 2016, https://www.nytimes.com/2016/10/10/us/politics/transcript-second-debate.html.

37. "Exit Polls," CNN, November 23, 2016, http://edition.cnn.com/election/results/ exit-polls/national/president; Philip Bump, "In Nearly Every Swing State, Voters Preferred Hillary Clinton on the Economy," *Washington Post*, December 2, 2016, https://www.washingtonpost.com/news/the-fix/wp/2016/12/02/in-nearly-every-swing-state-voters-preferred-hillary-clinton-on-the-economy/?utm_term=. cf8fbdc0763f.

第16章 帝国的子民发话了

1. Jon Wiener, "Relax, Donald Trump Can't Win," *The Nation*, June 21, 2016, https://www.thenation.com/article/trump-cant-win/.

2. Jonathan Chait, "Why Hillary Clinton Is Probably Going to Win the 2016 Election," *New York Magazine*, April 12, 2015, http://nymag.com/daily/ intelligencer/2015/04/why-hillary-clinton-is-probably-going-to-win.html.

3. The interviews presented here were conducted for a series of reports on Israel's Channel 10 in advance of the 2016 elections.

4. Thomas Jefferson to James Madison, April 27, 1809, National Archives, https://founders.archives.gov/documents/Jefferson/03—01—02—0140.

5. Jonathan McClory, "The Soft Power 30, A Global Ranking of Soft Power, 2018," Portland and USC Center on Public Diplomacy, July 2018, https://www.uscpublicdiplomacy.org/sites/uscpublicdiplomacy.org/files/useruploads/u39301/The%20Soft%20Power%2030%20Report%202018.pdf.

6. Iliana Olivié and Manuel Gracia, "Elcano Global Presence Report 2018," Elcano Royal Institute, 2018, http://www.realinstitutoelcano.org/wps/wcm/connect/897b80cc-47fa-4130—9c3d-24e16c7f0a66/Global_Presence_2018.pdf?MOD=AJPERES&CACHEID=897b80cc-47fa-4130—9c3d-24e16c7f0a66.

7. Michael Scherer, "Obama Too Is An American Exceptionalist," *Time*, April 4, 2009, https://swampland.time.com/2009/04/04/obama-too-is-an-american-exceptionalist/.

8. Virgil, *The Aeneid*, Book Six, trans. David Ferry (Chicago: University of Chicago Press, 2017), 201.

9. Reinhold Niebuhr, *The Irony of American History* (Chicago: University of Chicago Press, 2008), 74.

10. Alan P. Dobson and Steve Marsh, *US Foreign Policy since 1945 (The Making of the Contemporary World),* (London and New York: Routledge, 2006), 55.

11. Charles L. Mee Jr., *The Marshall Plan* (New York: Simon & Schuster, 1985), 99—100.

12. John T. Bethell, "How the Press Missed 'Mr. Marshall's Hint,'" *Washington Post*, May 25, 1997, http://www.washingtonpost.com/wp-srv/inatl/longterm/marshall/bethell.htm.

13. Bruce D. Jones, ed., *The Marshall Plan and the Shaping of American Strategy* (Washington, DC: Brookings Institution Press, 2017).

14. Niall Ferguson, *Empire: The Rise and Demise of the British World Order and the Lessons for Global Power* (New York: Basic Books, 2003).

15. Michael Ignatieff, "American Empire (Get Used to It)," *New York Times Magazine*, January 5, 2003, https://www.nytimes.com/2003/01/05/magazine/the-american-empire-the-burden.html.

16. Richard H. Immerman, *Empire for Liberty: A History of American Imperialism from Benjamin Franklin to Paul Wolfowitz* (Princeton, NJ: Princeton University Press, 2010), 3.

17. Molly Ivins, "Cheney's Card: The Empire Writes Back," *Washington Post*, December 30, 2003, https://www.washingtonpost.com/archive/opinions/2003/12/30/cheneys-card-the-empire-writes-back/18317ced-c7d4-4ea2-a788-d9a67cd72f86/.

18. Amy Belasco, "The Cost of Iraq, Afghanistan, and Other Global War on Terror Operations Since 9/11," Congressional Research Service, Report RL33110,

2014, https://fas.org/sgp/crs/natsec/RL33110.pdf.

19. Joseph Stiglitz and Linda J. Bilmes, *The Three Trillion Dollar War* (New York: W. W. Norton & Company, 2008).

20. Neta C. Crawford, "United States Budgetary Costs of the Post-9/11 Wars Through FY2019: $5.9 Trillion Spent and Obligated," Brown University, November 14, 2018, https://watson.brown.edu/costsofwar/files/cow/imce/papers/2018/Crawford_Costs%20of%20War%20Estimates%20Through%20FY2019.pdf.

21. "Israeli Journalist Mines a Story in Marianna," *Observer-Reporter* [Washington, PA], July 30, 2016, updated December 5, 2017, https://observer-reporter.com/news/localnews/israeli-journalist-mines-a-story-in-marianna/article_923b8bbb-e3a8-54c8-992b-90e65404d987.html.

22. The conversations in Marianna were for a documentary aired on Israel's Channel 10 in July 2016.

▌第17章 "我母亲就是在这里遇害的"

1. "Hutchins Intermediate School," 1922, http://detroiturbex.com/content/schools/hutchins/index.html.

2. Detroit, Michigan, Quick Facts, United States Census Bureau, 2018, https://www.census.gov/quickfacts/fact/table/detroitcitymichigan/PST045218.

3. "1950 Census of Population, Population of Michigan by Counties," United States Census Bureau, April 1, 1950, https://www2.census.gov/library/publications/decennial/1950/pc-02/pc-2—36.pdf.

4. The conversation is documented in my series of reports "The Battle for America" on Israel's Channel 10 News, broadcast in October 2016.

5. Ed Mazza, "Ron Baity, Baptist Preacher, Claims God Will Send Something Worse Than Ebola as Punishment for Gay Marriage," *HuffPost*, October 15, 2014, https://www.huffpost.com/entry/ron-baity-ebola-gay-marriage_n_5987210.

6. Anna North and Catherine Kim, "The 'Heartbeat' Bills That Could Ban Almost All Abortions, Explained," Vox, June 28, 2019, https://www.vox.com/policy-and-politics/2019/4/19/18412384/abortion-heartbeat-bill-georgia-louisiana-ohio-2019; Jacob Gershman and Arian Campo-Flores, "Antiabortion Movement Begins to Crack, After Decades of Unity," *Wall Street Journal*, July 17, 2019, https://www.wsj.com/articles/antiabortion-movement-begins-to-crack-after-decades-of-unity-11563384713.

7. "All Employees: Total Nonfarm Payrolls," Federal Reserve Bank of St. Louis, 2019 (data source: US Bureau of Labor Statistics), https://fred.stlouisfed.org/graph/?g=4EKm.

8. Lee E. Ohanian, "Competition and the Decline of the Rust Belt," Economic Policy Paper No. 14—6, Federal Reserve Bank of Minneapolis, 2014.

9. David H. Autor, David Dorn, and Gordon H. Hanson, "The China Shock: Learning from Labor-Market Adjustment to Large Changes in Trade," *Annual Review of Economics* 8 (2016): 205—40.

10. Zeeshan Aleem, "Another Kick in the Teeth: A Top Economist on How Trade with China Helped Elect Trump," Vox, March 29, 2017, https://www.vox.com/new-money/2017/3/29/15035498/autor-trump-china-trade-election.

11. Anne Case and Angus Deaton, "Mortality and Morbidity in the 21st Century," Brookings Papers on Economic Activity, Vol. 1, 2017, https://www.brookings.edu/wp-content/uploads/2017/08/casetextsp17bpea.pdf, 397—476.

12. Andrew Buncombe, "Donald Trump's Detroit Speech: Read the Full Transcript," *The Independent*, August 8, 2016, http://www.independent.co.uk/news/world/americas/us-elections/donald-trumps-detroit-speech-read-the-full-transcript-a7179421.html.

13. Michael J. Hicks and Srikant Devaraj, "The Myth and the Reality of Manufacturing in America," Center for Business and Economic Research, Ball State University, 2015 https://conexus.cberdata.org/files/MfgReality.pdf.

14. Ryan A. Decker et al., "Where Has All the Skewness Gone? The Decline in High-Growth (Young) Firms in the US," *European Economic Review* 86 (2016): 4—23 (data source: US Census Bureau).

15. Ronald S. Jarmin, Shawn D. Klimek, and Javier Miranda, "The Role of Retail Chains: National, Regional and Industry Results," in *Producer Dynamics: New Evidence from Micro Data*, ed. Tim Dunne (Chicago: University of Chicago Press, 2009), 237—62.

16. Neela Banerjee, Lisa Song, and David Hasemyer, "Exxon's Own Research Confirmed Fossil Fuels' Role in Global Warming Decades Ago," Inside Climate News, September 16, 2015, https://insideclimatenews.org/news/15092015/Exxons-own-research-confirmed-fossil-fuels-role-in-global-warming.

17. Geoffrey Supran and Naomi Oreskes, "Assessing ExxonMobil's Climate Change Communications (1977—2014)," *Environmental Research Letters* 12, no. 8 (2017): 084019.

18. Art Van Zee, "The Promotion and Marketing of Oxycontin: Commercial Triumph, Public Health Tragedy," *American Journal of Public Health* 99, no. 2 (2009): 221—27, doi 10.2105/AJPH.2007.131714.

19. Thomas Piketty, Emmanuel Saez, and Gabriel Zucman, "Distributional National Accounts: Methods and Estimates for the United States," *Quarterly Journal of Economics* 133, no. 2 (2017): 553—609, doi 10.3386/w22945.

20. Facundo Alvaredo et al., "World Inequality Report, 2018," World Inequality

Lab, 2018, https://wir2018.wid.world/files/download/wir2018-full-report-english. pdf, 82.

21. Bruce Sacerdote, "Fifty Years of Growth in American Consumption, Income, and Wages," Working Paper No. 23292, National Bureau of Economic Research, 2017; Michael R. Strain, "The Link between Wages and Productivity Is Strong," American Enterprise Institute, 2019, https://www.aei.org/wp-content/uploads/2019/02/The-Link-Between-Wages-and-Productivity-is-Strong.pdf.

22. "Average Weekly Earnings of Production and Nonsupervisory Employees, 1982—84 Dollars, Total Private, Seasonally Adjusted," https://data.bls.gov/pdq/SurveyOutputServletEmployment; "Hours, and Earnings from the Current Employment Statistics Survey (National)," Bureau of Labor Statistics (US), 2019, https://www.bls.gov/webapps/legacy/cesbtab8.htm.

23. Drew DeSilver, "For Most U.S. Workers, Real Wages Have Barely Budged in Decades," Pew Research Center, August 7, 2018, https://www.pewresearch.org/fact-tank/2018/08/07/for-most-us-workers-real-wages-have-barely-budged-for-decades/.

24. "The Distribution of Household Income, 2016," Congressional Budget Office, July 2019, https://www.cbo.gov/publication/55413.

25. David Leonhardt, "Our Broken Economy, in One Simple Chart," *New York Times*, August 7, 2017, https://www.nytimes.com/interactive/2017/08/07/opinion/leonhardt-income-inequality.html?smid=tw-share.

26. Raj Chetty et al., "The Fading American Dream: Trends in Absolute Income Mobility Since 1940," *Science* 356, no. 6336 (2017): 398—406.

27. Alvaredo et al., "World Inequality Report, 2018," 45.

28. Raquel Meyer Alexander, Stephen W. Mazza, and Susan Scholz, "Measuring Rates of Return for Lobbying Expenditures: An Empirical Case Study of Tax Breaks for Multinational Corporation," *Journal of Law and Politics* 25, no. 401 (2009): 401—58.

29. David Autor et al., "Importing Political Polarization? The Electoral Consequences of Rising Trade Exposure," National Bureau of Economic Research, Working Paper No. w22637 (2016): 936—53, doi 10.3386/w22637.

30. Data USA, 2017 (data source: US Census Bureau), https://datausa.io/profile/geo/waynesburg-pa/?compare=pennsylvania#about.

31. Julian Turner, "Lean and Clean: Why Modern Coal-Fired Power Plants are Better by Design," June 21, 2016, https://www.power-technology.com/features/featurelean-and-clean-why-modern-coal-fired-power-plants-are-better-by-design-4892873/.

32. Bryan Walsh, "How the Sierra Club Took Millions from the Natural Gas Industry—And Why They Stopped," *Time*, February 2, 2012, http://science.time.com/2012/02/02/exclusive-how-the-sierra-club-took-millions-from-the-

natural-gas-industry-and-why-they-stopped/.

33. Neil Irwin, "How Are American Families Doing? A Guided Tour of Our Financial Well-Being," *New York Times*, September 8, 2014, https://www.nytimes. com/2014/09/09/upshot/how-are-american-families-doing-a-guided-tour-of-our-financial-well-being.html?module=inline.

34. *Terminator 2: Judgment Day*, James Cameron, dir., 1991.

▌第18章　反全球化者

1. Hanoch Levin, *Schitz*, trans. Naaman Tammuz, in *Selected Plays One (1975—1983)* (London: Oberon, 2020), 110.

2. The conversation with the Quigley family was conducted by my researcher, Inbar Golan, in July 2019.

3. Winston S. Churchill, *The World Crisis: The Aftermath* (New York: Scribner, 1929), 63.

4. Marc Fisher and Will Hobson, "Donald Trump Masqueraded as Publicist to Brag About Himself," *Washington Post*, May 13, 2016, https://www.washingtonpost. com/politics/donald-trump-alter-ego-barron/2016/05/12/02ac99ec-16fe-11e6-aa55-670cabef46e0_story.html.

5. Chris Cillizza, "Donald Trump's 'John Miller' Interview Is Even Crazier Than You Think," *Washington Post*, May 16, 2016, https://www.washingtonpost.com/news/the-fix/wp/2016/05/16/donald-trumps-john-miller-interview-is-even-crazier-than-you-think/.

6. Patrick Radden Keefe, "How Mark Burnett Resurrected Donald Trump as an Icon of American Success," *New Yorker*, December 27, 2018, https://www. newyorker.com/magazine/2019/01/07/how-mark-burnett-resurrected-donald-trump-as-an-icon-of-american-success.

7. David A. Fahrenthold, "Trump Recorded Having Extremely Lewd Conversation About Women in 2005," *Washington Post*, October 8, 2016, https://www. washingtonpost.com/politics/trump-recorded-having-extremely-lewd-conversation-about-women-in-2005/2016/10/07/3b9ce776-8cb4-11e6-bf8a-3d26847eeed4_story.html.

8. "Transcript of Mitt Romney's Speech on Donald Trump," *New York Times*, March 3, 2016, https://www.nytimes.com/2016/03/04/us/politics/mitt-romney-speech.html.

9. Brad Plumer, "Full Transcript of Donald Trump's Acceptance Speech at the RNC," Vox, July 21, 2016, https://www.vox.com/2016/7/21/12253426/donald-trump-acceptance-speech-transcript-republican-nomination-transcript.

10. Craig Timberg and Tony Romm, "New Report on Russian Disinformation, Prepared for the Senate, Shows the Operation's Scale and Sweep," *Washington Post*,

December 17, 2018, https://www.washingtonpost.com/technology/2018/12/16/new-report-russian-disinformation-prepared-senate-shows-operations-scale-sweep/; Philip N. Howard, Bharath Ganesh, and Dimitra Liotsiou, "The IRA, Social Media and Political Polarization in the United States, 2012—2018," University of Oxford, 2018, https://comprop.oii.ox.ac.uk/wp-content/uploads/sites/93/2018/12/The-IRA-Social-Media-and-Political-Polarization.pdf.

11. David E. Sanger and Catie Edmondson, "Russia Targeted Election Systems in All 50 States, Report Finds," *New York Times*, July 25, 2019, https://www.nytimes.com/2019/07/25/us/politics/russian-hacking-elections.html; "Report of the Select Committee on Intelligence, United States Senate, on Russian Active Measures Campaigns and Interference in the 2016 U.S. Election, Volume 1: Russian Efforts Against Election Infrastructure," US Senate, July 25, 2019, https://www.intelligence.senate.gov/sites/default/files/documents/Report_Volume1.pdf, 21—28.

12. "Transcript: Donald Trump's Foreign Policy Speech," *New York Times*, April 27, 2016, https://www.nytimes.com/2016/04/28/us/politics/transcript-trump-foreign-policy.html.

13. "Speech: Donald Trump Holds a Political Rally in Houston, Texas," Factbase, October 22, 2018, https://factba.se/transcript/donald-trump-speech-maga-rally-houston-tx-october-22-2018.

14. Salena Zito, "Taking Trump Seriously, Not Literally," *The Atlantic*, September 23, 2016, https://www.theatlantic.com/politics/archive/2016/09/trump-makes-his-case-in-pittsburgh/501335/.

15. Rosie Gray, "Trump Defends White-Nationalist Protesters: 'Some Very Fine People on Both Sides,' " *The Atlantic*, August 15, 2017, https://www.theatlantic.com/politics/archive/2017/08/trump-defends-white-nationalist-protesters-some-very-fine-people-on-both-sides/537012/.

16. Katie Rogers and Nicholas Fandos, "Trump Tells Congresswomen to 'Go Back' to the Countries They Came From," *New York Times*, July 14, 2019, https://www.nytimes.com/2019/07/14/us/politics/trump-twitter-squad-congress.html.

17. Paul Waldman, "Trump Sucks up to Putin, Embarrassing Us Yet Again," *Washington Post*, June 28, 2019, https://www.washingtonpost.com/opinions/2019/06/28/trump-sucks-up-putin-embarrassing-us-yet-again/.

18. Benjamin De Cleen, "Populism and Nationalism," in *The Oxford Handbook of Populism*, ed. Cristóbal Kaltwasser Rovira et al. (New York: Oxford University Press, 2017), 342—62.

19. George Orwell, "Notes on Nationalism," *Polemic* 1 (October 1945), paragraphs 4, 15.

▌第19章 真相的内爆

1. Alexandra Jaffe, "Kellyanne Conway: WH Spokesman Gave 'Alternative Facts' on Inauguration Crowd," NBC, January 22, 2017, https://www.nbcnews.com/storyline/meet-the-press-70-years/wh-spokesman-gave-alternative-facts-inauguration-crowd-n710466.

2. "Income Inequality in the San Francisco Bay Area," Silicon Valley Institute for Regional Studies, June 2015, https://jointventure.org/images/stories/pdf/income-inequality-2015—06.pdf.

3. "California Homelessness Statistics," United States Interagency Council on Homelessness, 2018, https://www.usich.gov/homelessness-statistics/ca.

4. Theodore Schleifer, "One Out of Every 11,600 People in San Francisco Is a Billionaire," Vox, May 9, 2019, https://www.vox.com/recode/2019/5/9/18537122/billionaire-study-wealthx-san-francisco; "The Wealth-X Billionaire Census 2019," Wealth-X, May 9, 2019, https://www.wealthx.com/report/the-wealth-x-billionaire-census-2019/?utm_campaign=bc-2019&utm_source=broadcast&utm_medium=referral&utm_term=bc-2019-press&utm_source=broadcast&utm_medium=referral.

5. Tim Cook, "Tim Cook to Grads: This Is Your World to Change," *Time*, May 18, 2015, http://time.com/collection-post/3882479/tim-cook-graduation-speech-gwu/.

6. Mike Isaac and Scott Shane, "Facebook's Russia-Linked Ads Came in Many Disguises," *New York Times*, October 2, 2017, https://www.nytimes.com/2017/10/02/technology/facebook-russia-ads-.html?rref=collection%2Fbyline%2Fmike-isaac&action=click&contentCollection=undefined%C2%AEion=stream&module=stream_unit&version=latest&contentPlacement=5&pgtype=collection.

7. Craig Silverman, "This Analysis Shows How Viral Fake Election News Stories Outperformed Real News on Facebook," *BuzzFeed*, November 17, 2016, https://www.buzzfeed.com/craigsilverman/viral-fake-election-news-outperformed-real-news-on-facebook?utm_term=.uyRyVedQ2P#.hj5KkW1nXJ.

8. Kurt Wagner, "Two-Thirds of Americans Are Now Getting News from Social Media," Vox, September 7, 2017, https://www.vox.com/2017/9/7/16270900/social-media-news-americans-facebook-twitter; "In 2017 Two-Thirds of U.S. Adults Get News from Social Media," Pew Research Center, September 5, 2017, https://www.journalism.org/2017/09/07/news-use-across-social-media-platforms-2017/pi_17—08—23_socialmediaupdate_0—01/.

9. Andrew Guess, Brendan Nyhan, and Jason Reifler, "Selective Exposure to Misinformation: Evidence from the Consumption of Fake News During the 2016 US Presidential Campaign," European Research Council, January 9, 2018, http://www.dartmouth.edu/~nyhan/fake-news-2016.pdf.

10. Samanth Subramanian, "The Macedonian Teens Who Mastered Fake News," *Wired*, February 15, 2017, https://www.wired.com/2017/02/veles-macedonia-fake-news/.

11. Thomas Fuller, "Internet Unshackled, Burmese Aim Venom at Ethnic Minority," *New York Times*, June 15, 2012, https://www.nytimes.com/2012/06/16/world/asia/new-freedom-in-myanmar-lets-burmese-air-venom-toward-rohingya-muslim-group.html?searchResultPosition=8&module=inline.

12. "Report of the Independent International Fact-Finding Mission on Myanmar," Human Rights Council, UN, September 17, 2018, https://www.ohchr.org/EN/HRBodies/HRC/Pages/NewsDetail.aspx?NewsID=23575&LangID=E.

13. Karsten Müller and Carlo Schwarz, "Fanning the Flames of Hate: Social Media and Hate Crime," 2018, http://dx.doi.org/10.2139/ssrn.3082972.

14. "Facebook's Algorithm: A Major Threat to Public Health," AVAAZ, August 19, 2020, https://avaazimages.avaaz.org/facebook_threat_health.pdf

15. Alan I. Abramowitz, "Did Russian Interference Affect the 2016 Election Results?," Sabato's Crystal Ball, University of Virginia Center for Politics, August 8, 2019, http://crystalball.centerforpolitics.org/crystalball/articles/did-russian-interference-affect-the-2016-election-results/; Morgan Marietta, "Did Russian Interference Change Votes in 2016?" *Psychology Today*, August 15, 2019, https://www.psychologytoday.com/us/blog/inconvenient-facts/201908/did-russian-interference-change-votes-in-2016; Yochai Benkler, Robert Faris, and Hal Roberts, *Network Propaganda: Manipulation, Disinformation, and Radicalization in American Politics* (New York: Oxford University Press, 2018), 235—68.

16. Herbert Marshall McLuhan, *Understanding Media: The Extensions of Man* (New York: McGraw-Hill, 1964).

17. Mason Walker and Jeffrey Gottfried, "Republicans Far More Likely than Democrats to Say Fact-Checkers Tend to Favor One Side," Pew Research Center, June 27, 2019, https://www.pewresearch.org/fact-tank/2019/06/27/republicans-far-more-likely-than-democrats-to-say-fact-checkers-tend-to-favor-one-side/.

18. "Fake News, Filter Bubbles, Post-Truth and Trust," Ipsos, September 2018, https://www.ipsos.com/sites/default/files/ct/news/documents/2018—09/fake-news-filter-bubbles-post-truth-and-trust.pdf.

19. Andrew Chadwick and Cristian Vaccari, "News Sharing on UK Social Media Misinformation, Disinformation, and Correction," Online Civic Culture Centre, Loughborough University, May 2, 2019, https://www.lboro.ac.uk/media/media/research/o3c/Chadwick%20Vaccari%20O3C-1%20News%20Sharing%20on%20UK%20Social%20Media.pdf.

20. Francine Prose, "Truth Is Evaporating Before Our Eyes," *The Guardian*,

December 19, 2016, https://www.theguardian.com/commentisfree/2016/dec/19/truth-is-evaporating-before-our-eyes.

21. Soroush Vosoughi, Deb Roy, and Sinan Aral, "The Spread of True and False News Online," *Science* 359, no. 6380 (2018):1146—51.

22. "Fake News," Ipsos, September 2018.

23. Galen Stocking, "Political Leaders, Activists Viewed as Prolific Creators of Made-Up News; Journalists Seen as the Ones to Fix It," Pew Research Center, June 5, 2019, https://www.journalism.org/2019/06/05/political-leaders-activists-viewed-as-prolific-creators-of-made-up-news-journalists-seen-as-the-ones-to-fix-it/.

24. António Guterres, "Secretary-General's Remarks to UNA-USA Global Engagement Summit," United Nations, Secretary-General, UN, February 22, 2019, https://www.un.org/sg/en/content/sg/statement/2019—02—22/secretary-generals-remarks-una-usa-global-engagement-summit-delivered.

25. Yann Algan and Pierre Cahuc, "Inherited Trust and Growth," *American Economic Review* 100, no. 5 (2010): 2060—92; Oguzhan C. Dincer and Eric M. Uslaner, "Trust and Growth," *Public Choice* 142 (2010): 59—67.

26. "2019Edelman Trust Barometer, Global Report," Edelman, 2019, https://www.edelman.com/sites/g/files/aatuss191/files/2019-02/2019_Edelman_Trust_Barometer_Global_Report.pdf.

27. "Trust in Government," Directorate for Public Governance, OECD, 2019, https://www.oecd.org/gov/trust-in-government.htm.

28. Public Opinion, Eurobarometer Interactive, European Commission, June 2019, https://ec.europa.eu/commfrontoffice/publicopinion/index.cfm/Chart/getChart/themeKy/18/groupKy/98; "Standard Eurobarometer 89 Spring 2018," European Commission, 2018, https://ec.europa.eu/commfrontoffice/publicopinion/index.cfm/ResultDoc/download/DocumentKy/83548.

29. "Confidence in Institutions," Gallup, 2019, https://news.gallup.com/poll/1597/confidence-institutions.aspx; "Public Trust in Government: 1958—2019," Pew Research Center, April 11, 2019, https://www.people-press.org/2019/04/11/public-trust-in-government-1958—2019/.

30. John Gramlich, "Young Americans Are Less Trusting of Other People—and Key Institutions—Than Their Elders," Pew Research Center, August 6, 2019, https://www.pewresearch.org/fact-tank/2019/08/06/young-americans-are-less-trusting-of-other-people-and-key-institutions-than-their-elders/.

31. Esteban Ortiz-Ospina and Max Roser, "Trust," in "Our World in Data, 2019" (data source: US General Survey Data, 2014), https://ourworldindata.org/trust#in-the-us-people-trust-each-other-less-now-than-40-years-ago; US General Survey Data, 2018, https://gssdataexplorer.norc.org/variables/441/vshow.

32. Trustlab, OECD, 2019 (data source: OECD survey, 2016—18), https://www. oecd.org/sdd/trustlab.htm.

33. Gramlich, "Young Americans."

34. Alberto Alesina and Eliana La Ferrara, "The Determinants of Trust," National Bureau of Economic Research, Working Paper No. 7621, 2000; Henrik Jordahl, "Economic Inequality," in *Handbook of Social Capital*, ed. Gert Tinggaard Svendsen and Gunnar Lind Haase Svendsen (Cheltenham, UK: Edward Elgar, 2009), 323—36.

35. Lee Rainie and Andrew Perrin, "Key Findings about Americans' Declining Trust in Government and Each Other," Pew Research Center, July 22, 2019, https://www.pewresearch.org/fact-tank/2019/07/22/key-findings-about-americans-declining-trust-in-government-and-each-other/.

36. Susan J. Masten, Simon H. Davies, and Shawn P. McElmurry, "Flint Water Crisis: What Happened and Why?" *Journal of the American Water Works Association* 108, no. 12 (2016): 22—34.

37. Mitch Smith, Julie Bosman, and Monica Davey, "Flint's Water Crisis Started 5 Years Ago. It's Not Over," *New York Times*, April 25, 2019, https://www. nytimes.com/2019/04/25/us/flint-water-crisis.html.

38. "High Lead Levels in Flint, Michigan: Interim Report," United States Environmental Protection Agency, June 24, 2015, http://flintwaterstudy.org/wp-content/uploads/2015/11/Miguels-Memo.pdf.

39. Daniel S. Grossman and David J. G. Slutsky, "The Effect of an Increase in Lead in the Water System on Fertility and Birth Outcomes: The Case of Flint, Michigan," University of West Virginia and University of Kansas, 2017.

40. James Salzman, *Drinking Water: A History*, rev. ed. (New York: Abrams, 2017), 149—50.

41. Lauren Gibbons, "See How Voter Turnout Changed in Every Michigan County from 2012 to 2016," Michigan Live, November 11, 2016, https://www.mlive. com/news/2016/11/see_how_every_michigan_county.html.

42. Sowmya R. Rao et al., "Survey Shows That at Least Some Physicians Are Not Always Open or Honest with Patients," *Health Affairs* 31, no. 2 (2012): 383—91; Marcia Frellick, "Physicians, Nurses Draw Different Lines for When Lying Is OK," Medscape, January 31, 2019, https://www.medscape.com/viewarticle/908418.

43. Jerald M. Jellison, *I'm Sorry, I Didn't Mean To, and Other Lies We Love To Tell* (Chicago: Chatham Square Press, 1977).

44. Robert S. Feldman, James A. Forrest, and Benjamin R. Happ, "Self-Presentation and Verbal Deception: Do Self-Presenters Lie More?" *Basic and Applied Social Psychology* 24, no. 2 (2002): 163—70, https://doi.org/10.1207/S15324834BASP2402_8.

45. Kim B. Serota, Timothy R. Levine, and Franklin J. Boster, "The Prevalence of Lying in America: Three Studies of Self-Reported Lies," *Human Communication Research* 36, no. 1 (2010): 2—25.

46. Dana Carney et al., "People with Power Are Better Liars," Columbia Business School, 2017, https://www0.gsb.columbia.edu/mygsb/faculty/research/pubfiles/3510/Power.Lying.pdf; D. R. Carney, "People with power are better liars" (October 2009), presented at the Person Memory Interest Group, Boothbay Harbor, ME. 2.

47. Danny Sullivan, "Google Now Handles at Least 2 Trillion Searches per Year," Search Engine Land, May 24, 2016, https://searchengineland.com/google-now-handles-2—999-trillion-searches-per-year-250247.

48. Nikita Sood et al., "Paging Dr. Google: The Effect of Online Health Information on Trust in Pediatricians' Diagnoses," *Clinical Pediatrics* 58, no. 8 (2019): 889—96.

49. Reid Wilson, "Fury Fuels the Modern Political Climate in US," *The Hill*, September 20, 2019 (data source: Gallup), https://thehill.com/homenews/state-watch/351432-fury-fuels-the-modern-political-climate-in-us; Frank Newport, "Americans' Confidence in Institutions Edges Up," Gallup, June 26, 2017, https://news.gallup.com/poll/212840/americans-confidence-institutions-edges.aspx.

50. Gramlich, "Young Americans."

51. Seth Stephens-Davidowitz, *Everybody Lies: Big Data, New Data, and What the Internet Can Tell Us About Who We Really Are* (New York: Harper Collins, 2017).

52. Exclusive Third Rail with OZY—The Marist Poll, September 2017, https://www.pbs.org/wgbh/third-rail/episodes/episode-1-is-truth-overrated/americans-value-ideal-truth-american-society/.

53. Amy Mitchell et al., "Distinguishing Between Factual and Opinion Statements in the News," Pew Research Center, June 18, 2018, https://www.journalism.org/2018/06/18/distinguishing-between-factual-and-opinion-statements-in-the-news/.

54. Hannah Arendt, *Totalitarianism: Part Three of The Origins of Totalitarianism* (New York: Harcourt Brace and Company, 1973; originally published 1951), 382.

▎第20章　为进步而战

1. Joseph E. Stiglitz, *Making Globalization Work* (New York: W. W. Norton & Company, 2006), 292.

2. "CNBC Transcript: French Presidential Candidate & National Front Party Leader

Marine Le Pen Speaks with CNBC's Michelle Caruso-Cabrera Today," CNBC, November 21, 2016, https://www.cnbc.com/2016/11/21/cnbc-transcript-french-presidential-candidate-national-front-party-leader-marine-le-pen-speaks-with-cnbcs-michelle-caruso-cabrera-today.html.

3. Roberto Stefan Foa and Yascha Mounk, "The Danger of Deconsolidation: The Democratic Disconnect," *Journal of Democracy* 27, no. 3 (2016): 5—17.

4. W. B. Yeats, "The Second Coming," 1919, https://www.poetryfoundation.org/poems/43290/the-second-coming.

5. Barbara W. Tuchman, *The March of Folly* (New York: Knopf, 1984), 5.

6. Eric Bradner, "Trump Praises 9/11 Truther's 'Amazing' Reputation," CNN, December 2, 2015, https://edition.cnn.com/2015/12/02/politics/donald-trump-praises-9—11-truther-alex-jones/index.html.

7. The Avielle Foundation, 2019, https://aviellefoundation.org/about-the-foundation/welcome-message/.

8. Dorothea Waley Singer, *Giordano Bruno: His Life and Thought* (New York: Henry Schuman, 1950), 179.

9. Yuval Noah Harari, *Sapiens: A Brief History of Humankind* (London: Harvill Secker, 2014), 215.

10. Marie Jean-Antoine-Nicolas de Caritat, Marquis de Condorcet, *Outlines of an Historical View of the Progress of the Human Mind*, trans. from the French (London: Printed for J. Johnson, 1795), 327.

11. Pierre Bayle, *Various Thoughts on the Occasion of a Comet*, 1682, trans. Robert C. Bartlett (Albany: SUNY Press, 2000), 130.

12. Quoted in Mark Twain, "King Leopold's Soliloquy" (New Delhi: LeftWord Books, 1970; first published 1905), 12.

13. "How Robots Change the World," Oxford Economics, June 2019, https://www.oxfordeconomics.com/recent-releases/how-robots-change-the-world;.

14. Quoctrung Bui, "How Machines Destroy (And Create!) Jobs, in 4 Graphs," National Public Radio, May 18, 2015 (data source: IPUMS-USA, University of Minnesota), https://www.npr.org/sections/money/2015/05/18/404991483/how-machines-destroy-and-create-jobs-in-4-graphs.

15. "Fastest Declining Occupations, 2018 and Projected 2028," Bureau of Labor Statistics, United States Department of Labor, September 4, 2019, https://www.bls.gov/emp/tables/fastest-declining-occupations.htm.

16. "Ben Shapiro and Tucker Carlson Debate the Impact of Driverless Cars," YouTube, November 4, 2018, https://www.youtube.com/watch?v=o5zPKxpPHFk.

17. Max Weber, "Science as a Vocation," *From Max Weber: Essays in Sociology*, translated, edited, and with an introduction by H. H Gerth and C. Wright Mills (Abingdon, UK: Routledge, 1971), 139

18. Jared Diamond, *Collapse: How Societies Choose to Fail or Succeed* (New York: Viking, 2005).

19. Ronald Wright, *A Short History of Progress* (Toronto: House of Anansi Press, 2004).

20. Wright, *A Short History*, 64; Diamond, *Collapse*, 64, 118—19.

21. Susan Cosier, "The World Needs Topsoil to Grow 95% of Its Food—But It's Rapidly Disappearing," *The Guardian*, May 30, 2019, https://www.theguardian.com/us-news/2019/may/30/topsoil-farming-agriculture-food-toxic-america.

22. Czeslaw Milosz, "Campo dei Fiori," 1943, trans. David Brooks and Louis Iribarne, Poetry Foundation, https://www.poetryfoundation.org/poems/49751/campo-dei-fiori, from *The Collected Poems: 1931—1987* (New York: Ecco, 1988), 33—35.

▌第21章 一个新故事

1. Robert Burns, "Away from Washington, a More Personal Mattis Reveals Himself," Associated Press, January 9, 2018, https://www.apnews.com/667bd4c51217464487e44948ccf6b631.

2. Martin Luther King Jr., Methodist Student Leadership Conference Address, Lincoln, Nebraska, 1964, American Rhetoric Online Speech Bank, https://americanrhetoric.com/speeches/mlkmethodistyouthconference.htm.

3. Douglass, "West India Emancipation Speech."